Heilung
Initiation ins Göttliche

Heilung

Initiation ins Göttliche

Peter Maier

Fachbuch

Die in diesem Buch beschriebenen Rituale und alternativen Heilmethoden können intensive Emotionen und Bewusstseinszustände auslösen. Zudem dürfen sie auf keinen Fall als ausschließliche Wege zur Behandlung seelischer und gesundheitlicher Probleme angesehen werden. Daher sollten diese Rituale und alternativen Heilmethoden nicht ohne eine fachkundige Begleitung durch Heilpraktiker, Ärzte oder Psychotherapeuten durchgeführt werden.

Peter Maier »Heilung – Initiation ins Göttliche«
Texte: © Copyright by Peter Maier
Umschlaggestaltung: David Sedlbauer
Fotografie: Andreas Matthes, www.atelier-luca.de
Verlag: Peter Maier
info@initiation-erwachsenwerden.de

Druck: epubli ein Service der neopubli GmbH, Berlin

ISBN 978-3-95645-313-7

Inhalt

Danksagung 7
Vorwort 9
Kapitel 1: Verzweifelte Suche nach Heilung 13
   (1) Schmerzen ohne Ende 13
   (2) Der Umschwung 21
   (3) Unkonventionelle Heilungswege 29
   (4) Heilende Erfahrungen bei Amma 41
   (5) Zusammenfassung 51
Kapitel 2: Das Medizinrad der Heilung 55
   (1) Das Medizinrad in traditionellen Kulturen 55
   (2) Vier Heilungsebenen im Menschen 63
Kapitel 3: Körperliche Heilung – Heilpraktiker-
arbeit – Alternative Medizin 73
   (1) Schulmedizin und Alternative Medizin 73
   (2) Energiearbeit 84
   (3) Heilende Substanzen 89
   (4) Heilende Rituale 104
   (5) Zusammenfassung 108
Kapitel 4: Psychische Heilung – Initiationsarbeit –
Visionssuchen 111
   (1) Psychotherapie und Visionssuche 111
   (2) Medizinwanderung und Visionssuche 120
   (3) Die Ablösung von der Mutter 133
   (4) Die Ablösung vom Vater 147
   (5) Zusammenfassung 156
Kapitel 5: Systemische Heilung – Ahnenarbeit –
Familienaufstellungen 159
   (1) Die Botschaft Malidomas für die westliche Welt ... 162
   (2) Traditioneller bayerischer Volksglaube 166

(3) Familienaufstellungen 181
(4) Die Sicht der polnischen Heilerin Wanda Pratnicka 199
(5) Zusammenfassung: 205

**Kapitel 6: Spirituelle Heilung – Bewusstseinsarbeit
– Geistheilung** 209

(1) Das Fehlen von Geistheilern in Europa 209
(2) Umfassende Befreiung von Schuld 220
(3) Aus der Praxis einer bayerischen Heilerin 231
(4) Heilung bedeutet Vergebung 244
(5) Zusammenfassung 255

Kapitel 7: Sehnsucht nach dem Göttlichen 259

(1) Eine Ahnung vom Göttlichen 260
(2) Der Magnat – das Ego-Hindernis auf dem Weg ins
    Göttliche 267
(3) Der spirituelle Weg 277
(4) Die Geschichte vom »Verlorenen Sohn und vom barm-
    herzigen Vater« 291
(5) Zusammenfassung 296

Adressen 299

Buchhinweise 300

Autor 303

Anhang 305

Danksagung

Mein Dank gilt vor allem meiner »Compagna« Valeria Heller, die mich zu diesem Buch bestärkt hat und mir bei seiner Entstehung mit ihrem Rat vielfältig beigestanden ist.

Dank sagen möchte ich den acht Frauen und Männern, die ihre Zustimmung dafür gaben, von ihren sehr persönlichen Lebenserfahrungen erzählen zu dürfen.

Mein Dank geht an David Sedlbauer für Entwurf und Gestaltung des Buchcovers, sowie der Grafiken im Text.

Dank gebührt auch Christina Brunner für Ihre Korrekturarbeiten.

Ich danke dem Verlagshaus Monsenstein und Vannerdat aus Münster für die Möglichkeit, dieses Buch zu veröffentlichen.

Vorwort

Mit 37 Jahren hatte ich einen schlimmen Verkehrsunfall und erlebte dabei eine intensive Todesnähe. Zwar blieb ich rein körperlich nahezu unversehrt, konnte aber dieses einschneidende Ereignis jahrelang nicht verarbeiten. Fast gleichzeitig begann eine furchtbare Serie von Knieverletzungen, die mich innerhalb weniger Jahre von einem sportlich aktiven Mann beinahe zum Invaliden machten. Nach der dritten Knieoperation stellten sich dauerhafte Schmerzen ein, die ich nicht mehr abschütteln konnte. Mit 42 Jahren wurde mir schließlich von einem sehr anerkannten Münchner Sportarzt erklärt, dass meine Kniearthrose unheilbar sei. Beide Erfahrungen – der Unfall und die Knieprobleme – warfen mich aus der Bahn meines bisherigen Lebens und führten zu einer Sinnkrise. Diese rührte auch davon her, dass meine bisherige Einstellung an eine Grenze stieß, wonach man schulmedizinisch prinzipiell jedes Problem vor allem mit entsprechenden Operationen schnell wieder aus der Welt schaffen könne.

Der Dauerschmerz zwang mich zur Abkehr von meiner bisherigen Denkweise und Lebenseinstellung. Es brauchte aber 14 Jahre, bis die Schmerzen vergingen und ich wieder eine gewisse Mobilität erreichen konnte. Dies ging nicht von alleine. Die Schmerzen drängten mich dazu, Lösungen auf Ebenen in mir selbst zu suchen, von deren Existenz ich bis dahin nichts geahnt hatte. Als ein »typisches Kind unserer aufgeklärten Zeit« und geprägt von einer naturwissenschaftlichen Weltsicht konnte ich mir zunächst nicht vorstellen, dass es noch andere Wirklichkeitsebenen als eine rein materielle geben könne, auch wenn ich eine christliche Sozialisation erfahren hatte. Im Nachhinein gesehen kann ich aber feststellen, dass ich all die Jahre von einer inneren Kraft geführt worden bin, die ich heute persönlich als »das Göttliche« bezeichnen würde.

Ich bin wirklich froh und dankbar, dass ich mich, wenn auch nur langsam, für andere Bereiche und für eine alternative Medizin öffnen konnte, nachdem sich die schulmedizinischen Maßnahmen als unwirksam erwiesen hatten. Acht eigene Familienaufstellungen, drei lange Visionssuchen, zwei Workshops mit einem afrikanischen Schamanen, eine jahrelange Behandlung bei spirituell ausgerichteten Heilpraktikern und Alternativmedizinern, sowie der Besuch der Veranstaltungen der indischen Religionsführerin und Heilerin »Amma« über zehn Jahre hinweg änderten mein Weltbild grundlegend und öffneten zunehmend mein Herz. Dazu trugen unter anderem auch die Begegnungen mit einigen Geistheilern bei.

Aus jetziger Sicht kann ich feststellen, dass durch all diese Erfahrungen nicht nur mein Körper, sondern auch meine Seele geheilt wurde. Mein Körper erwies sich dabei als eine Art Pfadfinder, der mich – ausgelöst durch eine vielfältige Symptomatik – dazu veranlasste, immer mehr nach innen zu schauen und mich mit den Grundfragen unserer menschlichen Existenz auseinanderzusetzen. Dieser Prozess hat mich zu einem suchenden Menschen gemacht und mein Bewusstsein zunehmend verändert.

Nach mehr als fünfzig Jahren darf ich wieder erkennen, was ich bereits als kleiner Junge gefühlt habe, ohne mir damals aber dessen bewusst zu sein: dass wir alle Wesen sind, die aus dem göttlichen All-Eins kommen und letztlich eine tiefe Sehnsucht nach diesem Göttlichen in uns tragen, selbst wenn wir dies im Laufe unseres Lebens und in unserem stressigen Alltag womöglich vergessen haben. Ich selbst musste erst eine leidvolle Zeit durchleben, bis ich mit der Nase wieder auf diese spirituelle Grunderkenntnis gestoßen wurde.

Während der letzten sieben Jahre geschah in mir eher unmerklich eine innere Transformation. In der vergangen Weihnachtszeit verspürte ich plötzlich den Impuls, die Erfahrungen meiner körperlichen und seelischen Heilung in einem Buch aufzuschreiben. In nur vier Monaten flossen die nachfolgenden Gedanken auf das Papier. Dabei hatte ich das Gefühl, dass nicht ich schrieb, sondern dass »es« in mir schrieb. Es ging fast von alleine. Denn die Gedanken waren längst in mir, wollten jetzt aber aus mir heraus.

Geholfen hat mir bei der Abfassung des Buches die Vorstellung vom »Medizinrad«, mit dem ich während meiner drei Visionssuchen und bei der Ausbildung zum Initiations-Mentor in Berührung gekommen bin. Viele traditionelle Völker, wie etwa nordamerikanische Indianerstämme oder die Kelten in Süddeutschland, hatten mit solchen »Lebensrädern« zu tun. Es diente ihnen als Modell, um ihre Weltvorstellung, den Kreislauf der Jahreszeiten, aber auch ihr Leben mit den verschiedenen Phasen und Übergängen darin darstellen und deuten zu können.

Ein Medizinrad hat etwas mit Heilwerden und Heilsein, mit Harmonie und Ausgeglichenheit, mit dem Bezug zur Welt und zum Göttlichen zu tun. Darum erschien es mir als ein sehr nützliches Werkzeug, um meine Erfahrungen im »Medizinrad der Heilung« systematischer darstellen zu können. Nach dem einleitenden Kapitel, in dem ich von meinem eigenen Heilungsweg berichte, soll in Kapitel zwei zunächst das Medizinrad selbst vorgestellt und ein allgemeiner Überblick über seine vier Ebenen gegeben werden: die körperliche, die psychische, die systemische und die spirituelle Ebene.

In den darauf folgenden Kapiteln drei bis sechs werden die vier Ebenen des Medizinrads dann näher entfaltet. Dabei werden bei jedem der vier Bereiche die authentischen Erfahrungen von jeweils zwei Menschen geschildert, denen ich bei meinen Familienaufstellungen, Visionssuchen und spirituellen Workshops begegnet bin. Ihre Geschichten haben mich so angerührt, dass ich ihnen einen Platz in meinem Buch geben wollte. Ihre Erzählungen sind ein Grund, warum ich dieses Buch schreiben wollte. Ich habe dafür die ausdrückliche Zustimmung von diesen acht Personen bekommen. Dafür danke ich ihnen sehr.

Das letzte Kapitel schließlich möchte die Essenz meines über 21-jährigen Erkenntnisprozesses schildern, der mit dem Unfall und mit der Serie von Knieverletzungen begann. Ich bin dem Universum sehr dankbar, dass ich einen Ausweg aus meinen Schmerzen und aus meiner damaligen Sinnkrise finden durfte. Und ich bin ebenso dankbar dafür, diesen, mit der Heilung untrennbar verbundenen, spirituellen Weg gehen zu dürfen, auch wenn ich ihn zu Beginn der körperlichen Probleme noch nicht erahnen oder gar verstehen konnte.

Nach meiner Erfahrung gehören Heilung und das Bewusstsein, dass wir den göttlichen Funken in uns tragen und somit von göttlicher Natur sind, untrennbar zusammen. Wir werden letztlich von der Sehnsucht getrieben, wieder heim zu unserer göttlichen Heimat zu finden und nicht nur körperlich, sondern auch seelisch heil zu werden. Darum der Titel »Heilung – Initiation ins Göttliche.«

Ich möchte dieses Vorwort mit einem grundsätzlichen Hinweis schließen: Die in diesem Buch beschriebenen Heilungserfahrungen können und wollen nur eine exemplarische Auswahl aus der Fülle von heute existierenden und zugänglichen Heilmethoden und Heilungswegen darstellen. Es werden jedoch grundsätzliche und authentische Erfahrungen beschrieben, die weiter geholfen und Heilung gebracht haben. Mir ist dabei vollkommen bewusst, dass jeder seinen eigenen Weg gehen muss. Vielleicht können die beschriebenen Erfahrungen aber dazu motivieren, bei der Suche nach Heilung und nach dem Göttlichen nie aufzugeben.

Olching im Sommer 2014
Peter Maier

Kapitel 1: Verzweifelte Suche nach Heilung

(1) Schmerzen ohne Ende

Eine unsägliche Verletzungsserie beginnt

Sonntag, 19. Januar 1992. Ich sitze im Bus, den eine Sportschule im Münchner Umfeld gechartert hat. 25 Jugendliche mit ihren Betreuern sind auf dem Weg ins Österreichische Westendorf. Ich habe mich zu dieser Skifahrt aufgerafft, um für einen Tag den Stress des Alltags zu vergessen. Außer mir und den Jugendlichen gibt es nur noch zwei weitere Erwachsene, einen Mann und eine Frau, die sich ebenfalls einen Skitag gönnen wollen. Schnell finden wir drei zusammen. Aus Freude über das schöne Wetter, das Alpenpanorama und die guten Schneebedingungen, vielleicht auch, um den anderen beiden zu imponieren, fahre ich an diesem Tag sehr ausgelassen und erlebe dabei meine Lebendigkeit, Sportlichkeit und Körperlichkeit. Es tut wirklich gut, einmal auf diese Weise die »Sau rauslassen« zu können. Ich fühle mich irgendwie wie ein junger Herrgott. An diesem Tag schaffe ich mit den beiden Begleitern sieben oder acht komplette Abfahrten vom Gipfel bis ins Tal.

Donnerstag, 23. Januar 1992. Ich stehe mit schmerzverzerrtem Gesicht in meiner Vereinsturnhalle in München – fassungslos. Es wird Volleyball gespielt wie jeden Donnerstag Abend – Kollegensport. Seit Jahren ist dieser eine willkommene Abwechslung, um Spannungen abzubauen, mich abzureagieren und so einen körperlichen Ausgleich zum Lehrerberuf zu finden. Was ist nur los mit mir? Das linke Knie tut mir bereits nach wenigen Sprüngen total weh. Was ist passiert? Hat dies womöglich mit meiner verrückten Skifahrt vom Wochenende zu tun? Aber warum denn? Ich hatte doch keinen Sturz! Solch einen Schmerz hatte ich noch nie zuvor.

Von einem Kollegen bekomme ich die Adresse eines erfahrenen Sportmediziners in München mitgeteilt. Der Arzt punktiert mein Knie und holt ein Spritze voll gelber Flüssigkeit heraus. Das Knie ist offensichtlich entzündet. Eine Röntgenuntersuchung mit einem Kontrastmittel bringt keinen Aufschluss bezüglich meiner Schmerzen. Der Mediziner spritzt mir über einen Zeitraum von sechs Wochen immer wieder eine heilende Substanz ins Knie. Die Schmerzen gehen jedoch nicht weg. Panik ergreift mich, denn mein Leben ist bisher hauptsächlich sportlich ausgerichtet: drei Abende in der Woche Skigymnastik und Volleyballspiel, Skifahrten am Wochenende, Tennisspielen und Bergtouren im Sommer. Der Arzt empfiehlt mir einen Spezialisten für Arthroskopie.

Schnell wird in seiner Klinik ein OP-Termin vereinbart. Eine Assistenzärztin führt das Vorgespräch, den Operateur selbst bekomme ich gar nicht zu Gesicht. An einem Freitag Nachmittag Ende März ist es dann soweit. In der Klinik bekomme ich eine Vollnarkose. Als ich bald nach Ende der OP wieder aufwache, ist es etwa 15.30 Uhr. Bereits um 16.00 Uhr bittet mich die Krankenschwester höflich aber unmissverständlich, mich doch von Angehörigen abholen zu lassen, weil die Privatklinik nur für ambulante Operationen vorgesehen sei und die Bediensteten ins Wochenende gehen möchten. Natürlich gibt es einen Notdienst, falls es Komplikationen geben sollte. Ein Taxi bringt mich zu meinem Bruder in München. Ich bin noch ziemlich von der Narkose benommen.

Am nächsten Tag gibt es eine kurze Nachuntersuchung und einen Verbandswechsel durch das Ärzteteam. Etwa drei Minuten ist es mir gegönnt, den Operateur selbst zu Gesicht zu bekommen und von ihm Auskunft über den Eingriff tags zuvor zu erhalten: Ein Meniskus hatte sich durch jahrelange Belastungen gelöst – vermutlich bei meinen sportlichen Aktivitäten. Den letzten Ausschlag hatte anscheinend jener Skitag im Januar bei schwerem Schnee gegeben. Der Meniskus wurde während der Arthroskopie wieder angeklebt. Ein Assistenzarzt drückt mir zum Schluss noch einen Merkzettel in die Hand, auf dem einige Hinweise zum Muskelaufbau stehen. Zwei Wochen solle ich noch mit Krücken gehen, in vier Wochen könne ich wieder mit dem Sport beginnen, in acht Wochen sei ich wieder »voll sportfähig«, wird mir bei dieser Gelegenheit versichert. Dies steht auch so auf dem Zettel. Dann bin ich wieder allein und ganz mir selbst überlassen. Das sind ja schöne Aussichten. Der Operateur hat mir Mut gemacht. Ich kann also hoffen, bald wieder so sportlich unterwegs zu sein, als sei nie etwas geschehen.

Ich denke nicht weiter darüber nach, ob vielleicht mein Sportverhalten selbst in den letzten Jahren Schuld an der Verletzung gewesen sein könnte. Die Botschaft der Ärzte ist ganz in meinem Sinne: Ich kann weiter machen wie bisher – Ski fahren, Bergtouren gehen, drei mal wöchentlich Volleyball spielen. Zumindest interpretiere ich den Merkzettel und die Worte des Assistenzarztes so. Bei einer Nachbesprechung mit einer anderen Assistenzärztin des OP-Zentrums kann ich in ausliegenden Broschüren lesen, dass 99,98 (!) Prozent aller Operationen dieses Zentrums bisher erfolgreich gewesen seien. Zudem versichert mir die Ärztin, dass die OP auch bei mir absolut erfolgreich verlaufen sei.

Als ich im Juli eine größere Bergtagestour bestreiten möchte, bekomme ich überraschenderweise wieder Knieschmerzen. Das darf doch eigentlich nicht sein! Die Verletzung und der operative Eingriff haben offensichtlich doch Spuren hinterlassen. Oder war der Muskelaufbau zu wenig gewesen? Darüber denke ich gar nicht nach; denn ein Leben ohne sportliche Betätigung ist für mich zum damaligen Zeitpunkt unvorstellbar. Der Sport bestimmt fast mein komplettes Freizeit-Leben als Single, der ich damals noch war.

August 1992. Alpenüberquerung von Oberstdorf nach Meran. Der Rucksack wiegt 12 Kilo. Am fünften Tag schlottern mir nach einem langen Aufstieg mit 1000 Höhenmetern und nach einem noch längeren Abstieg um 1500 Höhenmeter die Knie. Daher bekomme ich vor der anstehenden Gletscherüberquerung über den Similaun, wo einige Jahre zuvor an der Grenze zwischen Österreich und dem italienischen Südtirol »Ötzi« gefunden worden war, ziemlich Angst. Ich muss die Wanderung abbrechen. Das stinkt mir gewaltig, ich blamiere mich zudem vor den Begleitern, da ich doch der Initiator dieser Alpenüberquerung bin. Nun muss ich klein beigeben, weil das linke Knie nicht mitmacht. Zu diesem Zeitpunkt will ich immer noch nicht wahrhaben, dass eine Knieoperation eben doch Spuren hinterlassen kann, gerade was die Stabilität betrifft, auch wenn dies in der OP-Klinik bestritten worden war. Zudem will ich mir nicht eingestehen, dass ich womöglich nicht mehr grenzenlos Berge besteigen, »wild« Ski fahren und beliebig oft Volleyball spielen und dabei unzählige Male auf dem Hallenboden aufknallen kann wie bisher.

Januar 1993. Volleyballspiel in der Vereinsturnhalle. Gerne nehme ich das Angebot der im Nachbarfeld spielenden ersten Freizeit-Mannschaft an, bei ihnen mitzutrainieren. Eine große Ehre für mich! Beim Übungsspiel tritt ein gegnerischer Spieler auf mein Feld über. Als ich von einem Block wieder auf dem Hallenboden landen will, gerate ich versehentlich auf den Fuß des anderen Spielers. Der Knöchel knickt um. Ich höre ein komisches Knacken im linken Knie und spüre einen stechenden Schmerz. Nein, nicht schon wieder! Nach zwei Wochen geht der Schmerz weg. Ich gehe wieder zum Volleyballspiel.

Aus jetziger »klügerer« Sicht kann ich nur sagen: Für ein bereits verletztes Knie sind die Sprünge auf den Hallenboden beim Volleyballspielen reines Gift. Aber damals will ich dies einfach nicht wahrhaben. Ich bin unbelehrbar – vielleicht auch deshalb, weil gerade das Volleyballspiel ein wichtiger allwöchentlicher und regelmäßiger Freizeitevent ist und eine große soziale Bedeutung für mich hat. Beim Spiel und noch mehr beim »Nachsport« in der Stammkneipe habe ich immer einen guten und vertrauten Kontakt mit meinen Sportsfreunden, die ich ja erst beim Volleyball kennengelernt habe.

Nach jedem Spiel habe ich Knieschmerzen, nach ein oder zwei Wochen gehen diese glücklicherweise immer wieder weg. Selbst eine kleinere Bergtour im Sommer 1993 ist noch drin. Das rechte Knie fühlt sich stark und unversehrt an, also glaube ich, weiter so tun zu können, als wäre nichts passiert. Ich ignoriere die Probleme im linken Knie. Im Herbst weiß ich aber, dass ich es so nicht mehr lassen kann. Auf den ersten Operateur bin ich sauer, weil ich nach seiner Prognose ja nach zwei Monaten wieder voll sportfähig hätte sein sollen. Ich fühlte mich jedoch die ganze Zeit unsicher im Knie, besonders nach dem Umknicken des Knöchels beim Volleyballspiel. Für diese neue mechanische Verletzung kann der Operateur aber gar nichts. Dies will ich nicht wahrhaben. Es ist viel einfacher, dem Arzt auch noch die Schuld für die zweite Verletzung zu geben. Denn dann muss ich mein Sportverhalten nicht ändern.

Diesmal suche ich eine andere bekannte Sportmediziner-Praxisgemeinschaft in München auf. Von einem der Ärzte werde ich, ebenfalls ambulant in einer Tagesklinik, schnell und unkompliziert operiert. Die Diagnose nach der erneuten Arthroskopie: Miniskusanriss und Knorpelschädigung im linken Knie. Der Knorpel, von dessen Existenz ich bis dahin nichts gehört oder gewusst hatte, musste geglättet – »geshaved« – werden. Ich will einfach alle Problem schnell weg haben und mich wieder unbekümmert meinem sportlich orientierten Leben widmen können. Damals, mit immerhin 39 Jahren, war ich nicht in der Lage, nach innen zu hören oder gar zu fühlen. Alles wurde mit Sport »wegtrainiert« und verdrängt. Ich wollte einfach weiter machen wie bisher.

Im Frühjahr 1994 versuche ich wieder, Volleyball zu spielen. Schon nach dem ersten Sprung spüre ich wieder einen stechenden Schmerz und muss erneut einen Arzt aufsuchen. Einige kleine Bänderstränge sind eingerissen. Um eine weitere OP komme ich diesmal herum. Nun beschließe ich schweren Herzens, mit dem Volleyballspielen aufzuhören – endlich. Ich bin deswegen jedoch total frustriert. Ich fühle mich jetzt in meinem Körper, aber auch psychisch ziemlich verunsichert. Ein neues, anderes Denken, eine andere Vorstellung vom und Einstellung zum Leben habe ich noch nicht gefunden, obwohl ich mittlerweile Vater geworden bin und für Mutter und Kind zu sorgen habe.

Februar 1995. Fortbildungskurs unter Leitung eines Psychologen. In der Gruppe geht es sehr emotional zu, verdrängte Emotionen werden bewusst angetriggert und freigesetzt. In einer kurzen Pause während zwei Gruppenveranstaltungen komme ich im Seminarraum mit einem anderen Teilnehmer unerwartet ins »Rangeln«. Zunächst ist es eher ein Abreagieren, ein scheinbar lustiges Balgen. Aber plötzlich wird daraus bitterer Ernst. Ich falle zu Boden, der andere ist stärker. Dies will ich mir auf keinen Fall gefallen lassen, ich würde mich ja sonst vor den anderen Kursteilnehmern, die dem ganzen Geschehen überrascht zuschauen, blamieren. Instinktiv halte ich dagegen, will mich aus meiner misslichen »Lage des Unterlegenen« auf dem Boden befreien; denn der Kollege liegt auf mir, hat den Ringkampf scheinbar schon gewonnen. Das darf nicht sein. Alle können es hören, was plötzlich geschieht: Es knackt seltsam in meinem rechten Knöchel. Entsetzt weicht der »Kampfpartner« zurück. Es ist jedoch schon zu spät. Das rechte Knöchel tut tierisch weh – wieder ein stechender Schmerz. Ich bekomme Panik...

Schnell werde ich zu einem Arzt gebracht. Er diagnostiziert einen verletzten Knöchel, möglicherweise einen Bänderriss. So ein Mist. Eine Kernspinthomographie einige Wochen später weist dagegen etwas Neues aus: Die Bänder am Knöchel wurden zwar stark überdehnt, sind aber nicht gerissen. Dies ist die gute Nachricht. Dafür ist der Meniskus angerissen – diesmal im rechten Knie. Ich kann es nicht fassen.

Ich kriege viele Spritzen ins rechte Knie. Die Schmerzen gehen vorübergehend weg, kommen aber immer wieder. Ich fühle mich total verunsichert, kann mich nun auf beide Beine nicht mehr verlassen. Dies kann nicht so weitergehen. An Pfingsten 1996 suche ich in gewohnter Manier nach einer Lösung: eine dritte OP durch den letzten Operateur – diesmal im rechten Knie. Dadurch sollen alle Probleme beseitigt und ich möglichst schnell wieder sportfähig werden. So ist zumindest mein Plan, so erhoffe ich es mir. Der Operateur ermutigt mich in meiner Ansicht. Aus seiner Sicht ist auch diese OP erfolgreich verlaufen. Der rechte Meniskus musste teilentfernt, der Knieknorpel geglättet werden. Doch nun passiert etwas Seltsames: Wegen der OP im rechten Knie nehme ich eine Schonhaltung ein. Instinktiv belaste ich das linke Bein und damit das linke Knie mehr als gewöhnlich. Dieses ist jedoch bereits vorgeschädigt durch zwei frühere Operationen.

Unlösbare Knieschmerzen

Nach der OP im rechten Knie treten Schmerzen im linken Knie auf, die ab jetzt überhaupt nicht mehr weggehen. Ich habe einen Dauerschmerz – Tag und Nacht. Das ist unerträglich für mich. Ich wollte doch die letzte OP extra deshalb durchführen lassen, um die Knieprobleme ein für alle Mal zu beseitigen. Ich glaubte eben damals noch total an die Schulmedizin, deren Credo etwa so ausgedrückt werden könnte: »Alles hat rein körperliche Ursachen. Meist kann man diese Ursachen durch die richtigen Medikamente oder durch eine entsprechende Operation technisch beseitigen und das Problem komplett lösen«. Jetzt kommt es genau anders: Die Probleme gehen erst so richtig los. Eine weitere OP hat aber keinen Sinn mehr. Denn was sollte jetzt noch operiert werden?

Der Arzt, bei dem ich meine erste Knieoperation durchführen ließ, behauptet zwar in einer Radiosendung, dass seine Methode des Knie-Shavings super erfolgreich wäre, dass man jedoch ein ganzes Jahr (!) lang den Fuß nicht belasten dürfe, um die Bildung einer Ersatzknorpelschicht nicht zu stören. Mir kommen die ersten Zweifel an den Aussagen dieses Operateurs. Auf diese Methode will ich mich nicht (mehr) einlassen, ich dürfte ja dann ein ganzes Jahr lang nur mit

Krücken herumlaufen.[1] Niemand kann mir einen Erfolg garantieren. Nun gerate ich – 42-jährig – in eine wirkliche Krise: in eine Körper-, Sinn- und Lebenskrise.

Monatelang jammere ich dem Orthopäden in der Praxisgemeinschaft die Ohren voll, der selbst zwar nicht operiert, mich aber bei Operation Nummer zwei und drei seinem Kollegen empfohlen hatte. Ich mache ihn dafür verantwortlich, dass sich meine Knieprobleme und vor allem der Schmerz nicht mehr beseitigen lassen. Der Orthopäde, der zugleich betreuender Arzt einer Frauen-Nationalmannschaft und damit ein wirklicher Fachmann ist, hört sich meine Vorwürfe fast zwei Jahre lang geduldig an, spritzt mir immer wieder eine Substanz ins Knie, in der Hoffnung, damit den Schmerz wegzukriegen. Ohne Erfolg.

Im Januar 1998 erklärt mir der Arzt schließlich, dass er ab jetzt nichts mehr für mich tun und mir nicht mehr helfen könne. Ich hätte wohl ein Knie wie ein 80-jähriger Mann, ich sei »austherapiert«. Meine Arthrose sei besiegt, der Knieknorpel im linken Knie dauerhaft und unheilbar geschädigt. Daher auch der Dauerschmerz. Er gibt mir noch 500 Tabletten zum Knorpelaufbau mit. Vielleicht können die mir langfristig doch ein bisschen Linderung verschaffen. Ich kann es nicht fassen. Ich bin wütend. Das kann doch nicht das Ende sein. Ich bin ja gerade erst 43 Jahre alt. Zudem macht mich der Dauerschmerz total mürbe. Dort, wo ich eine Abhilfe suchte – bei den besten Sportmedizinern Münchens – kann ich keine Lösung mehr finden. Unerträglich! Zudem geht genau in dieser Zeit meine Partnerbeziehung zu Ende. Ich fühle mich körperlich und psychisch wirklich schlecht.

Eine Kollegin empfiehlt mir ihren Sportarzt, von dem sie große Stücke hält. Noch einmal keimt Hoffnung auf. Kann womöglich er mir helfen? Ihn selbst bekomme ich nie zu Gesicht. Ich werde von einem seiner Assistenzärzte behandelt. Das Wartezimmer ist voll. Bei jedem Termin, bei dem ich eine Substanz ins Knie gespritzt bekomme, muss ich drei Stunden warten, bis ich dran komme. Die Behandlung selbst dauert dann immer nur etwa fünf Minuten. Der Assistenzarzt, der im Auftrag seines Chefs arbeitet, wirkt regelmäßig gehetzt und gestresst.

Als ich einmal gerade bei den Vorzimmerdamen zu einer Terminklärung warte, möchte eine andere Patientin einen Termin beim

Chefarzt selbst bekommen. Man bietet ihr tatsächlich einen an: im November. Es ist jedoch erst März. Irgendwie kommt mir jetzt alles sinnlos vor. Ich wollte doch auch zum Chefarzt selbst, in der Hoffnung, durch ihn das Wunder der Heilung zu erleben. Dies hätte nämlich für mich darin bestanden, dass ich wieder voll gesund und sportlich geworden wäre und meine Einstellung nicht hätte ändern müssen: Einfach auf »Reset« drücken und weitermachen wie bisher.

Der Assistenzarzt schlägt mir zusätzlich zu den Spritzen vor, mir Einlagen im linken Schuh zu beschaffen, um rein mechanisch den Druck vom linken Knie wegzukriegen. Es hilft nichts. Die Schmerzen bleiben, ja sie nehmen sogar noch zu, weil nun durch die unnatürliche Stellung eine beständige Spannung im linken Knie und zusätzlich im Rücken entstanden ist. Als ich dem Arzt dies nach etwa sechs Monaten Behandlung mitteile, meint er, ich solle die Einlagen doch ganz einfach wieder entfernen, dabei aber aufpassen, um keinen Bandscheibenvorfall zu bekommen. War eben nur ein Versuch, der schon bei vielen anderen Patienten geholfen habe. Auch in dieser Praxis kann ich keine Hilfe mehr bekommen. Der Arzt hat zudem keine Zeit, sich jedes Mal mein Gejammere anzuhören. Dies ist mein letzter Besuch in dieser Praxis.

Die Schmerzen aber sind unerträglich. Sitze ich zu Hause, habe ich Schmerzen. Gehe ich zur Arbeit, ist der Schmerz ebenfalls mein ständiger Begleiter. Versuche ich spazieren zu gehen, habe ich noch mehr Schmerzen. Um überhaupt einschlafen zu können, klatsche ich beim zu Bett Gehen ein Pfund Quark aus dem Supermarkt auf das linke Knie. Von meiner Oma weiß ich noch, dass Quark den Schmerz vorübergehend aus einem Gelenk ziehen kann. Um im Bett nicht alles zu versauen, wickle ich ein Tuch um diese Quarkmasse. Darüber gebe ich eine Plastiktüte. Tatsächlich kann ich in der Regel dann auch einschlafen. Gegen fünf Uhr am Morgen werde ich jedoch fast jeden Tag wach. Der Schmerz hat wieder die Oberhand gewonnen. Er steckt beständig im Knie – und in meinem Kopf. Alles wird vom Schmerz bestimmt und dominiert. Ein neuer aussichtsloser Tag beginnt, sobald ich aufgewacht bin.

Acht Wochen lang gehe ich mit Krücken in die Arbeit, weil mich das Auftreten auf dem linken Fuß zu sehr schmerzt. Da dies nichts bringt, werfe ich die Krücken wieder weg. Wie soll es nun weitergehen? Der Schmerz hat sich mittlerweile so richtig in meinen Kopf eingefräst. Eine Abhilfe ist nicht in Sicht. Ich bin mit meinem Latein vollkommen am Ende. Und die Schmerzen bleiben. Alles erscheint aussichtslos. Das ungelöste Körperproblem schlägt mir natürlich aufs Gemüt. Ich bekomme trübe Gedanken, habe kein Konzept mehr, wie ich aus der vor allem körperlichen Notlage wieder herauskommen sollte. Nun bin ich vollkommen in einer Midlife-Krise angelangt.

(2) Der Umschwung

Die Gedanken von Luise Hay

Herbst 1998. Wieder sind die Knieschmerzen unerträglich. Verzweifelt suche ich nach Hilfe, aber wo soll sie herkommen? Nach einem Sonntagsgottesdienst erzähle ich einer Mitarbeiterin meiner Kirchengemeinde von meiner Not. Sie hört sich alles geduldig an. Dann verspricht sie mir, am nächsten Sonntag eine Tonkassette von Luise Hay, einer amerikanischen Lehrerin und Heilerin, mitzubringen. Da ich in einer ausweglosen Situation bin und der bisherige Weg, Hilfe von der Schulmedizin und von Operationen zu erhoffen, vollkommen an sein Ende gekommen ist, bin ich für alles offen, was mir vielleicht helfen könnte. Ich kann ja jetzt nichts mehr verlieren, womöglich aber wieder etwas gewinnen. Der Schmerz treibt mich permanent an nach dem Motto: »Tu doch endlich was!«

Die Gedanken von Luise Hay stellen wirklich etwas Neues für mich dar. Ich sauge ihre Vorstellungen auf wie ein Schwamm das Wasser. Während eines Kurzurlaubs in der Toscana verbringe ich viele Stunden damit, jeden Satz der Kassette aufzuschreiben, so wichtig erscheinen mir die Botschaften, die da auf mich zukommen. Später stoße ich auch auf eines der Erfolgsbücher von Frau Hay mit dem Titel »Gesundheit für Körper und Seele. Wie Sie durch mentales Training Ihre Gesundheit erhalten und Krankheiten heilen«[2]. Das Buch aus dem Heyne-Verlag läuft unter der Reihe »Esoterisches Wissen«. Damit wollte ich bisher wirklich gar nichts zu tun haben.

Luise Hay hat selbst einen aufregenden Lebensweg hinter sich. Zunächst als Model gestartet und früh verheiratet, erscheint ihr

Lebensweg vorgezeichnet. Danach aber wird sie vom Leben gebeutelt: Eine nervenaufreibende Scheidung und danach eine Krebserkrankung werfen sie jäh aus ihrem bisherigen Leben. Um den Krebs zu besiegen, holt sie sich alles Wissen heran, was ihr irgendwie helfen könnte. Dabei wird sie selbst zu einer Lehrerin und Missionarin für alternative Medizin. Sie kann den Krebs mit verschiedenen alternativen Heilmethoden besiegen, über die die Schulmedizin die Nase rümpft. Dies bedeutet ihre Gesundung und zugleich ihren Durchbruch als »Kämpferin für eine andere Art von Medizin«. Kein Wunder, dass ihr Schicksal und ihre Botschaften mich genau in der Situation erreichen und anrühren, als ich selbst nicht mehr weiter weiß, weil die Schulmedizin mich als »hoffnungslosen Schmerzensmann« bereits aufgegeben hat.

Hier einige allgemeine Punkte ihrer Philosophie, die in meinem Denken nun einen fruchtbaren Boden finden:

- »Jeder von uns ist 100 % selbst verantwortlich für jede seiner Erfahrungen. Jeder Gedanke, den wir denken, gestaltet unsere Zukunft ...
- Jeder leidet an Selbst-Haß und -Schuld.
- Der Gedanke eines jeden lautet: ›Ich bin nicht gut genug.‹ Es ist nur ein Gedanke und ein Gedanke kann verändert werden.
- Verdruß, Kritik und Schuld sind die am stärksten schadenden Verhaltensmuster ...
- Wenn wir uns wirklich selbst lieben, funktioniert alles in unserem Leben.
- Wir müssen uns von der Vergangenheit lösen und jedem vergeben ...
- Selbst-Bejahung und Selbstanerkennung im Jetzt sind der Schlüssel zu positiven Veränderungen.
- Wir selbst verursachen jede sogenannte ›Krankheit‹ in unserem Körper ...
- Das Leben ist niemals festgefahren, statisch oder aufgebraucht, denn jeder Moment ist immer neu und taufrisch.
- Ich bin eins mit derjenigen Macht, die mich geschaffen hat, und diese Macht hat mir die Kraft gegeben, meine Lebensumstände selbst zu gestalten. Ich erfreue mich an der Erkenntnis, die Macht über meinen Geist zu haben, ihn auf jede Art, die ich wähle, zu benutzen.

– Jeder Augenblick des Lebens ist ein neuer Anfangspunkt, an dem wir das Alte verlassen. Dieser Augenblick ist genau hier und genau jetzt ein neuer Ausgangspunkt für mich. Alles ist gut angelegt in meiner Welt.«[3]

Solche Gedanken sind wirklich neu für mich. Ja, es wirkt richtig provozierend auf mich, dass ich angeblich selbst meine Knieschmerzen verursache. Gut, dass ich mich verletzt habe, hing tatsächlich mit meinem eigenen Tun zusammen. Ich wollte jahrelang nicht mit dem für meine bereits verletzten Knie schädlichen Volleyballspiel aufhören. Durch das Springen und Aufprallen auf dem Hallenboden bei dieser Sportart wurden eben meine Knie immer wieder massiv erschüttert. Aber warum gehen die Schmerzen nicht mehr weg? Sollte ich dafür wirklich selbst verantwortlich sein? Und wie sollten meine Knieschmerzen mit mangelnder Selbstliebe, mit Schuld und mit der Vergangenheit zusammenhängen?

Aus der Sicht meiner katholischen Herkunft wirken auch folgende Gedanken von Frau Hay völlig ungewohnt, in denen eine Spielart der Reinkarnationslehre zu stecken scheinen: »Jeder von uns entscheidet sich zu einem bestimmten Zeitpunkt und an einem bestimmten Ort zur Menschwerdung auf diesem Planeten. Wir haben uns dazu entschlossen, hierher zu kommen, um eine bestimmte Lektion zu lernen, die uns in unserer geistigen Entwicklung vorwärts bringen wird. Wir wählen unser Geschlecht, unsere Hautfarbe, unser Land. Dann schauen wir nach demjenigen Elternpaar, das die Verhaltensmuster widerspiegelt, die wir mitbringen, um daran während unseres Lebens zu arbeiten.«[4]

Ich beginne anhand der Kassette und des Buches von Luise Hay zu erahnen, dass meine bisher unheilbaren Knieschmerzen nur durch eine andere Denkweise und durch eine wie auch immer geartete alternative Medizin zu beseitigen sind, die vollkommen jenseits der herkömmlichen Schulmedizin gesucht werden muss. Anscheinend existiert aber diese Medizin. Wenn ich der Philosophie der in den USA und in Europa sehr geachteten »esoterischen« Lehrerin und Heilerin Luise Hay Glauben schenken darf, so gibt es grundsätzlich zu jedem Problem und zu jeder Krankheit einen Heilungsweg. Man muss nur die richtige Ebene in sich selbst finden, auf der das eigentliche Problem liegt und die Bereitschaft haben, auch ganz unkonventionelle Wege zu gehen. Dann findet man dafür womöglich auch den richtigen Heiler.

Durch Frau Hay kommt zum ersten Mal der Gedanke auf mich zu, dass Ärzte, Heilpraktiker und Heiler im Grunde nur die Diener, die Werkzeuge und Helfer eines »inneren Arztes« sind, den jeder in sich trägt. Dieser sucht dann nach dem richtigen Weg und nach dem richtigen Heiler im Außen. Ich schwanke zwischen ungläubigem Staunen, Zweifel und Hoffen.

Wichtige Impulse, mein Knieproblem auch noch anders als schulmedizinisch-mechanisch zu sehen, bekomme ich durch eine Liste von Krankheiten am Ende des Buches, in der Frau Hay neben dem Körpersymptom den wahrscheinlichen Grund auf der Seelenebene nennt, sowie jeweils ein neues Gedankenmuster zur Lösung anbietet.

- So heißt es etwa beim Stichwort Knieprobleme: »Wahrscheinlicher Grund: Stures Ego, Stolz. Unbeugsamkeit. Angst. Mangelnde Flexibilität. Unnachgiebigkeit.« Als neues Gedankenmuster wird dazu folgendes angeboten: »Vergebungsbereitschaft. Verständnis. Mitgefühl. Ich beuge mich dem Fluss mit Leichtigkeit. Alles ist gut.«[5]
- Zum Stichwort »Schmerz« ist in der gleichen Tabelle zu lesen: »Wahrscheinlicher Grund: Schuldgefühl. Schuld sucht immer nach Bestrafung.« Als neues Gedankenmuster steht daneben: »Liebevoll lasse ich die Vergangenheit los. Die anderen sind frei und ich bin frei. Alles ist jetzt gut in meinem Herzen.«[6]

Diese Überlegungen erscheinen mir 1998 noch ziemlich fremd und weit hergeholt. Dennoch ziehen mich die Gedanken von Luise Hay immer mehr an. Aber wieso soll meine eigene Sturheit und Unbeugsamkeit schuld daran sein, dass ich solche Schmerzen habe? Und wo soll meine Schuld stecken, derentwegen ich die Schmerzen gleichsam als Strafe erleiden muss? Es fängt an, in mir zu arbeiten. Eine Lösung zeichnet sich noch nicht ab, aber anscheinend sind die Gedanken von Hay der erste Hammerschlag für meine bisherige enge geistige Einstellung, wonach jeder Körperteil isoliert für sich betrachtet und durch eine entsprechende Operation mechanisch reparabel sei und nichts mit dem physisch-psychischen Gesamtsystem zu tun habe. Als wenig später heilende Personen mit ihren Angeboten auf mich zukommen, werte ich diese nicht gleich ab. Luise Hay hat mich neugierig für alternative Heilmethoden gemacht. Die Suche nach der konkreten Lösung für meine Knieprobleme erscheint mir jedoch im Herbst 1998 wie das berühmte Auffinden einer Nadel im Heuhaufen.

Ich werde geführt

Schon seit 1997 fahre ich immer wieder zu verschiedenen Heilbädern nach Ostbayern, um eine Schmerzlinderung zu bekommen. Bei einem Besuch im Herbst 1998 rutsche ich aus. Das Knie tut noch mehr weh. Daher suche ich wieder eine Krankengymnastikpraxis auf. Ein Physiotherapeut empfiehlt mir, zu einer benachbarten Sportschule zu gehen, um meine Muskeln grundsätzlich und langfristig wieder aufzubauen. Beim obligatorischen Aufnahmegespräch erzählt mir der Leiter von seinen Verletzungen beim Gewichtheben und was ihm dann geholfen habe. Er weigert sich, mich in seiner Sportschule mit dem Training beginnen zu lassen. Dafür schickt er mich zu einem alternativ ausgerichteten Sportarzt südlich von München. Erst wenn ich eine merkliche Schmerzlinderung erfahren hätte, könne ich in seiner Sportschule mit dem Trainieren beginnen. Vorher würde es keinen Sinn machen.

Ein ganzes Jahr lang fahre ich ab Januar 1999 einmal in der Woche zu dem empfohlenen Arzt. Er spritzt mir eine besondere Mischung von Substanzen ins linke Knie und setzt mir zusätzlich Akupunkturnadeln zur Schmerzlinderung. Dadurch gelingt es, das Knie zu stabilisieren und den Schmerz in Grenzen zu halten, wenn auch nicht zu beseitigen. Wichtiger ist aber, wieder Hoffnung zu schöpfen, dass es für mich doch noch irgendeine Heilung geben könnte. Die indirekte psychologische Betreuung durch diesen Arzt ist bei diesen Besuchen ebenso wichtig wie seine körperlichen Maßnahmen. Er hat mehr Zeit zum Gespräch als all die Sportärzte in München. Anscheinend ist es das, was ich brauche: Ich will ernst genommen und angehört werden.

Durch die Besuche bei diesem von mir bald liebevoll und respektvoll als »Schamanenarzt« bezeichneten Mediziner sickert es langsam in mein Bewusstsein ein, dass ich allein für mein Leben, für meine Gesundheit und aktuell für meine Kniehaltung verantwortlich bin. Hatte ich so etwas Ähnliches nicht schon bei Luise Hay gelesen? Diese Anschauung ist wirklich neu für mich, denn bisher war ich von folgender Einstellung geprägt: »Ich ändere nichts in meinem Leben, ich beklage meinen misslichen Zustand und jammere überall herum. Ich erwarte, dass die Ärzte mich heilen, gibt es doch in München ausgezeichnete Sportärzte. Wenn eine Heilung nicht gelingt, sind allein die Ärzte schuld und ich äußere ihnen gegenüber auch meinen Unmut. Schließlich zahle ich dafür ja Krankenversicherung und daher kann ich doch erwarten, dass ich von den Ärzten geheilt werde«.

Der alternative Arzt setzt in den kurzen Gesprächen vor und nach dem Spritzen in das linke Knie so ganz nebenbei einige Impulse und bringt mich auf unerwartete neue Gedanken:

- Ich sollte bei meiner Suche nach Heilung auf ganz andere Ebenen blicken als nur auf die körperliche.
- Er gibt mir die Adresse einer Geistheilerin, die durch »Aura-Reading« bekannt ist. So etwas habe ich noch nie gehört.
- Er provoziert mich mit der Frage, warum ich denn noch keine sogenannte »Visionssuche« gemacht hätte und gibt mir dazu konkretes Informationsmaterial.
- Er erzählt mir von einem Männer-Workshop in der freien Natur, an dem er selbst teilgenommen hat.
- Er gibt mir einen Artikel aus einer esoterischen Zeitschrift. Dadurch werde ich zum ersten Mal mit einem neuen Denken konfrontiert: Neben der Heilung auf einer rein körperlichen Ebene gäbe es noch eine psychische, eine familiensystemische und eine karmisch-spirituelle Heilungsebene.

Alles völlig neu für mich! Ich frage mich selbst, warum ich mich denn nicht gegen diesen »Humbug« wehre. Mit etwas Abstand betrachtet, kann ich drei Antworten darauf finden: Einmal kann ich von den reinen Schulmedizinern, den Orthopäden und Operateuren, keine Hilfe mehr erwarten. Nach ihrer Meinung bin ich zu einem »hoffnungslosen Fall« geworden. Zum zweiten hat mich der Schmerz so mürbe gemacht, dass ich ganz andere, für mich alternative Gedanken und Denkweisen einfach mal auf mich wirken lasse und sie nicht sofort ablehne. Schließlich hat es mit der Persönlichkeit dieses Arztes zu tun, der einen ganz anderen Ansatz hat als die üblichen Schulmediziner. Ich fasse immer mehr Vertrauen zu ihm, werde etwas gelassener, obwohl auch er mir den Schmerz nicht auf die Schnelle wegzaubern kann. Diese meine eigene Offenheit führt mich jetzt weiter...

An dieser Stelle muss ich die von mir so bezeichneten »Schulmediziner«, die Sportärzte also, bei denen ich nach Heilung suchte, in Schutz nehmen und ihre Maßnahmen würdigend erwähnen. Sie haben damals getan, was sie konnten und was in ihrer Macht stand. Ihre operativen Eingriffe waren, auf einer rein körperlichen Ebene betrachtet, wohl jedes Mal durchaus erfolgreich. Da sie viele Sportler, darunter auch Profisportler, in ihren Praxen behandelten, die möglichst schnell wieder fit gemacht werden wollten, passten diese Ärzte genau zu meiner damaligen Einstellung. Nie wäre ein solcher Arzt auf die Idee gekommen, mir vom Sport abzuraten. Dadurch wurde mein Glauben an meine körperliche Leistungsfähigkeit und Sportlichkeit zunächst am Leben erhalten. Als dann bei mir aber chronische Schmerzen auftraten, waren diese Ärzte mit ihrem rein auf den Körper abgestimmten Weltbild vollkommen überfordert und ihre Maßnahmen ungeeignet.

Der von ihnen propagierte oder zumindest subtil vermittelte Glaube, wonach eben jede Verletzung grundsätzlich auf rein körperlicher Ebene wieder reparabel sei, wurde bei mir nachhaltig erschüttert. Es gab jedoch erst dann für mich eine Weiterentwicklung, als ich mich von diesem falschen Glauben löste und den Ärzten, die wohl ihr Bestes getan hatten, nicht mehr auf so billige Weise die Schuld für meine Probleme gab, ihnen aber auch nicht mehr so blind vertraute wie bisher. Erst als ich damit begann, mich für meine Gesundheit und für meine Lebensführung selbst verantwortlich zu fühlen, ging es für mich weiter.

Und nun bin ich bei dem »Schamanenarzt« in der Provinz südlich von München gelandet. Durch die wöchentlichen Spritzen ins Knie werden die Schmerzen etwas gelindert, sie gehen jedoch nicht weg. Noch schlimmer ist, dass ich mich in meiner Beweglichkeit und Lebendigkeit vollkommen eingeschränkt fühle. Durch die Schonhaltung wegen des schmerzenden linken Knies kommen nun auch noch Blockaden und Verrenkungen im Rücken hinzu. Was ist mit meinem

Körper los? Ja, was ist überhaupt mit mir los? Die eigentliche Ursache für die Schmerzen im linken Knie ist nicht gefunden. Mit der Erklärung des Münchner Sportarztes ein Jahr zuvor kann und will ich mich nicht abfinden, wonach ich »erledigt« sei, ein Knie wie ein 80-jähriger Mann hätte und es eine Heilung für mich nicht mehr geben könne. Eine vernichtende, aus Sicht des damaligen Sportarztes sicher ehrliche Diagnose für mich. Irgendwie spüre ich jetzt aber immer mehr,

- dass kein Arzt der Welt »es« für mich von außen her machen kann;
- dass ich selbst für meine Heilung zuständig bin, wenn überhaupt noch eine möglich sein sollte;
- dass es in mir einen inneren Heiler, einen inneren Arzt, geben könnte, der nach der Heilung suchen muss. Nur er kann mich heilen. Äußere Heiler sind dann nur seine Helfer und Diener;
- dass ich Geduld haben und mir Zeit geben muss, wenn es doch noch zu einer Heilung kommen sollte;
- dass die Heilung für mich nicht in der Schulmedizin liegen kann, die mir den falschen Glauben vermittelt hat, dass jeder Körperteil isoliert für sich rein technisch reparabel sei;
- dass noch andere Heilungsinstanzen existieren könnten als die mir bis dahin allein bekannte und allein akzeptierte rein körperlich ausgerichtete Schulmedizin. Daran hatte ich geglaubt und nun war ich mit diesem meinen Glauben am Ende. Dieser Glaube war vollkommen gescheitert und erschüttert worden durch den schon seit mehreren Jahren anhaltenden Dauerschmerz, der dabei war, mich immer mehr verrückt zu machen.

Mit etwas Abstand betrachtet, haben die Schmerzen, die ich nicht mehr abschütteln kann, doch eine wichtige und womöglich notwendige Funktion: Ich werde demütig und offener. Da die Schulmedizin mich so enttäuscht hat, bin ich immer mehr bereit, auch auf andere Angebote zu schauen, die ich bisher, wie so viele meiner Zeitgenossen, mit den Bemerkungen »so ein Quatsch« oder »esoterische Spinnereien« abgetan habe. Es ist ein langer Weg, mein eigenes Denken und meine innere Einstellung zu verändern. Nur so kann es für mich weitergehen und ich kann vielleicht doch noch Lösungen finden. So, wie es ist, kann ich es jedenfalls nicht lassen, der Schmerz ist mein täglicher Begleiter und treibt mich an, immer weiter nach Lösungen und eben nach einer Heilung zu suchen. Dadurch findet in mir eine Veränderung meines bisherigen Weltbildes statt. Ich werde zugleich immer mehr zu einem Beobachter meiner selbst.

(3) Unkonventionelle Heilungswege

Aura-Reading bei einer amerikanischen Geistheilerin

Daher ist es nahe liegend, dass ich im August 1999 bei einer mir vom »Schamanenarzt« empfohlenen amerikanischen Geistheilerin auftauche, die »Aura-Reading« anbietet. Ich bin neugierig geworden. Was macht diese Frau, was könnte es mir denn bringen? Seltsamerweise wohnt sie genau in meiner Stadt. So ein »Zufall«. Ich musste aufgrund der großen Nachfrage bei ihr über sechs Monate lang auf diesen Termin warten. Mit etwas Bammel trete ich bei ihr ein. Sie lebt alleine, nur zwei Katzen nehmen regelmäßig an ihren Behandlungen teil, wie sie mir gleich zu Beginn erklärt. Wie sie selbst sagt, sind sie ihre »Helfer«. Der Gegensatz zu den zupackenden Orthopäden könnte nicht größer sein. »Aura-Reading«? Tut dies vielleicht weh? Werde ich dabei psychisch verändert? Oder ist alles nur Scharlatanerie, mit der jemand mit mir gutes Geld verdient? Solche Gedanken gehen mir gerade durch den Kopf.

Die Heilerin hat sich auf mein Kommen vorbereitet und liest von einem Blatt ihre Erkenntnisse ab, die sie über mich bereits am Tag zuvor »gesehen« hat. Vor dem Hintergrund meiner bayerisch-katholischen Erziehung ist dies alles Humbug und Zauberei. Wie kann es so etwas geben? Wie kann jemand in meine Seele schauen, der mich noch nie gesehen, sondern nur ein halbes Jahr zuvor bei der Terminvereinbarung einmal kurz meine Stimme gehört hat? Vor dem Hintergrund meines bisherigen Glaubens konnte das nur Jesus. Werde ich jetzt vollkommen hinters Licht geführt? Geht es womöglich nur um Geldschneiderei? Die Dame verlangt 100 Mark in der Stunde, lässt ein Tonband mitlaufen.

Eine Stunde lang erzählt sie mir, was meine wahren Probleme seien, was eben meine Aura, das heißt mein Energiefeld, ihr »sage«. Vor allem auf zwei frühere Inkarnationen, also auf Existenzen in früheren Leben, weist sie mich hin. Dort seien schlimme Traumata geschehen. Darum versucht sie anschließend, diese Traumata durch ein sehr eigenartiges Summen-Ritual für mich aufzulösen. Denn in den beiden früheren Inkarnationen seien böse Dinge passiert, die auch mit dem jeweiligen Tod nicht beendet werden konnten, in meiner Seele festgehalten wurden und die daher bis in dieses jetzige Leben hereinwirken, die Körperprobleme und vor allem die chronischen Schmerzen verursachen, sowie eine Heilung verhindern würden. Die Mitteilung ihrer Erkenntnisse und das Heilungsritual dauern etwa eine Stunde lang.

In der folgenden Stunde stelle ich dann Fragen an die Heilerin, die durch ihre Diagnose aufgeworfen wurden und die sie mir zu beantworten versucht. Nach zwei Stunden und um 200 Mark leichter verlasse ich die Frau wieder, eine Tonkassette in der Hand, auf der das ganze Gespräch aufgezeichnet worden ist. Es dauert über sechs Wochen, bis ich auf siebzig (!) großen Seiten die ganze »Session« von der Kassette heruntergeschrieben habe. Denn ich spüre instinktiv, dass die Heilerin keine Spinnerin ist, sondern dass ihre Erkenntnisse über mich und meine Seele durchaus Sinn machen könnten. Außerdem möchte ich durch das Aufschreiben noch mehr Bewusstsein über diese neuen, von der Heilerin ganz selbstverständlich geäußerten Vorstellungen bekommen – etwa über frühere Inkarnationen, also Vorleben. Schließlich möchte ich vor mir selbst rechtfertigen, warum ich so viel Geld ausgegeben habe. Denn ich kann die Rechnung für diese »Session«, die die Themen »Geistheilung – Aura-Reading – Heilung von Traumata aus früheren Inkarnationen« zum Inhalt hatte, sicher bei keiner Krankenkasse einreichen.

Zum ersten Mal werde ich mit der Thematik der »Reinkarnation« konfrontiert. Der Glaube an die Seelenwanderung ist ein Kernstück der großen östlichen Religionen, vor allem des Hinduismus. Auch bei vielen indigenen Völkern gibt es eine Vorstellung von Wiedergeburt der Seelen Verstorbener in die Stammesgesellschaft hinein. Diese Lehren sind mir zumindest prinzipiell und ganz grob vertraut, haben aber nichts mit den gängigen christlichen Vorstellungen gemein, in denen ich sozialisiert wurde. Nein, mit Wiedergeburtsgedanken hatte ich bisher nichts zu tun.

Das Christentum konzentriert sich ausschließlich auf dieses jetzige Leben und geht nur von einer einzigen, nämlich der aktuellen, Inkarnation unserer als unsterblich angenommenen Seele aus. Diese – so die offizielle Lehre – wandere nach dem Tod direkt ins Paradies und zu einer personalen Begegnung mit Gott; oder in das »Fegfeuer« oder in die Hölle, wie es etwa eine traditionelle, mittelalterlich geprägte katholische Auffassung noch immer vermitteln will.

Da ich auf einer schon fast verzweifelten Suche nach Abhilfe für die Knieschmerzen und mittlerweile auch für die Schmerzen im Rücken bin, lasse ich den Wiedergeburtsgedanken für mich zu, wehre mich geistig nicht mehr dagegen. Wenn zwei große und uralte Religionen wie Hinduismus und Buddhismus ihre ganze Lehre darauf aufbauen, kann so etwas zumindest nicht grundsätzlich ausgeschlossen werden. Und es wäre nach meinem Empfinden eine westliche Arroganz zu behaupten, es könne so etwas wie eine Wiedergeburt gar nicht geben.

Dabei hat mich bisher eine solche östliche Lehre im Grunde überhaupt nicht interessiert. In meiner Herkunftsfamilie, die sehr traditionell christlich geprägt ist, hatten Vorstellungen von einer Wiedergeburt absolut keinen Platz. Anscheinend passt auch unsere westliche Schulmedizin genau zu der christlichen Vorstellung von einem einzigen Leben, nämlich dem jetzigen. Wenn man nur ein Leben hat, muss es möglichst schnell eine Lösung geben, falls man krank ist. Diese Lösung ist ausschließlich körperorientiert und soll durch Medikamente und durch Operationen herbeigeführt werden, weil solche Maßnahmen oft einen schnelleren sichtbaren Effekt erzielen können als etwa alternative, sanfte Methoden. Dafür ist keine Zeit, besonders dann nicht, wenn es eben nur dieses eine jetzige Leben gibt.

In meinem Kopf fängt es jedenfalls an zu arbeiten. Das Christentum geht ja – wie die meisten anderen Weltreligionen auch – davon aus, dass wir eine unsterbliche Seele haben. Warum sollte es für diese nur eine einzige Inkarnation geben – dieses jetzige Leben? Und was passiert mit kleinen Babys, die gleich nach der Geburt wieder sterben, bevor sie auch nur einen Tag gelebt haben? Was ist mit Frühgeburten, die gar nicht ins Leben kommen konnten? Fragen über Fragen. Rein rational und im Religionenvergleich sollte die Wiedergeburtslehre, die etwa der Hinduismus propagiert, zumindest eine gleichwertig logische Berechtigung wie die christliche Auffassung haben. Ich sehe dies alles eher pragmatisch: Wenn mir die Geistheilerin in der Sitzung mit ihren Vorstellungen von Reinkarnation helfen konnte, dann soll es mir recht sein, unabhängig davon, was ich selbst wirklich glaube.

Mehr passiert im Herbst 1999 nicht mehr. Eine fühlbare Heilung von Knie und Rücken geschieht nicht. Aber neue geistige Wege haben sich für mich aufgetan. Dies ist notwendig, damit ich offen für die Begegnungen bin, die sich bald darauf ereignen. Denn die Heilerin, die mittlerweile aus meinem Ort weggezogen ist, hat mich noch auf zwei Dinge hingewiesen, die ich in nächster Zukunft tun solle, oder die angeblich passieren würden:

- Ich solle mir ein bestimmtes »Aura-Soma-Produkt« besorgen.
- Es würden heilende Menschen auf mich zukommen.

Tatsächlich werden beide Aspekte auf einmal erfüllt: Auf der Suche nach der Aura-Soma-Farbflasche, die mir die Geistheilerin empfohlen hat, gerate ich nach einigen Nachfragen in Apotheken an eine damals etwa 40-jährige Heilpraktikerin. Sie bietet neben einer Aura-Soma-Beratung auch Familienaufstellungen an.

Eine unglaubliche Knieheilung beginnt

Dezember 1999. Weihnachtsbazar in der Pfarrei meines Ortes. Beim Kaffeetrinken komme ich mit einer Frau unerwartet in ein sehr tiefschürfendes Gespräch. Sie erzählt mir, dass sie von dem Todesmarsch von KZ-Häftlingen aus dem KZ Dachau in den letzten Kriegstagen durch ihre Ortschaft geträumt habe. Von der Gemeindeverwaltung ihres Ortes wisse sie bereits, dass dabei 49 Häftlinge während des Durchmarschierens von SS-Leuten brutal erschossen worden seien, weil sie entweder körperlich zu sehr erschöpft waren und auf der Straße zusammenbrachen oder mit letzter Kraft fliehen wollten. Im Traum habe sie diese Menschen schon mehrfach »gesehen«, darum habe sie vor, für die Seelen dieser armen und bestialisch Ermordeten nun ganz alleine ein heilendes und würdigendes Gedenkritual abzuhalten. Sie wisse, dass sie selbst sonst keine innere

Ruhe mehr finden würde. Es scheint ihr so, als ob die Seelen dieser Verstorbenen förmlich um solch ein Würdigungsritual schreien würden, um endlich Ruhe finden und in die geistige Welt der Toten hinübergehen zu können.

Dieses Gespräch beschäftigt mich sehr. Denn ich habe seit Monaten den Eindruck, als würden ebenfalls Tote, Verstorbene, vielleicht irgendwelche ungewürdigten Ahnen, aus meinem linken Knie um Hilfe schreien. Ich habe aber keine Ahnung, wer diese sein könnten. Von meiner verstorbenen Großmutter väterlicherseits ist mir die auf dem Land weit verbreitete Vorstellung vertraut, dass Tote »umgehen« können; dass also die etwas gruseligen oder sogar makaberen Geschichten vom »Gespenst im Schloss Canterville« durchaus eine reale Grundlage im katholischen Volksglauben haben. Schon als Kinder hatte uns diese Großmutter daher strengstens verboten, abends nach dem sogenannten Gebetläuten bei Einbruch der Dunkelheit noch auf einen Friedhof zu gehen.

Die Begegnung mit der Frau auf dem Bazar ist anscheinend kein Zufall gewesen. Denn für den nächsten Tag habe ich mich schon vor Wochen zu einer sogenannten »Familienaufstellung« angemeldet, die die oben erwähnte Heilpraktikerin in regelmäßigen Abständen für ihre Klienten anbietet. Hierbei handelt es sich um eine spezielle Methode aus der Familientherapie. Ein Teilnehmer stellt zunächst sein Problem oder Thema, das ihn beschäftigt, im Kreis der anderen Teilnehmer und der Leiterin vor. Dann sucht er sich unter den anderen Teilnehmern sogenannte Stellvertreter für die Mitglieder seiner Familie aus, die er aufstellen möchte. Auf Anraten der Leiterin bittet er anschließend die gewählten Personen, sich im Raum so hinzustellen, wie er seine Familienverhältnisse und die Beziehungen seiner Verwandten untereinander und zu sich selbst empfindet. Dabei werden auch bereits verstorbene Familienmitglieder mit berücksichtigt. Zum Schluss wird auch der »Fallgeber« selbst durch einen anderen Teilnehmer ersetzt, so dass der Protagonist aufmerksam von außen zuschauen kann. Meist kann man schon als Laie erkennen, wenn etwas nicht stimmt, etwa wenn die Stellvertreter für Vater und Mutter in entgegengesetzte Richtungen blicken oder sehr nahe Familienmitglieder recht weit voneinander entfernt stehen.

Schon am Morgen dieses Familienaufstellungs-Tages bin ich mit meinem Fall an der Reihe. Ich möchte nur zwei Personen hinstellen lassen – meine Mutter und mich selbst. Ohne lange zu überlegen, suche ich zwei Vertreter aus den anwesenden Teilnehmern aus und stelle sie im Raum auf. Nicht nur ich, sondern auch die übrigen Teilnehmer können jetzt sofort erkennen: Die Mutter steht mir sehr nahe – vielleicht sogar zu nahe –, schräg auf meiner linken Seite, keine 20 Zentimeter von mir entfernt. Je nach Blickwinkel könnte man sagen: Sie steht mir oder ich stehe ihr im Weg. Sie blickt in die Ferne, hat anscheinend gar nicht so viel mit mir zu tun. Zu welchen Personen blickt sie denn dann? Die Leiterin gibt den Impuls, dass es sich dabei um bereits verstorbene nahe Verwandte handeln könnte.

Der Mann, der mich vertritt, sagt plötzlich, dass ihm gegenüber drei Tote seien, dass er diese sehr gut spüren könne. Nun wird es ziemlich gruselig für mich. Wer sollten denn diese drei Toten sein? Die Leiterin frägt, ob die Mutter womöglich verstorbene Geschwister hatte. Gibt es vielleicht noch unbekannte Geschwister meiner Mutter, deren Schicksal im Laufe der Zeit in meiner Herkunftsfamilie verdrängt wurde? So verrückt es für mich klingen mag: Kann es sein, dass es vergessene Tote gibt, die aus meinem linken Knie schreien, dass somit sie die eigentliche Ursache für den Dauerschmerz sein könnten? Solche Gedanken beschäftigen mich schon während der Aufstellung, mehr aber noch in den Tagen danach. Sie lassen mir keine Ruhe mehr.

Bereits am Abend des gleichen Tages rufe ich bei meiner Mutter an. Von ihrem 1972 früh verstorbenen Bruder weiß ich noch. Da gibt meine Mutter zu, dass es tatsächlich noch drei weitere Brüder lange vor ihrer Zeit gegeben habe, die schon bald nach der Geburt wieder gestorben seien – so um die Zeit des ersten Weltkriegs herum und kurz danach. Ich schreibe meiner Tante, der viel älteren Schwester meiner Mutter, einen langen Brief und bitte sie, mir so genau wie möglich Auskunft über das Schicksal dieser Brüder zu geben.

Schon nach einigen Tagen erhalte ich einen ausführlichen Antwortbrief von ihr – gestochen geschrieben, exakt recherchiert. Dies erstaunt mich, schließlich ist meine Tante schon 86 Jahre alt. Als Erstgeborene in ihrer Familie kann sie mir sehr genaue Auskünfte über ihre jüngeren Brüder geben. Sie weiß Geburts- und Todesjahre, sowie die Umstände ihres Todes. Dies ist sehr aufschlussreich für mich. Tatsächlich sind zwei ihrer Brüder, die nach ihr noch während des ersten Weltkriegs geboren wurden, schon einige Wochen oder Monate nach ihrer Geburt an damals typischen Kinderkrankheiten wieder gestorben. Für meine Oma, die zu dieser Zeit allein in Nürnberg lebte, war dies jedes Mal ein großer Schock. Der dritte Bruder sei dann bei einem tragischen Unfall – einem Feuer – bald nach Ende des Krieges in dem Dorf ums Leben gekommen, in das meine Großmutter zusammen mit meinem Großvater gleich nach Kriegsende gezogen war.

In den Tagen nach der Familienaufstellung habe ich mehrere Träume von diesen Brüdern meiner Mutter, von denen ich bis dahin noch nie etwas gehört hatte. Noch bevor ich die genaueren Informationen von meiner Tante erhalte, träume ich davon, dass zwei dieser Kinder in Nürnberg beerdigt wurden und dass mein Leben blockiert bleibe, wenn ich nicht etwas zu ihrer Würdigung unternähme. Zudem habe ich einen weiteren Traum, der den Feuerunfall des dritten Jungen symbolisiert. Diese Träume nehme ich ernst. Ich erinnere mich an das Gespräch mit der Frau auf dem Weihnachtsbazar am Tag vor der Familienaufstellung. Instinktiv weiß ich jetzt sofort, was ich als Nächstes zu tun habe.

Ich kaufe große weiße Kerzen, sowie rote Wachsplatten und versehe die Kerzen mit den Namen und dem Todesjahr dieser Ahnen, die ja alle Onkel von mir waren, also durchaus nähere Verwandte. Indem ich die Buchstaben aus den Wachsplatten schneide und auf die Kerzen drückte, sowie jeweils ein großes rotes Wachskreuz auf die Kerzen forme – eine fast meditative Beschäftigung –, bekomme ich auch einen ersten inneren Kontakt zu diesen Verstorbenen, deren Schicksal mich immer mehr anrührt. Sie durften nicht leben, sie starben bereits innerhalb ihres ersten Lebensjahres.

Ich suche nach den Pfarrämtern, in deren Sprengel die Friedhöfe liegen, wo die Kinder damals beerdigt wurden. In den dazugehörigen Kirchen bestelle ich jeweils eine katholische Gedenkmesse und bitte die Pfarrer – natürlich gegen eine Spende –, die Verstorbenen, sowie mich als Auftraggeber, in diesen Gottesdiensten ausdrücklich namentlich zu erwähnen. Zudem werden diese Gedenkmessen rechtzeitig in den wöchentlichen Pfarrbriefen dieser Gemeinden schriftlich angekündigt. Bei diesen Gottesdiensten bin ich auch selbst anwesend. Als die Namen der Toten dann tatsächlich genannt werden, kommen mir die Tränen – Tränen der Anteilnahme am tragischen Schicksal dieser Ahnen. Obwohl ich die drei Onkel selbst nie kennengelernt habe, ja obwohl ich von ihrer Existenz erst einige Wochen zuvor zum ersten Mal erfahren habe, muss ich jetzt tief berührt weinen, als ich ihre Namen höre. Ich trauere ernsthaft um sie.

6. Januar 2000, Dreikönigstag. Nach der Gedenkmesse in der benachbarten Pfarrei fahre ich zum Nürnberger Südfriedhof. Laut Auskunft meiner Tante wurden dort in den Jahren 1917 und 1918 zwei ihrer Brüder beerdigt, während ihr Vater, also mein Großvater mütterlicherseits, noch in den Schützengräben von Verdun lag und versuchte, den Krieg zu überleben. Meine Großmutter hauste damals in einer Mietskaserne in Nürnberg. Ich gehe auf den Friedhof und frage Besucher nach Kindergräbern. Ich habe noch keine Ahnung, wo ich die beiden Kerzen hinstellen könnte. Dann aber geht alles sehr schnell. Eine Frau zeigt mir die Richtung zu einem alten Friedhofsbereich mit aufgelassenen Kindergräbern.

Sofort spüre ich, dass meine Onkel vor über 80 Jahren dort beerdigt worden sein könnten. Ich finde ein noch intaktes Kindergrab mit zwei kleinen Büschen auf beiden Seiten und einem einfachen Holzkreuz in der Mitte. Der Name ist nicht mehr zu entziffern. Zu beiden Büschen am Grabende stelle ich je eine der Kerzen hin – windgeschützt in mitgebrachten hohen Gläsern. Die Namen aus rotem Wachs sind gut lesbar. Es wird wohl etwa drei volle Tage und Nächte dauern, bis die Kerzen vollständig niedergebrannt sein werden. Denn ganz innen weiß ich, dass genau dies notwendig ist. Wer wird »meine« Kerzen und damit symbolisch meine Ahnen hüten? Ich wohne ja 180 Kilometer entfernt. Ein freundliches Ehepaar in der Nähe, das auch ein Kind verloren hat, bietet sich spontan an, die »Kerzenwache« zu halten. Instinktiv haben beide mein Anliegen und meine Situation erfasst: Nämlich dass ich von weit herkomme und nur heute auf Besuch da sein kann, jedoch ein wichtiges Anliegen habe.

In diesem Moment überkommt es mich heftig und ich muss an dem von mir neu definierten Kindergrab hemmungslos weinen – im Beisein dieses mir völlig unbekannten Ehepaars. Es ist eine sehr berührende Situation, ein magischer Augenblick, in dem die Zeit stehen zu bleiben scheint. In meinem Familiensystem kann jetzt durch mich gerade etwas ins Fließen kommen und geheilt werden, was über 80 Jahre lang blockiert war. Ich habe aber gar nicht das Gefühl, dass ich dabei der aktiv Handelnde bin. Vielmehr geschieht etwas durch mich, das mir in diesem Augenblick völlig logisch, längst überfällig und konsequent erscheint, das ich weder verhindern, noch beeinflussen, noch beschleunigen kann, selbst wenn ich es wollte. Es geschieht völlig von alleine, alles scheint eine eigene innere Logik zu haben.

Ich komme mir wie ein Werkzeug des Universums vor, das nun gerade gebraucht wird, damit etwas längst Überfälliges, Notwendiges, Tiefes und Heilendes endlich stattfinden kann: eine echte, ehrliche Trauer um zwei kleine Kinder, um zwei meiner Onkel. Und um eine nachträgliche würdevollere Bestattung. Mein Herz ist sperrangelweit offen wie selten zuvor und ich schließe diese Ahnen tief in mein Herz. Ab jetzt gehören sie für immer zu mir. Dies spüre ich in dieser Situation sehr tief und plötzlich weiß ich, dass ich selbst der am meisten Beschenkte dieses ganzen äußerst berührenden Geschehens bin. Ich empfinde es als große Gnade und als Ehre, diese »Trauerarbeit« machen zu dürfen. Und ich fühle mich dabei geführt von höheren Kräften...

Von meiner Tante habe ich kurz vorher erfahren, dass meine Großmutter durch den Tod gleich zweier ihrer Söhne während des Krieges so geschockt war und so krank wurde, dass sie damals überhaupt nicht trauern konnte. Sie konnte nicht einmal an der Beerdigung teilnehmen. Als mein Großvater 1918 aus dem Krieg heim kam, zog er bald darauf mit meiner Großmutter weg aufs Land. Die beiden Kindergräber gerieten dann schnell in Vergessenheit. Nun aber, am Fest der Heiligen Drei Könige 2000, scheint es mir so, als ob gerade in diesem Augenblick etwas zum Abschluss und zur Ruhe kommen könne; und als ob sich in mir, in meinem linken Knie, eine Blockade lösen würde.

Das freundliche Ehepaar, das in gebührendem Abstand gewartet hat, kommt jetzt nochmals auf mich zu und beide versichern mir, dass sie die Kerzen so lange wieder anzünden und hüten würden, bis sie völlig heruntergebrannt seien. Voll Dankbarkeit überreiche ich ihnen eine mitgebrachte Flasche Wein und verabschiede mich danach von ihnen und von dem Grab meiner Onkel. Noch einmal verneige ich mich tief ergriffen und zugleich voll Dankbarkeit vor dem Grab mit den beiden großen Kerzen, die jetzt – an einem grauen Wintertag – in tiefem Frieden vor sich hinbrennen. Ich habe selten eine solch berührende und magische Situation erlebt, die mir so unter die Haut ging. Und ich weiß, dass heute etwas Grundsätzliches in meinem Familiensystem geheilt worden ist.

Zwei Wochen später habe ich für den dritten Onkel, der ebenfalls bald nach seiner Geburt 1921 durch den bereits erwähnten tragischen Feuerunfall ums Leben kam, eine weitere Messe in einer kleinen dörflichen Filialkirche bestellt, wo meine Großeltern nach ihrem Wegzug aus Nürnberg gewohnt hatten. Da nur etwa zwanzig Personen anwesend sind, kann ich am Ende des Gottesdienstes das Wort ergreifen und kurz über das Schicksal dieses Verwandten und auch der beiden Nürnberger Kinder berichten. Einige alte Kirchenbesucher können sich noch persönlich an meine Großeltern erinnern. Hier stelle ich eine entsprechend vorbereitete Kerze in der Kirche auf und lege eine kurze würdigende Fallbeschreibung aller drei Toten dazu. Die Mesnerin erzählt mir eine Woche später, dass mehr als zwanzig Leute bei ihr um eine Kopie dieses Zettels gebeten hätten und dass sie bereits viele Gespräche mit Kirchenbesuchern über das Schicksal meiner Verwandten geführt habe. Auch dieser Gottesdienst hat mich wieder sehr ergriffen.

Etwa eine Woche nach dieser zweiten Gedenkmesse geschieht etwas Seltsames, ja etwas Unglaubliches: Ich vergesse irgendwann, Quark zu kaufen und ihn auf mein schmerzendes linkes Knie zu legen. Es hat – zunächst eher unmerklich – aufgehört zu rumoren. Der Druck aus dem Knie ist weg. Ich kann auch ohne Quark wieder einschlafen. Zunächst fällt mir dies gar nicht auf. Nach etwa drei Wochen kann ich feststellen, ja ich muss es mir eingestehen, dass ich keine Knieschmerzen mehr habe. Unglaublich! Ich will dies zunächst gar nicht wahrhaben, zu sehr bin ich an den Dauerschmerz gewöhnt gewesen. Natürlich fühle ich mich im linken Knie noch immer sehr unsicher, eine leichte Verkanntung, ein falscher Tritt, ein kleines Stolpern und schon tut das Knie wieder weh. Aber der Schmerz geht auch in diesen Fällen nach etwa ein oder zwei Tagen jedes Mal wieder weg. Anscheinend muss ich erst einmal die Schmerzvorstellung aus meinen Gedanken, aus meinem Kopf, herausbekommen, der so an den Schmerz gewöhnt war, dass er sich ein Leben ohne Schmerzen gar nicht mehr vorstellen konnte. Fast vier Jahre Dauerschmerz, Tag und Nacht!

Deutung der Knieschmerzen – Rückblick

An dieser Stelle möchte ich festhalten und bekennen: Die Ahnenarbeit war in meinem Fall die Lösung der heftigen und aussichtslosen Knieprobleme. Was die besten Orthopäden, Sportmediziner und Operateure Münchens nicht vermochten, wurde danach auf den Friedhöfen und in den Kirchen Nürnbergs und in einem ostbayerischen Dorf gelöst. Im Nachhinein gesehen, erschien es mir genau so: Die ungelösten Familienangelegenheiten meines Herkunftssystems, die unbetrauerten toten Brüder meiner Mutter und die furchtbaren Umstände, unter denen sie damals gestorben und beerdigt worden waren, hatten mich jahrelang aus meinem linken Knie angeschrien.

Nun begann ich auch, die Philosophie von Luise Hay bezüglich des Schmerzes besser zu verstehen: Chronische Schmerzen stellen eine Energieblockade dar und sind oftmals Ausdruck einer Schuld, die deshalb nach Strafe verlangt. Die Schmerzen sind die Strafe. Dabei ist es unwichtig, auf welcher Ebene die Schuld vorliegt. In meinem Fall handelte es sich nicht um eine verdrängte persönliche Schuld, sondern um eine familiensystemische Schuld, die sich dann in mir als einem nachfolgenden Familienmitglied stellvertretend niedergeschlagen hatte. Die Schuld bestand darin, dass Verstorbene nicht genügend gewürdigt, ihr Schicksal verdrängt und die Personen vergessen worden waren.

Die Münchner Ärzte konnten mir deshalb mit ihrem rein schulmedizinischen Wissen nicht helfen, weil eine nur körperliche Ebene die falsche »Plattform« für eine Heilung war. Die Ursachen lagen in meinem Herkunfts-Familiensystem, nicht im Knie selbst. Mein Knie war jedoch die ganze Zeit ein Indikator, ein Wegweiser dafür, auf einer ganz anderen Ebene als der rein körperlichen nach den wahren Ursachen zu suchen. Jetzt konnte ich es so deuten: Das ungelöste Ahnen-Familien-Problem hatte sich auf der Körperebene eines ihrer Nachfahren niedergeschlagen. Es hatte also die ganze Zeit eine Symptomverschiebung von familiensystemischen Problemen auf die Körperebene eines Familienmitglieds, genauer gesagt auf einen meiner Körperteile, gegeben. So habe ich es zumindest erlebt, so war es für mich.

Zudem bekam ich eine andere Vorstellung vom Schmerz. Ich deutete ihn im Nachhinein als Energieblockade. Und die ungewürdigten und vergessenen Toten in meiner Herkunftsfamilie stellten die Blockade dar. Als diese Ursache durch die heilenden Rituale beseitigt war, konnte der Druck und damit der Schmerz aus den Knien weichen.

Aber damit diese Lösung überhaupt möglich wurde, musste erst ich selbst meine innere Einstellung, ja mein ganzes bis dahin existierendes Weltbild, ändern. Dies war ein Jahre dauernder Prozess. Die Schmerzen zwangen mich dazu, woanders hinzuschauen und meine mechanistische, rein auf das Körperliche bezogene Weltanschauung zu verändern. Ich war eben über 40 Jahre lang ein »Kind« unserer naturwissenschaftlich und rein technisch ausgerichteten westlichen Denkweise und Lebenseinstellung gewesen. Damit teilte ich die Weltsicht der großen Mehrheit unserer Gesellschaft.

Im Nachhinein gesehen und aufgrund der oben beschriebenen Erfahrungen und Erlebnisse erschien mir jetzt diese gängige, noch immer weit verbreitete Weltanschauung und Lebenseinstellung als sehr einseitig, ignorant und irgendwie sogar als arrogant. Ich selbst hatte über lange Zeit alle alternativen Heilungsmethoden gegenüber der Schulmedizin pauschal als Humbug, als Irreführung, als Geldschneiderei abgetan. Nur durch den langjährigen Schmerz wurde ich weich gekocht und demütiger und unmerklich immer mehr auf eine andere Schiene gesetzt. Schon lange ging es mir nicht mehr darum, wieder so sportlich zu werden, wie vor der ersten Knieoperation. Ich fand es jetzt vielmehr als äußerst befreiend, nachdem mich die Orthopäden in München bereits aufgegeben hatten, dass die Knieschmerzen endlich wieder nachließen und schließlich komplett verschwanden.

Der Druck in den Knien war nun weg, weil der Druck in meinem Ahnensystem weggegangen war. Meine Tränen auf dem Nürnberger Südfriedhof für meine verstorbenen Ahnen hatten viel von diesem Druck weggenommen und etwas Grundsätzliches in meinem Familiensystem geheilt. Dadurch wurde ich geheilt, denn erst dadurch konnten dann die Knie »nachziehen«, die offensichtlich nur Indikatoren für etwas ganz Anderes waren. Sie wurden Anfang Februar 2000 schmerzfrei. Dafür bin ich zutiefst dankbar. An sportliche Aktivitäten konnte ich jedoch nicht einmal denken, dies wäre ohne Schmerzauslösung noch immer unmöglich gewesen. So gesehen blieben meine Knie weiter blockiert. Eine andere Blockade aber hatte sich ein für alle mal gelöst: ich war offener für mein Familiensystem geworden, ja ich konnte nun meine letztlich egozentrische, nur auf Sport bezogene Lebensweise immer mehr verlassen.

(4) Heilende Erfahrungen bei Amma

Komm in meine Arme

Die Ahnenarbeit bewirkt viel in mir. Begleitet werde ich ab 2000 von einem alternativen Heilpraktiker, der mir mit geeigneten Substanzen, mit Homöopathie, mit Aura-Soma-Flaschen, Bachblüten und mit Akupunkturnadeln dabei hilft, dass sowohl der Körperschmerz endgültig verschwindet, als auch meine Psyche diesen fundamentalen Weg nach innen, diese Innenschau, gut bewältigt. Er widerspricht der gängigen Ansicht vieler Orthopäden, dass ein einmal lädierter Knieknorpel nie mehr heilen könne.

Durch diesen intensiven Prozess geht mein Herz immer weiter auf – für die Verstorbenen, in meinen alltäglichen Beziehungen, vor allem aber zu mir selbst. Es ist daher kein Wunder, dass ich sofort neugierig werde, als mir der Heilpraktiker eines Tages von »Amma« erzählt. Sie ist eine indische spirituelle Lehrerin und Heilerin, die alle Jahre auf Weltreise geht und auch nach München kommt. Ihr Markenzeichen ist es, alle Besucher zu umarmen und an ihr Herz zu drücken.

Sie initiiert große Sozialprojekte für alleinstehende Frauen in Indien, gilt weltweit, vor allem jedoch in ihrem eigenen Land, als Frauenrechtlerin und ist die vierte Preisträgerin des alljährlich von der UNO initiierten »Gandhi-King-Awards«.[7] Sofort rufe ich: »Führen Sie mich zu Amma!« Ja, ich möchte diese ungewöhnliche Frau, die von vielen Indern, aber auch von Anhängern in aller Welt wie eine Heilige verehrt wird, selbst kennenlernen. Doch ich muss mich noch einige Monate gedulden. Erst im Oktober wird sie wieder nach München kommen. Zehn Jahre lang werde ich ab 2000 die Veranstaltungen von Amma besuchen, wenn sie während ihrer Europa-Tour in München weilt.

München, Zenithalle, ein Wochenende im Oktober 2005. Amma ist wieder da. Ihr eigentlicher Name lautet Mata Amritanandamayi. Amma ist im Grunde ein Kosename und bedeutet in der indischen Kindersprache »Mama«. Er möchte Vertrautheit und Nähe zu den Menschen ausdrücken. Amma selbst hat keine eigenen Kinder, wird aber von manchen ihrer Anhänger wie das Symbol der weiblichen Seite des Göttlichen, als »göttliche Mutter«, verehrt. Sie selbst sagt immer wieder, dass Hindus Hindus und Christen Christen bleiben sollen. Ihr gehe es allein um die Vermittlung der einen universellen göttlichen Liebe, nicht um dogmatische Wahrheiten in den Lehren der großen Religionen. Sie versteht ihre Mission ganz praktisch: Sie möchte diese göttliche Liebe fühlbar zu allen Menschen bringen, die dafür offen sind.

Durch ihre im Hinduismus eher unüblichen Umarmungen will sie den Menschen – wie eine echte Mutter ihrem Kind – das Göttlich-Mütterliche, den mütterlichen Aspekt Gottes, vermitteln. Nach ihrer Meinung besteht das Mütterliche, das in Männern und Frauen gleichermaßen vorhanden ist, in Mitgefühl und Liebe allen Kreaturen gegenüber. Darum engagiert sich Amma in Indien auch für einen nachhaltigen Umweltschutz. Über 25 Millionen Menschen hat diese kleine Frau in den vergangenen zwanzig Jahren bei all den Treffen in Indien, in den USA und in Europa schon an ihre Brust, an ihr Herz, gedrückt. Damit will sie die Menschen die göttliche Liebe in sich selbst spüren lassen, Zugang zu ihrem Inneren herstellen und sie dazu motivieren, Liebe an andere weiterzugeben. Einige christliche Anhänger haben daher schon etwas augenzwinkernd die Frage aufgeworfen, ob Amma womöglich eine Art Wiedergeburt Christi darstellen könnte, diesmal aber in weiblicher Gestalt. Denn ihre Botschaft ist auch zutiefst im Sinne von Jesus. Deepak Chopra sagt über sie: »Amma ... ist eine außergewöhnliche Frau, deren einfache Botschaft von Liebe und Mitgefühl zahllose Leben gewandelt und Licht in die Welt gebracht hat. Amma ist die Verkörperung reiner Liebe. Ihre Gegenwart heilt«.[8]

Freitag Abend. Das Programm beginnt um 19.30 Uhr. Die ganze Veranstaltung ist kostenlos. Etwa fünftausend Menschen haben auf Stühlen oder auf Decken am Boden im vorderen Bereich der Halle Platz genommen. Es herrscht eine gelöste, freudige Stimmung. Amma sitzt auf dem Bühnenboden, umringt von etwa zehn Männern und Frauen – ihren Begleitern aus Indien –, einer großen Musikgruppe und von vielen Kindern. Sie fühlen sich in Ammas Nähe anscheinend sehr wohl und sind bei Amma besonders willkommen. In der südindischen Muttersprache Malayalam, die in ihrem Bundesstaat Kerala verwendet wird, versucht Amma eindringlich, ihre Botschaft zu verkünden: dass vor Gott Männer und Frauen gleichwertig seien, dass Gott alle seine Wesen liebt, dass wir Menschen ebenfalls unsere Herzen öffnen sollen für die Not der leidenden Kreatur. Es ist eine einfache und klare Botschaft. Eine ältere Dame übersetzt abschnittsweise ins Deutsche. Nach etwa einer Dreiviertelstunde beginnt das Singen: einfache mantraartige Weisen, die zuerst von den indischen Sängern und von Amma vor- und dann von allen nachgesungen werden. Eineinhalb Stunden geht das so. Nach einem kurzen abschließenden Feuerritual setzt sich Amma auf einen Sessel vor die Bühne und der sogenannte »Darshan« beginnt – die persönliche Begegnung Ammas mit den Menschen.

Schon vor Beginn der Veranstaltung haben alle Besucher, die zu Amma persönlich kommen wollen, eine Nummer gezogen. Diese Zahlen werden auf großen Tafeln jeweils in Hunderterschritten angezeigt, so dass man sich rechtzeitig auf die Begegnung mit der »Meisterin« vorbereiten und einstimmen kann. Amma umarmt etwa 300 bis 400 Menschen pro Stunde, die sich ihr auf den Knien nähern und so etwa auf Augenhöhe mit der sitzenden Amma sind. In dieser Nacht kommen über 5000 Menschen zu ihr, sie sitzt von 22.00 Uhr abends bis um ca. 12.30 Uhr des nächsten Tages auf ihrem Stuhl, mehr als 14 Stunden also, während oben auf der Bühne die Musikgruppe intensiv weiter spielt und singt. Niemand wird abgewiesen. Amma erhebt sich am Mittag des nächsten Tages erst, als wirklich alle dran gekommen sind und sich die lange Schlange vor ihr endlich aufgelöst hat.

Ich selbst habe an diesem Tag Glück gehabt. Denn an jedem Tag werden vor Beginn der Veranstaltung fünfzig Lose ausgegeben, eine Mitarbeiterin im Tross von Amma zieht dann nach dem Ende des offiziellen Programms davon fünfzehn Nummern. Diese ausgewählten Personen dürfen sich Amma seitlich nähern und ihr eine persönliche Frage stellen, während sie gleichzeitig mit ihren Umarmungen fortfährt. Etwa zehn Helfer sind beim Darshan nötig, damit alles reibungslos ablaufen kann. Sie sprechen mit den Menschen, bevor diese sich in die Reihe begeben, sie teilen Taschentücher aus, damit sich jeder vor dem körperlichen Kontakt mit Amma den Schweiß von der Stirn wischen kann. Brillen müssen abgeben werden, damit sie nicht bei der kräftigen Umarmung durch Amma zerdrückt werden. Zwei eher zackige junge Inderinnen schieben die Personen, die in der Reihe ganz vorne angekommen sind, hin zu Amma und ziehen sie dann nach etwa zehn oder zwanzig Sekunden wieder weg, damit die Nächsten zur Umarmung kommen können.

Nach etwa einer Stunde darf ich von der Seite her zum Stuhl von Amma vorrücken und meine Arme sogar auf die Stuhllehne stützen. Ich bin jetzt weniger als 30 Zentimeter von Amma entfernt, bin ihr somit sehr, sehr nahe. Anscheinend ist dies von Amma so gewünscht und beabsichtigt. Sie lächelt mir kurz zu, während sie mit ihren Umarmungen fortfährt. Ich bringe einer deutschen Helferin mein Anliegen vor: nämlich, dass ich Knieprobleme habe. Die jahrelangen Dauerschmerzen seien zwar weg, aber ich könne leider überhaupt keinen Sport und keine Outdoor-Aktivitäten mehr machen, was mir unendlich schwerfällt und mein Leben sehr einschränkt. Denn ich bin so gerne in der Natur, möchte wieder wandern und vielleicht sogar kleinere Berge besteigen können. Seit 1994, also seit mehr als zehn Jahren, ist dies jedoch gänzlich unmöglich. Eine kleine Verkantung, ein falscher Tritt und schon werden wieder Knieschmerzen ausgelöst.

Die Frau übersetzt meinen Wunsch einem neben Amma stehenden etwa 50-jährigen Swami,[9] einem Mitglied ihres Ashrams in Indien, der seit fast 20 Jahren mit ihr unterwegs auf Reisen ist. Im Gegensatz zu Amma versteht er gut Englisch. In den sehr kurzen Pausen, während eine Person weggezogen wird und eine andere auf Knien direkt vor Amma hinrutscht, teilt der Inder von der Seite her Amma mein Anliegen mit: meinen Wunsch, wieder freier gehen zu können. Ich erhoffe mir, dass Amma mir irgendwie helfen und mir womöglich sogar die Ursachen für die Knieblockaden nennen kann. Wieder sieht mich Amma an, diesmal voll Mitgefühl. Dieser Blick geht mir tief ins Herz und ich beginne zu weinen, ich kann gar nicht anders. Ich weiß aber gar nicht, warum ich weinen muss. Womöglich liegt es daran, dass ich mich instinktiv von Amma durchschaut, gesehen, angenommen und verstanden fühle.

Seltsamerweise bekomme ich keine Antwort. Ich darf jedoch direkt neben Amma knien bleiben. Und nun sehe ich ihr Tun aus einer ganz anderen Perspektive. Denn wenn ich wie am Tag zuvor, wie hunderte anderer Menschen auch, von vorne in der Schlange zu Amma komme, bleiben höchstens 15 Sekunden Zeit. Dabei wurde ich von ihr an ihren Körper gedrückt, konnte sie deshalb gar nicht richtig sehen. Außerdem war ich zu aufgeregt. Und dann war es auch schon wieder vorbei. Jetzt aber ist Zeit, ich kann das ganze Geschehen in aller Ruhe beobachten und auf mich wirken lassen.

Und dieses Geschehen rührt mich im Innersten an. Immer wenn ein Paar zu Amma kommt, drückt sie zuerst jeden einzelnen und sagt zu ihm »my son« oder »my daughter«. Danach drückt sie das Paar nochmals gemeinsam von links und rechts gleichzeitig an sich. So viele Paare weinen danach. Weil ich dies nun so hautnah mitbekomme, muss auch ich immer wieder weinen. Die Frauen und Männer spüren instinktiv, dass Amma ihre Partnerschaft soeben gesegnet hat. Danach haben viele offensichtlich tiefe Sehnsucht. Meist bekommen sie dann noch – als sehr einfaches und natürliches Zeichen der Ganzheit und Harmonie ihrer Partnerschaft – von Amma einen Apfel geschenkt, den ihr eine Helferin soeben über die Schulter gereicht hat. Eltern, die mit ihren kleinen Kindern kommen, übergeben diese für einen kurzen Moment Amma, die sie ans Herz drückt und sehr liebevoll auf die Stirn küsst. Allen »Besuchern« gibt Amma nach der Umarmung ein Bonbon und ein angenehm duftendes Rosenblatt. Sie möchte mit diesen kleinen materiellen Dingen ihre Liebe und ihr Mitgefühl symbolisch ausdrücken und ein Andenken an die Begegnung hinterlassen.

Viele Menschen strahlen nach der Begegnung Freude, Erleichterung und Dankbarkeit aus und diese Stimmung überträgt sich immer mehr auf mich selbst. Am meisten berührt mich aber ein über siebzig Jahre alter großer Mann. Obwohl auch er sich wie alle dem Stuhl von Amma auf Knien nähern muss, ist er immer noch einen Kopf größer als sie. Sie zieht ihn zu sich heran. Und er lässt sich von dieser deutlich jüngeren und viel kleineren Frau umarmen wie ein kleines Kind. Danach beginnt dieser große alte Mann hemmungslos zu weinen. So etwas habe ich noch nie erlebt. Womöglich hat er sein ganzes Leben lang immer nur stark sein und für seine eigene Familie sorgen müssen und durfte als Mann nie solche Gefühle zeigen.

Vielleicht hat man privat und im Beruf von ihm erwartet, dass er immer nur den Starken gibt. Das kann ich nur vermuten. Ich kann jedoch unmittelbar beobachten, dass er sich in diesem Augenblick total fallen lässt. Dies löst seinen Tränenstrom aus und wäscht offensichtlich all die Verspannungen, seine innere Not und seine unterdrückten Gefühle heraus.

Dieser Mann könnte mein Vater sein, den ich bis heute nie habe weinen sehen. Ich bekomme einen Stich ins Herz und es berührt in diesem Moment meine Beziehung zu meinem Vater. Denn dieser mir unbekannte Mann erinnert mich sehr an meinen Vater, der auch nie weinen durfte oder konnte. So oft hätte ich mir gewünscht, ihn einmal weinen zu sehen. In diesem Augenblick löst sich in meiner Tiefe eine Spannung. Jetzt weine ich schon wieder. Diesmal weine ich mit dem Mann direkt neben mir, der noch in Ammas Armen liegt, einfach mit und niemand stört sich daran. Alle, die um Amma herumstehen, empfinden dies als völlig normal. Es weinen ja so viele, sobald Amma sie umarmt hat – vor Ergriffenheit, weil ihnen dadurch das Herz aufgeht und weil sie sich endlich von jemandem tief innen verstanden fühlen. Das kann wirklich die Tränen lösen. Dennoch werde ich langsam ungeduldig. Ich möchte ja Hilfe für meine Knie bekommen, vor allem für das linke. Ich möchte konkrete Antworten hören. Es scheint mir so, als ob Amma mich in dem ganzen Umarmungstrubel vergessen hätte, obwohl ich ihr doch so nahe bin. Statt sich um mich zu kümmern, umarmt sie unentwegt andere Menschen. Solche Gedanken gehen mir durch den Kopf. Ich werde sogar eifersüchtig auf all die anderen Menschen.

Nach etwa einer halben Stunde wendet sich mir Amma plötzlich völlig unvermittelt während eines »Personenwechsels« zu, schaut mir nochmals tief direkt in die Augen und gibt mir eine kleine Tüte mit von ihr gesegneter Asche. Dann wird mir von dem Swami freundlich aber bestimmt erklärt, dass ich mich nun von Amma entfernen solle, weil die Begegnung beendet sei und Amma sich um mein Problem gekümmert habe. Meine Energieblockaden in den Knien seien karmisch bedingt gewesen, also Blockaden aus früheren Leben. Diese seien jetzt aber aufgelöst worden. Die kommende Woche solle ich dreimal täglich etwas von der Asche mit angefeuchteten Händen auf meine Knie streichen. Amma habe ihm versichert, dass ich nun wieder gehen könne und dass das Problem sich auch körperlich schnell lösen werde. Ich bin sehr erstaunt. Wie soll denn dies plötzlich geschehen, was in den vergangenen zehn Jahren unmöglich war? Amma hat doch gar nichts gemacht. Ich bin ein bisschen enttäuscht und zweifle daran, ob die Begegnung wirklich die ersehnte Heilung gebracht hat.

Von einer Helferin an der Bühne wird mir versichert, dass es eine absolute Gnade gewesen sei, dass ich so lange im unmittelbaren Energiefeld von Amma habe bleiben dürfen. Ich solle mir doch klar machen, dass es nicht um eine rationale, nüchterne Antwort oder um eine bloße Diagnose bezüglich meiner Knie ging, sondern vielmehr darum, dass sich in mir im starken Energiefeld von Amma psychische Blockade lösen konnten, die in Vorleben verursacht worden waren. Ich muss zugeben, dass ich ja immer wieder weinen musste und dass ich von Ammas Mitgefühl, das ich wohl instinktiv erfasst habe, sehr angerührt worden bin. Das wirkt nach. Ich bleibe noch bis zum Ende der Veranstaltung in der Halle, die die ganze Nacht hindurch bis zum Mittag des nächsten Tages von mantraartigen Gesängen und Weisen erfüllt wird. Mehrere Musikgruppen lösen sich ab. Die Besucher, die noch immer da sind, beklatschen Amma voll Dankbarkeit, als diese mittags schließlich mit ihren Begleitern abzieht. Sehr nachdenklich fahre ich nach Hause. Ich muss erst einmal alles verdauen. Die Begegnung mit Amma hat mich emotional sehr mitgenommen. Jetzt will ich nur noch schlafen – mitten am Nachmittag.

Neugeburt – eine unerwartete Bergwanderung

Erst am nächsten Morgen wache ich wieder auf. Es ist Sonntag. Fast 15 Stunden lang habe ich geschlafen. Ich spüre eine unerwartete Vitalität in mir. Ich streiche etwas von der geweihten Asche auf meine beiden Knie. Spontan entscheide ich mich dann dafür, noch heute in die Alpen zu fahren. Ich weiß plötzlich, dass ich den Herzogstand, einen der bekanntesten Hausberge Münchens, besteigen muss. Wird es klappen? Ich muss dazu fast 800 Höhenmeter überwinden. Natürlich habe ich vorher über beide Knie Bandagen gezogen. Aber ich habe seit zwölf Jahren keine Übung mehr mit dem Bergwandern. Da das Herabsteigen für die Knie eine viel stärkere

Belastung darstellt, möchte ich nach dem Aufstieg mit der Gondel wieder herabfahren.

Es geht erstaunlich gut. Amma hat mir am Tag zuvor anscheinend die Angst genommen. Ich traue mir plötzlich das Bergwandern wieder zu. Ich lasse mir Zeit, mache immer wieder Pausen und überlege mir, was ich tun könnte, falls plötzlich wieder die mir so bekannten und vertrauten Schmerzen einsetzen sollten. Nach etwa vierhundert Höhenmetern weiß ich, dass ich jetzt nur noch nach oben weitergehen kann. Denn ein Abstieg um vierhundert Höhenmeter würde für die Knie eine viel größere Belastung darstellen als weitere vierhundert Höhenmeter Aufstieg. Es ist wie bei einem Geburtsvorgang. Auch hierbei gibt es für den Embryo nur noch eine Wegrichtung – nach draußen. Dieser Vergleich erscheint mir nicht übertrieben. Die heutige Bergwanderung wird für mich tatsächlich zu einer Art von Neugeburt. Die Schmerzen bleiben seltsamerweise komplett aus. Ich gewinne meinen Körper und mein Vertrauen zu ihm zurück. Dafür muss ich sowohl eine Denkblockade abwerfen als auch durch die Angst gehen, dass meine Muskeln nach all den Jahren nicht stark genug sein könnten, meinen Körper zu tragen und die Knie zu stabilisieren. Denn so oft haben die Muskeln schon bei einer kleinen Wanderung im flachen Gelände nachgegeben. Dann hat Knochen auf Knochen gerieben und es wurde jedes Mal eine Knieentzündung ausgelöst.

Für normale Wanderer ist der Weg hoch zur Berghütte mit etwas mehr als zwei Stunden ausgeschrieben. Ich lasse mir Zeit und brauche knapp drei Stunden dafür. Ich bin einfach nur noch begeistert. Damit hatte ich nicht mehr gerechnet. War mir doch sieben Jahre zuvor von Fachleuten eine unheilbare Arthrose bescheinigt worden. Viele meiner gesunden Altersgenossen – ich bin zu diesem Zeitpunkt 51 Jahre alt – würden sich so eine Bergtour sowieso nicht zutrauen und die Strecke körperlich womöglich auch gar nicht schaffen. Elektrisiert von diesem Erfolg setzte ich noch eins drauf: Nun will ich sogar zum Gipfel empor – nochmals 180 Höhenmeter. Ich empfinde tiefes Glück und große Dankbarkeit, als ich auf dem Gipfel stehe und über das wunderbare Voralpenland schaue – Dankbarkeit gegenüber Amma, die mir so Mut gemacht, das Vertrauen zu mir selbst zurückgegeben und meine Blockaden im Kopf gelöst hat; Dankbarkeit gegenüber dem Universum, weil ich nach fast 14 Jahren seit der ersten Operation überhaupt wieder solch eine Bergtour machen kann.

Dann muss ich wieder vom Gipfel hinunter zur Berghütte. Auch das geht ohne Probleme. Danach kann ich gar nicht anders: Ich erzähle mehreren Gästen an meinem Esstisch in der Hütte und später Wanderern bei der Abfahrt in der Gondelbahn von dem Wunder, das sich gerade in meinen Knien ereignet hat. Mein Herz ist voll Freude und Glück. Ich habe etwas scheinbar Unmögliches geschafft und das Gefühl bekommen, heute nach 12 Jahren voll von Schmerz und Leid soeben meinen persönlichen Mount Everest bestiegen zu haben. Meine Knie sind wieder heil!

Was hat dies möglich gemacht? War es wirklich die geweihte Asche von Amma? Das wäre aber doch Zauberei. Ich weiß es nicht. Jedenfalls hat diese Substanz geholfen. Mehr bewirkt hat jedoch vermutlich die Begegnung mit Amma selbst am Tag zuvor. Da ist offensichtlich das Heilende passiert. Denn durch sie habe ich mein Urvertrauen zurückbekommen, ich habe dabei tiefen Kontakt zu mir selbst gekriegt. Der Glaube, dass Amma meine Knie heilen kann, und dieser Glaube in mir selbst, dass meine Knie nun wieder heil werden, haben mir geholfen, denke ich. Ich werde unmittelbar an biblische Heilungsgeschichten mit Jesus erinnert. Vor allem muss ich an die Geschichte von dem Gelähmten denken, der auf eine Bahre vor Jesus gelegt worden war und zu dem Jesus sagte: »Steh auf, nimm deine Tragbahre und geh nach Hause.«[10] Geschichten wie diese fangen jetzt an, in mir zu wirken und erscheinen mir sehr plausibel. Jedenfalls bin ich sehr, sehr dankbar für die nicht mehr erwartete Heilung meiner Knie geworden.

Eingeständnis

Meine Knie erreichten trotz der erfolgten systemischen Heilung durch die Gedenkmessen und die spirituelle Heilung durch Amma nie mehr den elastischen und stabilen Zustand wie vorher. Ich bin ja auch älter geworden und ich muss mir sportlich und körperlich nichts mehr beweisen. Es sind in beiden Knien Ersatzknorpel gewachsen. Damit kann ich aber wieder in der freien Natur ohne Schmerzen wandern. Dabei habe ich zunehmend eine neue Sicht der

Natur und einen neuen zärtlichen Zugang zu ihr und ihren Wesen bekommen: Ich will jetzt schauen, empfinden und wahrnehmen, anstatt in der Natur nur »sportlich durchzurasen«. Ich bin dankbar dafür, dass ich überhaupt wieder viel in der Natur ohne Schmerzen unternehmen kann: Wandern, Radfahren, Zelten, Ski-Langlauf, einfache Bergwanderungen.

Meine Knieheilung hat sehr lange, fast 14 Jahre, gedauert. Viel wichtiger aber war: Auf der schon verzweifelten Suche nach Heilung bin ich in Berührung mit ganz anderen und tieferen Schichten in mir selbst gekommen. Meine Knie haben mich jahrelang angetrieben, nach Heilung zu suchen. Dabei bin ich »zwangsweise« ein sehr spiritueller Mensch geworden. Ich habe festgestellt, dass ich dies schon als kleines Kind gewesen bin. Dies hatte ich jedoch so viele Jahre lang vollkommen vergessen.

Aus jetziger Sicht erscheint mir der Weg zur Knieheilung fast wie ein Nebenprodukt. Denn viel wichtiger war für mich, auf einen spirituellen Pfad zu gelangen, auf dem ich eine tiefe Sinn- und Gotteserfahrung machen durfte und immer noch machen darf. Da ich in meiner geistigen Einstellung ein »harter Hund« war, hat es anscheinend bei mir massiver Schläge und heftiger Schmerzen bedurft, um auf diese anderen inneren Ebenen geschoben werden zu können. Nur in der Innenschau ist eine Gottesbegegnung möglich, wonach ich heute zutiefst Sehnsucht habe. Neue Welten haben sich mir aufgetan, während ich akribisch und im Wettlauf mit der Zeit nach Heilungsmöglichkeiten für meine Knie suchte, angetrieben durch den von ihnen verursachten Dauerschmerz. Ich konstatiere für mich, dass ich mich geistig-seelisch geöffnet und verändert habe. Ich habe Zeitgenossen erlebt mit ähnlichen oder noch schlimmeren Problemen, die weiter verstockt und frustriert blieben und sich nicht vorstellen wollten oder konnten, dass Heilung möglich ist, wenn man nur die richtige Ebene sucht. Vielleicht ist es Gnade, dass ich neue, unübliche, alternative Wege gehen durfte.

Wichtig war auch, dass ich während meiner Suche nach einer Knieheilung auch auf das Werkzeug des sogenannten »Medizinrads« gestoßen bin. Dieses Wissen der indigenen Völker half mir enorm, ein geistiges System dafür zu bekommen, in das ich meine Erfahrungen mit alternativen Medizinern, Heilern und Heilmethoden einordnen und deuten konnte. Dadurch konnte ich viel konsequenter und zielstrebiger nach Lösungen suchen. Darum soll im nächsten Kapitel dieses Medizinrad vorgestellt und die verschiedenen Heilungsebenen an Hand des Medizinrads erläutert werden.

(5) Zusammenfassung

1.

Bis zu jener Skifahrt im Januar 1992 bin ich rein schulmedizinisch orientiert. Wenn ein Körperteil Probleme macht, dann sind die Ärzte dazu da, diesen Teil wieder zu reparieren. Nur die körperliche Ebene wird von mir selbst anerkannt und ernst genommen. Der Sport bestimmt mein privates Leben. Ich kann es mir ohne viele sportliche Aktivitäten nicht vorstellen.

2.

Die Orthopäden und Sportmediziner, die ich in München wegen meiner Knieverletzungen fast sieben Jahre lang aufsuche, passen genau zu mir und zu meinem damaligen Denken. Durch Operationen will ich meine Probleme schnell weg haben, um danach gleich wieder zu unbeschwerten sportlichen Aktivitäten zurückkehren zu können, so als sei nichts gewesen. Ich bin es nicht gewohnt, auf die Signale meines Körpers zu hören. Vermutlich sind die drei Operationen in den Knien aus rein technischer Sicht durchaus erfolgreich.

3.

Nach der dritten Operation stellt sich im linken Knie Dauerschmerz ein. Das Konzept, durch Operationen die Probleme zu lösen, sie »weg zu machen«, scheitert nun total. Mein Körper verhält sich nicht mehr so, wie ich es will. Die Kontrolle über meinen Körpers versagt. Ein anerkannter Sportmediziner teilt mir mit, dass er ab jetzt nichts mehr für mich tun könne. Das ist aus seiner Sicht ehrlich und zutreffend, die ungeschminkte Wahrheit rein schulmedizinisch betrachtet. Diese Prognose, sowie die täglichen Schmerzen lösen eine tiefe

Krise und ein Gefühl von Sinnlosigkeit in mir aus. Meine bis dahin allein herrschende Vorstellung, alles sei reparabel, ist an ihre Grenzen gekommen.

4.

Die Gedanken von Luise Hay, wonach der Körper nicht die Ursache, sondern nur die Symptomebene für praktisch alle Erkrankungen, chronischen Schmerzen oder Unfälle sei, stellen für mich den Beginn meiner Öffnung für eine alternative Medizin dar. Nach Ansicht von Frau Hay gibt es für jedes Körperproblem eine seelische Ursache, also eine Entsprechung auf der seelischen Ebene. Der Körper ist nur ein ehrlicher Diener der Seele, ein Indikator, der uns anzeigen kann, dass auf der seelischen Ebene ein Mangel herrscht oder eine Blockade besteht. Diese Gedanken von Luise Hay beginnen, immer mehr Raum in meinem Denken zu gewinnen und fördern meine Bereitschaft, alternative Heilungsangebote anzunehmen, falls etwas Konkretes auf mich zukommen sollte. Eine Lösung für die Knieschmerzen bedeutet dies jedoch noch nicht, da ich ja zu diesem Zeitpunkt noch nicht weiß, welche Probleme bei mir in den Knien angezeigt werden sollen. Die Gedanken von Luise Hay werden aber dennoch für mich zu einer Art von Türöffner.

5.

Die Begegnung mit dem alternativen Sportmediziner bedeutet einen weiteren Umschwung. Zwar kann auch er den Knieschmerz nicht beseitigen, nur etwas lindern. Er regt jedoch mein Denken dazu an, auch auf anderen, ungewohnten Gebieten nach Lösungen zu suchen. Diese anderen Ebenen habe ich selbst, wie so viele meiner Zeitgenossen, bis zu diesem Zeitpunkt als »Humbug«, »Scharlatanerie« oder »Irrweg« abgetan. Jetzt stellt sich jedoch diese Haltung, die Lösung allein bei Orthopäden und bei einer rein technisch ausgerichteten Operationsmedizin zu suchen, als der eigentliche Irrweg heraus.

6.

Die Knieschmerzen zwingen mich dazu, mich für ganz andere Ebenen der Heilung zu öffnen. Dies erfordert die Bereitschaft, mein bisheriges Denken und meine grundsätzliche Lebenseinstellung zu verändern. Die Begegnung mit der amerikanischen Geistheilerin, die an mir ein Aura-Reading durchführt, konfrontiert mich auch mit der Reinkarnationslehre. Dadurch werden starke Impulse in mir gesetzt, mein Leben, meine bisherige Weltsicht und meine religiösen Vorstellungen neu zu überdenken. Nun fange ich an, mich von einer mir bis dahin unbekannten inneren Kraft, vom Göttlichen selbst, führen zu lassen. Selten habe ich solch eine starke geistig-seelische Veränderung erlebt.

7.

Durch einen Hinweis der Geistheilerin bekomme ich Kontakt zu einer Heilpraktikerin. Die Frau führt in regelmäßigen Abständen Familienaufstellungen durch. Bei einer Aufstellung eines Aspekts meiner Herkunftsfamilie wird deutlich, dass es vergessene, ungewürdigte Ahnen gibt. Die Ebene, die dabei in mir angestoßen wird, bedeutet eine weitere, bisher vollkommen unbekannte Welt für mich: die familiensystemische Ebene. Einige deutliche Träume von früh verstorbenen Brüdern meiner Mutter kurz danach zeigen mir an, was ich als Nächstes zu tun habe.

8.

Auf dem Südfriedhof in Nürnberg geschieht zu Beginn des Jahres 2000 die Heilung von vergessenen Toten meiner Familie. Ich weine um das Schicksal der früh verstorbenen Onkel, empfehle sie der göttlichen Gnade und schließe sie in mein Herz. Auch hierbei werde ich von einer inneren Instanz geführt, ich selbst komme mir bei den Ritualen nur als Werkzeug vor. Diese Heilung in meinem Familiensystem bedeutet zugleich einen ersten Heilungsschritt für meine Knie: Ich erlebe den Schmerz zum ersten Mal als Energieblockade. Als die Ursache der Blockade gefunden und beseitigt ist, gehen auch die Schmerzen weg, die diese Blockade angezeigt hat. Eine Instabilität in den Knien bleibt jedoch bestehen.

9.

Während der jahrelangen familiensystemischen Arbeit werde ich ab 2000 körperlich und seelisch von einem alternativen Heilpraktiker begleitet und unterstützt. Er widerspricht der gängigen Ansicht vieler Orthopäden und Schulmedizinern, wonach ein einmal zerstörter Knieknorpel unheilbar sei. Durch geduldige jahrelange Behandlung baut sich in beiden Knien wieder ein Ersatzknorpel auf, der natürlich nicht mehr so stabil ist wie der ursprüngliche. Auch diese Heilung erfordert meine Offenheit, in meinem Denken alles zuzulassen, was mir helfen könnte und schulmedizinische Dogmen und Denkblockaden vollständig hinter mir zu lassen. Alles ist gut, wenn es nur hilft, auch wenn es manchmal seltsam, unlogisch und für die menschliche Vernunft unverständlich erscheinen mag.

10.

Einen wesentlichen Anteil für meine Knieheilung hat die indische spirituelle Lehrerin und Heilerin Amma. Durch ihre Umarmungen seit 2000 erreicht sie in mir eine zunehmende Herzöffnung. Nach einer weiteren intensiven Begegnung mit ihr 2005 erhält auch meine Vaterbeziehung einen wichtigen Heilungsimpuls. Das Besteigen des Herzogstands unmittelbar nach dieser Begegnung ist Ausdruck für eine stattgefundene grundsätzliche Knieheilung und für das wiedergewonnene Vertrauen in meinen Körper.

Kapitel 2: Das Medizinrad der Heilung
(1) Das Medizinrad in traditionellen Kulturen

Kennengelernt habe ich das Medizinrad bei meinen drei eigenen Visionssuchen als ein sehr nützliches Werkzeug, um die verschiedenen Lebensphasen und die Lebensübergänge dazwischen besser verstehen und einordnen zu können. Das Medizinrad hat aber noch viel mehr zu bieten. Für viele traditionelle Stammesgesellschaften ist es eine Art von geistig-seelischer Ur-Medizin, weil damit das ganze Leben, die Stammeswelt und der Bezug zu den Geistern, Ahnen und Gottheiten dargestellt, ausgedrückt und erklärt werden kann. Das Wissen, das im Medizinrad steckt, konnte den Menschen in Stammeskulturen Sicherheit und Geborgenheit schenken. Insofern ist der Begriff »Medizin« sehr angebracht. Verbreitet war es zum Beispiel bei den Kelten, bei afrikanischen Gesellschaften und bei vielen Indianerstämmen Nordamerikas. Meine Kenntnisse über das Medizinrad habe ich aus drei Quellen erworben:

- Von dem afrikanischen Lehrer, Schamanen und Männer-Initiator Malidoma Patrice Somé. Bei einem Männerworkshop in Österreich wurden alle 60 Männer in einen der Elementen-Clans eingeteilt, die je einer Himmelsrichtung im afrikanischen Medizinrad Malidomas zugeordnet sind.
- Von Lehrern, die in der amerikanischen Tradition der School of Lost Borders des Ehepaars Steven Foster und Meredith Little ausgebildet waren.[11]
- Von Herrn Martin Berghammer aus dem Landkreis Dachau, der bei seinen schamanischen Workshops mit dem keltischen Medizinrad arbeitet.[12]

Während meiner Ausbildung zum Initiations-Mentor wurde mir plötzlich klar, dass das Medizinrad auch ins Christentum Eingang gefunden hat. Unser Adventskranz mit seinen vier Kerzen symbolisierte ursprünglich ein Medizinrad mit den vier Himmelsrichtungen. Beim Medizinrad drücken die vier Richtungen vier Aspekte der Ganzheit und das Allumfassende des menschlichen Lebens aus. Beim Adventskranz sollen die vier Kerzen auf das kosmische Ereignis der Geburt Christi hinweisen, dem alljährlich an Weihnachten gedacht wird.

Zudem entstand der katholische Jahresfestkreis auf der Grundlage eines Medizinrads. Um die christliche Heilsbotschaft jedes Jahr neu ins Gedächtnis der Gläubigen zu rufen und das ganze Jahr damit zu gestalten, wurden die wichtigsten historischen Heilsereignisse um die Person Jesu und um die Mutter Maria auf ein rundes System projiziert. Dafür eignete sich natürlich das zyklische Medizinrad hervorragend, das sich an je vier besonderen Sonnen- und Mondständen orientiert. So wird zum Beispiel der jedes Jahr erheblich variierende Termin für den Ostersonntag, das wichtigste christlichste Fest, nach einer »heidnischen«, vorchristlichen Methode berechnet:

- Man nimmt zunächst die Tag- und Nachtgleiche, meist am 21. März, dem Frühlingsanfang. An diesem Tag fand bei den Kelten das Ostara-Frühlingsfest statt.
- Als nächstes sucht man den ersten Vollmond nach dem Frühlingsbeginn.
- Ostern wird dann am Sonntag nach diesem Mond gefeiert. Manchmal fällt Ostern sehr nahe mit dem ursprünglichen Ostara-Fest zusammen. Nicht zufällig wollte man die Auferstehung Christi mit dem Frühlingsfest an der Tag- und Nachtgleiche vieler schamanischer Kulturen in Verbindung bringen. Denn in beiden Fällen geht es um Auferstehung, um neues Leben und um einen Neubeginn.

Jahreszeiten und Lebensphasen

Doch zurück zum Medizinrad selbst. Wie ist es entstanden und warum lebten viele traditionelle Völker nach solchen Lebensrädern? Dazu meint der österreichische Visionssuche- und Ritualleiter Franz Redl:»Medizinräder der ganzen Welt sind innere und äußere Landkarten des Lebens und des Menschen. Diese Landkarten sind Orientierungen in Bezug auf die äußere Welt, die Natur, aber auch auf die innere Entwicklung, die Individuation des Menschen.«[13] Ein Medizinrad dient also einer vielfältigen Grundorientierung. Diese zeigt sich auch in einem Kinderreim, der jedoch nur auf der nördlichen Halbkugel Sinn ergibt:

»Im Osten geht die Sonne auf,
im Süden steigt sie hoch hinauf.
Im Westen wird sie untergehen,
im Norden ist sie nie zu sehen.«

Damit kann man mit dem Medizinrad, das auf einem »Weltbild des Augenscheins« beruht, einen Tagesablauf abbilden. Der Mond wird dabei im Norden angesetzt. Kinder erleben noch heute die Welt in diesem Sinne.

Man kann aber auch ein ganzes Jahr mit dem Medizinrad erfassen. In diesem Fall wird der Frühling im Osten, der Sommer im Süden, der Herbst im Westen und der Winter im Norden angesetzt. Wie oben bereits erwähnt, wurde der christliche Jahreskreis in ein bereits vorhandenes Medizinrad gelegt und die darin enthaltenen großen Jahresfeste, die sich an besonderen Sonnen- und Mondständen orientierten, wurden als christliche Feste neu gedeutet und uminterpretiert.

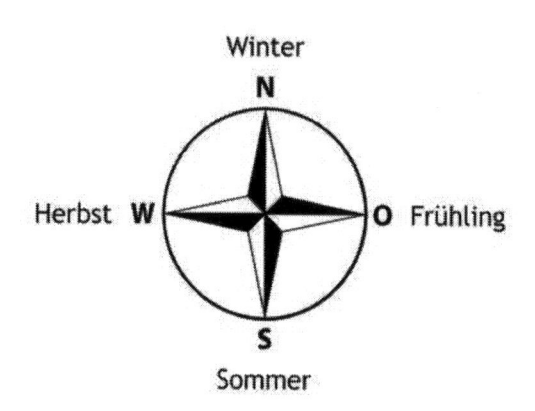

Skizze 1: Jahreszeiten

Schließlich lässt sich mit dem Medizinrad ein ganzes Menschenleben darstellen. Da viele traditionelle Kulturen davon überzeugt waren, dass eine Seele nach dem Tod in eine Art Geisterwelt eingeht, um nach einer bestimmten Zeit wieder in den Stamm hineingeboren zu werden, wurde dies natürlich im Medizinrad berücksichtigt. Demnach kann man die Geburt eines Kindes im Südosten ansetzen und die Kindheit in den Süden, die Jugendzeit in den Westen, die lange Phase des Erwachsenseins in den Norden und das (hohe) Alter in den Osten legen. Der Tod selbst findet dann im Medizinrad etwas südlich von der Ostmarkierung Platz. So, wie ein neuer Tag im Sinne des Medizinrads immer wieder im Osten beginnt, weil die Sonne im Osten oder Südosten aufgeht, so nimmt auch eine Seele nach dem körperlichen Tod eines Menschen einen Neuanfang in einer weiteren Inkarnation. Die Geburt wird deshalb im Südosten des Medizinrads angesiedelt. Zwischen dem Tod und einer Neugeburt befindet sich eine Leerphase, die man auch als »die dunkle Nacht der Seele« bezeichnen könnte.

In der nachfolgenden Skizze sind neben den vier Haupt-Lebensphasen des Menschen auch die vier Übergänge »Geburt«, (Beginn der) »Pubertät«, »Erwachsenwerden« und »Älterwerden« eingezeichnet. Für viele Menschen fällt dieser letzte Übergang etwa mit der Pensionierung zusammen.

Skizze 2: Lebensphasen und Lebensübergänge

Uraltes psychologisches Modell zur Lebensdeutung

Nun könnte man einwenden, dass ein Weltbild des Augenscheins vor dem Hintergrund unseres heutigen naturwissenschaftlich-technischen Weltbildes vollkommen überholt ist. Wir wissen ja, dass unsere Erde ein kleiner Planet im Sonnensystem, die Sonne nur ein winziger Stern in unserer Galaxie »Milchstraße« und diese wiederum nur eine von Milliarden von anderen Galaxien in unserem Kosmos ist, der sich zudem immer weiter ausdehnt. Was kann uns dann ein so altes Modell wie das Medizinrad noch nützen?

Sehr viel, meine ich. Denn gerade in unserer modernen Technologie-, Kommunikations- und Mediengesellschaft ist das so bedeutende alte Wissen um Initiation, um Lebensphasen und um die notwendigen Übergänge dazwischen, das im Medizinrad überzeugend abgebildet ist, weitgehend in Vergessenheit geraten. In meinem ersten Band »Initiation – Erwachsenwerden in einer unreifen Gesellschaft« habe ich ausführlich dargelegt, welch fatale Folgen eintreten können, wenn keine Initiation unserer Jugendlichen stattfindet.[14]

Wegen fehlender Initiatonsrituale versuchen gerade Jungen bisweilen mit sehr gefährlichen Mutproben wie verrückten Autofahrten, mit S-Bahn-Surfen, mit dem berüchtigten Komasaufen oder mit Schlägereien, die in der Pubertät neu entdeckte Kraft auszudrücken und zu beweisen. Andere verharren jahrelang in einem Zwischenzustand zwischen Jugend und Erwachsensein, selbst wenn sie schon über dreißig Jahre alt sind, hängen in Depressionen und Orientierungslosigkeit und finden einfach nicht den Dreh zu einem eigenständigen und kraftvollen Leben. Hier kann das Medizinrad sehr zur Lebensdeutung beitragen und die Notwendigkeit rechtzeitig durchgeführter und für unsere heutige Gesellschaft passender Übergangsrituale aufzeigen.

Richtig interessant und aktuell aber ist das Medizinrad aus psychologischer Sicht.[15] Denn es kann vier elementare Ebenen im Menschen aufzeigen und jeder der vier Richtungen bestimmte menschliche (Wesens)Eigenschaften und einen Archetyp zuordnen, wie in den folgenden beiden Skizzen zu sehen ist. Dabei sind unter Archetypen grundsätzliche und typische Seelenprägungen oder Seelenfiguren im Menschen zu verstehen:

- Im Süden ist der Körper und die körperlich-emotionale Ebene im Menschen anzusetzen. Dazu gehören unsere Triebe und spontanen Gefühle, unsere Sexualität, die kindliche Freude und Unbekümmertheit, die vitale Lebenskraft und die emotionale Fülle. Es geht um Selbstliebe, um Unschuld und Vertrauen. Als archetypische Figur gehören das »innere Kind« und der »Liebhaber« mit seiner ungestümen Liebeskraft in uns in den Süden.

- Der Westen steht für die oft sehr widersprüchlichen, meist unbewussten Seelenkräfte und damit für die psychische Ebene im Menschen. Gerade Jugendliche erleben ihre Pubertät häufig als Achterbahnfahrt zwischen gefühlsmäßigen Extremen. Sie müssen nicht selten heftige innere Kämpfe zwischen ihren Licht- und vor allem Schattenseiten ausstehen, die sie erst in den Auseinandersetzungen mit sich selbst besser kennenlernen können. Im Westen geht es um Innenschau und Reflexion, um tieferes Bewusstsein, um Träume und Symbole, um Liebe zum Du. Als Archetyp taucht im Westen der »Krieger« auf, der für uns die inneren und manchmal auch äußeren Kämpfe ausficht, mit Dämonen, Zauberern und bösen Drachen kämpft und schließlich den Schatz oder den Gral findet oder eine Prinzessin befreit. Viele Märchen und Mythen handeln genau davon. Der Krieger ist die psychische Kraft, die unsere innere Heldenreise durchsteht und uns schließlich ins Erwachsensein führen kann.

- Der Norden enthält Klarheit, Struktur und Übersicht in unserem Denken und Bewusstsein. Hier geht es um unseren Geist (englisch »mind«), um den Verstand, um die Ratio, um Intention und um das Planen. Dazu gehören die Fähigkeit und Bereitschaft, Verantwortung für sich selbst und andere zu übernehmen, sowie um das Eingebundensein in Familie, Sippe und Volk. Der Norden steht für die lange Phase des Erwachsenseins im Menschen, für seine Schaffenskraft, für seinen Beruf. Es geht um Ausdauer und Nachhaltigkeit, um ein Wir-Gefühl, um Liebe zur Gemeinschaft, um Kommunikation. Der Archetyp des »Königs« in uns, der zu dieser Phase gehört, handelt mit Umsicht und Würde. Es geht also um die mentale und systemische Ebene.

- Der Osten schließlich steht für die Weisheit und Gelassenheit des Alters. Hier ist die Spiritualität, die Offenheit für das Göttliche, die Verbindung zum »All-Eins« und zum Welt-Geist (englisch »spirit«) anzusetzen. Es geht um Begeisterung, Intuition und Kreativität und um die Begegnung mit dem Göttlichen, um die Bereitschaft für das Unerwartete, um Liebe zum Größeren, um Gipfelerfahrungen. Für den Menschen offenbart sich jetzt, welchen Sinn sein bisheriges Leben hatte. Im Osten ist die Essenz des Lebens, die reife (Herzens-)Liebe zu allem und zu allen zu finden. Als Archetyp steht der »Magier« für diese Lebensphase des »hohen« Alters. Darum kann man dem Osten die spirituelle Ebene zuordnen.

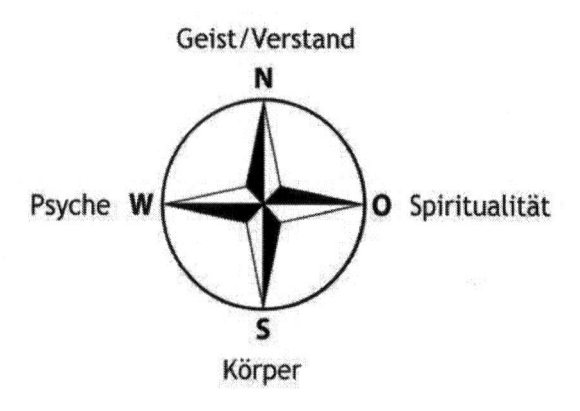

Geist/Verstand
N
Psyche **W** — **O** Spiritualität
S
Körper

Skizze 3: Vier elementare Ebenen des menschlichen Wesens

```
              König
               N
               ▲
    Krieger W ◄■► O Magier
               ▼
               S
          Kind/Liebhaber
```

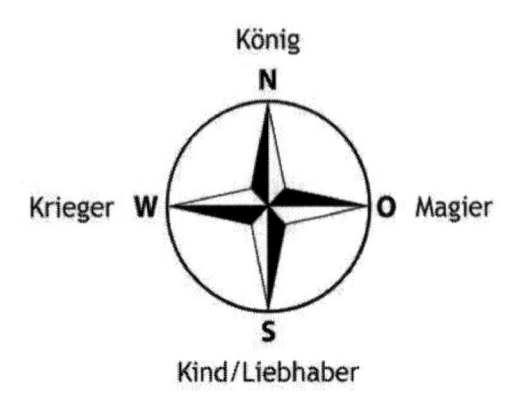

Skizze 4: Vier Archetypen im Menschen

Diese vier Ebenen, sowie die vier Archetypen stecken in jedem Menschen. Sie wollen vier elementare Seiten des menschlichen Wesens bewusst machen und zum Ausdruck bringen. Wir alle tragen von Geburt an diese Ebenen als seelisches Potential in uns. Es handelt sich um vier wesentliche Aspekte des menschlichen Seins. In jeder der vier Grund-Lebensphasen soll eine Seelenfigur ans Licht gebracht und mit all ihren Qualitäten entfaltet werden. Menschliche Entwicklung bedeutet demnach, die vier Seelenseiten zu (er-)leben und nacheinander Liebhaber, Krieger, König und Magier zu sein. Andererseits sind alle vier Seelenaspekte natürlich auch immer gleichzeitig und nebeneinander in jeder Lebensphase vorhanden.

Bei diesen eher knappen Bemerkungen zum Medizinrad möchte ich es belassen. Lieber Leser, wenn Sie aber mehr dazu erfahren wollen, lesen Sie bitte Band II von »Initiation – Erwachsenwerden in einer unreifen Gesellschaft«.[16] Darin ist dem Medizinrad ein ausführliches Kapitel gewidmet. In dem vorliegenden Buch jedoch soll nun der Fokus auf Heilung und auf das Heilwerden gerichtet werden. Diese Bedeutung klingt ja auch schon in dem Begriff »Medizin«-Rad an.

(2) Vier Heilungsebenen im Menschen

Aus der Betrachtung des Medizinrads bezüglich der wichtigsten Lebensphasen wird bereits deutlich, warum so viele Menschen krank werden oder Probleme haben können. Oft sind es nicht abgeschlossene Initiationen in einem Lebensabschnitt oder nicht erfolgte Übergänge zwischen den Lebensphasen, die Entwicklungsblockaden verursachen. Dies kann mittelfristig zu körperlichen Symptomen oder zu Zwängen, Ängsten und anderen psychischen Problemen führen. Auch unbekannte und unaufgelöste Familientabus oder Verdrängungen nach traumatischen Erlebnissen können die Ursache für solche Blockaden sein. Es hat sich gezeigt, dass auch dafür das Medizinrad einen Überblick geben und zur Deutung erheblich beitragen kann.

Denn wenn ich weiß oder zumindest erahne, wo die eigentliche Ursache für ein Problem liegt, kann ich es viel leichter lösen. In den wenigsten Fällen haben körperliche Symptome nur rein körperliche Ursachen.[17] Meist liegt eine Symptomverschiebung hin zum Körper aus der psychischen, systemischen oder spirituellen Ebene im Menschen vor. Unsere symptomorientierte Schulmedizin spricht zwar öfter von »Psychosomatik«, möchte aber dennoch möglichst alle Probleme ausschließlich mit körperlichen Mitteln oder Methoden behandeln. Oder sehr vereinfacht und plakativ gesagt: mit synthetischen Pillen oder mit Operationen. Operationen können Leben retten, auf diesem Gebiet hat unsere technische Medizin schon öfter richtige Wunder bewirkt. Wenn es jedoch um eine Psychosomatik oder um chronische Leiden geht, hat unsere herkömmliche Medizin meist keine wirklich grundlegenden Lösungen parat.

Ich habe manchmal den Eindruck, dass sich unsere Schulmedizin und unser Gesundheitswesen auch gar nicht langwierig mit seelischen, systemischen oder gar spirituellen Ursachen einer Krankheit aufhalten wollen. Es scheint doch viel einfacher, die vermeintlich »richtigen« Medikamente zu geben, wenn damit eine Krankheit unterdrückt, der Patient ruhiggestellt und somit schnell eine Abhilfe geschaffen werden kann. Dies ist zudem wesentlich billiger als aufwendige und langwierige Heilverfahren auf psychischer Ebene. Unsere Kassenmedizin möchte schnelle Lösungen vorweisen können und auch viele Patienten möchten gar nicht so genau wissen, warum sie eigentlich krank geworden sind.

Meiner Meinung nach muss das Bemühen um Gesundheit und Wohlbefinden zu uns Menschen selbst zurückkehren. Wir dürfen diese Aufgabe nicht vorschnell an unsere Ärzte und Krankenkassen delegieren. Wir selbst sind für uns und unsere Gesundheit verantwortlich. Darum, lieber Leser, möchte ich Sie ermutigen, nach den tieferen Ursachen bei sich selbst zu suchen, wenn Sie krank sind. Ich meine, es lohnt vor allem dann, wenn man sich als ein sehr empfindsames und komplexes menschliches Gesamtsystem verstehen und keine Spaltung zwischen Körper, Geist und Seele betreiben will. Zusätzlich ist der Mensch nicht isoliert, sondern immer in ein größeres Familiensystem eingebunden. Auch dies muss bei einer Krankheit berücksichtigt werden.

Aufgrund der psychologischen Tiefe, die im Modell des Medizinrads steckt, ist es geeignet, einen Überblick über die vier Heilungsebenen zu geben, die in Harmonie und Ausgeglichenheit sein müssen, wenn wir uns mittelfristig gesund und wohl fühlen wollen. Leider ist dies oft nicht der Fall. Viele Menschen leiden an Krankheiten, an Zwängen, fühlen sich unter Druck und verlieren ihre Kraft oder die Orientierung in ihrem Leben. Für diese Menschen kann das Medizinrad eine große und wertvolle Hilfe sein. Denn häufig ist eine Krankheit heilbar, wenn man den Ursachen wirklich auf den Grund geht. Das Medizinrad kann in diesem Fall wie ein Kompass sein, der uns viel schneller zu den eigentlichen Ursachen auf der richtigen Ebene führt. Dort liegen dann oft schon die Lösungen parat, die deswegen nicht erkennbar waren, weil wir womöglich nur auf der körperlichen Symptomebene gesucht haben.

Krankheiten können auch deshalb entstehen, weil uns geistige Erkenntnis fehlt oder weil wir uns in den Strukturen des Alltags festgefahren haben und geistig unbeweglich geworden sind. Auch in diesem Fall kann uns das Medizinrad die Augen öffnen für das, was an Prozessen oder Veränderungen eben gerade ansteht. Dies kann am Beispiel des Burn-outs deutlich werden: Ein Grund für Burn-out kann darin liegen, dass eine seelische, geistige oder spirituelle Entwicklung vermieden oder übersehen worden ist oder weil man sich weigert, sich geistig-seelisch weiterzuentwickeln. Die nachstehende Skizze vom »Medizinrad der Heilung« möchte einen Überblick über die vier Heilungsaspekte geben, die den vier Ebenen im Menschen entsprechen, wie sie weiter oben erläutert worden sind.

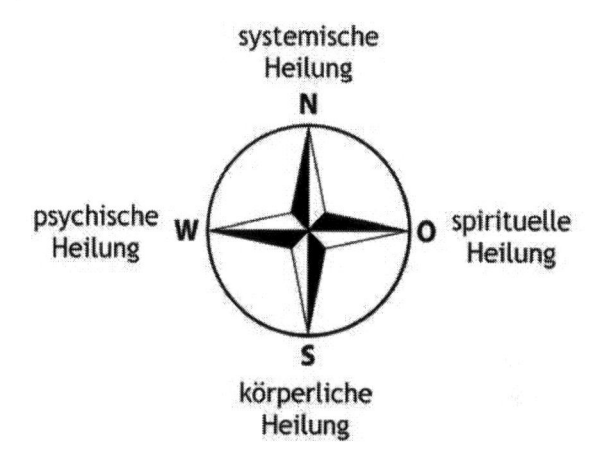

```
            systemische
              Heilung
                N
   psychische  W ✦ O  spirituelle
    Heilung              Heilung
                S
            körperliche
              Heilung
```

Skizze 5: Das Medizinrad der Heilung

In den folgenden vier Kapiteln werden diese vier Heilungsebenen näher entfaltet. Daher sollen an dieser Stelle nur einige grundsätzliche Anmerkungen im Überblick gemacht werden.

Körperliche Heilung

Im Süden des Lebensrades geht es um körperliche Heilung, dann, wenn körperliche Symptome vorliegen. Bereits Luise Hay hat in ihrem Standardwerk »Gesundheit für Körper und Seele«[18] darauf hingewiesen, dass unser Körper fast immer nur als ein Indikator für Konflikte oder Blockaden auf anderen Ebenen zu verstehen, das eigentliche Problem also nicht auf einer nur körperlichen Ebene zu suchen ist. Im Medizinrad der Heilung, wie es in der obigen Skizze dargestellt ist, soll die Gesamtheit des menschlichen Seins und seiner Heilungsmöglichkeiten symbolisch erfasst werden. Darin wird der Mensch als eine somatische, psychische, mental-systemische und spirituelle Einheit betrachtet. Alle vier Ebenen gehören zusammen, eine Unterscheidung ist im Grunde künstlich.

Dennoch erscheint es mir als notwendig, diese Unterscheidung zu treffen, um die Vielschichtigkeit des Menschen, der in allen großen Religionen als göttliches Wesen gesehen wird, hervorzuheben. Zudem möchte ich mit diesem Buch Denkanstöße dafür geben, dass wir mehr sind als nur unser Körper, auf den die herkömmliche Medizin so sehr fixiert ist. Körper, Geist und Seele müssen als komplementär betrachtet werden. Wenn der Körper leidet, hat dies Einfluss auf unsere Psyche. Andererseits stecken hinter körperlichen Symptomen fast immer auch geistige, spirituelle oder psychische Probleme.

Wenn wir uns um Heilung bemühen, kann uns das Medizinrad schneller auf mögliche oder wahrscheinliche Ursachen hinweisen, woher körperliche Symptome kommen. Das Runde des Rades hat zudem die Symbolik, dass es egal ist, auf welcher Ebene die Heilung beginnt. Ein Rad dreht sich immer weiter und schnell ist man bei den jeweils anderen drei Ebenen angelangt. Die Mitte des Medizinrads kann zudem die Ganzheit unseres menschlichen Seins und die Gesamtheit der Heilmaßnahmen auf allen vier verschiedenen Ebenen symbolisieren.

Natürlich will auch unser Körper selbst zu seinem Recht kommen. Er will Beachtung und Zuwendung. Darum kann es sinnvoll sein, dem Körper Heilung durch materielle Substanzen wie etwa mit Aura-Soma-Produkten zu verschaffen. Sie enthalten wohlriechende ätherische Öle aus natürlichen farbigen Pflanzenextrakten, die unsere Sinne direkt ansprechen und auf den Körper zurückwirken können, der dadurch Heilung erfährt. Das heißt, dass ein leidender Körper eine Linderung auf materieller, körperlicher Ebene durch Heilsubstanzen bekommen sollte. Es ist aber sehr sinnvoll, wenn diese Medikamente zugleich dem eigentlichen Problem hinter dem körperlichen Symptom Rechnung tragen und das Potential in sich haben, neben der körperlichen auch auf die psychische, mental-systemische und spirituelle Ebene zu wirken.

Lieber Leser, es ist meine bewusste Intention, in dem nachfolgenden dritten Kapitel einige Aspekte der alternativen Medizin darzustellen, wie sie heute von vielen Heilpraktikern und auch von immer mehr Ärzten praktiziert wird. Dabei habe ich jedoch mit den Schüssler-Salzen, den Bachblüten, mit Heilsteinen und Aura-Soma-Produkten exemplarisch nur einige von den vielen alternativen Heilsubstanzen ausgewählt, die uns heute zugänglich und grundsätzlich verfügbar sind.

Psychische Heilung

Der Westen im »Medizinrad der Heilung« steht für die psychische Ebene im Menschen. Psychische Probleme wie etwa Depressionen sind heute viel mehr als Krankheit anerkannt als noch eine Generation zuvor. Dabei stellen »psychische Probleme« nur einen Sammelbegriff für die vielfältigen Schwierigkeiten dar, in denen sich viele Menschen gerade in unserer westlichen Gesellschaft befinden. Daher würde es den Rahmen dieses Buches und auch meine Kenntnisse der Psychologie vollkommen überschreiten, wenn ich mich mit den vielfältigen psychischen Phänomenen im Einzelnen auseinandersetzen würde.

Dennoch habe ich bei meinen Visionssuchen und bei meiner Arbeit als Initiations-Mentor eine erstaunliche Entdeckung machen können: Viele Probleme, mit denen sich Menschen im mittleren Alter auseinandersetzen müssen, rühren davon her, dass am Ende der Jugendzeit kein klar markierter Übergang ins Erwachsenalter und damit keine Initiation in diesen neuen Lebensbereich des Erwachsenseins stattgefunden hat. Bei genauerer Sicht und vor dem Hintergrund des uralten und zugleich höchst aktuellen Wissens um Initiation und Initiationsrituale kann man erkennen, dass viele unserer Mitmenschen unabgeschlossene Initiationen mit sich herumschleppen.

Dies kann mehrere Konsequenzen haben. Viele Menschen hängen zumindest mit einem Teil ihrer Psyche immer noch in Kinderrollen fest und haben ihr Verhältnis zu ihren Eltern nicht sauber geklärt. Zudem frönt unsere Gesellschaft einem Jugendwahn, nach dem es chic erscheint, nie ganz erwachsen zu werden, sondern auch dann noch möglichst jugendlich zu wirken, wenn man ein Alter von 40 oder gar 50 Jahren schon überschritten hat. Eine Folge dieses Trends ist auch, dass Jugendliche in der Adoleszenzphase oder bereits junge Volljährige zwar die Rechte von Erwachsenen haben wollen, ihnen aber das Erwachsensein als charakterliche, psychische oder gar gesellschaftliche Größe gar nicht so sehr erstrebenswert erscheint.

Außerdem bestehen in unserer pluralen, naturwissenschaftlich-technischen Gesellschaft keine klaren Vorstellungen darüber, was denn eigentlich Erwachsensein bedeutet und wie, das heißt mit welchen Zeremonien oder Ritualen, man erwachsen werden kann. Dann jedoch erscheint der Übergang von der Jugendphase ins Erwachsensein wie ein immerwährendes Kontinuum, das durch keine fest markierten Übergänge strukturiert wird. Die Folge ist ein Heer von nicht mehr jugendlichen, aber auch nicht erwachsenen Menschen, denen oft die Orientierung, gesellschaftliche Verantwortung und der tiefere Sinn ihres Daseins fehlt. Ich meine, dass Depressionen und Burn-out genau darin eine entscheidende Ursache haben.

Daher halte ich es in dem nachfolgenden vierten Kapitel über psychische Heilung für sehr sinnvoll, einen Schwerpunkt genau auf diesen Gedanken zu legen: Viele psychische Probleme ergeben sich aus der Tatsache, dass nie adäquate und geeignete Übergangsrituale ins Erwachsensein stattgefunden haben oder Initiationsprozesse nicht abgeschlossen worden sind. Vereinfacht könnte man diesen Sachverhalt auch so ausdrücken: Viele Menschen in unserer Gesellschaft sind nie richtig erwachsen und selbständig geworden. In zwei Fallbeispielen sollen zwei Menschen im mittleren Alter zu Wort kommen, die Heilung bei Visionssuchen deswegen erfahren durften, weil sie dadurch endlich mit ihren unaufgelösten Vater- oder Mutterverhältnissen konfrontiert wurden. Ich möchte also bei der Reflexion über psychische Heilung besonders auf diesen Aspekt der Initiation, der initiatorischen Nachreifung der Persönlichkeit und des nachträglichen Erwachsenwerdens auch auf geistig-seelischer Ebene Wert legen.

Systemische Heilung

Die systemische Heilung wird im Norden des Medizinrads angesetzt. Dort ist der Archetyp des Königs zu Hause. Ein guter König herrscht über sein Land, sorgt sich um seine Untertanen und ist um das Wohlergehen seines Reiches bemüht. König-Sein erfordert Klarheit, Überblick und Verantwortung. Jeder Erwachsene ist ein König oder eine Königin oder sollte dies eigentlich sein. Gerade Eltern, die sich um das Wohl ihrer Familie und ihrer Kinder bemühen und dafür Verantwortung tragen, sind, archetypisch betrachtet, ein Königspaar. Aus Sicht ihrer Kinder bleiben sie dies immer, selbst wenn sie voneinander getrennt sein sollten.

Zum Familiensystem gehören die Eltern, die Großeltern, alle engen Verwandten, vor allem aber auch die bereits verstorbenen Angehörigen, die Ahnen. Aus der Familientherapie wissen wir heute, dass besonders eine unaufgelöste Schuld oft an die nachfolgenden Generationen weitergegeben wird. Wenn ein Kind in eine Familie hineingeboren wird, ist es unweigerlich nicht nur mit seinen Eltern, sondern auch mit früheren Generationen verbunden, egal ob die Angehörigen aus diesen Generationen noch leben oder bereits gestorben sind. Wenn hier aber beispielsweise noch eine Schuld besteht, die von Familienangehörigen früherer Generationen verdrängt und nicht eingestanden worden ist, so kann sich dies auf das Wohlergehen von späteren Generationen bisweilen sehr heftig auswirken und das Leben von Nachfahren blockieren.[19] Dann lohnt es sich sehr, etwa über sogenannte Familienaufstellungen die Ursachen solcher Blockaden aufzudecken und sich um eine Heilung im Familiensystem zu bemühen. Dies ist grundsätzlich immer möglich.

Hier ein Beispiel: Vor einigen Jahren nahm ich an einem Wochenendkurs für Familienaufstellungen teil. 21 TeilnehmerInnen wollten ihre Familie oder einen Aspekt ihrer Familie aufstellen lassen, um an die Ursachen von Krankheiten, psychischen Problemen oder Blockaden zu kommen. Bei fünf TeilnehmerInnen ergab sich, dass Väter oder Großväter im Krieg gewesen waren. Dabei war es anscheinend zu Kriegsverbrechen oder Gräueltaten gekommen, an denen die Vorfahren beteiligt waren. Tatsächlich erzählten ein Mann und eine Frau, die bereits am Freitag Abend mit ihrer Aufstellung dran waren, am folgenden Tag, dass ihre Großväter bei der SS in Russland waren und an Erschießungen von Gefangenen teilgenommen hatten. Diese Schuld und die ungewürdigten Toten hatten offensichtlich in den Enkeln zu rumoren begonnen, obwohl die Großväter nie etwas darüber erzählt hatten.

Wenn beispielsweise derartige systemische Verstrickungen vorliegen, hilft keine Psychotherapie im herkömmlichen Sinne und schon gar keine medikamentöse Behandlung von körperlichen Symptomen. In diesen Fällen ist es sehr klug und geboten, die wahren Ursachen im Familiensystem zu suchen. Im fünften Kapitel wird dieser Aspekt viel genauer ausgeführt und an Hand von zwei authentischen Fällen näher erläutert.

Spirituelle Heilung

Da in meinem Buch auch die spirituelle Heilung zu Wort kommen soll, möchte ich zunächst klären, was ich unter »Spiritualität« und »spirituell« verstehe. In uns Menschen gibt es eine tiefe Sehnsucht nach etwas Höherem, nach Gott, nach dem Göttlichen, nach einer universellen Energie. Tatsächlich gehen alle großen Religionen davon aus, dass wir von göttlicher Wesensnatur sind oder zumindest einen göttlichen Funken in uns tragen und dass wir eine unsterbliche Seele haben. Durch sie sind wir von Anbeginn der Zeiten mit dem Göttlichen verbunden.

Viele Menschen sind sich dessen nicht bewusst oder haben vergessen, dass das Göttliche in uns allen wohnt. Vielleicht meint der Buddhismus genau das, wenn er von »Erwachen« oder von »Erleuchtung« spricht: uns wieder bewusst zu werden, dass unsere Seele göttlich, wir also von göttlicher Natur sind. Daher kommt im Grunde die tiefe Sehnsucht vieler Menschen nach Glück, nach Sinn, nach Liebe, nach dem Paradies oder nach einem Heimkommen oder Zurückkehren ins Göttliche. Ich meine, dass auch all die Menschen, die in der Partnerschaft nach Ekstase oder höchstem Glück suchen, letztlich von dieser spirituellen Sehnsucht angetrieben werden.

Spirituell-Sein meint, sich dieser Sehnsucht nach dem Göttlichen bewusst zu werden. Letztlich handelt es sich auch um diese Sehnsucht, die die Mystiker aller Religionen beseelt. Jede der großen Welt- oder Volksreligionen verkörpert eine exoterische und eine esoterische Seite, so wie die zwei Seiten der gleichen Medaille. Zur exoterischen Seite gehören beispielsweise das Lehrgebäude der Religion, ein Moralsystem, Liturgien und Zeremonien, Feste und Feiertage, auch Sozialdienste wie Caritas oder Diakonie in den beiden großen christlichen Kirchen.

Die esoterische Seite der Religion ist nur im Menschen selbst, im eigenen Inneren, zu finden. Mystiker aller Religionen versenken sich in Meditation oder in andere geistliche Übungen, um das Göttliche in sich selbst zu entdecken, zu spüren und sich mit dem Göttlichen zu verbinden. Die esoterische Seite wird im Judentum in der Kabbala, im Hinduismus im Yoga, im Buddhismus im Zen-Buddhismus, im Islam im Sufismus und im Christentum in der Kontemplation oder eben in der Mystik erlebt und erfahren.[20] All diese esoterischen Systeme haben im Grunde das gleiche Ziel, auch wenn dies überall anders ausgedrückt wird: Es ist die Sehnsucht nach dem Göttlichen, dem Unsagbaren. Dieses wird in den Religionen oder in spirituellen Strömungen mit verschiedenen Begriffen belegt: mit Brahman, Paradies, Nirwana, dem Göttlichen, Allah, Gott, der göttlichen Ur-Energie, der dunklen Nacht der Seele, der Leere, dem All-Eins.

Ich verstehe unter einem spirituellen Menschen jemanden, der Gott oder das Göttliche sucht oder sich zumindest seiner Sehnsucht danach bewusst geworden ist. Die spirituelle Seite findet im Medizinrad ihren Platz im Osten. Diese Zuordnung macht sehr viel Sinn, da im Osten der Geist, das Göttliche, das All-Eins angesiedelt ist, zu dem der Mensch als »homo religiosus« wesensmäßig Zugang hat. Im Vergleich der Religionen möchte ich es bewusst offen lassen, ob nur an eine einmalige Inkarnation und eine Auferstehung nach dem Tod geglaubt wird wie in den drei großen »Buchreligionen« des Judentums, Christentums oder des Islams. Oder ob, wie in den großen östlichen Religionen des Hinduismus und des Buddhismus, von vielen oder zumindest von einigen Inkarnationen ausgegangen wird. Es sollen aber beide Ansätze in diesem Buch zu Wort kommen.

Viele Zeitgenossen aus unserem westlichen Kulturkreis, die in einer der beiden großen christlichen Kirchen sozialisiert worden sind, haben kein Problem damit, sich als Christen zu fühlen, aber gleichzeitig offen für eine modifizierte Reinkarnationslehre zu sein, wie sie mittlerweile auch in vielen esoterischen Strömungen in Europa oder in den USA angeboten wird. Der mit der Wiedergeburt verbundene hinduistische Begriff »Karma« ist bereits in das Bewusstsein vieler Menschen auch im Westen eingesickert. Karmalehre und Wiedergeburt gehören jedoch in den Ostreligionen untrennbar zusammen.

Seelische Verstrickungen, Lieblosigkeiten, schlimme Taten oder eine egozentrische Haltung in früheren Leben, die sich nur auf das Diesseits ausrichtete, bedeuten demnach ein unaufgelöstes Karma, das eine Wiedergeburt verlangt. Zudem waren viele traditionelle

Völker davon überzeugt, dass ihre Verstorbenen in eine Art von Ahnenhimmel kamen, um nach einer gewissen Zeit mit neuen Aufgaben wieder in den Stamm hineingeboren zu werden. Wenn nun dieser inkarnatorische Aspekt mit dazu genommen wird, dann hat auch die Spiritualität eine zusätzliche karmische Komponente. In diesem Fall kann man von einer karmisch-spirituellen Ebene und von einer »karmisch-spirituellen Heilung« sprechen. Mein Anliegen ist es, in diesem Buch auch darauf einzugehen und die Möglichkeit eines solchen Ansatzes aufzuzeigen.

Lieber Leser, es muss offen bleiben, welcher Art von Spiritualität Sie mehr zuneigen, ob Sie also an nur eine Wiedergeburt wie im Christentum oder an viele Wiedergeburten glauben möchten. Dennoch sollen im sechsten Kapitel zwei Fälle beschrieben werden, bei denen eine Heilung offensichtlich nur möglich wurde, weil sich die Betroffenen auch einer karmisch-spirituellen Sicht geöffnet haben. Die spirituelle Sehnsucht jedoch, die Sehnsucht nach dem Göttlichen, sowie der Wunsch nach Heilwerden, nach Liebe, Glück und Sinn sind bei beiden Wegen ähnlich. Darum soll in diesem Buch besonders darauf ein Schwerpunkt gelegt werden.

Kapitel 3: Körperliche Heilung – Heilpraktikerarbeit – Alternative Medizin

(1) Schulmedizin und Alternative Medizin

In diesem Kapitel geht es auch bei der körperlichen Heilung nicht um die herkömmliche Schulmedizin. Diese soll nicht kritisiert, ihre unbestreitbaren Erfolge sollen vielmehr anerkannt und gewürdigt werden. Wenn etwa ein schlimmer Verkehrsunfall passiert, dann ist es erstaunlich, was unsere heutige operative Medizin alles vermag. Oftmals werden Menschen wieder gut »zusammengeflickt«, die früher nach Unfällen einfach lebenslang schwer behindert gewesen oder sogar gestorben wären. Die Krankenkassen, die genau auf diese Medizin abgestimmt sind, übernehmen die meisten Kosten selbst für aufwendige Operationen.

In diesem Buch geht es vielmehr um eine alternative Medizin, die mit Substanzen arbeitet, die in der Regel von keiner Krankenkasse anerkannt werden, weil ihr Heilerfolg nicht zwingend erwiesen ist. Wenn man sich auf alternative Medizin einlässt, wie sie heute von vielen Heilpraktikern und einigen Ärzten praktiziert wird, setzt dies ein gewandeltes Denken voraus. Der Patient selbst muss seine Heilung in die Hand nehmen und wird auch den größten Teil oder sogar die kompletten Kosten dafür übernehmen müssen. Darüber hinaus setzt das Einlassen auf eine alternative Medizin eine Haltung der Aktivität und ein hohes Bewusstsein über die Verantwortung für die eigene Gesundheit voraus. Bezüglich der Schulmedizin ist hingegen bei vielen Patienten eher eine passive Erwartungshaltung verbreitet, die man vereinfacht so zusammenfassen könnte: »Ich zahle jeden Monat viel Geld für die Krankenkasse. Wenn ich dann einmal selbst krank bin, dann möchte ich gefälligst die beste Behandlung bekommen und von den Ärzten wieder schnell gesund gemacht werden.«

Der folgende Fall zeigt exemplarisch auf, wie ein etwa 45-jähriger Mann, Adrian,[21] der bisher ausschließlich auf die Schulmedizin vertraut hatte, eher »zufällig« zur alternativen Medizin geführt wurde.

Fall I (Adrian): Rückenblockade

»Wieder einmal hatte ich mir meinen Rücken verrenkt – nur wegen einer unbedachten Bewegung, als ich einen Koffer vom Schrank holen wollte. Der Rücken tat mir danach sehr weh. Leider war meine chiropraktisch arbeitende Sportärztin nicht erreichbar. Sie hatte mich seit etwa einem Jahr immer häufiger einrenken müssen, indem sie mit beiden Händen einen schnellen und starken Druck auf die blockierten Wirbel ausübte, während ich auf dem Bauch lag. Dies war jedes Mal eine schmerzvolle Angelegenheit, weil dabei die Bänder im Rücken sehr gedehnt und belastet wurden. Glücklicherweise fand ich jetzt die Adresse eines Heilpraktikers, den mir eine Bekannte vor einigen Monaten empfohlen hatte. Die Behandlung bei ihm veränderte vieles in meinem Leben.

Der erste Besuch bei ihm dauerte fast eineinhalb Stunden. Zunächst befragte er mich über meine beruflichen und privaten Lebensumstände und ob ich etwa gerade Stress hätte. Dies kam mir ziemlich komisch vor, da ich doch von ihm, wie auch von der Sportärztin, nur eingerenkt werden und dann schnell wieder nach Hause gehen wollte. Seine Befragung gipfelte darin, ob es vielleicht ein Problem mit meinem Vater gäbe, da der Rücken für Vergangenheit und Vaterthematik stehe. Diese Bemerkung traf mich mitten ins Herz, denn ich hatte tatsächlich gerade einen heftigen Konflikt mit meinem Vater laufen: Bei der Betriebsübergabe an meinen älteren Bruder wurden auch die sonstigen familiären Erbangelegenheiten geregelt und ich hatte das Gefühl, dass der Vater meinen Bruder total bevorzugt und mich über den Tisch gezogen hatte. Ja, ich war voll Wut und Groll auf den Vater. Wie aber konnte der Heilpraktiker dies ahnen? Schon während dieser ersten Behandlung, viel mehr jedoch in den Wochen und Monaten danach, setzte bei mir ein starker innerer Denkprozess ein – über mein Familiensystem, mein bisheriges Leben und die weiteren Ziele, die ich beruflich und privat als Nächstes verwirklichen wollte.

Doch zurück zu der Behandlung selbst. Der Heilpraktiker setzte mir als Erstes im verspannten Bereich des Rückens gezielt einige Akupunkturnadeln neben die Wirbel. Das war neu für mich. Woher wusste er denn, wo die stärksten Verspannungen und damit die Quellen des Schmerzes lagen? Wie er mir später erklärte, habe er

›heilende Hände‹ und werde von den Stellen energetisch förmlich angezogen, die sich in einer Unterenergie befinden. Die Nadeln seien wie Empfänger kosmischer Energie. Und weil sich mein Rücken im unteren Lendenwirbelbereich in einer solch disharmonischen Unterenergie befände, seien die Bänder und Muskeln grundsätzlich schwach. Dadurch gäbe es dann schon bei geringen Anlässen Verspannungen und Blockaden.

Zusätzlich setzte mir der Heilpraktiker noch einige Schröpfköpfe auf meine Haut, indem er mit einer Art Pumpe die Luft aus den kleinen ›Glasglocken‹ herauszog. Es gab dadurch kontrollierte Blutergüsse, die wie riesengroße Knutschflecken noch mehr als eine Woche lang meinen Rücken ›zierten‹. Auch auf diese Weise sollte die Eigenenergie der Muskeln und Bänder provoziert und aktiviert werden. Ich nahm die Behandlung als ein letztlich angenehmes, vitalisierendes ›Brennen‹ am Rücken wahr.

Ungewohnte Methoden des Heilpraktikers: Aura-Test

Als diese mir bereits ziemlich ungewohnte Behandlung vorüber war, begann der Heilpraktiker mit seinem sogenannten ›Aura-Test‹, der mehr als weitere 30 Minuten in Anspruch nahm. Dabei hielt er seine rechte Hand nahe über die noch immer verspannte Stelle in meinem Rücken. Mit der linken Hand berührte er nacheinander verschiedene homöopathische Substanzen, Bachblütenflaschen und Edelsteine und fuhr mit einem Finger über eine Liste mit ›Aura-Soma-Flaschen‹. Dazwischen unterbrach er immer wieder seine Prozedur, um ein bestimmtes Medikament zu notieren, das nach seinen Worten soeben ›angeschlagen‹ hatte.

Zunächst konnte er die homöopathische Substanz ›Arnica D 6‹ austesten, die häufig bei Verletzungen des Bandapparates zum Einsatz kommt und in letzter Zeit immer mehr auch von schulmedizinisch arbeitenden Ärzten verschrieben wird, die sich für die Homöopathie geöffnet haben. Diese Substanz steht aber auch für eine innere Entspannung.

Als nächstes zeigte es die Bachblüten ›Honeysuckle‹ und ›Impatiens‹ an. Damit ich ein besseres Verständnis für diese Substanz bekommen konnte, las er mir einige Passagen aus einem Buch vor, *das die Wirkung und den Sinn jeder einzelnen Bachblüte näher erläutert:*

Zu Honeysuckle (Geißblatt): ›Jeder von uns hat Augenblicke, in denen er mit seinen Gedanken in der Vergangenheit ist. Erst wenn wir dadurch den Bezug zur Gegenwart verlieren und zu oft unaufmerksam und unkonzentriert sind, befinden wir uns in einem Zustand, den wir verändern sollten. Denn das gedankliche Festhalten der Vergangenheit blockiert unsere Entwicklung in der Gegenwart ... Die Blütenessenz Honeysuckle kann Ihnen dabei helfen, sich von den Gedanken an die Vergangenheit zu trennen. Ihre Aufnahmefähigkeit für alles, was jetzt geschieht, wird wachsen, Sie werden aufmerksam und konzentriert in der Gegenwart leben können.‹ [22]

Ich fing an mich zu fragen, ob ich etwa an bestimmten Rollenvorstellungen in meiner Familie festhielt und von ihnen nicht loslassen wollte, während die Erbangelegenheiten gerade geordnet wurden.

Zu Impatiens (Drüsentragendes Springkraut): ›Beim Umgang mit sich selbst gönnt sich der schnelle hektische Mensch wenig Ruhe. Körper und Seele finden selten Gelegenheit zur Entspannung. Immer angespannt, mit den Gedanken schon weit vorauseilend, verliert der von Ungeduld und Unrast getriebene Mensch die Fähigkeit, die Ruhe und Schönheit eines Augenblicks zu genießen ... Als Folge stellen sich häufig Muskelverspannungen und Verdauungsstörungen ein ... Die Blütenessenz Impatiens ... hilft Ihnen aber, Ihre innere Hektik und Unrast abzubauen und geduldiger zu werden mit anderen Menschen und auch mit sich selbst.‹ [23]

Ich musste zugeben, dass ich aufgrund der Erbschaftsangelegenheiten gerade eine Phase wirklicher Unruhe und Ungeduld durchmachte und auch immer wieder wütend auf meinen Vater und meinen Bruder war. Anscheinend hatte mich dieser innere Konflikt verspannt und meinen Rücken verrenkt.

Zur Ableitung der mir unbewussten Aggressionen und zur Beruhigung meines Gemüts hatte der Heilpraktiker zudem den Heilstein ›Schwarzer Turmalin‹ *ausgetestet. Dazu heißt es in einem Buch über Edelsteine unter anderem:*

›Schon bei den Ägyptern und den Griechen ist der schwarze Turmalin der Stein des Selbstvertrauens und des Duchhaltevermögens ... Der schwarze Turmalin kräftigt ganz besonders die Muskulatur, welche direkt an unseren Knochen die Bewegungen und *den aufrechten Gang bewirken ... Der schwarze Turmalin befreit und schützt vor negativen Einflüssen in unserem Körper. Hierunter fallen ... auch die negativen und häufig seelisch stark belastenden Energien durch unsere Mitmenschen. Mißtrauen, Gier, Neid, Untreue und Eifersucht können uns in unserem Handeln genauso schmerzhaft beeinflussen wie z.B. starke Erdstrahlen oder gar Schwarze Magie. Schwarze Turmaline sind daher mit die kräftigsten Schutzsteine für den Körper und unsere Seele, welche unsere eigenen Wünsche, mehr Selbstbewusstsein und Lebensziele fördern.‹* [24]

Auch wenn mir die Arbeit mit Heilsteinen bis dahin völlig unbekannt war, so berührten mich die Gedanken aus dem Edelsteinbuch doch ziemlich stark. Denn es ging um einen Konflikt in meiner Familie und ich musste aufpassen, bei den Erbangelegenheiten nicht untergebuttert zu werden.

Schließlich hatte der Aura-Test noch die Aura-Soma-Farbflasche Nummer 27, die sogenannte ›Robin-Hood-Flasche‹, ergeben, die das Grundthema ›Durchsetzungsvermögen‹ trägt und in der sich eine rote Flüssigkeit über einer grünen befindet. Der Heilpraktiker las mir dazu wieder einige kurze Auszüge aus einem entsprechenden Buch vor:

›Das Leben wird als sehr schwierig empfunden. Der Mensch ist nicht in Harmonie mit sich selbst. Er nimmt sich selbst als feststeckend und festgefahren wahr ... Bringt mehr Selbstvertrauen und Durchsetzungsvermögen, besonders in Beziehungen, in denen man bisher zu passiv war. Läßt die Verletzungen und die Wut nach einer Trennung oder Scheidung überwinden. Hilft, mit dem Gefühl fertig zu werden, ausspioniert und betrogen worden zu sein. Kräftigt das Immunsystem.‹ [25]

Ja, ich hatte tatsächlich das Gefühl, von Vater und Bruder in den schwelenden Erbschaftsangelegenheiten über den Tisch gezogen und betrogen worden zu sein. Hatte mich das vielleicht verrenkt? Dann aber konnte diese Aura-Soma-Flasche tatsächlich zu einer inneren Entspannung und Klarheit beitragen.

Die Dorntherapie ist sanfter

Die eigentliche körperlich-mechanische Behandlung fand erst ganz zum Schluss statt. Dazu musste ich mich auf ein spezielles Gerät stützen und den Rücken freimachen. Zunächst berührte der Heilpraktiker Wirbel um Wirbel, um die Stelle der stärksten Verspannung zu finden. Dann sollte ich mit einem Bein schwingen, während ich auf dem anderen stand, mich mit den Händen an zwei Griffen festhielt und meinen Bauch zur Stabilisierung an ein Polster am Gerät presste. Während des Beinschwingens drückte der Heilpraktiker den verrutschten vierten Lendenwirbel von der Seite her wieder in seine ursprüngliche Position zurück. Natürlich war diese Behandlung nicht gerade angenehm, sie war jedoch viel sanfter als das ruckartige Einrenken bei der Ärztin, das mir jetzt im Vergleich mit dieser von einem ›Herrn Dorn‹ entwickelten Therapieform – der sogenannten ›Dorn-Therapie‹ – ziemlich gewaltsam und schmerzhaft erschien. Danach war die Behandlung beendet.

Ich ging mehrere Jahre lang regelmäßig zu diesem Heilpraktiker. In dieser Zeit veränderten sich mein Denken bezüglich ›Krankheit und Gesundheit‹, sowie meine Einstellung zur sogenannten ›Alternativen Medizin‹ grundlegend. Es war eine aktive Zusammenarbeit zwischen dem Heilpraktiker und mir. Natürlich wollte ich meine Rückenprobleme möglichst schnell wegkriegen. So einfach ging dies aber nicht. Denn es dauerte fast zwei Jahre lang, bis ich mich mit meinem Vater einigermaßen ausgesöhnt hatte. Dieser **Konflikt war ja auch der Anlass für die Rückenprobleme.** *Ich bin heute der Überzeugung, dass durch die sehr einfühlsame, alternative und konservative Behandlung bei dem Heilpraktiker ein Bandscheibenvorfall vermieden werden konnte und ich sehr wahrscheinlich um eine Rückenoperation herumgekommen bin. Ich erkannte bald, dass der Rücken nur eine Art ›Plattform‹ oder Indikator einer vielfältigen emotionalen und seelischen Auseinandersetzung darstellte, die Jahre lang in meinem Inneren ablief.*

Heute hat sich mein Rücken auf einem akzeptablen Niveau stabilisiert. Mindestens ebenso wichtig wie dieser Wunsch nach Heilung war jedoch die durch die vielen Behandlungen erfahrene Bewusstseinserweiterung und ›spirituelle‹ Schulung. Sie hat mittelfristig zu einem großen Respekt vor vielen alternativen Heilmetho-

den geführt, mir die Augen für das komplexe Zusammenspiel von Körper, Geist, Familiensystem und Seele geöffnet und meine Selbstverantwortung für meine eigene Gesundheit geschärft. Ich habe mit der Zeit einen guten Kontakt zu dem inneren Heiler oder Arzt in mir selbst bekommen, der allein über Gesundheit oder Krankheit entscheidet. Die Arbeit mit dem Heilpraktiker möchte ich deshalb nicht mehr missen.«

Deutung

Mehr als sieben Millionen Deutsche leiden an Rückenproblemen.[26] Daher kann man durchaus von einer Volkskrankheit »Rückenleiden« sprechen. Wieso gibt es so oft keine Heilung? An der grundsätzlichen Möglichkeit von Rückenoperationen liegt es nicht. Kritiker sagen vielmehr, dass hier eher zu viel als zu wenig operiert wird, weil Operateure eben operieren wollen, die Krankenkassen solche Eingriffe im Normalfall zahlen und viele Patienten hoffen, dass alle Probleme durch eine entsprechende Operation schlagartig beseitigt werden könnten. Leider ist dem bei Weitem nicht in allen Fällen so. Es wäre auch zu einfach. Wie man am Beispiel Adrians sehen konnte, hängt am Rücken meist viel mehr dran.

Hier zeigen sich die Grenzen einer rein schulmedizinischen Behandlung und Betrachtungsweise, wonach man den Körperteil eines Patienten isoliert operieren will, ohne gleichzeitig die psychische, geistige, spirituelle und familiensystemische Gesamtverfassung des Menschen in den Blick zu nehmen. Wer schon einmal über einen langen Zeitraum starke Schmerzen erlebt hat, die nicht beseitigt werden konnten, hat nur eines im Sinn: die Schmerzbefreiung oder zumindest eine deutliche Schmerzlinderung. Dennoch haben Schmerzen eine wichtige Funktion: Sie wollen auf ein Ungleichgewicht oder eine Energieblockade im menschlichen System hinweisen.

Dabei dient der Körper häufig nur als Indikator, als »Sprache der Seele«. Weil so viele Menschen keinen Zugang zu ihrem Inneren haben, gibt es eine Symptomverschiebung von einem energetischen oder seelischen Problem auf die körperliche Ebene. Dort wird dann das unbeachtete, ungelöste und nicht bewusste Thema durch den Schmerz angezeigt und offenbar. Es mag provozierend klingen:

Wenn man den Schmerz nicht sofort wieder weg haben will, sondern ihn erst einmal wie einen, wenn auch ungeliebten, Bruder willkommen heißt, so hält er womöglich eine wichtige Botschaft oder Erkenntnis für einen parat. Wie ein Wegweiser möchte er zu den eigentlichen Ursachen für das Problem führen, das in den seltensten Fällen auf einer nur körperlichen Ebene liegt.

Bei Adrian war es ein schwelender Vaterkonflikt, der offensichtlich seinen Rücken blockiert hat. Solche Zusammenhänge hat die amerikanische Heilerin Luise Hay schon früh erkannt. In ihrem Bestseller »Gesundheit für Körper und Seele« hat sie unter der Überschrift »Ich höre mit Liebe die Botschaften meines Körpers« zu vielen Körperproblemen »wahrscheinliche geistige Muster« gesucht und Zusammenhänge mit seelischen Themen hergestellt.[27] Zum Thema »Rücken« meint sie in diesem Zusammenhang:

»Der Rücken repräsentiert unser Unterstützungssystem. Rückenprobleme bedeuten normalerweise, daß wir uns zu wenig unterstützt fühlen. Wir denken zu oft, daß wir nur durch unseren Beruf, unsere Familie oder unseren Ehepartner unterstützt werden. In Wirklichkeit werden wir vollständig vom Universum, dem Leben selbst, unterstützt.

Der obere Teil des Rückens hat mit dem Gefühl unzureichender emotionaler Unterstützung zu tun ... Der mittlere Teil des Rückens hat mit Schuld zu tun ... Fühlen Sie sich richtig ›pleite‹? Sind ihre Finanzen völlig durcheinander? Oder machen Sie sich darüber übertriebene Sorgen? Dann macht Ihnen wahrscheinlich der untere Teil Ihres Rückens Schwierigkeiten. Geldmangel oder die Angst vor dem Geld sind die Ursachen. Der Geldbetrag, den Sie haben, spielt dabei keine Rolle. Viele von uns meinen, daß Geld die wichtigste Sache in unserem Leben ist und daß wir ohne es nicht leben könnten. Das stimmt nicht. Es gibt etwas viel Wichtigeres und Wertvolleres für uns.«[28]

Adrian hatte Probleme am vierten Lendenwirbel, also im unteren Bereich der Wirbelsäule. Ihm war natürlich zunächst der mögliche Zusammenhang zu den Erbstreitereien nicht klar, bei denen auch objektiv viel Geld im Spiel war, wodurch in seinem Fall obige These von Frau Hay durchaus bestätigt werden kann. Es ging gleichzeitig um den Vaterkonflikt von Adrian. Er fühlte sich von ihm nicht genügend anerkannt, geliebt und gewürdigt, ja sogar um sein Erbe betrogen. Ein Mann kann aber in der Regel nur dann wirklich in seine eigene Kraft kommen, wenn er emotional gerade auch von seinem Vater unterstützt wird. Grund genug für einen Lendenwirbel, durch den inneren Konflikt aus seiner Normalposition zu verrutschen, wenn dies nicht der Fall ist.

Das Bedürfnis nach emotionaler Stabilität und Unterstützung hat immer auch mit unserer »Lebensstütze Wirbelsäule« und mit unserer Vergangenheit zu tun. Ich denke, dass bei vielen Menschen mit Rückenproblemen seelische Defizite oder Konflikte bestehen. In diesem Fall bringt jedoch eine Operation, die in der Regel nur auf körperliche Symptome ausgerichtet ist, meist nicht den gewünschten Effekt. Das Ziel einer ganzheitlichen Medizin kann es daher nur sein, die hervorragenden technischen Möglichkeiten heutiger Operationsmedizin mit dem uralten Wissen über energetische, seelische, systemische, geistige und spirituelle Zusammenhänge zu verbinden. Lassen wir dazu nochmals Luise Hay zu Wort kommen:

»Immer mehr Ärzte wenden sich holistischen Heilverfahren zu – sie behandeln den gesamten Menschen. Trotzdem arbeiten die meisten Ärzte nicht an der Ursache einer Krankheit. Sie behandeln die Symptome, die Auswirkungen. Das tun sie auf zweierlei Art: Entweder sie vergiften oder verstümmeln. Chirurgen schneiden. Wenn Sie einen Chirurgen aufsuchen, empfiehlt dieser normalerweise das Schneiden.«[29]

Adrian konnte möglicherweise eine Operation vermeiden, weil er bereit zur Seelenarbeit war. Dadurch konnte er tiefere Zusammenhänge erkennen. Als ihm die Verbindung seiner Rückenprobleme mit der Erbangelegenheit bewusst geworden war und er seine Vaterbeziehung verbessert hatte, verschwanden seine Rückenprobleme. Sein »Freund und Helfer«, sein »Diener vierter Lendenwirbel«, ermöglichte ihm letztendlich eine umfassendere Heilung, weil er ihn auf einen tieferen Konflikt hinwies. Danke Wirbel! Danke Heilpraktiker! Danke verändertes Bewusstsein!

Exkurs: Fatales Vertrauen in die Schulmedizin

In dem oben erwähnten Artikel »Es ist ein Kreuz« in der Süddeutschen Zeitung wird von einer Patientin namens Martha S. erzählt, bei der es sieben Jahre dauerte und einen furchtbaren Leidensweg bedeutete, bis schließlich die wahre Ursache für ihre Rückenschmerzen gefunden werden konnte. Doch bis dahin hatten Ärzte die Wirbelsäule bereits mit Hilfe von neun Schrauben versteift, ohne dass dies Frau S. auch nur irgendwie geholfen hätte. Erst danach und weil sie von den anhaltenden Schmerzen fast verrückt wurde, kam sie zu dem Arzt Bernhard Arnold in der Klinik Dachau.»Er befragte sie eingehend nach ihrer Krankengeschichte, auch nach ihrem Privatleben. Matha S. erzählte vom plötzlichen Tod ihrer Mutter – da waren die Schmerzen das erste Mal unerträglich geworden. Zwei Jahre später stirbt der Mann der Schwiegermutter, S. muss sich um die Hinterbliebene kümmern – starke Schmerzen. Zwei Jahre später beginnt die Schwiegermutter, S. zu schikanieren – unerträgliche Schmerzen. Arnold konstatiert, dass Martha S. psychosoziale Probleme schlecht verarbeiten kann.«[30]

Der Arzt sucht den Kontakt zu Psychologen und Physiotherapeuten, um für Martha S. eine sogenannte »multimodale Schmerztherapie« zu entwickeln: »Martha S. lernte in der multimodalen Therapie, innerfamiliäre Spannungen auszuräumen und körperlich wieder aktiv zu werden – die Schmerzen gingen dadurch auf ein erträgliches Niveau zurück.«[31]

Herr Arnold hat auch an der 2010 fertiggestellten sogenannten »Nationalen Versorgungsleitlinie Kreuzschmerz« mitgearbeitet. Darin geht es darum, welche Behandlungen besonders bei unspezifischen Kreuzschmerzen, dem überwiegenden Anteil der Rückenschmerzen, zu empfehlen seien. In dieser Studie werden die weit verbreiteten Behandlungsmethoden Injektion von Cortison und Lokalanästhetika, aber auch Operationen gerade nicht favorisiert, sondern es wird vielmehr auf die oben bereits erwähnte multimodale Schmerztherapie gesetzt. Eine eher konservative Herangehensweise im Vergleich zu vorschnellen Operationen.

Die in der Studie erwähnten Zahlen aus dem Jahre 2011 sind erschreckend: 48.000 Patienten, die eine stationäre multimodale Therapie bekommen haben, stehen 175.000 Bandscheibenoperationen und 225.000 Wirbelsäulenversteifungen, sowie 400.000 stationäre Behandlungen mit wirbelsäulennahen Injektionen von Lokalanästhetika und Cortison-Präparaten gegenüber.[32] Weder bei vielen Ärzten, noch bei den meisten ihrer Patienten sind die Erkenntnisse der Nationalen Versorgungsleitlinie Kreuzschmerz, die immerhin von Vertretern aus 27 einschlägigen Kammern und Fachgesellschaften erarbeitet worden ist, bekannt oder akzeptiert. Nach Meinung von Bernhard Arnold findet die multimodale Schmerztherapie bei Wirbelsäulenpatienten kaum statt: »Eine Studie der Barmer Ersatzkasse unter deren Versicherten von 2012 zeigt: Nur 0,15 Prozent der Rückenschmerzenpatienten bekamen eine Multimodale Schmerztherapie.«[33]

Hier zeigt sich meiner Meinung nach die Schattenseite unseres körper- und symptomorientierten Gesundheitssystems in krasser Weise. Unsere Krankenkassen zahlen in der Regel ohne größere Probleme bereitwillig Operationen, weil eben Operationen medizinisch anerkannt sind. Bei alternativen Methoden hingegen wird die Wirksamkeit bestritten. Viele Menschen sitzen immer noch dem falschen Glauben auf, dass eine technisch brillant durchgeführte Operation ihre Kreuzschmerzen sofort beseitigen könne. Außerdem tragen viele Ärzte zu dieser in vielen Fällen falschen Hoffnung der Betroffenen bei. Warum ist dies so? Auch dazu können wir aus dem SZ-Artikel von einem Vertreter des Ärztestandes, Herrn Arnold, eine sehr pikante Antwort bekommen. Er versucht zu erklären, warum die Zahl der Wirbelsäulenversteifungen sich in nur sechs Jahren verdreifacht hat:

»›Operationen an der Wirbelsäule sind wirtschaftlich interessanter als konservative Therapien, dies dürfte zu den enormen Steigerungsraten beigetragen haben ... Manche Patienten berichten auch, man habe ihnen gesagt: Wenn Sie die Operation nicht machen lassen, sitzen Sie in ein paar Jahren im Rollstuhl.‹«[34]

Der SZ-Artikel weist im Weiteren darauf hin, dass sich offensichtlich das »Geschäft mit der Angst« immer mehr zu lohnen scheint. Für die Versteifung von ein oder zwei Segmenten der Wirbelsäule bekommt eine Klinik von den Krankenkassen 6500 Euro, bei drei oder mehr Segmenten gibt es sogar das Doppelte.[35] Es liegt also nahe zu vermuten, dass es bei der Behandlung der oben erwähnten Frau S. weniger um eine echte Heilung ihrer Rückenprobleme als vielmehr um ein Geschäft ging. Eine Operation ist nach einigen Stunden wieder vorbei. Die Rückenschmerzen der Betroffenen bleiben aber in vielen Fällen auch nach einer und trotz einer Operation dauerhaft bestehen. Oder sollte man im Fall von Frau S. ironischerweise sogar sagen: wegen der Operation?

Mir ist klar, dass Änderungen in unserem offiziell bestehenden Heilwesen erst dann eintreten werden, wenn bei vielen Menschen der blinde Glaube an das herrschende Gesundheitssystem immer mehr erschüttert wird und ein neues Bewusstsein Raum in unserer Gesellschaft gewinnt. Dazu will auch dieses Buch beitragen.

Nach diesem kurzen Ausflug zu einer aktuellen Diskussion über eine umstrittene Thematik im Gesundheitswesen und über die Grenzen des bestehenden Gesundheitssystems überhaupt soll nun jedoch – vielleicht auch gerade deshalb – die Arbeit von alternativen Ärzten und Heilpraktikern in den Mittelpunkt gerückt werden.

(2) Energiearbeit

Alternative Heilpraktiker und Ärzte verstehen Krankheiten grundsätzlich als Energieblockaden im Gesamtsystem des Menschen, der aus Körper, Geist und Seele besteht. Nicht selten haben sie ihre Erkenntnisse aus den alten östlichen Heilsystemen der Traditionellen Chinesischen Medizin (TCM) oder der indischen Ayurveda-Medizin, sowie aus dem erprobten Wissen über europäische »Hausmittel« gewonnen. Zudem gibt es eine lange christliche Tradition, die unseren Körper als »Wohnort der Seele« oder als »Tempel Gottes« und somit als eine heilige Gabe des Schöpfers betrachtet. Auch hier erscheint der Mensch als ein Gesamtsystem und nicht bloß als Körper, weshalb wir vor ihm Ehrfurcht haben, ihn als ein hohes Gut ansehen und nicht Raubbau an ihm betreiben sollten – etwa durch Nikotin- oder durch zu hohen Alkoholkonsum. Luise Hay vertritt eine ähnliche Auffassung und so ist es naheliegend, dass sie in den meisten körperlichen Symptomen letztlich seelische oder mentale Ursachen vermutet, die nur symptomverschoben im Körper sichtbar werden.[36]

Feinfühlige Heiler sehen oder spüren Energieblockaden bereits in der Aura eines Patienten. Viele unserer Zeitgenossen belächeln einen solchen »Aura-Ansatz« und vermuten ausschließlich geschäftstüchtige Scharlatane dahinter. Natürlich tummeln sich auf diesem Gebiet auch schwarze Schafe, die nur vorgeben, die Aura sehen oder spüren zu können. Hier muss man die Geister unterscheiden. Trotz alledem gibt es genügend feinfühlige Menschen, die mit dem Energiefeld ihrer Patienten arbeiten. In einer Broschüre des Heilpraktikers Klaus Müller ist zu dieser Aura-Arbeit Folgendes zu lesen:

»Das menschliche Energiefeld ist auch als Aura bekannt. Die Aura ist Teil des universellen, uns umgebenden Energiefeldes und kann darüber hinaus als Filter betrachtet werden, der überall vorhandene universelle Energie von außen nach innen (zum Körper hin) oder alte ›verbrauchte‹ Energie von innen nach außen leitet. In der Aura spiegelt sich der Charakter, die innere Einstellung und vor allem der Gesundheitszustand wider. Daher entsteht aus unseren Gefühlen, Gedanken und unserem Gesundheitszustand eine Wirkung auf unsere Umwelt, und aus der Umwelt wird unsere Innenwelt stark beeinflusst. Darum hat ein Umfeld mit positiv denkenden Menschen einen stärkenden Einfluss ...

Die Aura beinhaltet alle Vergangenheitserfahrungen aus der Kindheit, Geburt, aus der Gebärmutter und aus früheren Leben (sofern man daran glauben möchte); sie beinhaltet Gefühle, Gedankenstrukturen und auch frühere Handlungen. Sie kann über die Verbindung zum höheren Selbst durch das Scheitelchakra zum Empfänger von intuitiven Informationen werden ...Es ist von großem Vorteil, mit einer starken Aura durchs Leben zu gehen.«[37]

Über die Aura-Diagnose können Hinweise auf etwaige Blockaden oder Krankheiten erfolgen. Diese erfolgt bei Herrn Müller unter anderem dadurch, dass er seine feinfühligen Hände über bestimmte Energiezonen im Körper, die sogenannten Chakren, hält und dort erspürt, ob das Energiefeld genügend hoch über dem eigentlichen (materiellen) Körper ist. Dazu erklärt der Heilpraktiker in seiner Broschüre:

»Ist die Aura groß und weit, fühlt man sich gut, man hat Kraft, ist voller Tatendrang und körperliche wie geistige Gesundheit kann eintreten. Ist die Aura eng und klein, fühlt man sich ohne Antriebe und schwach, ohne Abwehrkraft ... Durch die Aura-Diagnose können die dunklen und schwachen Stellen an der Aura ermittelt werden. Hier ist die Aura durch Blockierungen der Körperenergie dunkel und klein. Das darunter liegende Organ ist dann entweder schon geschädigt oder wird erst noch durch längerdauernden Energiemangel krank ...Die Aura-Diagnose ist echte Prävention, eine

Möglichkeit zur Verhinderung von Krankheiten lange bevor Krankheits-Symptome auftreten.«[38]

Ausgehend von einem solchen Verständnis unseres Wesens als Energiekörper, der nicht an der materiellen Körpergrenze endet, kann nach einem Aura-Test eine vielfältige Behandlung erfolgen. Dazu nochmals der Heilpraktiker Klaus Müller:

»Da die Aura Verbindung zum höheren Selbst hat, ist in ihr die Antwort zum ›heiler werden‹ auf körperlicher, psychischer und spiritueller Ebene bereits enthalten und kann abgefragt werden ...Bei der Auratestung wird ein ›Stärkungsmittel‹ für die Aura gesucht, welches eine kleine, dunkle Aura wieder weit und stark macht. Wird der Energiefluss an einer Stelle wieder hergestellt, reagiert nicht nur die behandelte Stelle, sondern die gesamte Aura ...

Es sind jedoch in der Regel mehrere stärkende Maßnahmen nötig, bis sich ein gewünschtes Ergebnis einstellt, je nachdem, wie stark das ›Fundament‹ der Krankheit ist. Vor allem langandauernde Krankheiten brauchen viel Genesungszeit, weil sich eine kranke Energie mit der Zeit immer stärker in der Aura verankert.

Hat der Kranke wenig Geduld mit sich selber und möchte das Symptom mit Macht bekämpfen (zum Beispiel den Infekt mit Unmengen von Nasenspray, Kopfschmerztabletten, etc.), so führt das zur sogenannten ›Unterdrückung‹. Das äußert sich als Rückfall oder als Krankheitsanfälligkeit oder als Verschiebung von Symptomen an andere Körperstellen.«[39]

Vor diesem Hintergrund eines menschlichen Gesamtsystems, das in Harmonie sein muss, um gesund zu bleiben, sollen im nächsten Abschnitt kurz einige alternative Heilsubstanzen vorgestellt werden. Doch zunächst noch ein Hinweis auf unsere Sprache. In ihr ist bei vielen Krankheiten das alte, heute aber meist vergessene und nicht für wichtig befundene Wissen enthalten, welche Körpersymptome ein bestimmtes ungelöstes Problem auf der Seelenebene verursachen kann.[40] Dieses Wissen spielt in der Energiearbeit eine große Rolle.

Redewendungen geben wichtige Hinweise auf eine Erkrankung

Hier zunächst einige solcher Redewendungen:

- (1) Es geht mir an die Nieren.
- (2) Mir ist etwas über die Leber gelaufen.
- (3) Der Schreck ist mir in die Glieder gefahren.
- (4) Ich habe solch einen Hals.
- (5) Das schlägt mir auf den Magen.

(1) Die Nieren sind unsere Entgiftungsorgane. Wenn sie ausfallen, benötigt ein Betroffener spätestens jeden dritten Tag eine Dialyse am Gerät. In einem solchen Fall ist das Leben sehr eingeschränkt. Schon nach einigen Tagen ohne eine solche Blutwäsche würde sich eine tödliche Vergiftung einstellen. Die Nieren zeigen jedoch häufig auch an, wenn es eine emotionale Vergiftung im beruflichen oder familiären Umfeld oder eine sonstige starke seelische Belastung über einen längeren Zeitraum gibt. So etwas kann die Nieren schwächen. Kränkungen machen krank! Nicht selten führt ein solcher länger andauernder Kränkungszustand zu Nierenkrebs oder zu einem völligen Funktionsausfall der Nieren, weil diese den emotionalen Dauerkonflikt nicht mehr verarbeiten können.

(2) Die Leber ist ein ebenso empfindliches Organ, über das auf emotionaler Ebene vor allem Wutenergien abgeleitet werden. Wenn jemandem »eine Laus über die Leber gelaufen ist«, kann man darüber noch spotten. Dieses Sprichwort möchte aber andeuten, dass man die Seele nicht täuschen kann, wenn man auf emotionaler Ebene verletzt worden ist. Wenn man dies nicht ausgleichen kann oder sich die Kränkung gar nicht eingestehen will, übernimmt häufig die Leber diese Funktion. Kann etwa eine Wut emotional nicht bewältigt werden, kann sie die Leber zum »Kochen« bringen. Diese Schwächung des Organs Leber kann dann zum Beispiel anfällig machen für eine Infektion durch Hepatitis (Gelbsucht).

(3) Schocks und Traumata können häufig in der Situation, in der sie geschehen, nicht bewältigt werden. Oft geht es dabei um

die Seele überflutende Emotionen. Wo sollen sie hin? In solchen Fällen springen unsere Gliedmaßen ein und stellen sich als großes emotionales Auffangbecken zur Verfügung. Dies ist eine sehr kluge automatische Reaktion unseres Gesamtsystems aus Körper, Geist und Seele. Gerade Knorpel, Menisken, Sehnen und Knochen sind davon betroffen. Gerät die traumatische Situation als eigentliche Ursache in Vergessenheit, ohne dass sie aufgelöst wurde, so kann dies langfristig zu einem Poröswerden von Menisken und Knorpeln oder zur Arthrose und Osteoporose führen, weil solche Emotionen jahre- und jahrzehntelang in unseren Gliedern gespeichert bleiben. Aus Sicht einer holistischen Energiearbeit, die alle Bereiche mit einschließt, müssen die gebunkerten schlimmen Emotionen zuerst wieder aufgetaut und dann über den Körper und durch die Aura hindurch nach außen abgeleitet werden, um die Gliedmaßen von Traumata zu befreien. Solch ein Prozess mag emotional aufwühlend sein, aber er kann zu einer grundlegenden Heilung führen.

(4) Unser Hals ist das Organ, durch das die Luft beim Ein- und Ausatmen strömt. Dieses Strömen der Luft durch unseren Hals ist auch die Voraussetzung dafür, dass wir sprechen können. Im Sprechen, Singen, Schreien usw. teilen wir unsere Gedanken mit und bringen unsere Gefühle zum Ausdruck. Der Hals ist wie bei einer Flasche (»Flaschenhals«) die absolute Engstelle, durch die alles hindurchgehen muss. Wenn Wut nicht rechtzeitig und adäquat artikuliert werden kann, wenn man vor Wut förmlich platzen will, kann man einen Druck im Hals, Probleme mit den Stimmbändern, Bronchitis, Störungen in der Schilddrüse oder andere Symptome als Zeichen dafür kriegen. Auch hier gilt wieder: Nicht gelebte Emotionen, etwa eine aus Angst zurückgehaltene Wut, schlagen sich irgendwann auf den Körper, in diesem Fall auf den Hals, nieder und erzeugen dort Symptome: Man »kriegt so einen Hals«.

(5) Kann man Erlebnisse in einer Beziehung oder mit Arbeitskollegen nicht verarbeiten und nicht verdauen, so führt dies kurzfristig womöglich zu einer Magenentzündung (Gastritis) und langfristig zu einem Magengeschwür oder zu Magenkrebs. Der Magen ist ein sehr empfindliches Organ, der unsere Beziehungen und die Gegenwart betrifft. Gerade im Magen zeigt sich

häufig ein psychosomatischer Zusammenhang. Eine rein körperliche Behandlung führt in diesem Fall oft nicht zu einer Entspannung, wenn die seelischen Ursachen nicht gelöst sind und sich deshalb »auf den Magen niederschlagen«.

(3) Heilende Substanzen

Dieses dritte Kapitel ist überschrieben mit »körperliche Heilung«. Damit ist einerseits gemeint, dass es um »materielle«, also um körperliche Symptome geht, die aber in den meisten Fällen seelische, geistige oder systemische Ursachen haben. Diese kommen dann oft – symptomverschoben – körperlich zum Ausdruck. Gleichzeitig sind die Heilmittel, die im Folgenden genannt werden, materielle Substanzen. Dabei ist vollkommen klar, dass diese nicht nur auf den Körper allein wirken. Häufig können sich bei der Anwendung materieller Substanzen wie zum Beispiel Bachblüten oder Heilsteine auch Erkenntnisse auf psychologischer, systemischer und spiritueller Ebene einstellen und somit Blockaden auf allen vier Ebenen im »Medizinrad der Heilung« aufgeweicht werden. Solche Substanzen können daher zu mehr Bewusstsein und Heilung führen – zwei untrennbare Seiten aus Sicht einer alternativen Medizin. Von den nachfolgenden vier Beispielen erscheinen die sogenannten Schüsslersalze als die noch materiellsten Substanzen.

Schüsslersalze stärken unsere Lebensbasis

Homöopathische Heilmittel, meistens bekannt in der Globuli-Form, werden heute von allen Apotheken verkauft, von immer mehr Ärzten verschrieben und von vielen Patienten akzeptiert, auch wenn man als naturwissenschaftlich orientierter Mensch nicht unbedingt an ihre Wirkung glaubt. So heißt es etwa in der Packungsbeilage auf die Frage, was »Arnica D6« ist und wofür es angewendet wird: »Registriertes homöopathisches Arzneimittel, daher ohne Angabe einer therapeutischen Indikation.« Mit anderen Worten ausgedrückt, wird einem homöopathischen Mittel in der offiziellen Pharmazie keine nachweisbare Wirkung zugestanden. Darüber können Verfechter der Homöopathie natürlich nur lachen. Die Diskussion zwischen Anhängern und Gegnern von homöopathischen Substanzen als Arzneimittel soll in diesem Buch nicht geführt werden. Es gibt heute viele einschlägige Werke über Homöopathie.

Mineralstoffe nach Dr. Schüssler hingegen sollen in diesem Buch Beachtung finden. Sie stehen gewissermaßen zwischen Mineralstoffen, wie sie in Lebens- und Nahrungsergänzungsmitteln enthalten sind, und homöopathischen Mitteln, weil die Schüsslersalze ebenfalls in sogenannten Potenzierungen angeboten werden. In dem Buch »Mineralstoffe nach Dr. Schüssler. Ein Tor zu körperlicher und seelischer Gesundheit«[41] finden wir dazu folgende Beschreibung (in Auszügen):

- »Die Schüsslersalze sind keine Mineralstoffe im üblichen Sinne. Das Besondere an ihnen ist, dass sie potenziert sind.
- Die Schüsslermineralstoffe entfalten ihre Wirkung als Funktionsmittel in der Zwischenzellflüssigkeit, an der Zellmembran oder unmittelbar in der Zelle selbst; sie müssen vom Verdauungstrakt nicht erst aufgenommen werden. Sie verbessern auch die Aufnahmefähigkeit der entsprechenden Mineralstoffe aus den Lebensmitteln.
- Die Potenzierung geschieht ähnlich wie in der Homöopathie, nur wird anstelle der alkoholischen Lösung Milchzucker als Träger eingesetzt. Nach Dr. Schüssler werden die meisten Mineralstoffe in D6 eingenommen. D6 entspricht einem Verhältnis von eins zu einer Million oder 1 g Mineralstoff in 1.000 kg Milchzucker. Diese feine Aufbereitung führt dazu, dass die Mineralstoffe bei der Einnahme über die Mundschleimhäute ins Blut übertreten und dann unmittelbar von den Zellen aufgenommen werden können.
- Während bei der Biochemie nach Dr. Schüssler die dem Menschen fehlenden Mineralstoffe auf der Funktionsmittelebene durch feine Gaben ergänzt werden, wird in der Homöopathie das Mittel nach dem Ähnlichkeitsprinzip gesucht. In der Homöopathie wird ermittelt, welche Arznei von ihrem Mittelbild her den Symptomen des zu behandelnden Menschen am ähnlichsten ist. Bei den Schüsslersalzen handelt es sich

ausschliesslich um Substanzen, die im gesunden Körper im ausgewogenen Masse ausreichend vorhanden sind. So kann ein Mineralstoff wichtig sein, der mit den Symptomen keine direkte Beziehung hat, weil eine ganze Kette von Wirkungen vom Symptom bis zur Ursache vorhanden sein kann und der ursächliche Bedarf nicht sofort zu erkennen ist.«[42]

Die Schüsslersalze werden also der Biochemie zugeordnet, aber es handelt sich bei ihnen um eine Biochemie mit feinstofflicher Note. Denn ähnlich wie mit den rein homöopathischen Arzneimitteln soll auch mit Schüsslersalzen ein Reiz gesetzt werden, auf den der Organismus reagieren und eine Korrektur oder Gesundung einleiten kann. Dabei spielt es für mich als medizinischen Laien keine Rolle, dass bei Schüsslersalzen im Gegensatz zu homöopathischen Mitteln bei einem Mangel an bestimmten Mineralstoffen im Körper diese durch die Einnahme von geringen Mengen desselben Stoffes ergänzt werden und so die Zellen dazu anregen können, die fehlenden Mineralien aus der Nahrung anzusaugen.[43]

Schüsslersalze haben daher als sogenannte »Funktionsmittel« keine rein geistigen Informationen wie homöopathische Globuli, sie enthalten noch Spuren des benötigten Mineralstoffes selbst. Gerne will ich mich aber der Meinung der beiden Autoren in ihrem Buch über die Schüsslermineralstoffe anschließen, wenn sie feststellen: »Homöopathie und Biochemie sollten nicht gegeneinander ausgespielt werden. Keinesfalls ist die Biochemie eine reduzierte oder vereinfachte Homöopathie. Es sind zwei unterschiedliche und eigenständige Therapien mit verschiedenen Betrachtungsweisen, die sich auch gegenseitig befruchten und ergänzen können.«[44]

Im Vergleich zu einer rein naturwissenschaftlich ausgerichteten Medizin, die häufig auf künstlich hergestellte pharmazeutische Medikamente vertraut, haben viele Ärzte und Heilpraktiker, die heute mit Schüsslersalzen arbeiten, ein alternatives Verständnis von Gesundheit und Krankheit. Diese alternativen Heiler ermutigen ihre Patienten, eine rein passive Haltung als Empfänger von Behandlungen und Therapien aufzugeben:

»Gesundheit erfordert aktive Gestaltung des Lebens, indem jeder die eigene Verantwortung für die Stärkung und Pflege von Geist, Seele und Körper übernimmt ... Die Krankheit wird dann fernbleiben und die Gesundheit sich nach und nach wieder einstellen, wenn der Mensch sich für die Wahrheit und den schöpferischen reinen Geist in sich entscheidet ... Naturheilmittel unterstützen durch die freie und feine Übertragung der mit den Substanzen verbundenen Kräfte den Heilungsprozess und dienen der Bewältigung von Krisensituationen. Synthetische oder chemische Mittel üben sehr oft eine zwingende Wirkung auf den Organismus aus.«[45]

Lieber Leser, um diese eher theoretischen Betrachtungen schnell zu verlassen und zur Praxis zu kommen, sollen im Folgenden exemplarisch am Beispiel des Schüsslersalzes Nr. 1 die Anwendung bei körperlichen Symptomen und die möglichen Wirkungen auf die Seele gleichermaßen zu Wort kommen. Es handelt sich bei diesem Mineralstoff um »Calcium fluoratum«, diesmal in der Potenz D12. Sie entspricht einem Verhältnis von eins zu einer Billion oder 1 g Mineralstoff in 1.000.000 Tonnen Milchzucker. Anscheinend können unsere Zellen den Impuls und die Information, dieses Mineral aus der Nahrung aufzunehmen, nur in dieser extrem starken Verdünnung bekommen.

Calcium flouratum wird überall dort benötigt, wo es um eine erhöhte Elastizität des Gewebes geht. Dieses Salz soll den Gewebefasern weiterhin ihre Elastizität erhalten oder dazu beitragen, sie wieder herzustellen. Dies betrifft alle unsere Muskeln, sowie die Haut insgesamt. Es kann auch eingesetzt werden, wenn etwa die feinen Fasern im Gehirn, vor allem zwischen der linken und der rechten Gehirnhälfte, verhärtet sind. Dies kann sogar dazu führen, dass immer wieder Gedanken aussetzen. Auch die Belastung unserer Augenmuskulatur etwa durch vieles Fernsehen oder durch lange Arbeit am Computerbildschirm kann zu einem Mangel dieses Mineralstoffs führen. Wenn unsere Finger- und Fußnägel spröde werden, ist die Anwendung von Schüssler Nr. 1 angezeigt. Denn wenn unser Körper einen Mangel an diesem Mineral hat, versucht er zunächst, die Reserven aus unseren Hartstoffen wie den Nägeln zu holen. Die Nägel selbst sind dann eher ein Indikator für diesen Mangel. Schließlich hängt auch die Festigkeit der äußeren Hülle unserer Knochen unmittelbar mit dem Gehalt an Calcium fluoratum zusammen.[46]

Von Anfang an war sich Dr. Schüssler jedoch über den engen Zusammenhang zwischen Körper, Geist und Seele bewusst. Seine Salze wirken auf allen drei Ebenen. Am Beispiel von Salz Nr. 1 soll dies näher erläutert werden. Schüssler Nr. 1 will die Dehnbarkeit des Gewebes erhalten. Dies setzt aber Beweglichkeit voraus. »Sich bewegen heisst, auf der gedanklichen, emotionalen oder körperlichen Ebene nicht stillzusitzen oder am Ort zu verweilen. Sich bewegen bedeutet für den Menschen Schritte zu unternehmen, Schritte, die ihn weiterbringen.« [47] Hier geht es also im übertragenen Sinne vor allem um seelische und geistige Beweglichkeit und um innere Entwicklung, die mit einer Bergwanderung vergleichbar ist. Ein solches Unternehmen führt nur dann zum Ziel oder zum Gipfel, wenn jeder einzelne Schritt getan wird und wenn die Wanderung auf die tatsächlichen Fähigkeiten abgestimmt ist:

»Wer zu schnell geht, wird die Kraft nicht aufbringen können, den steilen, schmalen Gipfelanstieg angehen zu können. Und wer sich auf dem Erreichten ausruht, wird den Gipfel auch nicht erreichen ...Nur das stetige Voranschreiten in Übereinstimmung mit seinem wahren Wesen, ohne Streben nach übersinnlichen Fähigkeiten oder ähnlichem, wird den Menschen zu dem werden lassen, was er wirklich ist, ein Wesen eins mit seinem Schöpfer, verantwortungsvoll und zum Wohle aller handelnd.« [48]

Am Beispiel unserer Bänder kann der Körper-Seelen-Geist-Zusammenhang sehr anschaulich gemacht werden. Bei zu lockeren Bändern soll eine größere innere Festigkeit und Zielsicherheit angestrebt werden. Gibt es hingegen Verhärtungen, weisen diese auf Erstarrungstendenzen in der geistigen Beweglichkeit hin. Dann ist es angebracht zu überlegen, welcher bisherige »zu feste« Standpunkt überdacht und welche anderen Möglichkeiten ins Spiel gebracht werden könnten. Verkrampfungen und Verspannungen in den Bändern schließlich können ein Hinweis auf noch unbewusste, tief sitzende Ängste sein – etwa eine nicht eingestandene Existenzangst, die Sorge um Geld, Besitz und Haus oder die Angst um einen möglichen Verlust einer Beziehung.

Dieser kurze Verweis auf den Körper-Geist-Zusammenhang soll mit einem Zitat aus dem Buch »Mineralstoffe nach Dr. Schüssler« abgerundet werden:

»Zusammenfassend geht es bei der seelischen Bedeutung von Calcium fluoratum um das innere Fortschreiten in der eigenen Entwicklung. Es geht darum, die Verantwortung für diese inneren Schritte zu übernehmen, das Schrittmass und die Richtung in Übereinstimmung mit seinem Inneren zu finden, Neues zu erwägen und in die Entwicklung mit einzubeziehen, die Mitte zu finden zwischen Starrheit und Wankelmütigkeit.«[49]

Diese Ansicht, wonach sich seelische Probleme oder geistige Unbeweglichkeit körperlich manifestieren und Heilsubstanzen wiederum eine Rückwirkung auf Seele und Geist haben können, ist die zentrale Grundannahme in meinem ganzen Buch. Sie gilt selbstverständlich auch für die drei exemplarisch ausgewählten Heilmittel, die im Folgenden Erwähnung finden sollen. Umgekehrt gilt aber auch, dass sich körperliche Flexibilität, wie sie etwa durch Yoga- oder Qigong-Übungen erreicht werden kann, positiv auf emotionale und geistige Zustände auswirken kann.

Seelenarbeit mit Bachblüten

Auch wenn viele unserer Zeitgenossen die Wirksamkeit alternativer Produkte noch immer bezweifeln, so gibt es in nicht wenigen Haushalten eine kleine Flasche mit Bachblüten-Rescue-Tropfen, auch »Notfall-Tropfen« genannt. Sie sind heute in vielen Apotheken erhältlich. Viele Mütter geben ihren Kindern solche Tropfen, um einen Schreck oder Schock zu lindern, damit diese eine Schulaufgabe besser bewältigen oder ihre Angst mildern können. Benannt sind die Tropfen nach dem englischen Arzt Dr. Bach.

Vereinfacht könnte man sagen, dass Herr Bach – verursacht durch eine eigene schlimme Krankheit – wieder auf eine alte traditionelle europäische Medizin gestoßen ist, die durch den Glauben an die angeblichen Wunder einer technischen Medizin mit ihren häufig künstlich hergestellten pharmazeutischen Produkten in Vergessenheit geraten war. Diese alte Medizin hält ein umfangreiches, erprobtes Wissen über die heilende Wirksamkeit von heimischen Pflanzen parat. Zu jeder Krankheit gibt es auch eine natürliche Heilsubstanz. Wir westlichen Menschen haben es nur verlernt, etwas Geduld zu haben, bis solche Essenzen anschlagen und sich ein merklicher Heilungseffekt einstellt.

Dr. Bach musste selbst erst einen längeren Veränderungsprozess durchmachen. Dazu führt Sigrid Schmidt in ihrem Buch »Innere Harmonie durch Bachblüten« über Dr. Bach erläuternd aus:

»Durch sein eigenes Erleben von Krankheit – Bach bekam Krebs – änderte sich jedoch sein Verständnis von Krankheit und Gesundheit in einer Weise, die er mit ›schulmedizinischen‹ Methoden nicht mehr in Einklang zu bringen wusste. Bach erkannte, daß eine tiefe seelische Disharmonie, ein eher unbewusstes Hadern mit dem eigenen Schicksal, das sich in all unseren täglichen Mißstimmungen ausdrückt, die eigentliche Ursache jeder Erkrankung ist. Um diese seelische Disharmonie behandeln und somit Erkrankungen vorbeugen zu können, suchte Bach nach natürlichen Heilmitteln – mit großer Intuition fand er sie in 37 Blüten und reinem Quellwasser, aus denen er mit Hilfe von einfachen Methoden Essenzen herstellte.

Die Bach-Blütenessenzen – Mittel der Wahl in unserer von Hektik, von inneren und äußeren Zwängen geprägten Zeit – wirken harmonisierend auf die Seele: Sie helfen uns, schwierige Alltagssituationen besser zu bewältigen, unterstützen uns bei unserer persönlichen Weiterentwicklung, vermitteln uns Ausgeglichenheit, wenn wir krank sind.«[50]

Vielleicht war Dr. Bach auch davon angetrieben, für seine Patienten aus meist ärmlichen Verhältnissen ein praktisches und finanziell erschwingliches Angebot an Heilsubstanzen zu machen – zur besseren Verarbeitung von Emotionen und belastenden Gemütszuständen im Alltag, etwa bei Schicksalsschlägen, Depressionen, überkochender Wut. Dazu bemerkt Frau Schmidt, wenn sie sich direkt an den Leser wendet:

»Das Besondere an Bach-Blüten ist, daß Sie sich mit ihrer Unterstützung einfach und wirkungsvoll selbst behandeln können – auch ohne heilkundliche Kenntnisse oder besondere Fähigkeiten. Es genügt, wenn Sie sich Ihrer Gefühle bewußt werden und in Worte fassen können, wie es Ihnen geht, ob Sie also zur Zeit zum Beispiel eher ungeduldig, zornig oder traurig sind. Für jeden Gemütszustand gibt es eine Bach-Blütenessenz, die ihn lindern kann.«[51]

Dr. Bach ist einer der Pioniere, die schon früh die Grenzen der sogenannten Schulmedizin erkannten. Seiner eigenen Erfahrung nach kann die moderne medizinische Wissenschaft das wahre Wesen einer Krankheit meist gar nicht erkennen und erfassen. Darum konzentriert sie sich ausschließlich auf die Behandlung von körperlichen Symptomen. Dadurch werden aber nur die Auswirkungen, nicht jedoch die Ursachen einer Krankheit behandelt, die nach Bach in unserem eigenen Inneren, in den negativen Einstellungen uns selbst und dem Leben gegenüber, sowie in unseren Charakterschwächen und seelischen Unstimmigkeiten liegen.[52] Eine Krankheit und ihre Heilung kann man nach Dr. Bach nur vor dem Hintergrund eines umfassenden Bildes vom Menschen verstehen:

»Bach hatte eine Vision vom Menschen, die von einer tiefen Religiosität geprägt war. Der Mensch war für ihn ein Geschöpf Gottes – vollkommen, glücklich, zufrieden, gesund. Durch seine Lebensumstände jedoch – seine Erfahrungen in der Kindheit, seine Schwierigkeiten in der Schule und im Berufsleben, die Unausgewogenheiten in der Beziehung zu anderen Menschen und anderes mehr – vergißt der Mensch mehr und mehr, daß er ein einmaliges Wesen ist, das keinen Grund hat, ängstlich, mutlos, verzweifelt oder unzufrieden zu sein.«[53]

Viele Menschen haben tragischerweise vergessen, dass sie in Wahrheit dieses göttliche Wesen sind. Deshalb geraten sie so häufig in negative Gemütszustände. Vielleicht meinte Buddha genau dies, als er von »Erleuchtung« sprach: Die Erkenntnis und Wiedererinnerung, dass wir aus dem Göttlichen kommen, von göttlicher Wesensnatur sind und die beständige Sehnsucht in uns tragen, wieder ins Göttliche heimzukehren.

Ähnlich sieht es Dr. Bach daher als die eigentliche Lebensaufgabe jedes Menschen an, sich dieses göttlichen Ursprungs wieder bewusst und der eigenen Individualität gewahr zu werden, mit anderen Menschen verständnisvoll umzugehen und seinen richtigen Lebensweg einzuschlagen.[54] Wenn also missliche Gemütssymptome auftauchen, so ist dies letztlich ein Hinweis darauf, dass ein Mensch seine Beziehung zu seinem Inneren und zu seinem göttlichen Wesen verloren hat. Bachblüten können ihm dann helfen, dass sich sein Gemütszustand wieder aufhellt und er sich seines eigentlichen Wesens in der Tiefe bewusst werden kann. Bachblüten haben somit einen sehr spirituellen Hintergrund und können neben der Linderung von körperlichen Symptomen auch wesentlich zur Seelen- und Bewusstseinsarbeit beitragen. Dies soll am Beispiel der »Angst-Bachblüte Aspen« näher ausgeführt werden.

Da für Dr. Bach negative Gemütszustände die eigentlichen Ursachen von körperlichen Erkrankungen darstellen, ist es kein Wunder, dass etwa ständige Angstgefühle zu großer Unruhe und zu inneren Verspannungen und Verkrampfungen führen und den normalen

Ablauf von Organfunktionen erheblich stören können. Mittelfristig kann dies beispielsweise ein Magengeschwür oder starke Verdauungsstörungen zur Folge haben.[55] Hier kann die Blütenessenz Aspen Linderung oder sogar Abhilfe schaffen, insbesondere wenn es sich um eine nicht näher definierbare Angst handelt – etwa die Angst im Dunkeln, beim Alleinsein oder nach Albträumen.

In einem solchen Fall schämen sich Menschen häufig, mit anderen darüber zu reden, weil sie befürchten, sich die Ängste nur einzubilden, damit nicht ernst genommen oder gar für verrückt erklärt zu werden. Hier kann die Aspen-Blüte das Gemüt relativ schnell beruhigen und die Ängste zumindest abmildern. Oft hängen solche unerklärlichen Grundängste mit einem mangelnden Vertrauen zu sich selbst und zum Göttlichen zusammen. Daher beschreibt das chinesische Sprichwort »Die Angst klopfte an die Türe, das Vertrauen öffnete, und niemand war draußen« eine solche typische Aspen-Situation eines Menschen sehr zutreffend.[56]

Auch das alte deutsche Sprichwort »Er zitterte wie Espenlaub« hat hier seine Bedeutung. Die deutsche Bezeichnung für Espe ist »Zitterpappel«. Es ist kein Zufall, dass die Aspen-Bachblüte aus der Essenz der Zitterpappel gewonnen wird. Denn ähnlich dem filigranen Laub der Zitterpappel, das sensibel auf jeden Hauch reagiert, reagieren ängstliche Menschen auf die Signale aus ihrem eigenen Unterbewusstsein und auf andere Menschen. »Bei einem sensiblen und labilen Menschen entstehen häufig Angstgefühle durch all das, was er nicht einordnen und verarbeiten kann.«[57] Lassen wir nochmals Frau Schmidt zu Wort kommen, die in der Aspen-Essenz die Möglichkeit erkennt, ein größeres Verständnis für Zusammenhänge zu bekommen, so dass die Ängste weichen können:

»Aspen kann Ihnen helfen, genügend innere Sicherheit und Stärke zu gewinnen, um ruhig und gelassen auf Signale zu reagieren. Dann wird es Ihnen auch möglich sein, diese zu verarbeiten und in kreatives Potential umzuwandeln.«[58]

An dieser Stelle sollte hinzugefügt werden, dass es etwa bei starken und lange andauernden »chronischen« Ängsten sehr sinnvoll sein kann, eine psychologische Beratung aufzusuchen oder eine Psychotherapie zu machen und dazu Bachblüten wie Aspen begleitend einzunehmen. Alles, was mir gut tut und heilend wirkt, ist gut. Das hat auch für das folgende »Heilmittel Edelsteine« seine Gültigkeit.

Heilsteine wirken auf Körper, Geist und Seele

In den letzten Jahren hat »die beste Apotheke des Mittelalters« der deutschen Mystikerin Hildegard von Bingen wieder Hochkonjunktur. Schon zu ihren Lebzeiten war sie berühmt für ihre vielfältigen Rezepte und Heilkräuter. Nicht so bekannt ist, dass sie Krankheiten auch mit Heilsteinen behandelte. Sogar in einem Religionsbuch ist dazu unter der Überschrift »Heilen mit Steinen« folgende Erläuterung zu finden:

»Der Therapeut baut mithilfe von Steinen ›Energieschwingungen‹ auf, die das ›Energiesystem‹ des Patienten dazu führen sollen, einen Heilungsprozess zu veranlassen. Um diese Wirkung zu erzielen, müssen die Steine auf die Chakras (nach indischen Vorstellungen sind dies Kraftzentren im menschlichen Körper, die durch Kanäle miteinander verbunden sind) des Patienten positioniert werden.

Die Benediktinerin Hildegard von Bingen (1098–1179) war schon zu Lebzeiten als Seherin, Ärztin, Philosophin, Dichterin und Musikerin ›prominent‹. Im vierten Buch ihrer um 1150 verfassten ›Physika‹ befasst sie sich mit der Heilwirkung der Edelsteine.

›Gott hat in die Edelsteine wunderbare Kräfte gelegt. All diese Kräfte finden ihre Existenz im Wissen Gottes und stehen dem Menschen in seiner leiblichen wie geistigen Lebensnotwendigkeit bei.‹«[59]

In diesem Zusammenhang sollte auch »Das Große Lexikon der Heilsteine, Düfte und Kräuter« Beachtung finden. Unter der Überschrift »Am Anfang war der Stein« heißt es hier unter anderem:

»Es waren die Felsen und Gesteine, welche in Verbindung mit Mineralien und Kristallen die ersten ›Lebewesen‹ auf unserer Erde waren. Denn Edelsteine und Kristalle sind ebenfalls Lebewesen, wie wir Menschen, die Tiere und Pflanzen auch. Sie haben sich entwickelt und sind gewachsen, jedoch nur sehr langsam. Sie benötigen um ›groß‹ zu werden Tausende von Jahren. Weil sie so langsam wachsen, werden sie von uns Menschen aufgrund unseres kurzen Zeitdenkens häufig für tot gehalten. Das stimmt jedoch nicht. Kristalle sind Lebewesen und unterliegen genauso der natürlichen Gesetzmäßigkeit von Wachstum, Aufbau und Verfall, wie wir Menschen auch ... Seit Gedenken der Menschheit werden Steine und Edelsteine geschätzt und als Heilsteine und Glücksbringer verehrt ... Sie spenden den Menschen, Pflanzen und Tieren seit Beginn der Evolution Kraft, heilen vor Krankheiten und schützen vor bösen Mächten.«[60]

Vor diesem Hintergrund, dass auch Edelsteine Lebewesen sind, wird es verständlich, warum sie einen heilenden Einfluss auf uns Menschen haben können. Gerade unsere Knochen, die aus Mineralstoffen bestehen, sind einem lebendigen Prozess aus Auf-, Um- und Abbau unterworfen. Nur deshalb kann beispielsweise ein Knochenbruch schnell wieder heilen. Die Mineralstoffe von Edelsteinen können daher in eine sehr natürliche Wechselwirkung mit den Mineralstoffen unserer Knochen treten und ihnen – ähnlich wie bei Schüsslersalzen – auf seelischer und geistiger Ebene die Informationen geben, die ihnen etwa zur Gesundheit fehlt.

Doch zunächst möchte ich an dieser Stelle eine eigene Erfahrung schildern. Natürlich galt für mich als Physiklehrer und als »moderner, aufgeklärter« Mensch eine Edelsteintherapie zunächst als reiner Esoterik-Humbug. Durch die Behandlung bei dem oben bereits erwähnten Heilpraktiker Klaus Müller habe ich jedoch meine Meinung wesentlich geändert. Ich unterrichtete vor mehreren Jahren in einer von Mädchen dominierten achten Klasse. Um sich einen guten Platz in der Klasse zu verschaffen, hetzte eine Wiederholerin die ganze Klasse gegen mich auf. In jeder Stunde kritisierten mich zwei oder drei andere Mädchen oder blockierten den Unterricht durch absichtlich blöd gestellte Fragen.

Als ich das Problem beim Heilpraktiker vorbrachte, ergab der Aura-Test[61] einen grünen Smaragd als eine Art »seelischen Schutzstein« für den Unterricht in der Klasse. Diesen sollte ich in meiner linken Hemdtasche deponieren. Was dann geschah, erlebte ich nicht mehr als Betroffener, sondern fast ausschließlich in der Position eines Beobachters: Es dauerte in der nächsten Physik-Stunde nicht lange, bis eine Schülerin wieder eine sehr gemeine und herabwürdigende Bemerkung gegen mich hineinrief. Sie schoss einen verbalen Giftpfeil ab, der mich mitten ins Herz treffen sollte. Dieser »Pfeil« blieb aber dann vollkommen in dem kleinen Smaragd-Heilstein stecken, ohne mich diesmal seelisch treffen oder kränken zu können, wie manche Bemerkungen in den Stunden zuvor. An der Wut des Mädchens im weiteren Verlauf der Unterrichtsstunde merkte ich, dass ihr Angriff diesmal offensichtlich seine Wirkung verfehlt hatte. In dieser Stunde behielt ich souverän die Oberhand.

Was war passiert? Anscheinend war der kleine Smarad in der Lage gewesen, eine aggressive und kränkende Emotion aufzufangen, abzuwehren und womöglich wieder an die »Angreiferin« zurückzusenden. Weil der Heilstein seinen »Job« gut gemacht hatte wie ein Butler für seinen Herrn, wurde ich durch die Attacke gar nicht wirklich involviert und konnte daher adäquat auf die Schülerin und auf die ganze Klasse reagieren. Als ich wieder zu Hause war, konnte ich in dem Edelsteinbuch zum Smaragd unter der Rubrik »Heilwirkungen auf den Körper« lesen, dass er – aufgelegt oder als Smaragdwasser getrunken – das Nervensystem, die Wirbelsäule, die Muskulatur und die Knochen stärken könne. Unter der Rubrik »Heilwirkungen auf die Psyche« heißt es schließlich:

»Der Smaragd erzeugt bei seinem Träger inneres Gleichgewicht und mehr Ausgeglichenheit ...und verhilft seinem Träger zu Zufriedenheit und mehr Freude im Leben. Smaragde stärken ganz besonders die gegenseitigen Beziehungen der Kinder zu ihren Eltern. Sie bringen trotz des Generationsunterschiedes mehr gegenseitiges Verständnis für Wünsche, Bedürfnisse und verschiedene Lebensanschauungen.«[62]

Zwar ging es in meinem Fall nicht um eine Eltern-Kind-Beziehung, wohl aber um den Kontakt zwischen einer ganzen Klasse mit SchülerInnen in der Pubertät und mir als erwachsenem Lehrer. Einige Wochen später gab es eine Aussprache zwischen uns beiden Konfliktparteien, danach konnten wir miteinander ein akzeptables Arbeitsklima finden. Für mich war bei dem ganzen Prozess wichtig, nicht in Kränkungen und Wut hängen zu bleiben, sondern schnell wieder handlungsfähig zu werden. Dazu hat mir der Smaragd wertvolle Hilfe geleistet, weil ich durch ihn Klarheit im Denken, Kraft für meine Emotionen und mittelfristig auch Stärkung meines gesamten Energiesystems bekommen habe. Außerdem hat mich der Stein vor kränkenden Attacken geschützt.

Lieber Leser! Wenn Sie sich etwas Gutes tun wollen, dann besorgen Sie sich zum Beispiel einen großen Rosenquarz und legen ihn jeden Tag eine Viertelstunde auf ihren Herzbereich. Spüren Sie einfach, was Sie bei sich wahrnehmen können und ob sich ihr Gemüt dabei harmonisiert. Allein schon die Zeit, die Sie sich dazu hinlegen müssen, kann eine Entspannung bringen. Ein Rosenquarz kann eine wirklich heilende und harmonisierende Wirkung haben. Dies trifft auch auf die Aura-Soma-Produkte zu, die im nächsten Abschnitt näher erläutert werden sollen.

Aura-Soma-Produkte im Licht des »Medizinrads der Heilung«

Die britische Pharmazeutin Vicky Wall gilt als die Erfinderin von Aura-Soma. In dem von ihren Mitarbeitern Dalichow und Booth erstellten Buch »Aura-Soma« wird diese Begriffskombination so erklärt:

»›Aura‹ – das Wort steht für das elektromagnetische Feld, das jeden Menschen umgibt und das Sensitive sehen können; Babys übrigens auch, denn Eltern und Schule haben ihnen ihre angeborene Sensitivität noch nicht abgewöhnen können. Das Wort stammt aus dem Lateinischen. Es bedeutet: Hauch, Dunst, Schimmer.

›Soma‹ ist das altgriechische Wort für ›Körper‹. Doch gleichzeitig ist es ein Wort aus dem Sanskrit, der klassischen altindischen Sprache... Hier bezeichnet ›Soma‹ einen geheimnisvollen Trank, der die Seelen in einen göttlichen Rauschzustand versetzt...«[63]

Beide Begriffe ›Aura‹ und ›Soma‹ tragen noch wesentlich mehr Bedeutungen in sich. Diese Wortkombination wurde Vicky Wall, die schon als Kind hellsichtig und sensitiv war, nach eigener Aussage vom Universum eingegeben. Erstaunlicherweise bekam sie die ersten Aura-Soma-Substanzen – farbige ätherische Öle – erst offenbart, als sie mit 66 Jahren bereits erblindet (!) war. Dazu noch einmal die beiden Mitarbeiter von Frau Wall:

»Alle Zutaten stammten aus dem Mineral- und Pflanzenreich und, wenn man so sagen kann, aus dem Reich von Licht und Farbe. Ihre Wahrnehmungsfähigkeit für Farben – auch für die Farben der menschlichen Aura – war Vicky trotz ihrer Erblindung nicht verloren gegangen, sondern sie hatte sich im Gegenteil noch verstärkt.«[64]

Heute sind mehr als 100 Aura-Soma-Farbflaschen bekannt. Jede Flasche enthält zwei verschiedene Substanzen. In der oberen Hälfte einer Flasche befindet sich eine farbige ölige Flüssigkeit, die auf einer zweiten, andersfarbigen Schicht auf der Basis von Wasser schwimmt. Wenn man die Flasche schüttelt, ergibt sich für kurze Zeit eine Emulsion aus 50 Prozent Wasser und 50 Prozent Öl. In diesem geschüttelten Zustand soll die wohlriechende Flüssigkeit dann auf eine bestimmte Körperstelle aufgetragen werden. »Wasser-Öl-Emulsionen dieses Mengenverhältnisses dringen auf ideale Weise in die Haut ein. In den neuen Substanzen – ohne jede künstliche Stabilisatoren zusammengebracht –, so kombinierte Vicky Wall, könnten die heilenden und energetischen Kräfte ungestört ihr Werk tun.«[65]

Vereinfacht gesagt vereinigen die Substanzen in den Aura-Soma-Flaschen folgende vier Heilungsaspekte:

- Farbtherapie: Die beiden Flüssigkeiten, bestehend aus den Essenzen von Heilpflanzen, haben ausschließlich natürliche Farben. Diese wirken auf das Gemüt vieler Menschen eindringlich, heilsam, beruhigend, anregend und ästhetisch.
- Dufttherapie: Beide Flüssigkeiten bestehen aus ätherischen Ölen oder enthalten Essenzen, die aus heilenden Pflanzen gewonnen wurden. Solche Öle können eine Tiefenwirkung auf Seele und Gemüt entfalten.
- Edelsteintherapie: In die heilenden Flüssigkeiten wurden tagelang Edelsteine gelegt, so dass sie ihre Schwingungen aufnehmen konnten. Edelsteine wiederum können auf Körper, Geist und Seele wirken, wie weiter oben bereits erläutert wurde.
- Spirituelle Therapie: Über jede einzelne Flasche wird ein Gebet gesprochen, damit sie dem Anwender Heilung auf allen Ebenen bringen möge. Dies sollte man nicht unterschätzen. Der Japaner Dr. Masuru Emoto hat in vielen Experimenten nachgewiesen, dass sich gerade Wasser als Trägerflüssigkeit für Emotionen und für geistige Botschaften hervorragend eignet. Wenn also eine Flüssigkeit mit einem heilenden Gebet besprochen und ihr eine positive geistige Botschaft mitgegeben wird, so kann diese sehr wohl bei einem dafür offenen Empfänger ankommen.[66]

Insbesondere zur Farbtherapie mit Aura-Soma-Flaschen meint Frau Walls Mitarbeiter Michael Booth:

»Tatsache ist, daß die Substanzen wirken. Daß die Farben die Tore für die Wellenlänge des Körpers aufschließen und sie harmonisieren, was sich direkt auf das Wohlbefinden des ganzen Menschen, auf seine spirituelle, mentale, emotionale und körperliche Ebene auswirkt, und zwar auf eine sanfte Art ... Zunächst einmal stellt Aura-Soma eine Kombination von Farb- und Lichttherapie dar. Jeder, der es kennenlernt, sieht das auf den ersten Blick. Die Flaschen mit den farbigen Substanzen werden normalerweise so präsentiert, daß Licht durch sie hindurchscheinen kann. So zeigt sich die doppelte Qualität ihres Inhalts in brillianten, lichtdurchfluteten, beseelten Farben.«[67]

Lieber Leser, damit Sie eine erste Vorstellung von der möglichen Wirkung einer solchen Aura-Soma-Substanz bekommen können, soll im Folgenden kurz die Farbflasche Nummer 28 mit dem Namen »Maid-Marion« und mit dem Grundthema »Neuanfang« vorgestellt werden, die als »Schwesterflasche« zur oben im Fall I (Adrian) erwähnten »Robin-Hood-Flasche« Nummer 27 gelten kann. Dazu findet sich in dem Aura-Soma-Buch, das sich in logischer und schematischer Weise zu jeder einzelnen Flasche äußert und sich direkt an den Anwender richten will, folgende Beschreibung (in Auszügen):

- »Positive Persönlichkeitsaspekte: Ein Pionier, der jederzeit bereit ist, eine Situation aus einer neuen, frischen Perspektive zu betrachten.
- Persönlichkeitsaspekte, an denen gearbeitet werden sollte: Läßt sich dominieren und nimmt gern die Opferrolle ein. Kann nur schwer vertrauen. Leidet an den Konsequenzen einer Scheidung oder Trennung.
- Spirituelle Ebene: Hilft, alte Bindungen und Verstrickungen zu lösen, sowie eine neue Kraftquelle in sich zu finden.
- Mentale bzw. geistige Ebene: Ermöglicht eine neue Sichtweise von sich selbst. Bringt Durchsetzungsvermögen.
- Emotionale Ebene: Löst einschränkende Muster auf. Bringt die Kraft, für sich einzustehen und in Opposition zu gehen.
- Körperliche Ebene: Kräftigt das Immunsystem.
- Affirmation: Ich finde die Kraft, zu sein, wer ich bin.«[68]

Lieber Leser! Probieren Sie es selbst aus und gönnen Sie sich ein paar solcher Aura-Soma-Flaschen, die heute mittlerweile auch von einigen Apotheken vertrieben werden. Lassen Sie sich von den Farben oder vom Duft einer Flasche anziehen. Aura-Soma-Flaschen eignen sich als wunderbares Geschenk und können Körper, Geist und Seele von uns Menschen beleben. Sie wirken für offene und nach Heilung suchende Menschen auf allen vier Ebenen des in Kapitel 2 beschriebenen »Medizinrads der Heilung«.

(4) Heilende Rituale

Da bei vielen Ritualen die vier Elemente als materielle Hilfs- oder Ausdrucksmittel verwendet werden, soll in diesem Kapitel über »körperliche Heilung« ein Hinweis auf die vielfältig mögliche Ritualarbeit nicht fehlen. In unserem westlichen Kulturkreis sind über Jahrtausende erprobte Rituale weitgehend verschwunden, weil sie zuerst vom Christentum als »heidnisch« und dann von der Aufklärung als »magisch« abgetan wurden. Rituale haben vor dem Hintergrund einer naturwissenschaftlich-technischen Denkweise und Medizin keinen Bestand. Heute erleben sie jedoch in bestimmten Kreisen als »schamanische Rituale« eine Renaissance. Dabei haben alle traditionellen Völker die vier Elemente auf ganz natürliche Weise und gleichsam als »Transportmittel« dazu verwendet, um Geistiges und Seelisches auszudrücken, bewusst zu machen, zu verändern und zu heilen. Auf dieses erprobte Heilwissen sollten wir nicht verzichten. Der folgende Fall II der 45-jährigen Lucia,[69] die das Ende einer Beziehung nicht verarbeiten konnte, soll exemplarisch für solch einen heilenden Ritual-Zyklus stehen. Dabei werden zwei Rituale mit dem Element Feuer näher betrachtet.

Fall II (Lucia): Das Element Feuer als Diener der Transformation

»Mein Freund hatte mich verlassen. Dies konnte ich einfach nicht akzeptieren und deshalb auch nicht verarbeiten. Ich haderte mit meinem Schicksal und ich war wütend auf ihn, der auch ein Jahr nach der Trennung noch immer in meinem Kopf und in meinem Gemüt rumorte. Warum war er überhaupt gegangen, ich bin doch so an ihm gehangen?

Zunächst versuchte ich es mit dem Schreiben sogenannter ›Brandbriefe‹. Den Tipp hatte mir ein guter Bekannter gegeben, der mit schamanischen Ritualen Erfahrung hatte. Ich setzte mich hin, konzentrierte mich und begann, alle meine Gefühle, meine Wut wie meine Sehnsucht, meine Enttäuschung und meine Traurigkeit zu Papier zu bringen. Dabei kam es nicht auf eine bestimmte Formulierung an. Viel wichtiger war es, die Gefühle, die in mir brodel-

ten und mir so zusetzten, von innen nach außen zu leiten, indem ich sie niederschrieb. Ich musste feststellen, dass es ein immer wilderes Gekritzel wurde, dass aber bei diesem Vorgang viel Wut ›abging‹. Dieser Prozess dauerte fast eine Stunde lang und ich ›sagte‹ dabei meinem Ex-Freund alles, was in mir hochkam, ja ich haute ihm in dem Brandbrief meinen ganzen Schmerz und meine Wut so richtig um die Ohren. Hier konnte er mich nicht hören, mein materielles Gegenüber war nur das Papier, das geduldig dazu bereit war, all meine Gefühle aufzunehmen.

Das tat gut und wirkte befreiend. Als keine Emotionen mehr aus mir herausfließen wollten, weil offensichtlich das innere Wutbecken leer war, hob ich die 15 beschriebenen großen Seiten hoch und bat das Göttliche, meine Enttäuschung und meine Wut aufzunehmen und mich jetzt seelisch von meinem Ex-Freund zu trennen. Danach ging ich auf den Balkon meiner Wohnung und verbrannte ganz bewusst Seite um Seite in einem leeren Blumentopf. Ich sah zu, wie die Zettel und die Wörter und mit ihnen die darauf niedergeschriebenen Emotionen vom Feuer verzehrt wurden. Ich konnte spüren, wie dadurch eine gewisse Erleichterung eintrat. Danach war ich ziemlich erschöpft, denn diese Emotionsarbeit hatte mich wirklich mitgenommen.

Einige Tage später waren ähnliche Gefühle von Wut und Groll aber wieder in mir. Meine Verbindung zu meinem Ex-Freund war eben noch zu tief. Daher bot mir zwei Wochen später der bereits erwähnte Bekannte an, mit mir ein Trennungs- und Transformations-Feuerritual durchzuführen. Ihm hatte ich von meiner Not erzählt. An einem Freitagabend fuhr er mit mir bei Einbruch der Dunkelheit zu einem nahe gelegenen Wald, wo es einen geeigneten Feuerplatz gab. Zunächst bauten wir aus etwa 50 Feldsteinen eine Art Schutzkreis um die Feuerstelle, schichteten einen ganzen Kofferraum voll Holzscheite neben dem Steinkreis auf und bereiteten das Feuer vor. Als dies erledigt war, sprach ich vor dem Kreis ein Gebet:

›Himmlischer Vater, Göttliche Mutter, ich bitte um körperlichen, geistigen und seelischen Schutz bei dem Feuerritual, sowie um Segen und Kraft durch dieses Feuer der Transformation. Zudem bitte ich Euch vier Elemente, mir dieses Feuer der Heilung zu ermöglichen: Mutter Erde, gib dem Feuer Platz auf dir. Bruder

Loderndes Feuer, ermögliche mir eine heilsame Transformation. Bruder Wind, entfache und belebe das Feuer. Schwester Wasser, begrenze das Feuer mit deiner Feuchtigkeit. Alle guten Geister der vier Elemente und dieses Raumes im Wald, bitte unterstützt mich jetzt in meinem Anliegen, eine Trennung in mir von meinem Ex-Freund geschehen zu lassen. Danke, How!‹

Nachdem die Intention für dieses ›Feuer der spirituellen Arbeit‹ klar ausgesprochen war, überschritt ich zusammen mit meinem Begleiter in vollem Bewusstsein den Steinkreis von außen nach innen. Drei Stunden wollte ich mich der Transformation überlassen und ebenso lange wollte ich mit meinem Bekannten innerhalb des Kreises bleiben. Seine Aufgabe war es, das Feuer am Brennen und den Ritualrahmen für mich und mein Anliegen bis zum Schluss aufrecht zu halten, während ich mich voll auf die eigentliche Seelenarbeit konzentrieren konnte.

Im ersten Teil dieser ›Feuer-Session‹ schrieb ich all das mit einem dicken schwarzen Filzstift auf die glatten Seiten der Holzscheite, wovon ich mich trennen und verabschieden wollte. Ähnlich wie das Papier bei dem Brandbrief nahmen jetzt die Scheite als ›Brandhölzer‹ die Emotionen und Botschaften auf, die ich von innen nach außen abfließen ließ und sie auf die Hölzer schrieb. Jedes Mal bevor ich ein solches beschriftetes Holz in das Feuer warf, sprach ich den Begriff oder Satz laut aus. Ja, ich schrie meine Wut und Enttäuschung bei diesem Vorgang richtig heraus. Nach etwa einer Stunde war ich ziemlich erschöpft und setzte mich zu einer Pause auf eine Matte neben das Feuer, um alles besser auf mich wirken zu lassen. Ich wartete, bis alle diese mit Emotionen beschriebenen Hölzer größtenteils heruntergebrannt waren.

Dann kam der zweite Teil des Rituals. Nun bat ich das Göttliche um Hilfe und schrieb alle meine Anliegen für die Zukunft ebenfalls auf solche Brandhölzer und warf diese anschließend ins Feuer. Mit dem Rauch sollten meine Anliegen ins Universum aufsteigen. Dabei stellte ich mir meine Wünsche möglichst konkret vor. Ich wollte ganz frei von aller Wut und allem Groll auf meinen Ex-Freund sein und offen für die Begegnung mit einem anderen Mann. Ja, ich bestellte eine neue Liebe beim Universum, bat aber gleichzeitig darum, auch mein eigenes Herz für eine solche Begegnung öffnen und allen alten Schmerz vergessen zu können.

Nachdem auch diese Hölzer bis auf einige Glutstücke verbrannt und die letzten Flammen verlöscht waren, dankte ich dem Göttlichen, den Elementen und allen guten Geistern dieses Ortes für den Schutz und Segen bei diesem intensiven Ritual, das Gemüt, Seele und Geist gleichermaßen berührt hatte. Danach überschritt ich zusammen mit meinem Begleiter ganz bewusst den Steinkreis von innen nach außen. Das Herausgehen aus dem Kreis markierte somit das Ende des Rituals. Anschließend lösten wir den Steinkreis auf, warfen die Steine ins Gebüsch, gossen einen Kübel Wasser über die Glut und verließen den Wald. Da es feucht war, bestand in dieser Nacht keine Gefahr für einen Waldbrand durch die Restglut. Am folgenden Nachmittag fuhr ich nochmals allein zu der Feuerstelle und zerstreute die Asche, die von dem ganzen Transformationsvorgang auf materieller Ebene noch übrig geblieben war.

Ein Jahr später schürte ich wieder ein Feuer an der gleichen Stelle im Wald – jetzt mit meinem neuen Partner, den ich ein dreiviertel Jahr nach dem Feuerritual kennengelernt hatte. Diesmal war es ein Feuer der Freude und des Dankes.«

Deutung

Handelt es sich bei dem Feuerritual um eine Art von »weißer Magie«? Vielleicht, wenn man es offen und weit genug betrachtet. Es ging dabei aber nicht um eine Geisterbeschwörung, sondern um Seelenarbeit. Lucia, damals 45 Jahre alt, fühlte sich bei dem Ritual von zwei wichtigen Helfern begleitet: Einmal gab ihr der Bekannte Schutz im Außen und den Rahmen, so dass sie sich voll auf die eigentliche Transformationsarbeit in Geist, Seele und Gemüt konzentrieren konnte. Gleichzeitig bat sie das Göttliche um Hilfe, Kraft und Segen, ja sie unterstellte ihren seelischen Veränderungsprozess ganz bewusst der höheren Macht, an die sie glaubte. Ich denke, dies war nicht unbedingt notwendig, es gab ihr jedoch eine zusätzliche emotionale und spirituelle Sicherheit und öffnete ihr Herz.

Im Nachhinein gesehen trug dieses Ritual offensichtlich dazu bei, dass sie sich von ihrer alten Beziehung trennen und die neue begrüßen konnte. Dieser Umwandlungsprozess musste aber in ihrem Inneren stattfinden. Eine wichtige Voraussetzung war auch, dass sie ihrem Ex-Freund verzeihen und ihn wirklich loslassen wollte. Das die Seiten des Brandbriefes und die Brandhölzer verzehrende Feuer ging offensichtlich in Wechselwirkung mit Seele und Gemüt von Lucia und löschte dort blockierende Emotionen, die noch an der alten Beziehung festhielten. Mit den verbrennenden materiellen Substanzen des Papiers und des Holzes im Außen verbrannten gleichzeitig die »Seelenschlacken« von Wut und Groll in ihrem Inneren. Anscheinend war dies die unbedingte Voraussetzung dafür, dass sie einige Zeit später wieder eine neue Beziehung finden konnte.

Mit diesem letzten Punkt über »heilende Rituale« ist bereits ein fließender Übergang zum nächsten Kapitel hergestellt. Darin geht es um die psychische Heilung, die im Westen des Medizinrads angesiedelt ist. Sie benötigt keine materiellen Substanzen mehr. Das in diesem Kapitel besprochene Ritual der Visionssuche liegt jedoch auf einer vergleichbaren psychischen Ebene wie die beiden gerade beschriebenen Feuerrituale.

(5) Zusammenfassung

1.

Die Schulmedizin behandelt körperliche Symptome hauptsächlich mit chemischen Mitteln und durch Operationen, also mit Pillen und durch Schneiden. Sie ist mit ihrem naturwissenschaftlich-technischem Ansatz oft nicht in der Lage, an die tieferen Ursachen einer Krankheit heranzukommen.

2.

Bei der Energiearbeit vieler Heilpraktiker und alternativer Ärzte steht die Aura, das Energiefeld eines Menschen, im Vordergrund. Über die Aura können Blockaden im Energiefluss rechtzeitig erkannt und zugeordnet werden, wenn körperliche Symptome auftreten. Die Methode dazu stellt der »Auratest« dar.

3.

Im Fall I wird anhand des blockierten Rückens von Adrian exemplarisch aufgezeigt, dass Körperprobleme in der Regel nur symptomverschobene Indikatoren für Ursachen auf der psychischen, systemischen oder spirituellen Ebene sind. Bei rechter Deutung kann uns der Körper mit seiner Psychosomatik wie ein Pfadfinder zu den eigentlichen Ursachen von Blockaden führen.

4.

Die Amerikanerin Luise Hay hat diesem psychosomatischen Ansatz Rechnung getragen, wenn sie jedem Krankheitsbild eine »wahrscheinliche« seelische Ursache zuordnet. Auch unsere Sprache gibt oft Hinweise auf das eigentliche Problem, das sich dann aber körperlich zeigt.

5.

Die Dorn-Therapie ist eine schonendere, aber dennoch wirksame Methode, eine blockierte Wirbelsäule wieder einzurenken als die herkömmliche chiropraktische Arbeit.

6.

Schulmedizin und alternative Medizin sollten keine Gegensätze darstellen, sondern eine fruchtbare Synthese eingehen. Die ausgefeilten Methoden zur Diagnose, sowie die großen Erfolge in der Unfall- und Operationsbehandlung der Schulmedizin sollten unbedingt mit der Energiearbeit der alternativen Medizin verbunden werden, die Zugang zu den tieferen Ursachen von Krankheiten und Leiden hat. Ihre auf natürlicher Basis hergestellten Medikamente wirken vielleicht zunächst etwas langsamer als chemische Mittel, können dafür jedoch auch häufig die geistige, seelische und spirituelle Ebene im Menschen erreichen.

7.

Heilmittel aus natürlichen Substanzen wie Bachblüten, Schüsslersalze und Heilsteine wirken in der Regel gleichzeitig auf Körper, Geist und Seele und beziehen so den ganzen Menschen ein.

8.

Die Aura-Soma-Flaschen von Vicky Wall haben vor allem durch den Duft von ätherischen Ölen und durch deren natürlichen Farben unsere Seele im Blick und können beim Anwender auf allen vier Ebenen des »Medizinrads der Heilung« wirksam werden.

9.

Traditionelle Völker waren sehr mit den Elemente verbunden. Daher verwendeten sie Feuer, Wasser, Luft und Erde für ihre Rituale, die heilende Wirkungen auf der geistigen Ebene ermöglichten.

10.

Im Fall II wird deutlich, wie Lucia ihre blockierende Verbindung zu ihrem Ex-Freund mit Hilfe eines Feuerrituals beenden konnte. Dadurch wurde sie frei für eine neue Beziehung.

Kapitel 4: Psychische Heilung – Initiationsarbeit – Visionssuchen

(1) Psychotherapie und Visionssuche

Es ist mittlerweile ein Vierteljahrhundert her, dass ich einige Jahre lang wöchentlich an einer Selbsterfahrungsgruppe teilnahm. Geleitet wurde diese von einer an der Psychologie Sigmund Freuds orientierten Psychotherapeutin. Die Gruppe hatte etwa zehn Mitglieder – Männer und Frauen im Alter zwischen dreißig und sechzig Jahren. Bei den meisten ging es um »nicht erledigte Geschäfte« mit einem oder beiden Elternteilen oder noch einfacher ausgedrückt: um eine nicht oder nur teilweise vollzogene Ablösung von den Eltern.

Das Fehlen von Initiationsritualen

Da in unserer naturwissenschaftlich-technisch ausgerichteten westlichen Gesellschaft seit der industriellen Revolution das Wissen um Initiation und um Initiationsrituale fast vollständig in Vergessenheit geraten ist, gibt es für unsere Jugendlichen heute kaum noch adäquate und rechtzeitig durchgeführte Übergangsrituale.[70] Die kirchlichen Rituale der Firmung oder Konfirmation sowie die heutigen Jugendweihen in Ostdeutschland werden in der Regel bereits in einem Alter von etwa 14 Jahren durchgeführt – manchmal ein Jahr später, bisweilen auch schon deutlich früher. An der Schwelle zur Volljährigkeit kommt dann meistens überhaupt kein individuelles, die Persönlichkeit stärkendes und den Übergang zur Volljährigkeit markierendes Ritual mehr, wenn man von der Führerscheinprüfung oder von den Schulabschlüssen wie (Fach-)Abitur oder Mittlere Reife einmal absieht.

Die unmittelbaren Folgen dieses Mangels kann man sofort erkennen: Denn eine Reihe von Jugendlichen versuchen es mit einer Selbst-Initiation, weil offizielle und geeignete Rituale im Alter von 16, 17, 18 Jahren oder noch später fehlen. Sie wollen ihre in der Pubertät erwachte Kraft und Vitalität ausdrücken, ihren Mut durch manchmal spektakuläre Taten zeigen und dafür gerade von den Erwachsenen Anerkennung bekommen. Besonders für Jungen gibt es diesen psychischen Initiationsdruck, je länger sie sich in der Pubertät befinden. Positiv kann man diese Kraft in der Bereitschaft vieler Jugendlicher erkennen, sich ehrenamtlich zu engagieren: etwa in politischen, sozialen, kirchlichen Vereinigungen, Sportvereinen und Verbänden. Auch Schulprojekte, Schulkonzerte oder Theatergruppen zeugen von diesem Wunsch, seine Fähigkeiten öffentlich zu zeigen und dafür die ersehnte Bestätigung zu bekommen. Leider stellen all diese Beispiele nur die eine Seite der Medaille dar.

Es gibt nämlich eine ganze Reihe von Phänomenen bezüglich unserer Heranwachsenden auf der Suche nach sich selbst, die uns Erwachsenen Sorge bereiten müssen: verrückte Autofahrten und Mutproben wie etwa das berüchtigte S-Bahn-Surfen in den Städten; das Komasaufen, das immer häufiger »Alkoholleichen« hervorbringt, die dann mit einer Alkoholvergiftung ins Krankenhaus eingeliefert werden müssen – im Jahr mittlerweile mehr als 20.000 (!); übertriebenes Tätowieren und Piercing; Schlägereien unter Jungen besonders nach übermäßigem Alkoholgenuss; suchtartige Verlagerung aller Aktivitäten in die virtuelle Welt von Computersspielen, Internet und Smartphone. Diesem Verhalten stehen wir Erwachsenen, auch viele Fachleute, oft sehr hilflos und ratlos gegenüber. Dies liegt auch daran, weil wir nicht mehr erkennen, dass hinter all diesen Phänomenen ursprünglich eine sehr positive und kreative Kraft steckt: Jugendliche wollen zu Erwachsenen initiiert, das heißt hinübergeleitet und ins Erwachsensein eingeführt werden. Darüber habe ich sehr ausführlich in »Initiation – Erwachsenwerden in einer unreifen Gesellschaft. Band I: Übergangsrituale«[71] berichtet.

Mindestens ebenso häufig wie obige Aktionen von Selbst-Initiations-Versuchen tritt heute auch das Gegenteil ein: Viele Heranwachsende kommen in ihrem Leben einfach nicht weiter, selbst wenn sie schon längst volljährig sind. Sie sind in der Jugend stecken geblieben und verbringen oft Jahre damit, sich zu orientieren, Klassen zu wiederholen, Schulabschlüsse zu schaffen, das Studium wieder abzubrechen und natürlich immer noch in der »Pension Mama«[72] wohnen zu bleiben, auch wenn sie die 25 schon längst überschritten haben. Der tiefere Grund ist der gleiche wie bei den oben geschilderten Phänomenen. Die jungen Leute haben keine Übergangsrituale erfahren, weil keine angeboten wurden. Deshalb hängen sie eine lange Zeit in einem undefinierbaren Zwischenzustand fest: Sie sind zwar keine Kinder mehr, aber auch noch keine Erwachsenen.

Es wäre jedoch total ungerecht, den jungen Leuten pauschal vorzuwerfen, dass sie noch nicht erwachsen geworden sind. Denn einerseits herrscht in unserer Gesellschaft ein kollektiver Jugendwahn: Man möchte möglichst lange jung bleiben und nicht altern. Andererseits müssen Übergangsrituale, wenn sie stattfinden sollen, von Erwachsen, am besten von dafür ausgebildeten Initiations-Mentoren, angeboten und geleitet werden. Heute besteht kein Wissen und schon gar kein gesellschaftlicher Konsens darüber, was denn eigentlich »Erwachsensein« bedeutet, wie, mit welchen Methoden oder Ritualen, das Erwachsensein erreicht werden könnte und wohin, in welches Weltbild und Wertesystem, wir unsere nachfolgende Generation eigentlich initiieren wollen. Niemand sagt den jungen Leuten, wie das Erwachsenwerden gehen soll. Tatsache ist aber, dass man wie selbstverständlich erwartet, dass jemand erwachsen ist, sobald er nach einem Schulabschluss oder nach einem Studium in den Arbeitsprozess eintritt. Hier herrscht an einer entscheidenden Nahtstelle im Leben eine wirkliche Diskrepanz, ja sogar ein bizarrer Widerspruch in unserer Gesellschaft.

Erwachsensein hat auf jeden Fall mit Ablösung von den Eltern und mit Selbstverantwortung und Selbstständigkeit zu tun – auch mit finanzieller Unabhängigkeit. Die meisten traditionellen Völker waren sich kollektiv darüber einig, dass der Übergang vom Jugendlichen zum Erwachsenen bei Jungen und Mädchen klar markiert sein muss und einen fundamentalen, enorm wichtigen, im Grunde sogar einen »heiligen« Vorgang für die ganze Gemeinschaft darstellt. Indigene Stämme konnten sich, wenn sie mittelfristig überleben wollten, nicht wie in unserer heutigen Gesellschaft den Luxus leisten, dass ihre nachfolgende Generation »ewig« in einem undefinierbaren Zwischenzustand verweilte oder gar in der Jugend hängen blieb. Daher wurden in der Regel erprobte und erfahrene ältere Männer und Frauen – sogenannte »Älteste« – als Initiations-Mentoren ausgewählt, um die Jugendlichen ins Erwachsensein hinüberzuführen.

Für uns mögen solche Rituale, sogenannte »rites of passage«, heute befremdlich wirken, weil wir in unserer modernen Kommunikationsgesellschaft die Lebenswirklichkeit traditioneller Völker nicht mehr nachvollziehen können. Was deren Wissen über Initiation betrifft, hatten sie uns jedoch eindeutig etwas Fundamentales und Wichtiges voraus. Wir können von ihnen lernen. Die auf unsere heutige Technologiegesellschaft zugeschnittenen Übergangsrituale des WalkAway, der Jugend-Visionssuche und der Auslandsreise (»work and travel«) wollen hier dem offensichtlichen Mangel entgegenwirken. Diese im Grunde uralten und zugleich sehr innovativen und aktuellen Übergangsrituale wurden in meinen beiden Bänden »Initiation – Erwachsenwerden in einer unreifen Gesellschaft« ausführlich beschrieben.

Es ist jedoch im Grunde egal, mit welchem Ritual, welchem Ereignis oder welcher Zeremonie eine Ablösung von den Eltern und der Übergang in ein selbst gestaltetes und selbst verantwortetes Leben geschieht. Wichtig ist, dass er rechtzeitig passiert. Traditionelle Völker nutzten den sehr natürlichen Wunsch ihrer Jugendlichen, in die Gesellschaft der Erwachsenen aufgenommen zu werden. Daher wurden ja ganz offizielle, aufwendige und nicht ganz ungefährliche Rituale organisiert, durch die die Heranwachsenden zeigen konnten und mussten, was in ihnen steckt und dass sie Verantwortung übernehmen können. Es waren kontrollierte Mutproben. Waren diese aber geschafft, wurden die jungen Leute vor dem ganzen Stamm in einer feierlichen Zeremonie für erwachsen erklärt. Dies setzte bei den Betroffenen in der Regel zusätzlich Kräfte frei. Jetzt galten sie als Erwachsene mit allen Rechten und Pflichten, wurden von den anderen Erwachsenen als solche anerkannt und ernst genommen und fühlten sich dann auch als erwachsen.

Finden solche Übergangsrituale wie in unserer heutigen westlichen Gesellschaft nicht statt, klappt bei vielen jungen Leuten die Ablösung von den Eltern nicht oder nicht richtig. Sie bleiben emotional oft Jahre und Jahrzehnte an Vater und Mutter hängen, obwohl sie schon längst volljährig geworden sind und womöglich bereits ihr eigenes Geld verdienen. Und volljährig bedeutet ja, rechtlich gesehen erwachsen zu sein. Eine große Diskrepanz! Bei vielen jungen Leuten hat keine wirkliche Transformation vom Jugendlichen zum auch emotional, geistig und charakterlich selbständigen Erwachsenen stattgefunden. Fatal. Denn damit sind wir bei den langfristigen Folgen von solchen fehlenden oder missglückten Initiationen angelangt.

Es hat über 20 Jahre gedauert, bis mir klar wurde, dass viele Klienten deswegen beim Psychotherapeuten landen, weil in ihnen eine

Ablösung von den Eltern auf bestimmten Ebenen noch gar nicht stattgefunden hat oder noch nicht abgeschlossen ist. Da das Wissen über die Notwendigkeit und die fundamentale Bedeutung von Initiation gesellschaftlich weitgehend in Vergessenheit geraten ist, verstehen viele Menschen häufig gar nicht, worin die eigentlichen Ursachen von vielen psychischen Problemen, von Zwängen, Mustern und Ängsten, von Trennungen und zerbrochenen Beziehungen oder vom Versagen im Beruf liegen, die sie letztendlich zum Psychotherapeuten bringen.

Ich finde, dass hier unsere ganze Gesellschaft sehr unökonomisch denkt. Wenn unsere heranwachsende Generation nämlich rechtzeitig mit für die Erfordernisse unserer heutigen postmodernen Gesellschaft geeigneten Übergangsritualen ins Erwachsensein eingeführt und damit von den Eltern emotional und geistig abgelöst wird, würde eine Reihe von Problemen gar nicht erst auftreten und sich in vielen Fällen eine Psychotherapie erübrigen.

Schmerz gehört zur Initiation

Im Kapitel »Heilung in der westlichen Welt – Initiation: eine Antwort auf die Probleme des Westens«[73] beschreibt der afrikanische Schamane, Universitätsdozent und Männerinitiator Malidoma Patrice Somé sehr plastisch, wodurch so viele Probleme in Europa und in den USA verursacht sind: in fehlenden Übergangsritualen. Diese müssen einschneidende Erlebnisse enthalten, wenn sie wirken sollen. Bei vielen traditionellen Völkern wurde daher besonders den Jungen zum Abschluss ihrer Initiation eine sehr »begrenzte« Wunde zugefügt, um sie immer an diesen fundamentalen »Einschnitt« und Übergang zu erinnern, bei dem die Kindheit stirbt und der Erwachsene geboren wird.

Da es so etwas natürlich bei uns nicht gibt, fügen sich nicht wenige Jugendliche (vor allem Jungen!) während ihrer Pubertät selbst eine solche Wunde zu – bei einer Schlägerei, beim Extremsport, im Suff, durch eine Tätowieren oder beim Piercing. Instinktiv wollen sie dadurch zeigen, dass sie Schmerzen aushalten können und daher keine Kinder mehr sind. Weil aber kein offizielles Wissen mehr über Initiation besteht, wird die Bedeutung solcher Verletzungen nicht verstanden und kann für die Persönlichkeitsentwicklung der Jugendlichen gar nicht eingeordnet oder genutzt werden. In diesem Fall sind solche Verletzungen sinnlos und die Kraft, die daraus erwachsen könnte, verpufft.

Nach Ansicht von Malidoma gehören Schmerz und Leid untrennbar zu einem solchen Initiationsübergang. Vielleicht schreckt unsere Gesellschaft auch deshalb davor zurück. Dann aber kommt das Leiden etwa in unlösbaren psychischen Problemen, in Zwängen, missratenen Lebensbiographien oder körperlichen Symptomen mit einer zeitlichen Verzögerung um so heftiger zurück:

»Da initiatorische Erfahrungen Teil jedes Lebens sind, ist das dringendste Thema für den westlichen Menschen vielleicht nicht die Initiation selbst, sondern die Frage, wie man initiatorische Schmerzen und Leiden am besten abschließt ... Wenn das Leid anerkannt wird, vergeht es. Geschieht das nicht, wächst es. Initiation und das damit verbundene Leid endet, wenn die Erfahrungen des Initianden von anderen anerkannt werden. Eine radikale Anerkennung findet statt, wenn eine Gemeinschaft die von einem Menschen erlebte Härte oder die Wunde, an der er leidet, ins Auge fasst und ihm bei der Bewältigung hilft.«[74]

Diese womöglich befremdliche Ansicht soll durch ein Beispiel aus meiner eigenen Jugendzeit näher erläutert werden. 1974 gab es allein in Westdeutschland mehr als 17.000 Verkehrstote im Jahr. Ein Teil von ihnen waren junge Männer, die ihre Kraft, ihren Mut, ihr Draufgängertum und damit ihr vermeintliches Erwachsensein mangels offizieller Initiationsrituale durch spektakuläre und gefährliche Autofahrten ausdrücken und »beweisen« wollten. Auf dem Friedhof meiner Heimatgemeinde sind mehr als 25 junge Leute begraben, die alle diesem Geschwindigkeitsrausch verfallen und meist selbstverschuldet bei Verkehrsunfällen ums Leben gekommen sind.

So fuhren etwa vier junge Männer aus dem Nachbarort gegen 3.00 Uhr früh von einem Discobesuch nach Hause. Mitten in einer Ortschaft geriet dem leicht angetrunkenen Fahrer das Auto außer Kontrolle. In einer leichten Rechtskurve im Ort prallte das Auto mit fast 100 (!) Stundenkilometern an eine Hauswand. Die Kerle überlebten, wurden aber schwer verletzt. Der Beifahrer wurde Zeit seines Lebens zum Invaliden. Falls man dieses dramatische

Geschehen als sicher sehr unbewussten Selbst-Initiationsvorgang deuten möchte, so hat er seine Wirkung weitgehend verfehlt. Denn die Reaktion der Leute in ihrem Heimatdorf war nach dem Unfall sehr ambivalent. Einerseits war man sehr froh, dass niemand dabei zu Tode gekommen war. Andererseits bekamen die Verletzten nicht die volle Aufmerksamkeit, das Mitgefühl und die Zuwendung der Gemeinschaft. Nach Ansicht vieler Dorfbewohner hatten sich alle vier, nicht nur der Fahrer, sehr unverantwortlich und »blöde« verhalten, denn alle vier waren betrunken und jeder von ihnen hätte der Fahrer sein können. Eine Anerkennung ist jedoch nach Malidoma, einem absoluten Experten für Initiation, unbedingt nötig, um die volle Kraftentfaltung einer Initiation sicherzustellen und den Übergang ins Erwachsensein wirklich bewältigen zu können:

»Gemeinschaft ist entscheidend zum Abschluss einer Initiation. Ohne Gemeinschaft schweben die Initiationserfahrungen in der Luft. Die Initianden bekommen keinen Boden unter die Füße ... Es gibt unzählige unabgeschlossene Initiationen in der modernen Welt, da die Menschen so isoliert leben und Probleme immer nur Sache des Individuums sind. Ja es besteht sogar die Tendenz, andere, die Anerkennung für ihr Leiden suchen, deswegen zu verurteilen. Die Seele eines Menschen, der Anerkennung sucht, um seine Initiation zu beenden, interpretiert dann diese Verurteilung als Zeichen, dass die Welt keine Notiz von seiner Initiation genommen hat. Daher drängt ihn die Seele, die Erfahrung zu wiederholen. Sie hofft, dass das nächste Mal jemand davon Notiz nimmt.«[75]

Notiz genommen hat das Dorf von dem oben erwähnten schlimmen Unfall und dem Selbst-Initiations-Versuch der vier Männer sehr wohl. Das hatten sie – sicher sehr unbewusst – erreicht. Bei der Anteilnahme an dem daraus erfolgten Leid – alle vier waren schwer verletzt – war die Gemeinschaft zumindest gespalten. Es ist anzunehmen, dass der Unfall schlimm genug für die vier Männer (besonders für den Fahrer) war, dass sie eine solche Erfahrung nicht wiederholen mussten, auch wenn die Anerkennung für ihre »Initiations-Tat«, das heißt für ihren Unfall, im Dorf damals weitgehend ausblieb.

Die Psychotherapie soll es richten

Ärzte in der indischen Ayurveda-Medizin bekamen Anerkennung und Auszeichnungen, wenn sie eine gute Gesundheitsprophylaxe machten. Unsere Ärzte dagegen werden hoch gerühmt, wenn ihnen etwa eine besonders spektakuläre Operation gelingt. Die herkömmliche westliche Medizin tritt also erst dann auf den Plan, wenn schon heftige Symptome vorliegen. Krass ausgedrückt sollen Ärzte noch Wunder bewirken, wenn beispielsweise starke Raucher bereits an Kehlkopfkrebs oder Alkoholiker an Leberzirrhosen erkrankt sind. Der völlig falsche Ansatz! Es steht mir nicht zu, unsere Ärzte, die sich mehrheitlich engagiert um unser Wohl bemühen, auch nur irgendwie zu kritisieren. Denn letztlich haben wir in unseren westlichen Gesellschaften genau die Ärzte und die Medizin, die wir mit unserer Einstellung verdienen. Dies spiegelt sich auch in der Ausbildung der Medizinstudenten wieder. In der Ayurvedischen Medizin hingegen geht es, zumindest von der Idee her, um eine ausgewogene Ernährung und um eine gesunde Lebensführung, so dass Krankheiten überhaupt viel seltener auftreten.

Aus naheliegenden Gründen hofft jeder, nicht krank zu werden. Eine Krankheit oder ein Leiden tritt jedoch nie zufällig auf, sie haben immer Ursachen. Dann erhoffen wir uns natürlich sofort Hilfe vom Arzt. Dass aber viele Krankheiten von einer falschen oder gar unverantwortlichen Lebenseinstellung verursacht werden, möchten die meisten nicht wissen. Es wäre unbequem und würde womöglich eine radikale Veränderung in Einstellung, Verhalten und Bewusstsein verlangen. Viele treiben Raubbau an ihrer Gesundheit, weil sie zu viel Alkohol trinken, zu viel Fleisch essen, zu lange Zeit am Computer verbringen, Extremsportarten betreiben oder sich gar nicht bewegen oder als Workaholics den Ausgleich zwischen Arbeit und Freizeit verloren haben, um nur einige Gründe zu nennen.

Mit der Psychotherapie verhält es sich ähnlich wie mit der Schulmedizin. Psychotherapien werden – zeitlich oft um Jahrzehnte versetzt – häufig dazu benötigt, um nicht erfolgte oder nicht abgeschlossene Lebensübergänge nachträglich unter viel schwierigeren und langwierigeren Bedingungen endlich zu bewältigen und abzuschließen. Da wir dafür keine geeigneten Rituale mehr haben, gibt es gerade hinsichtlich der Initiation, bei der es um die Loslösung von Vater und Mutter geht, große Defizite und viele blockierte Entwicklungen. In diesem Fall tritt – und auch nur dann, wenn dies die Betroffen akzeptieren – die Psychotherapie auf den Plan.

Hier liegt wiederum ein falscher Ansatz in unserer Gesellschaft vor: Statt rechtzeitig die Ablösung von Vater, Mutter und Herkunftssystem durchzuführen, werden viel später, oft erst mit 40 oder 50 Jahren, große Probleme festgestellt, die dann in der Psychotherapie gelöst werden sollen. Sie soll nachträglich korrigieren, was ein kollektives gesellschaftliches Versäumnis angerichtet hat. Eine Psychotherapie soll somit eine Nachreifung von nicht erfolgten oder nicht abgeschlossenen Initiationen ermöglichen. Plakativ ausgedrückt kann man dies auch so formulieren: Dreißig-, Vierzig- oder Fünfzigjährige hängen emotional noch immer an »Mama« oder »Papa«, bekommen deshalb psychische Probleme oder Stress in ihren Partnerbeziehungen und in ihren eigenen Familien und müssen dann zur Psychotherapie.

Gott sei Dank gibt es die Psychotherapie und unsere Krankenkassen übernehmen in der Regel dafür die Kosten. Auch ist es vermutlich so, dass die meisten Psychotherapeuten ihr Bestes geben und sich um die psychische Gesundung ihrer Klienten bemühen. Besser wäre es aber, viele Psychotherapien gleich ganz überflüssig zu machen, indem Initiationen dann durchgeführt werden, wenn sie natürlicherweise anstehen: an der Schwelle von der Adoleszenz zum Erwachsensein.

Eine Initiation verlangt Mut, sie fordert die Bereitschaft, sich Ängsten zu stellen, die auftreten können, wenn man einen alten, überkommenen Lebensabschnitt (Kindheit) hinter sich lassen und in eine neue, unbekannte Lebensphase (Erwachsensein) eintreten will. Während eines Initiationsrituals können in verdichteter Form Emotionen hochkommen und den Initianden mit einer Flut von Gedanken und Gefühlen überschwemmen. Dies ist nicht selten mit psychischen Schmerzen verbunden, wenn man dabei auch seinen Schattenseiten und schlimmen Erfahrungen aus der Vergangenheit ins Auge blicken muss. Aber genau dadurch, dass man sich all seinen Seiten, gerade den dunklen, stellt, können das Licht und eine kreative Kraft hochkommen. Dadurch kann eine Initiation gelingen.

Eine Visionssuche ist ein sehr geeignetes Ritual für solch einen Initiationsvorgang. Eine sogenannte »Medizinwanderung« ist eine

Vorbereitung dazu und eine notwendige Voraussetzung dafür. Eine Medizinwanderung kann jedoch auch für sich allein stehen, um neue seelische und geistige Impulse für das eigene Leben zu bekommen. Daher sollen im folgenden Abschnitt diese beiden Rituale genauer vorgestellt werden.

(2) Medizinwanderung und Visionssuche

Psycho-Hygiene durch Naturrituale

Als Lehrer bin ich psychisch wirklich gefordert. Darum habe ich es mir schon vor vielen Jahren angewöhnt, einen geeigneten Ausgleich in der Natur zu suchen. Meist eine Stunde vor Sonnenuntergang fahre ich beinahe täglich zu einem nahe gelegenen, etwa zwei Quadratkilometer großen Waldstück, wandere zu einem meiner Lieblingsplätze und setze mich zu Füßen eines großen Fichten- oder Buchenbaumes am Rande einer Waldlichtung. Den Baum als Schutz im Rücken lasse ich meine Gedanken schweifen und diese schöne Natur auf mich wirken.

Bei einem solchen Ausflug im Dezember hatte ich bei beginnender Dämmerung ein seltsames Erlebnis. Es herrschte völlige Windstille, der Waldboden war mit einer dünnen Schneeschicht bedeckt. Während ich wieder an einem Baum lehnte, nahm ich nach ca. zehn Minuten einen etwa zwei Meter großen jungen Fichtenbaum in meiner Nähe wahr. Plötzlich spürte ich, dass der bewegungslose junge Baum lebte, ja er war ein lebendiges Wesen, mit dem ich jetzt ganz selbstverständlich Kontakt aufnehmen konnte. Dazu musste ich aber zuerst zur Ruhe und in eine »langsamere Schwingungsfrequenz« kommen. Anscheinend war dies die Voraussetzung für eine Kommunikation mit dem Baum. Es ging dabei nicht um eine bestimmte Botschaft, sondern um die Kommunikation selbst. Dies machte mich völlig ruhig, ich geriet in eine Art von zeitlosem meditativen Zustand. Im Angesicht des Baumes spürte ich nun mein eigenes Inneres, das mit dem Baum in einen Dialog trat. Der Baum war mir freundlich gesonnen, er war einfach nur da mit seiner ganzen Aufmerksamkeit und völlig offen für die Begegnung.

Er hatte unbegrenzt Zeit. Dies erzeugte ein wunderbares Gefühl in mir.

Ohne dass ich dies bewusst angestrebt hatte, war ich in eine Anderswelt geraten, in der anders gefühlt, gedacht, empfunden und erlebt wird. Ich kam mir vor wie ein Beobachter dieser nonverbalen Kommunikation zwischen mir selbst und der jungen Fichte. Ich hatte den Eindruck, dass ich mich in den Fichtenbaum einfühlen und an ihm Anteil nehmen konnte. Es ging dabei nicht um mein Hirn, sondern um meine Intuition, mein Herz, meine Liebe zum Baum und zu mir selbst. Ja, ich empfand in diesem Augenblick Liebe für alle Lebewesen, für die ganze Schöpfung. Es war für mich ein unerwartetes spirituelles Erlebnis in der Natur, eine sehr einfache aber wesentliche Einheitserfahrung, die mich vollkommen aus der Anspannung und dem Stress des Alltags herausführte; eine Art von Meditation, die mich tief mit Gott und der Welt verband und die mich alles viel gelassener sehen ließ. Entspannt, innerlich ausgeglichen, voll Dankbarkeit und voll stillem Glück ging ich etwa eine halbe Stunde nach Sonnenuntergang wieder nach Hause.

Lieber Leser, versuchen Sie es doch selbst. Jeder von uns kann in den Wald gehen. Sie müssen keine besonderen Fähigkeiten mitbringen, nur genügend Zeit. Setzen Sie sich einfach an einen schönen Platz und beobachten Sie gelassen alles um sich herum. Warten Sie ab, was dann geschieht. Auf jeden Fall werden Sie feststellen, dass es entspannend sein kann, nur da zu sitzen, zu schauen und mit allen Sinnen wahrzunehmen, was da an Lebewesen um Sie herum ist – eine Maßnahme zur Psychohygiene ohne therapeutische Begleitung, wenn Sie so wollen.

Medizinwanderung – Tag der Reinigung für die Seele

Während es bei dem soeben geschilderten Besuch im Wald in erster Linie um Entspannung und Ausgleich geht, hat eine sogenannte »Medizinwanderung« ein deutliches »Mehr« zu bieten. Denn sie ist in der Regel zielgerichtet. Hier geht man ganz bewusst in einen anderen Zustand, auch »Schwellenzeit« oder »Schwellenwelt« genannt. Eine Medizinwanderung kann als Vorbereitung zu einer Visionssuche dienen, sie kann jedoch auch für sich alleine schon psychisch klärend sein. Vermutlich war der Grundgedanke, der hinter einer Medizinwanderung steht, allen traditionellen Völkern und Kulturen vertraut.

Bekannt geworden unter diesem Begriff im deutschsprachigen Raum ist sie vor gut zwanzig Jahren durch die von dem amerikanischen Ehepaar Steven Foster und Meredith Little gegründete School of Lost Borders.[76] Den beiden Psycholgen und Ethnologen war bei ihrer jahrelangen Sozialarbeit mit nordamerikanischen Indianerstämmen aufgefallen, dass einzelne Erwachsene immer wieder für einen oder mehrere Tage allein im Wald verschwanden, um die Naturrituale einer Medizinwanderung oder gar einer Visionssuche zu machen. (Das Ehepaar untersuchte eine ganze Reihe solcher oder ähnlicher Rituale und formte daraus Zeremonien, die kompatibel zu und praktikabel für unsere moderne, westliche Gesellschaft sind).

Bei einer Medizinwanderung muss man ganz alleine sein. Es ist aber sinnvoll, sie mit der Betreuung eines Mentors durchzuführen. Man benötigt dazu eine Landschaft, in der man ungestört sein kann. Es wäre gut, sich schon in den Tagen zuvor die Gegend auszusuchen und am Tag der Durchführung bereits vor Sonnenaufgang dort zu sein. Dann legt man eine Schwelle auf den Boden, die aus Ästen oder kleinen Steinen gebildet werden kann. Vor dem Überschreiten in das Naturgebiet, in diese andere Welt außerhalb unserer Zivilisation, sollte man sich sehr klar über das Ziel sein, für das man diesen Tag in der Natur verbringen will. Man sollte sich bewusst werden, mit welcher Intention, mit welchen Anliegen oder mit welchen Fragen, auf die man sich eine Antwort erhofft, man für diesen Tag in die Natur hinausgeht. Es ist auch sehr sinnvoll, Gott, das Göttliche, das Universum, Mutter Erde oder einfach alle guten Geister dieses Gebietes um Schutz, Kraft und Segen für das bevorstehende Unternehmen zu bitten. In vollem Bewusstsein wird anschließend die Schwelle überschritten.

Bei einer Medizinwanderung sollte auf jedes Essen und auf alle Kommunikationsmittel wie Handy oder Smartphone verzichtet werden. Man sollte nur einen leichten Rucksack, einen Regenschutz und genügend Wasser, sowie ein Tagebuch mit dabei haben, um alle Gedanken und Gefühle notieren zu können, die im Laufe des Tages auftauchen. Man gilt während des ganzen Tages als unsichtbar für andere Menschen und ist nur noch Teil der Natur mit all ihren Wesenheiten.

Die Medizinwanderung hat wie jedes Ritual drei Teile: einen Anfang, einen Hauptteil und ein klar markiertes Ende. Anfang und Ende bestehen in diesem Fall im Überschreiten der Schwelle: bei Sonnenaufgang hinaus in die Anderswelt der Natur und bei Sonnenuntergang wieder zurück aus der Anderswelt in die gewohnte zivilisierte Welt. Die Zeit dazwischen wird »Schwellenzeit« genannt. Man könnte diese Phase auch »Traumwelt« oder »Traumzeit« bezeichnen. Die äußere natürliche Welt mit all ihren Wesenheiten kann dabei in eine intensive Kommunikation mit dem eigenen Inneren treten und umgekehrt. Eine Medizinwanderung ist daher vor allem eine psychische Reise zu sich selbst. Die Wesen der Natur reagieren mit ihrem intuitiven Bewusstsein oft erstaunlich auf unsere gerade aktuellen inneren Prozesse.

Alles, was in diesem Mittelteil des Aufenthalts in der Natur geschieht, jede Begegnung mit einem Baum oder mit Tieren, kann eine Bedeutung für den eigenen seelischen Prozess haben, einen Impuls geben oder eine Antwort auf eine Frage parat halten. Es ist ja genug Zeit da. Im Sommer kann die eigentliche Medizinwanderung jenseits der Schwelle durchaus 15 Stunden und mehr dauern – Zeit genug, über alles nachzudenken und das Anliegen und die Fragen, mit denen man hinausgegangen ist, auf sich wirken zu lassen. Soll die Medizinwanderung zur Vorbereitung auf eine bald bevorstehende Visionssuche dienen, dann geht es darum, überhaupt die Themen **dafür zu finden, sich über mögliche Ziele, Visionen und Schritte klar** zu werden, die als nächstes im Leben anstehen.

Die Medizinwanderung wird abgeschlossen, wenn die Schwelle in entgegengesetzter Richtung überschritten und damit die Naturwelt wieder verlassen wird. Es ist sehr sinnvoll, gleich anschließend oder zumindest sehr zeitnah seine Erfahrungen entweder in einer Medizinwander-Gruppe zu erzählen oder sie einem erfahrenen Mentor alleine zu schildern. Er gibt danach als außenstehender Beobachter und in solchen Naturdingen erfahrener Begleiter einen »Spiegel«, ein Feedback zu der Erzählung, um klarzumachen, was bei der Medizinwanderung wirklich geschehen ist, welche Bedeutung **Pflanzen- und Tiererlebnisse für die eigene Geschichte haben könn**ten und welcher innere Prozess gerade »abgeht«. Denn oft ist dies einem Medizinwanderer, der soeben aus einem tiefen Erleben aus der Anderswelt der Natur zurückkommt, auf der rationalen Ebene nicht wirklich klar. Darum soll der Mentor das Bewusstsein schärfen helfen.

Um eine bessere Vorstellung von einer Medizinwanderung zu bekommen, sollen im Folgenden die authentischen Erlebnisse eines Teilnehmers einer Medizinwanderungs-Gruppe geschildert werden, die von einer erfahrenden Mentorin geleitet wurde. Ein über 50-jähriger Familienvater erzählt nach seiner Rückkehr aus der Schwellenzeit:

»Ich saß schon etwa eine Stunde auf einer Blumenwiese am Waldrand. Um mich herum summte und brummte es von vielen Insekten. So wunderte es mich gar nicht mehr, als eine Wespe zu mir flog und sich auf meinem Knie niederließ. Zunächst musste ich meinem natürlichen Reflex widerstehen, die Wespe davonzujagen, denn ich war als Kind mehrfach schmerzhaft von Wespen gestochen worden. Die Ritualleiterin hatte uns Teilnehmern vor dem Hinausgehen in die Natur darauf aufmerksam gemacht, dass alle Erlebnisse im Außen Ausdruck für einen seelischen Prozess im Inneren sein könnten. Was also wollte mir die Wespe in meiner jetzigen Situation wohl ›sagen‹ oder vermitteln?

Zunächst konnte ich aber nach einigen Minuten feststellen, dass diese Wespe mir offensichtlich nichts antun wollte. So entspannte ich mich und ließ sie gewähren. Sie lief immer wieder um mein Knie herum und krabbelte schließlich sogar an mir empor. Daher hielt ich meine Handfläche über meine Brust, um der Wespe den weiteren Weg nach oben zu versperren. Sie musste wieder den Weg nach unten wählen, um kurze Zeit später erneut nach oben zu laufen. Dies ging über eine längere Zeit so. Ich war zunächst vollkommen auf das Insekt konzentriert. Dann konnte ich feststellen, dass ich, zuerst ganz unbemerkt, immer mehr in die Rolle eines neugierig werdenden Beobachters geriet.

So merkwürdig dies vielleicht klingen mag: Irgendwann fühlte ich mich selbst wie eine Wespe oder zumindest wie eine Art Kumpel oder Spielgefährte dieser ›meiner‹ Wespe. Ohne es beabsichtigt zu haben, bekam ich vorübergehend ein Bewusstsein wie eine Wespe und jetzt verstand ich plötzlich auch ihren ›Besuch‹ auf meinem

Körper. Wespen lieben es, sich von Fallobst zu ernähren. Sie summen und brummen häufig emsig um aufgeplatzte oder verwesende Früchte herum.

Meine Wespe wollte mir offensichtlich anzeigen, dass etwas in mir selbst gerade zur ›Verwesung‹ anstand. Verwesen bedeutet Vergehen, aber auch Umwandlung und Transformation – ein ganz natürlicher Vorgang. Und schlagartig wurde mir klar, worum es dabei ging: Die Beziehungen zu meinen engsten Familienmitgliedern waren im Begriff zu ›verwesen‹, das heißt, sie standen zur Veränderung und Neuordnung an, nachdem beide Kinder ausgezogen waren. Mir wurde bewusst, dass ich den Mut haben sollte, mich von meiner Frau mehr als bisher abzugrenzen und meine eigenen Bedürfnisse in Zukunft ernster zu nehmen, die durch die Fürsorge für die beiden Kinder so lange zurückstehen mussten. Anscheinend wollte mich die Wespe genau darauf aufmerksam machen und mir vermitteln, dass dieses mein Anliegen seine natürliche Berechtigung hatte. Vielleicht war genau diese Erkenntnis der Grund, warum ich überhaupt zur Medizinwanderung aufgebrochen war.

Wie war es möglich, dass ein so kleines Wesen wie die Wespe in der Lage war, mich auf solch einen wichtigen Punkt für mein weiteres Leben aufmerksam zu machen? Ich konnte nur staunen und bedankte mich still bei der Wespe, die mir gerade so einen wesentlichen Hinweis gegeben hatte. Als ob die Wespe meine Gedanken **hätte lesen können, flog sie kurz nach meiner ›Danksagung‹ wieder** *davon. Sie hatte so lange bei mir verweilt, bis ich diese wichtige Botschaft verstanden und in mich aufgenommen hatte: Verwesung – Veränderung – Abgrenzung.«*[77]

Da der Mann schon selbst mit dieser Erkenntnis zur Gruppe zurückgekehrt war, musste die Leiterin nur noch eine Bestätigung für die Richtigkeit seiner Deutung geben. Die eigentliche Arbeit hatte die Natur bewirkt, die ihm durch ihre Wesen, im konkreten Fall durch eine Wespe, die anstehende psychische Aufgabe gespiegelt hat. Mutter Natur als Lehrerin, Heilerin und Natur-Psychotherapeutin!

Visionssuche als natürliche Urtherapie für die Seele

Es ist das große und bleibende Verdienst der beiden Amerikaner Steven Foster und Meredith Little, dass sie das Ritual der Visionssuche entwickelt haben, das das Grundanliegen traditioneller indianischer Initiation enthält und gleichzeitig die Bedürfnisse und Gegebenheiten unserer modernen, auf Naturwissenschaft, Technik und Informationstechnologie ausgerichteten Gesellschaft berücksichtigt. In ihrem Buch »Vision Quest«[78] haben sie den Ansatz der Visionssuche ausführlich dargelegt. Die beiden deutschen Autoren Sylvia Koch-Weser und Geseko von Lüpke haben in »Vision Quest. Visionssuche: allein in der Wildnis auf dem Weg zu sich selbst«[79] dann weitere Aspekte dieses Rituals ausgeführt. Auch in meinem zweiten Band »Initiation – Erwachsenwerden in einer unreifen Gesellschaft. Heldenreisen«[80] wurde der Ablauf einer Visionssuche näher erläutert. Darum soll in diesem Buch nur sehr kurz auf ihren äußeren Ablauf eingegangen, dafür aber der Schwerpunkt auf die psychischen Prozesse gelegt werden, die bei einer Visionssuche möglich sind.

Die Visionssuche ist in der Regel ein zwölftägiges Ritual, das aus drei Phasen besteht. Zunächst erfolgt eine viertägige Vorbereitung in der Gruppe auf das eigentliche Kerngeschehen des Rituals, das in einer ebenfalls viertägigen »Solozeit« besteht. Es wird abgeschlossen mit der Rückkehr und der Wiedereingliederung in die Gemeinschaft. Diese dritte Phase dauert dann auch vier Tage.

Bei den Indianern wurde eine Visionssuche grundsätzlich an zwei Knotenpunkten im Leben durchgeführt: Einmal als verpflichtendes Ritual für Jugendliche in der Adoleszenz als Übergangsritual ins Erwachsensein. Und als Orientierungsritual in der Mitte des Lebens, in späteren Lebensphasen oder bei einer Lebenskrise. Für den ersten Zweck, der Jugend-Initiation, werden heute vor allem Rituale wie die Jugend-Visionssuche, der WalkAway oder eine begleitete Auslandsreise (»work and travel«) angeboten.

Eine Jugend-Visionssuche dauert in der Regel elf Tage, die Solozeit nur drei Tage und Nächte. Der WalkAway wiederum stellt eine viertägige Kurzform der Jugend-Visionssuche für etwa 15 bis 17-jährige Jugendliche dar. Hier beträgt die Solozeit 24 Stunden. Eine von Mentoren begleitete Auslandsreise ist bis jetzt noch wenig entwickelt, enthält aber ein unschätzbares Potential, wenn es um die Initiation ins Erwachsensein geht. Über diese Rituale habe ich ausführlicher bereits in meinen beiden Büchern »Initiation – Erwachsenwerden in einer unreifen Gesellschaft« berichtet. Daher soll in diesem Buch nun ausschließlich die Visionssuche als Orientierungsritual für Erwachsene im Mittelpunkt stehen.

Während der vier Vorbereitungstage zu einer Visionssuche soll ein mehrfaches Ziel erreicht werden:

- Einmal soll viel Zeit in der Natur verbracht werden, um sich auf die bevorstehende Solozeit einzustimmen und mit den Naturwesen immer mehr Kontakt zu bekommen.
- Schrittweise wird ein Sicherheitssystem für das Kernritual aufgebaut. Die Teilnehmer werden mit technischen Fragen vertraut gemacht, etwa mit dem Planenbau, dem Wasserverbrauch, dem Verhalten in möglichen Notfällen u. v. m. Es muss vorher geklärt werden, unter welchen Bedingungen ein Teilnehmer die Visionssuche abbrechen und vorzeitig zurückkehren muss: etwa bei zu großen Ängsten oder bei größeren Verletzungen.
- Jeder der vier Vorbereitungstage ist einem anderen der vier Archetypen der menschlichen Seele gewidmet: dem inneren Kind und Liebhaber, dem Krieger, dem König und dem Magier.[81] Auf diese Weise sollen die wichtigsten Seelenseiten schon vor dem eigentlichen Kernritual aktiviert, geschärft, bewusst gemacht und vorbereitet werden. Denn alle vier Seelenkräfte werden benötigt, um die viertägige Auszeit dann auch psychisch stabil durchzustehen und um das volle Potential der Solozeit nutzen zu können.
- Die Teilnehmer lernen sich untereinander in jeder der Runden besser kennen, die nach Naturübungen, die jeder für sich allein macht, in der Gruppe erfolgen. Jeder bringt im Kreis seine ganz persönlichen Erkenntnisse aus den Naturaufgaben ein und kann die Fragen stellen, die ihn gerade am meisten beschäftigen.
- In diesen vier Tagen muss klar werden, warum sich jeder einzelne Teilnehmer den Strapazen der Visionssuche – dem Fasten, dem Alleinsein und der Unbehaustheit – aussetzen

und wofür er hinausgehen will in die Wildnis. Diese Motive und Intentionen werden am letzten Abend dieser Vorbereitungsphase in einen prägnanten Satz verdichtet, der für jeden Teilnehmer in der Gruppe gesucht wird und den persönlichen Schritt bezeichnet, der für jeden einzelnen in der Solozeit ansteht. Hier einige Beispiele: »Ich bin die Frau, die heilt« oder »Ich bin mein eigener König« oder »Ich bin die Frau, die verbindet« oder »Ich gehe meinen eigenen Weg« usw.
- Schließlich müssen die Leiter der Visionssuche klären, ob sie alle Teilnehmer den physischen und vor allem psychischen Strapazen aussetzen dürfen, die mit einer Visionssuche verbunden sind und ob sie es auch aus medizinischen Gründen verantworten können, alle Teilnehmer hinauszuschicken in die Wildnis und in das totale Alleinsein.

Am Morgen des fünften Tages ist es soweit. Nach einem frühen Wecken versammeln sich alle an einem Steinkreis am Basislager im Freien, in dem die Gruppensitzungen der letzten Tage stattgefunden haben. Der Steinkreis soll ein Medizinrad abbilden, in dessen Mitte jeder einzelne tritt, nachdem er sich von Leitern und Teilnehmern für vier lange Tage und Nächte verabschiedet hat. Einer der Leiter schneidet dann mit einer Feder eines Bussards oder Adlers symbolisch alle Verbindungen zur Realwelt und zu den anderen Menschen durch. Wenn der Teilnehmer anschließend wieder aus dem Kreis hinaustritt, gilt er als unsichtbar.

Schon am Tag zuvor hat sich jeder einen Platz in der Natur gesucht, der ihm Schutz bietet, an dem er sich möglichst wohl und geborgen fühlt und wo er genügend Abstand zu den anderen Teilnehmern hat. Dorthin geht er nun als erstes, um mit seiner Plane, dem Schlafsack, einer Matte, dem Rucksack und mit 15 Litern Wasser ein sehr bescheidenes Lager aufzubauen, so dass er vor Nässe in der Nacht oder bei Regengüssen zumindest etwas geschützt ist. Der Schlafsack muss unter allen Umständen trocken bleiben, denn sonst ist die Visionssuche vorbei. In einem nassen Schlafsack wird man in der Regel schnell krank, vor allem auch deshalb, weil man durch das Fasten immer mehr auskühlt, besonders nachts. Jeder Teilnehmer weiß den etwaigen Ort eines Nachbarteilnehmers, der im Notfall durch eine Trillerpfeife oder durch lautes Schreien benachrichtigt werden könnte. Bei drei eigenen Visionssuchen, sowie bei sechs selbst geleiteten WalkAways mit Jugendlichen ist diese Situation noch nie eingetreten, dass ein Teilnehmer wirklich in Not geraten wäre. Für einen solchen Fall muss aber ausreichend vorgesorgt sein. Soweit einige Hinweise zum rein äußeren Rahmen der Solozeit.

Viel wichtiger erscheinen mir jedoch die sehr individuellen psychischen Prozesse, die in der Regel bei jedem Teilnehmer ablaufen. Eine Visionssuche stellt für die Teilnehmer im Grunde eine unter Aufsicht absichtlich herbeigeführte, kontrollierte psychische Krise dar. Durch das Fasten wird der Körper geschwächt, meistens jedoch werden die Sinne dadurch geschärft, weil es keine Ablenkung durch Essen mehr gibt. Auch der Geist kann dadurch viel klarer werden, weil, vereinfacht gesagt, kein Blut für die Verdauung von Nahrung mehr in den Magen abgezogen wird.

Es gibt die übliche und vertraute Ablenkung nicht mehr, die im Alltag in vielen Kontakten und bekannten Tätigkeiten besteht. Der äußere Stress ist vollkommen weggefallen, jeder hat nun fast hundert Stunden Zeit für sich ganz allein, um über alles nachzudenken. Bei vielen setzt fast automatisch der Prozess ein, dass mangels anderweitiger Ablenkung jetzt viele Gefühle hochsteigen und ins Bewusstsein treten können. Andere berichten hinterher, dass sie von einer Flut von Gedanken förmlich überschwemmt worden sind und sogar Mühe hatten, diese Gedanken und Gefühle zu ordnen und aufs Papier im Tagebuch zu bringen.

Die linkshirnige Kontroll- und Widerstandskraft wird immer schwächer, je länger die Solozeit andauert. Dafür setzt bei vielen meist eine starke rechtshirnige Aktivität ein, die sich zum Beispiel in einer verstärkten Intuition, ungewohnten Emotionen, im Mitgefühl mit anderen Lebewesen und einer All-Eins-Erfahrung äußern kann. Die Leiter und das Ritual der Solozeit selbst stellen dabei den Rahmen dar, in dem sich dann bei den Teilnehmern ein starker psychischer Prozess entwickeln kann. Dafür soll der Satz, das heißt das Motto und die Intention, mit der man ja in die Wildnis hinausgegangen ist, eine Orientierung und Leitlinie sein, wenn zu viele und starke Gefühle hochkommen sollten.

Alles kann nun geschehen: Das ganze bisherige Leben kann auf den Prüfstand kommen, neu betrachtet und gedeutet werden. Neue (Lebens-)Ziele können sich aus einem Gefühlswirrwar oder einer

Gedankenflut herausschälen, die bisher verborgen oder unklar waren. Beziehungen zu wichtigen Menschen werden angeschaut, »durchgefühlt«, neu bewertet. Bei manchen läuft in dieser Solozeit das ganze bisherige Leben wie ein Gedankenfilm ab. Dies alles kann zur inneren Entscheidung führen, schon längst überfällige ungute Beziehungen endlich beenden oder gute, wohltuende und aufbauende Beziehungen in Zukunft intensiver pflegen zu wollen. Berufliche Perspektiven können sich klären. Eine ungeahnte Kreativität kann sich bemerkbar machen, weil in der Solozeit vor allem das rechte Hirn mit seiner intuitiven, kreativen, spirituellen und beziehungsorientierten Seite immer mehr Raum gewinnen kann – die Seite des Hirns, die gerade für Mitgefühl und Liebe steht. Kenner haben die Solozeit einer Visionssuche daher schon zu Recht als »Reinigungswaschgang« für die Seele bezeichnet.

Denn viele Visionssuche-Teilnehmer erzählen hinterher davon, dass sie mitten am Tag Seelenbilder bekommen haben, eine Art von Visionen in Tagträumen, wie sie sonst nur in wirklichen Träumen auftauchen. Andere geraten in einen undefinierbaren Zeitzustand, in dem sich Schlaf- und Wachphasen immer mehr zu einem unstrukturierten Kontinuum vereinigen. Da der kontrollierende Verstand immer weiter zurücktreten muss, weil ihm Ablenkung und Beschäftigungen fehlen, können Gefühlsfetzen und Emotionsknäuel hochsteigen, ungewohnte Gedanken- und Gefühlsströme und seelische »Höhenerlebnisse« sich in wilder Abwechslung Bahn brechen und sich umfassende Erkenntnisse einstellen.

Natürlich können auch Schattengefühle hochkommen: undefinierbare panische Ängste, das Gefühl von innen her erdrückt und von Drachen und dunklen Mächten verfolgt zu werden, in Kämpfe unterschiedlicher Seelenkräfte verwickelt und verschlissen zu werden u. v. m. Auch solche Erfahrungen sind bei einer Visionssuche nicht zu vermeiden. Es kann jedoch immer nur das hochsteigen, was sowieso in der Seele steckt. Etwas anderes kommt ja gar nicht hoch, es gehört also alles zu mir selbst, was sich jetzt in dieser Phase zeigt.

In den Mythen und Märchen, in den griechischen Heldensagen, in den vielfältigen Heldenreisen im kulturellen Schatz aller Völker geht es um genau solche Erfahrungen, die die Teilnehmer einer Visionssuche von ihrer Solozeit mitbringen. Diese kann zu einer richtigen »seelischen Heldenfahrt« werden, in der der Held mit Dämonen und Drachen kämpfen, einen Schatz erobern oder eine gefangene Prinzessin befreien muss. Dabei geht es natürlich um rein seelische Prozesse, die aber emotional ebenso real erscheinen können wie Träume. Im zweiten Band von »Initiation – Erwachsenwerden in einer unreifen Gesellschaft« wird darüber sehr ausführlich berichtet.[82]

Erwähnt werden sollte auch, dass sich während der Solozeit in der Regel ein völlig neuer und intensiver Bezug zur Natur ergeben kann. Erlebnisse, wie sie etwa aus der Medizinwanderung oder zu Beginn dieses Abschnitts geschildert wurden, sind bei einer Visionssuche keine Seltenheit, sondern eher das Übliche. Mit jedem Tag taucht man mehr in die Abläufe der Natur ein, verschmilzt womöglich immer stärker mit ihr und ihren Wesenheiten aus der Pflanzen- und Tierwelt und den Landschaftsformationen. Nicht wenige Teilnehmer berichten danach von Glücksgefühlen, weil sie sich irgendwann mit der Natur, dem All, dem Universum, den Geistern und mit dem Göttlichen zu einer einzigen Einheit verbunden gefühlt haben. In den folgenden beiden Abschnitten soll in zwei authentischen Visionssuche-Berichten exemplarisch dargelegt werden, was bei einer Visionssuche innerlich passieren und ablaufen und wieso dabei eine psychische Heilung erfolgen kann.

An dieser Stelle soll nur noch darauf hingewiesen werden, dass die Teilnehmer bei Sonnenaufgang des fünften Tages ihrer Solozeit ihren »Questplatz« wieder verlassen, alle Spuren ihres Aufenthalts dort verwischen und danach zum Steinkreis im Basislager zurückkehren, wo schon die Leiter auf sie warten. Dann tritt jeder mit seinem Motto, das sich womöglich in den letzten vier Tagen verändert hat, in den Steinkreis und wird dort von einem Leiter mit der Bussardfeder wieder sichtbar gemacht, indem dieser nun alle Verbindungen zur Anderswelt der Solozeit abschneidet. Nicht selten wird noch etwas nachgeholfen, damit dieser Übergang in die Realwelt auch wirklich klappt: Unter Johlen und Jauchzen wird man womöglich von den Leitern mit einigen Kübeln Wasser übergossen, um so leichter wieder aus einem zu vergeistigten Zustand herauskommen zu können. Mit einem Stück Brot oder einem Apfel wird zudem vorsichtig und sehr bewusst das Fasten gebrochen.

Von den folgenden vier Tagen dieser letzten Phase der »Rückkehr und Wiedereingliederung« werden zumindest zwei gebraucht, um in der Gruppe die Geschichten aller Teilnehmer von ihrer Zeit »allein da draußen in der Wildnis« anzuhören. Die beiden Leiter geben danach jeweils einen ausführlichen »Spiegel«, ein sehr aufbauendes, aber ehrliches Feedback, in dem die Schritte gedeutet, gewürdigt und bezeugt werden, die jeder in der Solozeit und in dem ganzen bisherigen Prozess gemacht hat. Eine Visionssuche ist eine große innere Leistung und eine wirkliche Mutprobe, sich so lange, so intensiv und so schonungslos seiner eigenen Psyche auszusetzen und alles seelische Material zuzulassen, das dabei hochkommen will: Licht und Schatten. Viele Menschen scheuen heute davor zurück, sich solch einer Selbstkonfrontation zu unterziehen. Schade, denn dieses Ritual könnte sich für die allermeisten Menschen lohnen: Vielfältige Krankheiten und psychische Blockaden könnten dadurch vermieden werden. Die Visionssuche kann entscheidend dazu beitragen, ein neues Bewusstsein für die eigene Gesundheit und letztlich für das ganze Leben zu bekommen, es selbst in die Hand zu nehmen und selbst zu verantworten – ein wahrlich humaner und heilender Akt.

Die letzten beiden Tage werden schließlich dazu benötigt, um für die tiefen Erlebnisse und Erfahrungen während der Solozeit einen ersten Transfer zum bevorstehenden Alltag aus Beruf und familiären Beziehungen herzustellen. Denn sonst gibt es womöglich ein unangenehmes Aufprallen in der Wirklichkeit, die man ja vor dem Visionssuche-Ritual hinter sich gelassen hat. Es geht nun darum, die Erlebnisse in sein bisheriges Leben zu integrieren und Änderungen anzupacken, die in der Solozeit offenbar und für notwendig befunden worden sind. Keine leichte Aufgabe. Darum versuchen die Leiter, auf sogenannte »Anker«[83] hinzuweisen, mit denen die Teilnehmer im Alltag schnell wieder eine geistige Verbindung zu ihrer Visionssuche herstellen können. Am zwölften Tage geht das Ritual zu Ende und die Teilnehmer treten die Heimreise an. So viel zum äußeren Ablauf einer Visionssuche.

In den folgenden beiden Abschnitten sollen die intensiven psychischen Vorgänge von zwei Teilnehmern geschildert werden, die ich bei zwei eigenen Visionssuchen in Slowenien und in Österreich kennengelernt habe.

(3) Die Ablösung von der Mutter

So viele Menschen in Europa haben nie eine offizielle Initiation vom Jugendlichen zum Erwachsenen erlebt. Darum schleppen nicht wenige von ihnen unabgeschlossene Ablösungsprozesse und daher ungute und ungeklärte Verbindungen zu den Eltern mit sich herum, auch wenn sie bereits 40 Jahre oder älter sind. Dann müssen, wie oben erwähnt, etwa langwierige Psychotherapien oder eine oder mehrere zerbrochene Partnerbeziehungen dafür herhalten, um diesen fundamentalen Übergang ins Erwachsensein nachzuholen. Eine Visionssuche kann dabei helfen, sich endlich doch noch von Vater und Mutter zu lösen und die eigene, erwachsene, unabhängige Lebensspur zu finden. Dies ist umso schwerer, wenn traumatische Erlebnisse aus der Kindheit vorliegen, die meist auch noch verdrängt wurden, weil sie damals zu schlimm und für die Kinderseele einfach nicht zu bewältigen waren. In der Solozeit einer Visionssuche kann solch ein traumatisches Material in Form von seelischen Symbolbildern hochsteigen, den Teilnehmer förmlich überfluten und so erst richtig ins Bewusstsein dringen. Dies ist eine große Chance der Heilung. In diesem Fall ist es wichtig, dieses psychische Material von innen nach außen abzuleiten, damit es seine Gefährlichkeit verliert oder es in kreative Energie umzuwandeln und zu integrieren.

Irgendwann kommt der Zeitpunkt im Leben, ab dem viele Menschen bereit sind, sich mit wirklich allen Seiten schonungslos zu konfrontieren, die in ihnen stecken, weil sie endlich frei werden und ganz zu sich selbst finden wollen. So war es auch im Fall der 45-jährigen Antonia,[84] die sich während einer Visionssuche in Slowenien mutig ihrer größten seelischen Wunde stellte. Jahrelang konnte sie ihre Probleme auch durch eine Psychotherapie nicht lösen, weil es nicht gelang, an die tief in ihrem Inneren eingeschlossenen Emotionen heranzukommen. Diese wurden jetzt im Alleinsein und in der Stille freigelegt. Obwohl Antonia große Ängste vor der Solozeit hatte, weil sie befürchtete, dass dann etwas »Schlimmes« in ihr hochkommen könnte, wagte sie dennoch den Sprung zu dieser »Heldenreise allein in der Wildnis«. Nachfolgend ihr wirklich sehr berührender Bericht nach Ende der Solozeit:

Fall III (Antonia): Mutter Natur als »Große Mutter«

»*Meine Mutter hat mich nicht gewollt. Sie wurde ungeplant schwanger mit mir und musste vor meiner Geburt heiraten, um keine ›Schande‹ über ihre Familie zu bringen. Offensichtlich wehrte sie sich aber innerlich gegen ihre Schwangerschaft, die Hochzeit und gegen die Geburt. Gegen ihre dominante Schwiegermutter, die im selben Haushalt lebte, kam sie anfangs überhaupt nicht an. Als sie mich stillen sollte, war sie in einem großen Psychostress und wollte sich am liebsten aus der ganzen Situation ›wegbeamen‹. Einige Wochen nach meiner Geburt hatte sie sich durch das Stillen eine heftige Brustentzündung ›eingefangen‹. Auch viele Jahre später gab sie mir immer noch die Schuld daran. Ich hätte zu heftig an ihr genuckelt und sie in ihre Brüste gebissen. Aber ein Baby will doch Milch! Dass ihre Brustentzündung womöglich ihre Ursache in ihrer ganzen damaligen Familiensituation hatte, wollte sie nie wahrhaben.*

Als ich sechs Wochen alt war, wurde meine Mutter wegen der Brustentzündung für vier Wochen ins nahe gelegene Krankenhaus eingeliefert. In dieser Zeit wollte sie mich nicht mehr sehen, da ja ich es war, die sie in solch eine missliche Lebenssituation gebracht hatte. Ich kam zu meiner Oma mütterlicherseits. Wie ich erzählt bekommen habe, versorgte diese mich so gut sie konnte. Sie war jedoch eine sehr gefühllose, erkaltete Frau und mit Sicherheit überhaupt kein adäquater Ersatz für meine Mutter. Der plötzliche Abbruch der Stillphase muss ein großer Schock für mich gewesen sein. Ein Baby ist solch einer Situation ohnmächtig ausgeliefert. Dass die Mutter nicht mehr kam, muss für mich als kleines Baby äußerst bedrohlich in meiner ganzen Existenz und emotional traumatisch gewesen sein. Natürlich habe ich daran keinerlei Erinnerungen mehr. Von meiner Oma erfuhr ich später, dass ich besonders nachts stundenlang bitterlich weinte und dass sie mich oft nicht beruhigen konnte. Offensichtlich schrie ich mir damals vor Panik ›die Seele aus dem Leib‹. Es hat nichts genutzt.

Erinnern kann ich mich dagegen, dass ich im Alter von etwa sieben bis neun Jahren fast täglich beim Mittagessen weinte. Dazu reichte der geringste Anlass. Ich fühlte mich anscheinend leicht gekränkt, war sehr sensibel und reagierte aus Sicht der Erwach-

senen ›komisch‹. Mein Weinen wurde von Vater und Mutter, die dafür überhaupt kein Verständnis hatten, regelmäßig mit witzigen oder herabwürdigenden Bemerkungen kommentiert. Dann stand ich auf und lief vom Mittagstisch weg, um in meinem Zimmer allein zu sein und das Kissen vollzuweinen. Getröstet hat mich nie jemand. Es hieß immer nur: Lasst sie, die ›hat was‹, die hat einen ›Becker‹. Mit ›Becker‹ wurde damals in unserer ländlichen Gegend ein psychisches Problem umschrieben. Alle, die sich für gesund hielten, machten einen großen Bogen um Menschen mit einem ›Becker‹. Womöglich fürchteten die ›Gesunden‹, von solchen ›Psychos‹ angesteckt zu werden wie von Aussätzigen. Dass sich hinter meinem auffälligen Verhalten eine große Not und eine klare Ursache verbargen, wollte anscheinend in meiner Familie niemand wissen.

Ich selbst musste erst über 35 Jahre alt werden, bis ich therapeutische Hilfe suchte, die in der Großstadt leichter zu finden war als auf dem Land. Mir war der Schutz durch Anonymität sehr wichtig. Die jahrelange Begleitung durch eine Psychotherapeutin möchte ich nicht mehr missen. Es dauerte aber einige Jahre, bis mir überhaupt klar wurde, dass meine psychischen Probleme wesentlich von dem Verlassenwerden durch die Mutter während der Stillphase herrührten: *etwa meine oft undefinierbaren Ängste, mein Grundgefühl, mutterseelenallein in der Welt zu sein, meine starke Empfindlichkeit und mein auffälliges Klammern in meiner Partnerschaft.*

Im Nachhinein gesehen war es sehr mutig von mir, dass ich mich zu dieser Visionssuche überhaupt angemeldet und in der Solozeit vier Tage und Nächte lang in die Natur hinausgegangen bin. *Dies empfinde ich selbst geradezu paradox. Denn ich habe soeben während der Visionssuche etwas getan, wovor ich mein ganzes Leben lang eine grässliche Angst hatte: die Angst, ganz allein zu sein. In der Solozeit ist man jedoch fast hundert Stunden ganz allein, hat zudem keine Nahrung und keine Behausung.*

Am Nachmittag des dritten Tages in der Solozeit kam ›es‹ dann hoch, was die ganze Zeit in mir rumort und wovor ich vermutlich solche Angst hatte. Ich saß in einer kleinen Waldlichtung. Rechts, links und hinter mir waren Büsche und kleine Bäume, mein Blick nach vorne konnte frei über die Landschaft schweifen. Völlig unerwartet bekam ich plötzlich ein äußerst plastisches und klares Seelenbild geliefert, das in mir aufstieg.

Als Beobachter sah ich meine Mutter und mich als kleines Baby, als ich nur sechs Wochen alt war. Wir standen uns auf einer Blumenwiese gegenüber, und voll Vertrauen blickte ich zu meiner großen Mutter empor. Ich liebte sie über alles, sie war meine Göttin und von ihr hing ja auch mein Leben ab. Wir waren durch eine dicke, durchsichtige Nabelschnur, eine Art Versorgungskanal, miteinander verbunden, in dem die ganze Zeit zwischen mir und meiner Mutter eine pinkrote Herzensflüssigkeit hin- und hergepumpt wurde. Ich war in einer äußerst lebendigen Symbiose mit meiner Mutter und es war wunderbar. Ich sah mich als glückseliges Baby.

Plötzlich wurde meine Mutter von mir weggezogen und der verbindende Lebensschlauch riss in der Mitte entzwei. Das Lebenselixier, diese pinkrote Herzflüssigkeit, floss dabei aus meinem Ende der Leitung heraus und tropfte auf den Boden. Voll Panik sah ich mich als Baby sterben, ausbluten und vergehen, weil meine Herzflüssigkeit, mein Herz- und Liebesfluidum, gerade auslief. So muss es sein, wenn etwa bei einem Unfall eine Hauptschlagader reißt und ein Mensch in kürzester Zeit verbluten muss. War dies mein Ende?

Doch dann passierte etwas Unglaubliches: Der Boden, auf den mein ›Herzblut‹ tropfte, mutierte plötzlich zu einer riesigen Erdkröte, schrecklich anzusehen. Ich bekam noch mehr Angst. Wollte mich denn die Kröte verschlingen? Diese aber öffnete ihr großes Maul und verschluckte nur das aus meiner Lebensleitung austretende Herzfluidum – die Lebensflüssigkeit, ohne die ich gar nicht existieren könnte. Die Kröte, die mit der Erde identisch und bisher nicht als lebendiges Wesen zu erkennen gewesen war, verhinderte so, dass meine Herzflüssigkeit unwiederbringlich im Boden versickerte.

Gleichzeitig hörte ich eine innere Stimme in mir: ›Deine Lebensflüssigkeit ist nicht verloren, Mutter Erde hat sie für dich aufgefangen und bewahrt. Du kannst sie wiederbekommen!‹ In diesem Moment waren alle Ängste wie weggeblasen. Die unansehnliche Kröte, dieses Tier der Erde, offenbarte sich mir nun als ein zugewandtes und heilendes Wesen. Sie war ein Teil, ein Aspekt von Mutter Erde selbst.

Schlagartig wurde ich total klar: Ich konnte jetzt zum ersten Mal unter die dicke Schicht von Ängsten blicken, von der ich mein Leben lang bedeckt und eingehüllt war. Ich fühlte mich frei wie nie zuvor.

Denn jetzt wusste ich ganz von innen heraus, dass damals nichts wirklich verloren gegangen war. Mutter Erde hatte in der Gestalt der Riesenkröte mein Liebesfluidum, diese seelische Lebenssubstanz, aufgefangen. Nur wo sollte diese fundamentale Seelenenergie, dieser Seelenteil, denn sein und wie könnte ich ihn wiederbekommen? In diesem Augenblick wurde ich auf einen großen Busch neben mir aufmerksam, bei dem ich schon die ganze Zeit gesessen hatte. Er trug leuchtend rote Früchte. Ich hörte in mir den Satz:

›Wenn du von diesen Früchten isst, wirst du deine Seelensubstanz wieder bekommen und deine Seele wird wieder ganz. Denn diese Früchte haben die Farbe Deines Herzens. Die Schmetterlinge werden dir dabei helfen, wenn Deine Herzensenergie wieder zu Dir zurückfließt.‹

Jetzt erst wurde ich auf die vielen bunten Schmetterlinge aufmerksam, die überall herumflogen. Ich betrachtete die Früchte genauer. Es waren Kornelkirschen, so wie sie auch in meinem eigenen Garten wuchsen. Als ich danach sofort in einige rote Früchte biss, verzog es mir den Mund, denn sie waren sehr bitter. Sie waren um diese Jahreszeit noch nicht richtig reif. Jedenfalls bewirkte ihr bitteres Fleisch, dass ich von dem Tagtraum ›aufwachte‹ und das höchst lebendige Seelenbild wieder verschwand. Danach brauchte ich einige Stunden, bis ich dieses Erlebnis verarbeiten, verdauen und seine Botschaft in mir zumindest ansatzweise integrieren konnte. Meine Ängste waren jetzt einer Phase des Staunens, der Freude und des entspannten Nachspürens des soeben Erlebten gewichen.

Mir wurde immer klarer, wie schlimm das Weggehen der Mutter für mich als kleines Baby wirklich gewesen sein musste. Ich wäre damals fast krepiert. Schlimm war auch, dass ich nie vernünftig mit meiner Mutter darüber reden konnte. Vielleicht machte ich ihr Vorwürfe deswegen, die sie dann jedes Mal vehement abwehrte. Offensichtlich hatte ich tatsächlich ein Trennungs-Trauma erlebt, das ich als Baby nicht verarbeiten konnte. Diese Gefühle der absoluten Todesbedrohung wurden damals in mir abgespalten und in einen verborgenen Winkel meiner Seele verbannt und abgekapselt. Unerreichbar für mein Bewusstsein wirkten diese Ängste jedoch in alle Bereiche meines Lebens hinein: Ich hatte Angst vor dem Verlust meiner Partnerschaft, im Beruf fürchtete ich mich vor dem Chef und vor der Kritik von Kollegen und ich hatte immer wieder

Phasen einer unerklärlichen furchtbaren Lebensangst. Nun wurde mir klar, warum dies so war.

Das Seelenbild von der Kröte, die meine Herzensflüssigkeit aufgefangen hatte, gab mir ein Gefühl von großer Erleichterung und die Gewissheit, dass alles gut und dass nichts von mir endgültig verloren war. Denn jetzt weiß ich, dass ich meinen verlorenen Seelenteil wieder zurückgewinnen kann. Und eher werde ich auch keine Ruhe geben. Mit dieser tiefen Erkenntnis und mit einigen roten Kornelkirschen bin ich heute Morgen ins Basislager zu den Visionssuche-Leitern zurückgekehrt.«

Kornelkirschen bewirken eine Heilung der Seele

Und wie ging es weiter mit der mutigen Antonia? Sie hatte bei ihrer Visionssuche einen wichtigen Hinweis bekommen. Antonia war bereit, alles dafür zu tun, um ihr Herzfluidum, diese Seelensubstanz, ohne die sie nicht wirklich leben und auch nicht lieben konnte, wiederzubekommen. Sie vertraute der Botschaft von Mutter Erde, symbolisiert durch die Erdkröte und die Kornelkirschen. Es dauerte jedoch noch ein ganzes Jahr, bis Antonia Heilung erfahren konnte. Weil ihre leibliche Mutter in einer so entscheidenden Phase ihres Lebens ausgefallen war, sprang nun eine viel größere Mutter, die »Mutter Erde« ein, um Antonia die so ersehnte Heilung und Ganzwerdung zukommen zu lassen. Dies erzählte sie mir bei einer späteren Begegnung:

»Mir war klar, dass es bei der Kornelkirsche nur um ein Symbol für meine seelische Heilung ging. Es hätten womöglich auch andere Früchte und Sträucher sein können. Aber Körper, Geist und Seele stellen eine Einheit dar und so nahm ich die Botschaft von der Visionssuche ernst und ganz wörtlich. Sobald ich von der Visionssuche aus Slowenien zurück war, beschaffte ich mir alle Informationen, die ich über den Kornelkirschenbusch und seine Früchte finden konnte, den ich bisher für einen reinen Zierstrauch gehalten hatte. In Deutschland wird er oft als ›Hornstrauch‹ und als ›Hartriegelgewächs‹, in Österreich auch als ›Dirndl‹ bezeichnet. Ich wollte einen Zusammenhang zu meiner seelischen Wunde und zu der ver-

sprochenen Heilungsmöglichkeit finden. Hier nur einige Erkenntnisse:

- *Kornellen soll man im fast überreifen, schwarzroten Zustand ernten, denn dann sind die Früchte süß und weich. Sie lassen sich hervorragend zu Marmeladen verarbeiten.*
- *Bereits die Mystikerin und Heilerin Hildegard von Bingen (1098–1179) empfahl in ihrem medizinischen Werk ›Physika‹[85] den Kornelkirschenstrauch, dort ›Erlizbaum‹ genannt, als vielseitiges Heilmittel.*
- *In dem 1996 erschienenen ›Hildegard von Bingen Kochbuch‹ von Dr. Strehlow wird darauf hingewiesen, dass die Kornelkirsche den wertvollen Vitamin-P-Fruchtfarbstoff Anthocyan enthält, der als wichtiger Schutz- und Reparaturfaktor bei Entzündungen und Verletzungen der Schleimhäute und Blutgefäße dienen kann.*
- *Schließlich wird beim deutschen Bundessortenamt in der ›Beschreibenden Sortenliste Wildobst‹ 1999 die Kornelkirsche als ›Vitamin-C-reiche Rohkost‹ empfohlen und zudem darauf verwiesen, dass aus dieser Frucht mit ihrer schönen rosaroten Färbung wertvolle Liköre, Weine, Gelees und Konfitüren hergestellt werden können.*

Im Oktober nach der Visionssuche pflückte ich schwarzrote Kornelkirschen von dem Strauch in meinem Garten und stellte daraus fünf bis sechs Gläser Marmelade her. Ich nahm diesen ganzen Vorgang sehr ernst und war intensiv bei der Sache. Ich konnte jedoch beim anschließenden Essen der Kornelmarmelade nicht fühlen, dass mein verlorener Seelenteil – jene Herzflüssigkeit – dabei zurückkehren würde. Anscheinend fehlte noch etwas Entscheidendes. Dennoch war ich mir über die Gültigkeit der Botschaft sicher, die ich während der Visionssuche bekommen hatte. Ich zweifelte keinen Moment daran, dass die Kornellen mir die ersehnte Heilung für meine Seele bringen konnten. Wie aber sollte dies geschehen? Ich wurde von Woche zu Woche ungeduldiger.

Schließlich suchte ich im Frühsommer des folgenden Jahres einen Heilpraktiker auf, der auch schamanische Rituale praktiziert. Zusammen mit ihm entwickelte ich die Idee eines geeigneten Ritu-

als, das ich einige Tage später dann alleine durchführte. Zwei Stunden vor Sonnenuntergang nahm ich ein Glas mit Kornelmarmelade und ging damit zu meiner Lieblingswiese, die ich für das bevorstehende Ritual für geeignet hielt. Auf dem Weg zur Wiese passierte etwas Seltsames: Überall waren plötzlich bunte Schmetterlinge, die mich umkreisten. Was wollten sie denn? Ich musste an die Visionssuche in Slowenien ein knappes Jahr zuvor denken, wo es ebenfalls viele Schmetterlinge gegeben hatte. Auch die innere Stimme hatte damals gesagt, dass die Schmetterlinge für meine Heilung wichtig seien. Zusätzlich flogen jetzt Schwalben und andere Vögel die ganze Zeit um mich herum. In der Nähe eines Baumes am Rand der Wiese baute ich symbolisch ein Medizinrad aus vier Kerzen auf, die ich ins hohe grüne Gras platzierte. In diesen Kreis stellte ich nun eine offene Schale mit der Kornelmarmelade.

Danach bat ich das Göttliche, Mutter Erde, die Schmetterlinge und die Vögel und alle guten Geister dieses Ortes inständig darum, dass die vor über 45 Jahren entwichene Herzensflüssigkeit jetzt in die Marmelade aus Kornelkirschen zurückfließen möge. Ich selbst saß auf einem Klappstuhl neben dem Medizinkreis – aufmerksam, präsent, demütig und empfangend. Ich blieb mehr als drei Stunden sitzen, auch nachdem die Sonne bereits untergegangen war und hatte zunehmend das Gefühl, dass mit jedem Vorbeiflug eines Vogels und mit jedem Umkreistwerden durch einen Schmetterling immer mehr von dem vermissten Fluidum meiner Herzensflüssigkeit in die Marmelade zurückkam. Zumindest stellte ich mir dies ganz bewusst und intensiv vor. Schließlich aß ich die köstliche Marmelade langsam und bewusst und hatte den Eindruck, dass ich mit dieser Substanz, deren Farbe dem Blut sehr ähnlich ist, viel von dem zurückbekam, was mir als Baby nach dem Riss der psychischen Nabelschnur entwichen war. Sechs Wochen später hatte ich das sichere Gefühl, dass meine Liebesfähigkeit wieder ganz in mich zurückgekehrt war.

Nun konnte ich spüren, was ich schon immer geahnt und wonach meine Seele so lange Ausschau gehalten hatte: Dass ich selbst die Liebe in mir habe, dass ich Liebe geben und empfangen kann, dass dieses Liebesfluidum, ohne das ein menschenwürdiges Leben gar nicht möglich ist, wieder ganz in mir war. Die Kornelkirsche hatte sich im Auftrag des Universums und von Mutter Erde bereit gehal-

ten, Trägersubstanz beim Rücktransport der immateriellen Liebesessenz zu sein. Die Schmetterlinge und Vögel waren während der dreistündigen Dauer des Rituals offensichtlich emsig darum bemüht, mir meine geistig-seelische Energieessenz in kleinen Portionen zurückzubringen. Tiefe Dankbarkeit erfüllte mich für Mutter Erde und für ihre Wesenheiten.

Warum aber wurde gerade die Kornelkirsche dazu ausgewählt, meine Herzensheilung zu bewirken? Darüber machte ich mir natürlich viele Gedanken. Wenn auch heute etwas in Vergessenheit geraten, so hat die Kornelle eine lange Tradition als Heilpflanze. War sie dann nicht als Symbol hervorragend geeignet, meine tief empfundene Sehnsucht nach Ganzwerdung und Heilung zu stillen? Es ging in erster Linie nicht um eine körperliche, sondern um eine psychische, um eine seelisch-geistige Heilung. Eine Heilpflanze wirkt jedoch oft auf alle Bereiche.

Wie oben bereits erwähnt, enthält die Kornelle das Vitamin P, das einen wichtigen Schutz- und Reparaturfaktor bei Verletzungen von Blutgefäßen darstellt. Anscheinend passte die Kornelle auch im übertragenen Sinne zu dem Seelenbild, das mir während der Visionssuche offenbart wurde, wonach meine gerissene Lebensleitung wieder repariert werden musste, damit ich nicht verblutete. Dann war es die Kornelle, die mich nachträglich vor dem seelischen Verbluten retten und meine »seelischen Blutgefäße« in Form der psychischen Nabelschnur wieder reparieren konnte.

Die Kornelkirsche gilt wegen ihres hohen Vitamin-C-Gehalts zudem ganz allgemein als Gesundheitsmittel. Und was würde besser für ein ›verletztes‹ Baby geeignet sein, das emotional mit dem Tode ringt, als eine Frucht wie die Kornelle, die wegen ihres hohen Vitamin-C-Gehalts symbolisch für die Lebensessenz selbst stehen kann? Sie ist eine Frucht, die Leben und Vitalität spendet. Wie es scheint, habe ich mit dem Essen der Kornelkirschenmarmelade meine Herzensenergie nach so vielen Jahren wieder zurückbekommen.

Ich habe tiefen Respekt vor dieser Heilpflanze und große Achtung vor dem Symbolgehalt innerer Bilder bekommen, so wie sie bei einer Visionssuche oder bei schamanischen Ritualen auftreten können. Darum möchte ich an dieser Stelle Mutter Natur und dem Göttlichen für meine wunderbare Heilung danken, aber auch *diesem uralten Ritual der Visionssuche, durch das ich diese fundamentale Heilung erfahren durfte. Und ich danke speziell dem geliebten Wesen ›Kornelkirsche‹, über das meine seelische Heilung erfolgte. How! Bleibt noch zu erwähnen, dass sich mein Verhältnis zu meiner Mutter in den folgenden Monaten spürbar entspannte, weil meine Wut und mein Groll auf sie immer mehr verdampften.«*

Deutung des Vorgangs

In diesem Kapitel soll es um psychische Heilung gehen. Diese hat oftmals mit der Ablösung von der Herkunftsfamilie, insbesondere von Vater und Mutter, zu tun. Antonia, die ihre authentische Geschichte erzählt, hatte schon jahrelang um eine Loslösung von ihrer Mutter gerungen und war immer noch durch Wut und Groll an sie gebunden, weil sie ihrer Mutter die Schuld für ihre psychischen Probleme, vor allem für ihre Ängste, gab. Aufgrund der traumatischen Erfahrungen als kleines Baby war sie in ihrem natürlichen Lebensfluss blockiert, weil ihr ein Seelenteil fehlte, der abgespalten und versiegelt tief in ihrem Inneren hauste. Die jahrelange Psychotherapie war sicher von großem Nutzen, es gelang jedoch damit nicht, den Seelenteil zu finden oder gar zu befreien. Dadurch blieb Antonia die ganze Zeit weiterhin negativ an ihre Mutter gebunden und war nicht wirklich frei für ihr eigenes Leben.

Die Psychotherapie soll in keiner Weise gegen das Ritual der Visionssuche ausgespielt werden. Aufgrund des Rahmens der Solozeit, die eine bewusst herbeigeführte seelische Krise beinhalten kann, kam Antonia jedoch endlich an tiefere Seelenschichten in sich selbst heran. Dort war dann auch die Herzensflüssigkeit zu finden, nach der sie so sehnsüchtig Ausschau gehalten hatte, deren Rückfluss sie aber viele Jahre lang nicht erzwingen konnte. Die Heilung begann in dem Augenblick, in dem sie ihr Problem in einem seelischen Bild »sehen« konnte.

Will man die Psychotherapie und die Visionssuche mit einem Werkzeugkasten vergleichen, so ist das starke und verdichtete Ritual der Visionssuche eindeutig effektiver und bildhaft mit einem Vorschlaghammer zu benennen, der etwa seelische Blockaden aufhauen und in die Tiefe führen kann. Die Psychotherapie könnte in dem gleichen Bild womöglich mit Bohrer, Meißel oder Schraubenzieher symbolisiert werden und sehr effektiv in der kleinschrittigen Nachbehandlung sein. Die Visionssuche beinhaltet eine viel stärkere Dosis, wenn es um Psychoarbeit geht. Zumindest ich selbst habe dies mehrfach so erlebt und erfahren im Vergleich.

Die Visionssuche stellt eine sehr effektive, archaische Urpsychologie mit den vier Archetypen des Medizinrads dar.[86] Medizinrad und Visionssuche gehören untrennbar zusammen, das Medizinrad ist der Hintergrund und das wichtigste Werkzeug in der Visionssuche. Denn der Heilungsprozess und der Übergang, die in der Visionssuche erfolgen sollen, sind ja eingebettet in den Gesamtzusammenhang des Medizinrads, das das ganze Leben eines Menschen darstellt.

Im Beispiel von Antonia war es aber sehr sinnvoll, zur Vor- und zur Nachbereitung ihrer Visionssuche eine psychotherapeutische Begleitung zu haben. Es wäre überhaupt zu wünschen, dass ein Psychotherapeut entweder für das Ritual der Visionssuche sehr offen ist oder selbst bereits eine solche gemacht hat, um die starken Prozesse seiner Klienten besser einordnen zu können, die nach einem derartigen Ritual womöglich ablaufen. Es sollte nie darum gehen, beide Heilmethoden gegeneinander auszuspielen. Vielmehr können sich beide Methoden – wie das Beispiel von Antonia zeigt – fruchtbar und sinnvoll ergänzen.

Schamanische Heilung und Visionssuche

An dieser Stelle soll noch ein Wort zu schamanischen Heilmethoden gesagt werden, wie sie etwa von Sandra Ingerman praktiziert werden. In ihrem Standardwerk »Auf der Suche nach der verlorenen Seele. Der schamanische Weg zur inneren Ganzheit«[87] kommt sie zu einem ähnlichen Ergebnis wie Antonia mit Hilfe der Visionssuche und dem Ritual mit den Kornelkirschen. Dies wird schon auf der Innenseite des Buchcovers deutlich: »Traumatische Erlebnisse – vom Trennungsschmerz bis hin zu sexuellem Missbrauch – führen aus schamanischer Sicht zum Verlust von Teilen der Seele. Ein Teil von uns läuft sozusagen davon, um den Schock zu überstehen. Meist kehren diese geflüchteten Seelenfragmente nicht von allein zurück. Wir leiden, fühlen uns unvollständig und vom Leben abgeschnitten.«[88]

Es ist das Verdienst der Psychologin Sandra Ingerman und ihres Lehrers Michael Harner in Kalifornien, dass sie schamanische Rituale und Heilungen bei Indianerstämmen untersucht und ernst genommen haben. Die Erkenntnisse daraus haben sie dann mit den Inhalten moderner Jungianischer Psychologie verbunden und sie somit für unsere westliche Medizin kompatibel gemacht. Wichtiger als einzelne Rituale empfinde ich dabei den Grundansatz, wonach durch Traumata und Schocks Seelenteile verloren gehen können. Sie werden abgespalten von der übrigen bewussten Person und führen danach oft ein autonomes Dasein von der übrigen »Restseele« des Betroffenen. Aufgrund solch eines »Seelenlochs« treten dann häufig Krankheiten und psychische Probleme auf.

Im Vorwort nimmt Michael Harner selbst Stellung zu dieser Thematik und zollt den Heilern aus Stammesgesellschaften großen Respekt: »Mit der gegenwärtigen Wiederentdeckung des Schamanismus und des schamanischen Heilens lernen wir endlich, den spirituellen und psychologischen Wert von vielem zu erkennen, was unsere Vorfahren bereits wußten. Und wir lernen nicht nur, diesen unermeßlichen Schatz alten menschlichen Wissens zu respektieren, sondern wir beginnen auch, dessen Wert für unser eigenes Wohlbefinden und unsere eigene Gesundheit zu verstehen.«[89]

Schamanen waren die Medizinmänner und Ärzte in Stammeskulturen. Sie waren in der Lage, sich in Trance zu versetzen – etwa mit Rasselinstrumenten, mit Meditationstechniken, manchmal auch mit bestimmten Drogen –, um dann auf eine sogenannte »schamanische Reise« zu gehen. Damit ist eine geistige Reise, eine intuitive Gedankenreise, gemeint. Bei vielen traditionellen Völkern war es selbstverständlich, neben der realen, sichtbaren Welt noch eine andere geistige Parallelwelt anzunehmen. Dort waren auch die Geister der Verstorbenen, der Ahnen, zu finden. Ein Schamane musste von der materiellen Realwelt in diese andere geistige Welt, die »Anderswelt«, reisen, um dort die eigentlichen Ursachen einer Krankheit oder einer Beziehungsstörung zu suchen, zu finden, zu erkennen, das Problem dort zu lösen, einen verlorenen Seelenteil eines Stammesangehörigen einzufangen und mit diesem wieder in die Realwelt zurückzukehren.

Dieses Geschehen beschreibt Frau Ingerman so: »Schamanen auf der ganzen Welt haben Krankheiten stets als spirituelle Komplikation gesehen: als Verlust der Seele oder als Verminderung der essentiellen spirituellen Energie. Wenn eine Seele den Patienten vollständig verließ, dann würde er sterben. Es folgte daraus, daß – wenn der Schamane die verlorenen Anteile zurückbringen konnte – das Individuum wieder zu Harmonie und Wohlbefinden zurückzufinden vermochte. Dieses Zurückbringen wird vom Schamanen in einem veränderten Bewußtseinszustand vollzogen.«[90]

Es ist dann eine weitere schamanische Technik, den gefundenen Seelenteil dem Klienten wieder »einzublasen«. Frau Ingerman berichtet aus ihrer psychologisch-schamanischen Praxis:

»In der nichtalltäglichen Wirklichkeit habe ich viele Seelenanteile gefunden...Meine nächste Aufgabe besteht darin, diese Teile aus der nichtalltäglichen zurück in die alltägliche Wirklichkeit zu bringen, indem ich visualisiere und fühle, wie sie mit mir zurückkommen. Langsam und kräftig ziehe ich sie an mein Herz, dann erhebe ich mich körperlich und knie mich neben meinen Klienten. Ich lege meine Hände tassenförmig über das ›Herzzentrum‹ meines Klienten und blase ganz bewußt Seelenteile durch meine Hände in den Körper, wobei ich visualisiere, wie sie in den gesamten Körper eintreten. Als nächstes helfe ich dem Klienten sich aufzurichten, und dann blase ich die Teile durch den Scheitel in den Körper und visualisiere dabei wieder, wie die Teile durch den ganzen Körper strömen. Während des ganzen Vorgangs halte ich körperlichen Kontakt mit meinem Patienten.«[91]

Die Psychologin weist mehrfach darauf hin, dass es nach solch einem Seelen-Einblasen sechs Wochen bis sechs Monate dauern kann, bis der Seelenteil wirklich im Klienten integriert werden kann.

Ich persönlich habe beides erlebt: Ich habe mich schamanischen Sitzungen dieser Art unterzogen und ich habe drei eigene Visionssuchen mit jeweils vier Tagen und Nächten Solozeit gemacht. Beides kann heilen, wenn Traumata vorliegen. Die Seelenbilder, die bei einer Visionssuche in den Tagen des Alleinseins während der Solozeit hochsteigen können, sind den inneren Bildern sehr ähnlich, die bei einer schamanischen Behandlung ausgelöst werden. Letztlich kann man auch eine Visionssuche als ein schamanisches Gesamtritual im weitesten Sinne betrachten. Denn dieses große und starke Ritual kommt ja in seiner Grundidee von schamanisch geprägten Stammeskulturen. Zudem können dabei Seelenbilder wie im

Falle von Antonia aus dieser Anders- oder geistigen Parallelwelt ins Bewusstsein fließen. So wie bei den geistigen Reisen von Schamanen, liegen auch in den Seelenbildern, die während einer Visionssuche ganz von alleine hochsteigen können, oft die Lösungen für eine Heilung oder sie geben zumindest einen heilenden Impuls.

Im Fall der Visionssuche ist es der ganze Rahmen des Rituals, der als die »schamanische« Hilfe betrachtet werden kann. Die Heilung geschieht ohne einen Schamanen im Teilnehmer selbst. Die Visionssuche-Leiter haben jedoch nach Ende der Solozeit die verantwortungsvolle Aufgabe, solche starke Seelenbilder zu spiegeln und zu deuten, damit es für den Teilnehmer leichter möglich ist, das Erlebte einzuordnen und zu integrieren. Darum ist es sehr wichtig, dass Visionssuchen nur von wirklich erfahrenen und dafür ausgebildeten Visionssucheleitern durchgeführt werden. Bei indigenen Völkern wurde diese »Arbeit« in der Regel von sogenannten »Ältesten« erledigt. Sie brachten viel Lebenserfahrung mit, hatten selbst mehrere Visionssuchen hinter sich und konnten dieses Ritual in den Gesamtzusammenhang des Medizinrades einordnen. Vor allem durften sie keine Angst vor den Seelenbildern haben, die ihnen von den Teilnehmern geschildert wurden.

Viele Visionssuchen werden heute auf der Plattform www.visionssuche.net angeboten, auf der die meisten Visionssucheleiter im deutschsprachigen Raum mit ihren Seminaren aufgelistet sind. Dieses Netzwerk arbeitet in der Tradition und im Sinne der School of Lost Borders, von der zu Beginn dieses Kapitels bereits die Rede war. Insider meinen, dass der hohe Qualitätsstandard bei der Ausbildung neuer Visionssucheleiter, die sich in der Regel über vier Jahre hinzieht, mittlerweile die amerikanische Ur-Schule für Visionssuchen übertreffen würde.[92]

Nun aber noch zu einem weiteren Fall, mit dem die schwierige Ablösung eines Mannes von seinem Vater gezeigt werden soll. Auch diese Geschichte kenne ich aus erster Hand von einem Teilnehmer einer Visionssuche, die vor einigen Jahren in Österreich stattfand.

(4) Die Ablösung vom Vater

Der Afrikaner Malidoma Patrice Somé, der bereits zu Anfang des Kapitels zu Wort kam, weist darauf hin, dass es in westlichen Gesellschaften viele Menschen mit nicht abgeschlossenen Initiationen gibt. Dies trifft häufig auch auf ungelöste Vater-Sohn-Beziehungen zu. So viele junge Männer kommen heute nicht oder lange Zeit nicht in ihre Kraft, weil sie ihre Beziehung zu ihrem Vater nicht klären können. Nicht selten sind sie in einer Kinderrolle stecken geblieben. Andere sind voll Wut und Groll auf ihren Vater und können sich dadurch ebenfalls nicht von ihm lösen, um dann mit der positiven Kraft des Vaters im Rücken das eigene Leben als Mann in der heutigen Gesellschaft zu wagen und zu bewältigen.

Zum Erwachsenwerden, zu einem eigenständigen, selbstverantwortlichen und kraftvollen Leben, gehört aber eine geglückte und abgeschlossene Initiation unbedingt dazu. Eine psychologische Heilung, die ja Thema dieses Kapitels ist, steht oftmals synonym für eine gelungene Ablösung von den Eltern. Martin,[93] ein Mann um die Vierzig, hatte sich zur Visionssuche angemeldet, weil er seine Beziehung zu seinem Vater klären wollte, auf den er noch immer eine große Wut hatte. Daher konnte er sich auch nicht von ihm lösen. Martin vermutete, dass dies mit einem schlimmen Erlebnis in seiner Kindheit zu tun haben könnte, an das er jedoch nur noch vage Erinnerungen hatte. Sein Vater hatte ihn damals furchtbar geschlagen. Wie aber sollte er das Problem lösen? Nach seiner Rückkehr aus der Solozeit erzählte Martin der Gruppe folgende authentische und bewegende Geschichte:

Fall IV (Martin): Eine wirkliche Initiation geht ans Eingemachte

»Mein Vater war Geschäftsmann. Tagsüber war er oft unterwegs. Wenn meine Mutter mit uns Kindern nicht mehr klar kam, beklagte sie sich abends beim Vater. Der ließ uns dann antreten, hielt uns lautstark unsere Verfehlungen vor und sparte auch nicht mit einer kräftigen ›Watschn‹ ins Gesicht. Wenn wir Kinder etwas Schlimmeres ausgefressen hatten, wurden wir übers Knie gelegt und der

Hintern wurde uns versohlt. Diese Gewaltausbrüche fürchtete ich sehr. Andererseits bewunderte ich meinen Vater und durfte auch öfter mitfahren, wenn er mit dem Auto seine Kunden besuchte. Als in der benachbarten Kleinstadt wieder Wochenmarkt war, wo mein Vater Kunden treffen konnte, wollte ich unbedingt dabei sein. Meine Mutter unterstützte mein Werben, da sie froh war, wenn zumindest ein Kind für ein paar Stunden aus dem Hause war. Ich war damals ein lebensfroher und lebendiger Junge im Alter von knapp vier Jahren. Mein Vater lehnte jedoch meinen Wunsch sehr vehement ab, einfach deshalb, weil er mich bei seinen Geschäften an diesem Tag nicht brauchen konnte.

Angetrieben von einer großen Abenteuerlust und weil ich mich über die deutliche Zurückweisung meines Ansinnens ärgerte, lief ich spontan zu dem VW-Käfer, der bereits vor der Türe stand und zwängte mich hinter den Fahrersitz, während mein Vater nochmals etwas im Büro besorgen musste. Meine Mutter hatte von meiner Aktion nichts mitbekommen. Dann fuhr mein Vater los, ohne mich hinter seinem Sitz zu bemerken. Ich war äußerst stolz auf mich, dass ich mich so verstecken konnte. Angekommen auf dem Stadtplatz im Nachbarort sperrte mein Vater das Auto ab und ging auf den Markt.

Etwa zehn Minuten nach der Ankunft wurde es mir auf dem Boden hinter dem Sitz langweilig. Noch immer war ich mächtig stolz auf meine mutige Tat. Ich hatte dem Vater ein Schnippchen geschlagen und war trotz seiner Ablehnung mit dabei. Das Auto aber war zugesperrt und ich getraute mich nicht, die Türe von innen zu öffnen. Nun bekam ich zum ersten Mal Angst. Denn ich fühlte mich eingesperrt, in der Stadt fremd und auf einmal unwahrscheinlich alleine. Jetzt erst realisierte ich, dass meine spontane Idee vielleicht doch nicht so gut gewesen war. Sie war auf jeden Fall nicht zu Ende gedacht. Mir wurde furchtbar langweilig, ja ich litt unter meinem isolierten Zustand und erkannte dies als Strafe für meine unerlaubte Tat. Ich weinte bitterlich. Ab und zu winkten mir fremde Leute von außen zu, die offensichtlich Mitleid mit einem weinenden Kind hatten. Die Zeit schien stehen zu bleiben und ich fühlte mich **jetzt total hilflos.** *Wann würde denn mein Vater wieder zurückkommen? Ich wartete sehnsüchtig auf ihn, um bald aus meiner misslichen Lage befreit zu werden.*

In der Zwischenzeit hatte meine Mutter mich zu Hause vermisst. Sie machte sich deshalb große Sorgen, rief bei einem Geschäftsfreund meines Vaters an, der am Stadtplatz wohnte und ließ meinen Vater von ihm ans Telefon holen. Mein Vater verneinte natürlich, dass er mich zum Markt mitgenommen habe, versprach aber, bald nach Hause zu kommen, um nach mir zu suchen. Vielleicht war ich ja mit Freunden zum Spielen im Dorf unterwegs. Dies konnte meine Mutter nicht wirklich beruhigen, denn es war üblich, Bescheid zu geben, wenn ich zu meinen Spielkameraden ging. Zudem gab es in der Nähe einen ungesicherten Weiher. War mir womöglich etwas zugestoßen?

Nach etwa zwei Stunden kam mein Vater zurück. Ich erwartete von ihm eine laute Beschimpfung und eine kräftige Watschn ins Gesicht, da ich wusste, dass ich seine Anweisung missachtet und daher eine Strafe verdient hatte. Seltsamerweise sagte mein Vater gar nichts. Schweigend fuhr er mit mir nach Hause. Dies war mir sehr unheimlich. Warum wurde er nicht furchtbar wütend, wieso schlug er mich nicht, um die ganze Sache zu bereinigen? Mir wurde irgendwie mulmig, obwohl ich gleichzeitig sehr froh war, nicht mehr allein zu sein.

Natürlich müssen sich meine Eltern damals große Sorgen um mich gemacht und schlimme Ängste wegen mir ausgestanden haben. Davon bekam ich jedoch nichts mit. Was mein Vater dann tat, werde ich nie mehr vergessen. Es war gerade Mittagszeit und auch die Angestellten, die mit uns regelmäßig zu Mittag aßen, standen bereits im Essraum herum. Anscheinend wollte mich mein Vater so abschrecken, dass ich solch eine Aktion nie mehr unternehmen würde. Er setzte sich auf die Couch und befahl mir, mich über seine Knie zu legen. Dann haute er kräftig zu und schrie laut: ›Mach so etwas nie wieder!‹ Der ganze Vorgang war für mich sehr demütigend, denn alle schauten dabei zu, wie der große Vater mich kleinen Pimpf versohlte: meine Mutter, meine Geschwister, Opa und Oma, sowie drei Angestellte.

Ich wundere mich selbst, aber als mein Vater endlich von mir abließ, reagierte ich für lange Zeit zum letzten Mal sehr natürlich. Ich hatte eine unwahrscheinliche Wut auf meinen Vater, der mich soeben vor allen verhauen hatte. Ich hatte doch im Auto durch mein furchtbares Alleinsein schon so sehr gelitten. Das musste doch

Strafe genug gewesen sein. Mit einer spontanen Watschn meines Vaters hätte ich durchaus umgehen können, ich hätte es sogar für gerecht empfunden. Nun jedoch hatte er mich so kräftig gehauen und ein richtiges öffentliches Ritual daraus gemacht. Spontan sprang ich auf und lief meinem Vater, dem ich ja gerade mal bis zum Bauchnabel reichte, vor aller Augen hinterher. Voll Wut, die aufgrund der soeben erlebten Aggression des Vaters in mir kochte, holte ich aus, um ihm einen kräftigen Schlag zu geben. Da ich als Vierjähriger noch so klein war, erwischte ich meinen Vater auf Höhe seiner Jackentasche. Ich traf nur seine Brieftasche, die in der Jacke steckte, das weiß ich noch ganz genau.

Voll Schreck sah ich, wie es meinem Vater förmlich die Augen aus den Höhlen trieb. Es war ein Vernichtungsblick darin, denn ich hatte wohl seine Autorität vor allen in Frage gestellt. Er schrie mich an: ›Was hast du getan?‹ Dann packte er mich vor aller Augen, schleifte mich wütend erneut zum Sofa, legte mich mit dem Bauch auf seine Knie und schlug hemmungslos und mit größtmöglicher Wucht auf mich ein. Ich konnte nichts sehen, denn mein Gesicht lag auf dem Sofa neben seinen Knien. Er schlug jetzt anscheinend mit all seiner Wut, die sich schon lange in ihm angestaut hatte, auf mich ein. Ich schrie mir die Seele aus dem Leib. Es tat furchtbar weh, ich konnte seine Schläge nicht mehr ertragen. Ich bekam Todesangst und befürchtete, dass mich mein Vater vor aller Augen umbringen wollte. Vielleicht hat diese ganze Aktion nur eine Minute oder sogar noch weniger gedauert, für mein Empfinden war sie unendlich lang.

Plötzlich erlebte ich mich in der Position eines Beobachters und sah von der Decke des Esszimmers aus zu. Alles lief nun wie in Zeitlupe ab. Mein Vater hörte nicht auf zu schlagen. Alle anderen sahen dem Treiben entsetzt zu. Meine Großmutter väterlicherseits war die **einzige, die nach einiger Zeit aus der Erstarrung erwachte.** *In flehentlichem Ton rief sie meinem Vater mehrmals zu, dass er doch aufhören solle, mich zu schlagen. Das stachelte meinen Vater aber nur dazu an, noch mehr auf mich einzudreschen. Meine Mutter sagte gar nichts und blieb bis zum Schluss stumm und wie angewurzelt stehen. Ich empfand dies als unwahrscheinlichen Verrat an mir, schließlich hatte sie mich doch am Morgen noch bei meinem Wunsch unterstützt, zum Wochenmarkt mitzufahren. Sie hätte sich* *doch in diesem Augenblick unbedingt dazwischenwerfen müssen, um mich vor dem wütenden und brutalen Vater zu schützen.*

Die Schläge waren so schlimm und so heftig, dass mir meine Schreie bald im Hals stecken blieben. Ich hörte auf zu schreien, es hatte ja auch keinen Sinn, ich bekam von niemandem Hilfe. Ich war der Aggression meines Vater hilflos und ohnmächtig ausgeliefert und tief in mir wusste ich, dass die Gewalt meines Vaters nicht mehr gerechtfertigt war. Woher kam seine Wut? Sie hatte nichts mehr mit meiner Tat zu tun, die zudem aus einer spontanen Abenteuerlust geboren worden war. Ich wollte ja meine Eltern gar nicht ärgern, ich war nicht ›böse‹, ich wollte nur bei meinem Vater sein, wenn er seine Geschäfte mit Kunden machte. Da bewunderte ich ihn wie einen Helden und liebte ihn, wie ein kleiner Junge eben seinen starken Vater nur lieben kann. Er war immer ein großes Vorbild für mich gewesen, an dem ich mich orientieren wollte. Und dies war auch der Grund dafür, dass ich am Morgen unbedingt mit zum Markt wollte.

Irgendwann hörte mein Vater mit dem Schlagen auf. Anscheinend war das Wutbecken in ihm leer gelaufen. Er vermittelte allen Umstehenden das Gefühl, dass er den Fall gelöst, seine Autorität wiederhergestellt und für eine entsprechende Strafe für mich gesorgt hatte. Für ihn war der Fall mit seinen Schlägen auf mich erledigt. Für mich aber nicht. Niemand der Anwesenden hatte für mich Partei ergriffen oder getraute sich später, die Aktion des Vaters zu kritisieren oder gar in Frage zu stellen. Das war ebenso schlimm wie die Schläge selbst. Man ging in meiner ganzen Familie einfach zur Tagesordnung über, gerade so, als wäre nie etwas gewesen. In mir wurde jedoch etwas bleibend zerstört: meine Liebe **zu und meine Identifikation mit meinem Vater, meine** *Spontanität, Lebendigkeit und Abenteuerlust, viel von meiner Lebensfreude, mein Grundgefühl, mich als Junge gut und stark zu fühlen, sowie mein Vertrauen in meine Familie. Ich wusste nun, dass ich mich auf niemanden mehr verlassen konnte, auch auf meine Mutter nicht. Etwas Wichtiges in mir war ein für alle Mal kaputt gegangen.*

Das Leben ging aber weiter. Der Vorfall, über den in der Familie nie mehr gesprochen wurde, geriet auch für mich immer mehr in Vergessenheit. Als Jugendlicher probierte ich es gar nicht, gegen **meinem Vater aufmüpfig zu werden. Sobald ich konnte, wollte ich** *jedoch von zu Hause weg. Erst mit etwa 23 Jahren begann ich, meinen Vater immer mehr zu kritisieren. Ich hegte einen unerklärlichen Groll gegen ihn, wusste aber gar nicht (mehr), warum. Später legte ich mich mit allen meinen Chefs in der Arbeit an. Ich hatte immer Probleme mit Autoritäten und war geneigt, schnell Kritik an ihnen zu äußern.*

Als ich jetzt draußen im Wald war, kam der Vorfall von damals wieder hoch. Ich führte Tag und Nacht einen geistigen Schwerterkampf mit meinem Vater. Zunächst erlebte ich mich ebenso ohnmächtig wie damals mit vier Jahren. Mir wurde bewusst, wie stark mich das Erlebnis in der Kindheit bisher geprägt und bestimmt hatte. Ich konnte von meinem Vater nicht loslassen, war die ganze Zeit durch Wut und Groll an ihn gebunden. Mitten in der dritten **Nacht fing ich an, mein Tagebuch mit den Gedanken und Gefühlen voll zu schreiben, vierzig Seiten. Dadurch wurde die unwahrscheinliche Wut auf meinen Vater zumindest etwas abgeleitet, fand zunächst ein Becken, wo sie hinfließen konnte. Ich wurde von Wut-, Ohnmachts-, Schmerz- und Rachegefühlen bezüglich meines Vater förmlich überflutet. Würde ich diesen Zustand noch lange so aushalten können? Ja, ich war nur noch Wut.** *Schon beim Morgengrauen lief ich unter meiner Plane hervor ins Freie und begann, all meine Wut auf meinen gewalttätigen Vater herauszuschreien.*

Bald darauf stieg ein Seelenbild in mir empor. Ich sah eine furchtbare Krake, die mich immer mehr einhüllte und ihre Fangarme fest um mich schloss. Die Krake bestand fast nur aus kaltem Hirn und aus großen Armen, sie war vollkommen gefühllos. Ich wurde zunehmend in sie einverleibt und musste ohnmächtig dabei zuschauen, wie ich immer mehr unter ihrer Haut in ihrem Körper verschwand. Ich drohte zu sterben, in der Krake zu ersticken, mich in ihr aufzulösen. Ich erlebte Todesangst. Ich spürte, dass diese Krake mein dominanter Vater war. Offensichtlich zeigte die Krake genau den Teil meines Vaters, der mich damals so gefühllos und selbstgerecht geschlagen und mich zudem in meiner Jugend für seinen Betrieb jahrelang vereinnahmt hatte. Denn ich musste jeden Tag im Betrieb helfen und wurde gar nicht gefragt, ob mir dies überhaupt recht war.

Plötzlich war ich als großer und starker Martin mit einem riesigen Hackbeil neben dieser Krake und schlug mit Wut und Kraft auf sie ein. Ich spaltete ihr kaltes Hirn, so dass nur noch eine schwarzrote Masse herausquoll. Ich hatte jede Hemmung und jede Scheu davor verloren, die Krake, die ja meinen Vater von damals symbolisierte, totzuschlagen. Ich wusste ganz sicher, dass dies das einzig richtige war und dass ich nur so den Jungen in mir retten konnte. Auf der äußeren Ebene schlug ich immer wieder mit Stöcken und Ästen, die herumlagen, auf einen Baumstamm in der Nähe meines Lagerplatzes ein. Dann sah ich mich, wie ich mit einem Schlachtermesser den Leib der Krake aufschlitzte und mich als kleinen Jungen aus ihrem Bauch herausholte. Äußerlich ›schlitzte‹ ich mit einem großen Stock den Boden vor mir auf. Ich drückte den kleinen Junge an mein Herz. Nun waren wir zwei, der Martin-Junge und der große Martin. Erst jetzt war das furchtbare Erlebnis aus der Kindheit gelöst, gesühnt, erledigt, geheilt. Ich spürte, dass ich soeben die Aggression meines Vaters, ja meinen Vater selbst, erschlagen hatte, der mich über 35 Jahre zuvor fast umgebracht hatte. Ich hatte zumindest einen ganz bösen Teil meines Vaters erschlagen und dadurch meinen Jungen gerettet, ohne den ich nicht mehr leben will.

Irgendwann fiel ich erschöpft auf meine Matte unter dem Baum, *wo ich meine Solozeit verbrachte und schlief tief und lang, mitten am Tag. Als ich am späten Nachmittag wieder erwachte, spürte ich, dass viel von dem Groll und von der Wut, die jahrelang in mir rumort hatten, entwichen war. Als ich heute morgen zurückkehrte, war ich ein anderer Mensch.«*

Deutung

Es war sehr mutig von Martin, dass er für die Solozeit hinaus in die Wildnis ging. Er konnte vorher nicht wissen, was seelisch auf ihn zukommen würde. Da die Solozeit aber eine kalkulierte Krisensituation darstellt, weil man die ganze Zeit allein ist und durch nichts mehr abgelenkt werden kann, ist es kein Wunder, dass in ihm seine **Vater-Seelenwunde zu kochen anfing**, je länger die Solozeit dauerte. Diese stellt allein schon durch ihren Rahmen ein Setting bereit, das eine Krisensituation förmlich heraufbeschwört.

Zunächst erlebte Martin Gefühle von Ohnmacht und Todesangst aufgrund der unwahrscheinlichen Aggression seines Vaters so intensiv, als ob der Vorfall gerade erst stattfinden würde. Er geriet also emotional noch einmal in das Trauma, das sich ja bereits 35 Jahre zuvor ereignet hatte. Anscheinend bleiben für unsere Seele traumatische Erlebnisse und die dabei empfundenen und bisher unverdauten Gefühle so präsent, als würden sie gerade erst geschehen.

Im Falle von Martin kam eine außerkörperliche Erfahrung dazu. Die Schläge und die Erfahrung großer Hilflosigkeit waren für seine Seele so schlimm, dass diese die Reißleine zog: Sie trennte sich von der aktuellen Erfahrungsebene ab, um nicht kaputt zu gehen, weil die Erlebnisse für sie unerträglich wurden. Dazu meint die Psychologin Sandra Ingerman: »Eine Seele kann den Körper verlassen, um körperlichem oder sexuellem Mißbrauch zu entgehen. In jedem dieser Fälle flieht ein Teil der traumatisierten Person, um – im wahrsten Sinne des Wortes – die Qual zu überleben ... Die Literatur ist voll von Berichten über Außerkörperliche Erfahrung ...› Schock‹ ist ein Wort, das normalerweise dafür verwendet wird, um diesen Zustand zu beschreiben. Diese Reaktion ist normal und an sich kein Grund, deswegen besorgt zu sein. Aus Gründen, die wir nicht voll verstehen, schafft es ein Teil unseres Selbst, der uns verlassen hat, nicht mehr, zu uns zurückzukehren.«[94] Seelenverlust ist dann die Folge.

Aus ihrer schamanisch-psychologischen Praxis erzählt Frau Ingerman von Fällen, die mit dem Seelenverlust von Martin während des Gewaltausbruchs seines Vaters vergleichbar sind:

»Ich habe viele Menschen getroffen, die an einem Verlust ihrer spirituellen Essenz oder ihrer Seele zu leiden schienen: Tatsächlich hat bisher jeder, den ich getroffen habe, in irgendeiner Form an Unvollständigkeit und Leere gelitten. Solche Menschen fühlen, daß ihnen Teile ihrer selbst fehlen und daß sie vom Leben abgeschnitten sind. Für manche verursacht dieses Gefühl der Entfremdung großes Leid. Für die meisten, die das Gefühl haben, nicht vollkommen lebendig zu sein, ist es ein immerwährender tiefer Schmerz, der mit Drogen, Unterhaltungssucht, zwanghaftem Sex und Abhängigkeiten jeder anderen Art zugedeckt wird.«[95]

Bei Martin äußerte sich der Seelenverlust in Wut und Groll auf seinen Vater, weil er spürte, dass ihm durch den damaligen Gewaltexzess seines Vaters etwas Wichtiges genommen worden war. Um die verlorene Seelenessenz zurückerhalten zu können, war es für Martin in der Solozeit enorm wichtig, sich nochmals seinem größten Lebenstrauma auszusetzen, es in sich intensiv hochkommen zu lassen, ohne den damit verbundenen Gefühlen davonlaufen zu können. Als diese alten traumatischen Gefühle am heftigsten waren, kam der Umschwung: Er durfte die kraftvolle und befreiende Erfahrung machen, dass die gesunden Kräfte in ihm stärker waren.

In einer Orgie von Gewalt erschlug er die Vaterkrake und schlitzte sie auf. Er brachte damit den aggressiven Vater von damals mit der gleichen Energie um, die er als Junge ohnmächtig erleiden musste. Mit dieser heftigen Symbolhandlung flutete die verlorene Seelenessenz zurück, mit jedem Schlag auf die Krake bekam er mehr von seiner ursprünglichen Vitalenergie zurück. Am ausdrucksstärksten zeigte sich dieses Zurückkommen mit dem Herausholen des Jungen aus dem Leib der Vaterkrake. Anscheinend brauchte es eine vergleichbare Aggressionshandlung wie das Erschlagen der Krake, um das Trauma auflösen und bewältigen zu können. Um den seelisch erlebten Gefühlen Ausdruck zu verleihen, hieb er mit Stöcken und Ästen auf den Baum ein, der für ihn den Leib der Krake darstellte.

Der Gewinn, den Martin bei der Visionssuche erreicht hatte, kann gar nicht hoch genug eingeschätzt werden. Erst dadurch konnte er seine verlorenen Seelenteile zurückbekommen, die ihm bis dahin gefehlt hatten. Durch die Traumabewältigung erhielt er eine Loslösung von der Wut und dem Groll auf seinen Vater. Dadurch wurde nachträglich eine Initiation von seinem Vater ermöglicht und Martin konnte endlich seelisch vollständig werden. Dies war nötig, wenn er in seine volle Kraft als eigenständiger Mann kommen und damit wirklich erwachsen werden wollte.

Von Martin selbst habe ich einige Zeit später noch folgendes erfahren: Nach seiner Rückkehr von der Visionssuche konfrontierte er seinen Vater heftig mit dessen Gewaltausbruch in der Kindheit. Daraufhin konnte sich sein Vater wieder daran erinnern und sagte ihm, dass ihm damals der Gaul durchgegangen sei, weil er solche Angst um ihn gehabt hatte. Als er hörte, wie sehr Martin jenes Erlebnis all die Jahre belastet hatte, sagte er ihm, dass es ihm furchtbar leid tue. Dies trug sicher zur Entspannung des Verhältnisses und vielleicht sogar zu einer gewissen Versöhnung zwischen Martin und seinem Vater bei. Mir ist jedoch nicht bekannt, wie weit Martin später auch die positiven Seiten seines Vater integrieren konnte, denkbar ist dies aber durchaus.

(5) Zusammenfassung

1.

In unserer westlichen naturwissenschaftlich-technisch ausgerichteten Gesellschaft sind Initiationsrituale für Jugendliche in Vergessenheit geraten. In gefährlichen Selbst-Initiationsversuchen hoffen besonders Jungen, die Aufmerksamkeit von Erwachsenen auf sich zu lenken. Viele junge Leute bleiben über lange Jahre kraft- und orientierungslos in einem Zwischenzustand hängen: Sie sind keine Jugendlichen mehr, aber auch noch nicht wirklich erwachsen geworden.

2.

Der Afrikaner Malidoma Patrice Somé weist uns darauf hin, dass in unserer Gesellschaft so viele schon längst erwachsene Menschen noch in unabgeschlossenen Initiationsprozessen hängen geblieben sind. Die Folge sind häufig starke psychische Probleme, ungeklärte Beziehungen zu den Eltern und nicht selten auch Krankheiten und psychische Zwänge.

3.

Die Psychotherapie behandelt, bei rechter Betrachtung, oft nicht stattgefundene oder nicht abgeschlossene Initiationen. Ausdruck dafür sind häufig »unerledigte Geschäfte« mit Vater oder Mutter, die bei einem rechtzeitig durchgeführten und klar markierten Übergangsritual ins Erwachsensein längst geklärt sein könnten. Es ist unökonomisch, solche Übergangsrituale bei Jugendlichen zu vermeiden, denn dann wird später im Leben häufig dafür eine jahrelange Psychotherapie zum Nachreifen benötigt.

4.

Eine Medizinwanderung kann sehr reinigend für Geist und Seele wirken. Ein Tag von Sonnenaufgang bis Sonnenuntergang allein in der Natur kann neue Kräfte freisetzen. Medizinwanderungen werden heute entweder als Voraussetzung für eine baldige Visionssuche oder auch für sich allein unternommen. Es empfiehlt sich, nach einer solchen Wanderung ein Feedback von einem Initiations-Mentor einzuholen.

5.

Eine Visionssuche kann zu Recht als »Ur-Therapie für die Seele« bezeichnet werden. Denn in der Regel werden dabei die vier grundlegenden Archetypen »Kind«, »Krieger«, »König« und »Magier« aktiviert, die wichtige Aspekte unserer Seele darstellen. Eine Visionssuche sollte unbedingt unter der Leitung erfahrener Mentoren stattfinden, die nach der Zeit »allein da draußen im Wald« die Erlebnisse »spiegeln«, das heißt deuten können.

6.

Eine zwölftägige Visionssuche hat drei wichtige Ritualabschnitte: In einer viertägigen Vorbereitungszeit werden die Teilnehmer in der Gruppe zum eigentlichen Kernritual hingeführt. Während der folgenden Solozeit, die vier Tage und Nächte in Anspruch nimmt, verzichten die Teilnehmer auf Essen, auf eine Behausung, auf alle Kommunikationsmittel und auf jeden Kontakt zu anderen Menschen. Sie überlassen sich ganz den Wesenheiten der äußeren und ihrer inneren Natur. Nach ihrer Rückkehr aus der Anderswelt der Natur erzählen die Teilnehmer von ihren Erlebnissen und erhalten von den Leitern einen ausführlichen »Spiegel«.

7.

Im Fall III erzählt Antonia von ihrer Visionssuche. Dabei konnte sie ihr Trauma aus ihrer Zeit als Baby lösen, weil sie sich mutig allen Seelenbildern stellte, die im Zustand von »Alleinsein und Stille« während der Solozeit aus den Tiefen ihres Gemüts nach oben gedrückt wurden. Mutter Natur mit all ihren Wesenheiten und mit ihrer Symbolik ist viel heilender, als wir naturwissenschaftlich orientierten Menschen uns dies vorstellen können.

8.

Bei einer schamanischen Heilung versucht der Heiler, in die geistige Parallelwelt zu reisen, um die Ursachen für ein Problem oder eine Krankheit des Klienten zu finden. Dabei »sieht« er diese Anderswelt oft in Symbolbildern. Bei einer Visionssuche hingegen ist der Ritual-Rahmen selbst der »Schamane«, der ebenfalls Seelenbilder erzeugen kann. Bei richtiger Deutung können diese Bilder machtvoll heilend sein.

9.

Im Fall IV berichtet Martin von den Erlebnissen während seiner Visionssuche. Er musste erst ein Symbolbild aus seiner Seele bekommen, das seinen unbewältigten Konflikt mit seinem Vater darstellte. Er kam nicht darum herum, diesen gewalttätigen Aspekt seines Vaters, der sich ihm als gierige Krake zeigte und seine Seele so lange blockiert und dominiert hatte, symbolisch zu erschlagen, um endlich seine psychische Freiheit und sein Erwachsensein zu erringen.

10.

Visionssuche und Psychotherapie sollten eine fruchtbare Zusammenarbeit eingehen. Dabei ist die Visionssuche ein starkes Heilmittel, mit dem wichtige Übergänge erfolgen und Traumata aus der Tiefe der Seele gehoben und aufgelöst werden können. In schwierigen Fällen kann es jedoch sinnvoll sein, zur Nachbereitung zusätzlich eine psychotherapeutische Begleitung zu haben.

Kapitel 5: Systemische Heilung – Ahnenarbeit – Familienaufstellungen

Viele, vor allem chronische Krankheiten werden dadurch verursacht, dass etwas im eigenen Familiensystem blockiert ist oder diesbezüglich eine Disharmonie besteht. Natürlich ist in einem solchen Fall eine rein körperliche Behandlung und schulmedizinische Herangehensweise an die Krankheit nicht zielführend. Eine wirkliche Lösung kann dadurch in den meisten Fällen nicht erfolgen, denn die körperlichen Symptome werden auf einer ganz anderen Ebene »produziert«. Wiederum gilt: Unser Körper ist dann nur die Ebene, auf der sich das Problem zeigt, auf der es indiziert wird und auf die es als Symptom einer familiensystemischen Disharmonie verschoben wird, um überhaupt sichtbar werden zu können. Wenn wir die Einstellung entwickeln, den Körper als liebenden Bruder, als Diener der Heilung und als Symptomanzeiger zu erkennen und zu akzeptieren, kann er uns wie ein Wegweiser zum eigentlichen Problem hinführen, das auf einem ganz anderen Gebiet liegt. Die familiensystemische Ebene, um die es in diesem Kapitel geht, ist mehr oder minder synonym für unsere Beziehung zu unseren Verwandten und vor allem zu unseren Ahnen, den Verstorbenen aus den beiden Herkunftsfamilien unserer Eltern.

Da wir westliche Menschen lange Zeit einen fast uneingeschränkten Glauben an die Erfolge der Schulmedizin mit ihren Apparaten, ihren operativen Erfolgen und chemischen Medikamenten hatten, ist die familiensystemische Ebene als eigentlicher Verursacher von manch chronischen Krankheiten und Symptomen immer mehr in Vergessenheit geraten. Ich selbst war ein überzeugter Vertreter dieses Glaubens an die Schulmedizin, wonach bei einem Problem nur der entsprechende Körperteil isoliert behandelt werden und letztendlich doch eine Lösung auf einer rein körperlichen Ebene gefunden werden kann. Wie im Kapitel eins ausgeführt, hat mich meine scheinbar unheilbare Knieproblematik, verbunden mit vier Jahre langem Dauerschmerz, endlich auch zu einer systemischen Ebene hingeführt. Ich wurde förmlich dazu angetrieben, eine Lösung für den Dauerschmerz genau auf dieser Ebene zu suchen, nachdem mir ja mit etwa 42 Jahren die Unheilbarkeit meiner Arthrose überzeugend und glaubhaft diagnostiziert worden war. Ich konnte also nichts mehr verlieren. Rückblickend betrachtet, habe ich jedoch enorm viel gewonnen, weil ich mich schließlich auch einer familiensystemischen Heilungsebene öffnen konnte. Dadurch wurde gleichzeitig meine »Weltsicht« wesentlich verändert.

In einem liebevollen Kontakt zu unseren Ahnen kann ein großes Potential für unser Leben liegen. Es wäre unverantwortlich, darauf in unserem westlichen Kulturkreis weiter zu verzichten. Es wäre eine letztlich sehr arrogante, naturwissenschaftlich geprägte Haltung, wonach angeblich nichts existieren kann, was wir mit unserer Apparate-Medizin und unseren technischen Digagnosemöglichkeiten nicht direkt wahrnehmen und feststellen können. Eine systemische Ebene kann man mit solch einer Herangehensweise natürlich nicht erfassen.

Für mich selbst hingegen konnte sich Heilung gerade auf dieser Ebene ereignen. Aus vier verschiedenen Quellen konnte ich etwas über dieses uralte Wissen um die Ahnen erfahren:

- Die erste Quelle, die dazu etwas beisteuern konnte, war meine Herkunft selbst: Gerade in ländlichen Gegenden, die seit Jahrhunderten katholisch geprägt sind, ist es üblich, für Verstorbene immer wieder Gedenkmessen aufzugeben und für die Verstorbenen zu beten. Bis zum Zeitpunkt meiner Knieprobleme habe ich diese Tradition nicht erst genommen und ziemlich arrogant als »Messen-Gehabe« einfacher Leute abgetan. Als ich aber mit dem unlösbaren Knieschmerz zu tun hatte, bekam ich immer mehr Zugang zu dieser katholischen Tradition des »Messen-lesen-Lassens« für bereits Verstorbene.
- Die zweite Quelle, auf die ich stieß, war der afrikanische Schamane, Universitätsdozent und Männer-Initiator Malidoma Patrice Somé. In seinem ersten Buch »Vom Geist Afrikas«[96] führt er die Denkweise näher aus, die in seinem Herkunftsstamm der Dagara aus Burkina Faso Jahrhunderte lang üblich war. In seinem Stamm geht man ganz selbstverständlich davon aus, dass es neben der sichtbaren Realwelt noch eine zweite unsichtbare geistige Welt gibt, in die Verstorbene zurückkehren und von der sie dann später als Babys wieder in den Stamm hineingeboren werden. Die Sicht Malidomas hat

mir enorm dabei geholfen, meine eigene »Ahnenarbeit« zu entwickeln und diese mit der bereits bestehenden Tradition des »Gedenkmessen-Lesens« zu verbinden.
- Schon früh bekam ich Kontakt mit der Methode des sogenannten »Familienstellens«. Bei acht eigenen Aufstellungen zu Teilaspekten meiner Herkunftsfamilie wurden vielfältige Blockaden sichtbar, die in der Regel dann anschließend – verbunden mit entsprechenden Ritualen für meine Ahnen – aufgelöst werden konnten. Meine Knieschmerzen etwa gingen ja durch die »passenden« Rituale in Kirchen und auf Friedhöfen weg, nachdem ich in einer Familienaufstellung konkrete Hinweise auf ungewürdigte Verstorbene bekommen hatte. Aber ich brauchte Zeit, um diese systemische Ebene überhaupt zu finden und kennenzulernen und zudem viel Mut, mich mit meinen Ahnen wirklich und ernstlich auseinanderzusetzen.
- Schließlich stieß ich auf das wirklich interessante Buch der polnischen Geistheilerin Wanda Pratnicka, die nach eigener Erfahrung mit den unerlösten Seelen von Verstorbenen Kontakt aufnehmen und sie nachträglich in die geistige Welt hinüberführen kann. Der Titel ihres Buches lautet: »Von Geistern besessen«.[97]

Diese vier Quellen sollen im Folgenden näher erläutert und beschrieben werden. Mir ist klar, dass ich dabei nur weitergeben kann, was ich selbst authentisch erfahre oder glaubhaft von sehr nahen Bekannten erzählt bekommen habe. Es können also in diesem Kapitel nur einige Impulse gegeben werden, ohne irgendeinen Anspruch zu erheben, Recht haben oder damit gar einen Heilungserfolg erreichen zu wollen. Lieber Leser, Sie kommen nicht darum herum, selbst nach individuellen Lösungen zu suchen, wenn bei Ihnen oder in Ihrer Familie ein Problem auftaucht. Vielleicht aber sind die folgenden Erfahrungen und Hinweise für Sie dennoch hilfreich und nützlich.

(1) Die Botschaft Malidomas für die westliche Welt

Malidoma Patrice Somé hat mich durch zwei Workshops, bei denen ich ihn auch persönlich erleben konnte, sowie durch seine Bücher gerade hinsichtlich der Bedeutung des eigenen Familiensystems und der Ahnen sehr beeinflusst. Es hat diesen »Wanderer zwischen den Welten«, denn das ist die tiefere Bedeutung seines Namens »Malidoma«, gebraucht, um bestimmte Vorstellungen in der Tradition meiner eigenen Herkunft besser zu verstehen, diese ernst zu nehmen und dann eigene Rituale zu entwickeln. Dabei ließ ich mich in vielfältiger Weise von meiner Intuition führen.

Natürlich bin ich froh, bestimmte Rituale von afrikanischen Stammeskulturen – etwa rituelle Tiertötungen, Geisterbeschwörungen oder schwarze Magie – nicht praktizieren zu müssen. Auch afrikanische Göttervorstellungen interessieren mich nicht. Gerade aber, was die Gemeinschaftsbildung, die achtungs- und respektvolle Verbundenheit mit Mutter Natur mit all ihren Wesenheiten und die Vorstellung von Lebensphasen und Lebensübergängen nach dem Medizinrad[98] betrifft, habe ich von Malidoma sehr viel erfahren können. Was das alte Wissen über Initiationsrituale und eben über familiensystemische Zusammenhänge angeht, wobei die Ahnen ganz bewusst mit einbezogen werden, können wir »modernen Menschen« viel von afrikanischen Stammesgesellschaften lernen.

Als ich Kontakt zu Malidoma bekam, wurde ich durch die Kraft seiner Worte in seinen Büchern und durch die direkte Begegnung mit ihm selbst so betroffen, dass ich anfing, mich mit seiner für mich zunächst fremden Denkweise ernstlich auseinanderzusetzen. Einiges davon habe ich mittlerweile integriert in meine Vorstellung vom Mensch-Sein im Allgemeinen und von vielfältigen Heilungsebenen im Besonderen. Für seine Erkenntnisse bezüglich des Familiensystems bin ich ihm besonders dankbar. Denn diese haben mir wesentlich dabei geholfen, meine Knieprobleme, die vor dem Hintergrund einer naturwissenschaftlichen Denkweise und einer rein körperorientierten Schulmedizin unheilbar erschienen, schließlich doch noch lösen zu können. Die Sichtweise Malidomas hat aber auch mein Denken insgesamt beeinflusst. Darum sollen im Folgenden zunächst einige seiner Thesen aus seinem ersten Buch »Vom Geist Afrikas« genannt werden:

- »Die Ältesten meines Volkes sind davon über[zeugt, daß der] Westen ebenso gefährdet ist wie die Stammes[kulturen, die] im Namen des Kolonialismus so dezimiert ha[ben ... Es besteht] keinem Zweifel, daß in diesem geschichtlich[en Augenblick] die westliche Kultur seelisch schwer erkrankt i[st und sich] wendet sich zunehmend von spirituellen Werten ab.«
- Aufgrund seiner eigenen Initiation zum Mann durch Rituale, die in seinem Stamm üblich waren, kam er zu folgender Erkenntnis: »Die Initiation hatte mich von Wirrnis, Hilflosigkeit und Schmerz befreit und eine Tür aufgestoßen. Ich verstand jetzt, welcher Zusammenhang zwischen meinem individuellen Lebensziel und dem Willen meiner Vorfahren bestand. Ich begriff die geheiligte Beziehung zwischen kleinen Kindern und alten Menschen, zwischen Vätern und erwachsenen Söhnen, zwischen Müttern und Töchtern. Ich erkannte vor allem auch, weshalb mein Volk eine solche Achtung vor dem Alter besitzt und warum eine solide, intakte Gemeinschaft für den einzelnen notwendig ist, wenn dieser seine Identität aufrecht erhalten und seinem Leben Sinn und Ziel geben will.«[100]
- »Es ist meine feste Überzeugung, daß die Unrast, die den modernen Menschen umtreibt, ihre Wurzeln in einer gestörten Beziehung zu den Vorfahren hat. In vielen nicht-westlichen Kulturen stehen die Ahnen mit der Welt der Lebenden in innigster und absolut lebensnotwendiger Beziehung. Sie halten sich immer bereit, um Rat, Belehrung und Kraft zu geben. Sie bilden einen Weg zwischen dieser Welt und der künftigen ... Aus einer ungleichgewichtigen Beziehung zwischen den Lebenden und den Toten kann nur Chaos entstehen ... Die Dagara glauben, daß es im Falle eines solchen Ungleichgewichtes die Pflicht der Lebenden ist, die Vorfahren zu heilen. Werden die Vorfahren nicht geheilt, wird ihre kranke Energie die Seelen der Menschen, die die Pflicht hätten, ihnen zu helfen, heimsuchen.«[101]

Um die Probleme lösen zu können, die ursächlich in einer Blockade im Familiensystem liegen, ist noch ein anderer Aspekt hilfreich, den uns Malidoma in einem weiteren Buch – »Von der Weisheit Afrikas«[102] – vermitteln will. In seiner ursprünglichen Stammeskultur folgende Denkweise und Auffassung verbreitet, die den Kern des spirituellen Verständnisses der menschlichen Existenz ausmachen:

»Unter der materiellen Welt, die wir sehen, berühren und spüren können, befindet sich eine energetische Welt – die Geisterwelt –, die nicht nur alles Lebendige, sondern auch das ganze, das Leben umfassende Weltall belebt. Aus der Sicht der Stammesgesellschaften leben Geisterwelt und materielle Welt in Symbiose. Die eine braucht die andere, weil die eine die andere nährt. Ohne die eine ist die andere unvollständig. Die rituelle Arbeit stellt den heiligen Raum – das Gefäß – zur Verfügung, das wir mit unserem emotionalen Selbst betreten und wo sich materielle Welt und Geisterwelt begegnen. Das Ritual erhält ein gesundes Gleichgewicht aufrecht. Es bewirkt Heilung ...

Die Weisheit der Geisterwelt bietet uns Führung, Einsicht und Heilung. Unser Lebensziel in dieser Welt ist verbunden mit der Aufgabe, problematische Dinge in die Geisterwelt zurückzuschicken ... Wir kommen nicht in diese Welt, um hier Urlaub zu machen. Wir kommen hierher, um zu dienen.«[103]

Dabei geht die Stammesgesellschaft, aus der Malidoma ursprünglich kommt, ganz selbstverständlich von einer Vorstellung der Reinkarnation aus. Wenn die Menschen gestorben sind, kommen sie in eine Art von Stammeshimmel. Dort bleiben sie in inniger und meist positiver Beziehung mit den Lebenden verbunden. Nach einer gewissen Zeit werden sie mit neuen Aufgaben wieder in den Stamm hineingeboren. Wir als christlich geprägte Westler müssen diese Vorstellung natürlich nicht teilen. Aber den Aspekt, eine innige und geklärte Beziehung zu den Ahnen zu haben und zu erhalten, könnten wir dringend brauchen, da viele unserer Krankheiten letztendlich auf Blockaden im Familiensystem zurückzuführen sind.

Wenn es ungeklärte Angelegenheiten im Familiensystem gibt, die beispielsweise schon mehrere Generationen zurückliegen und längst Verstorbene betreffen, kann es sehr heilsam sein zu versuchen, die Probleme dort, in der geistigen Welt der Ahnen, zu klären, um dann mehr Frieden und Entspannung im aktuellen Leben zu haben. Denn ungeklärte Themen in der Ahnenwelt können uns Lebenden heftige körperliche Symptome und vor allem vielfältige psychische Blockaden bescheren, die mit schulmedizinischen Mitteln deshalb nicht zu heilen sind, weil diese in der Regel keinen Bezug zu dieser geistig-spirituellen und familiensystemischen Ebene haben.

In den in diesem Kapitel angeführten Beispielen wird davon ausgegangen, dass es neben unserer sichtbaren Welt, die wir im Normalfall als »Realwelt« bezeichnen, noch eine andere, geistige Parallelwelt gibt. Verstorbene gehören in diese andere geistige Welt, auch »Anderswelt« genannt. Wenn es etwas bei den Ahnen zu lösen gibt, ist es daher sehr sinnvoll, sich auf diese andere Ebene zu begeben und dort nach einer Lösung zu suchen.

Ich selbst habe, im Rückblick betrachtet, erkannt, dass obige Anschauung von Malidoma viel Wahrheit enthält. Oft trifft es nur ein Mitglied in der gegenwärtigen Familie, das sich um ungelöste Familienangelegenheiten kümmern muss, ob es ihm passt oder nicht. Möglicherweise wird dieses Familienmitglied von unruhigen Ahnen, die noch nicht im Frieden sind oder noch nicht in der geistigen Welt angekommen sind, durch heftige körperliche oder psychische Symptome heimgesucht. In der Denkweise von Malidoma melden sich die Ahnen bei diesem nachfolgenden Familienmitglied, das anscheinend für die Heilung der Ahnen zuständig ist. Wenn der betroffene Nachfahre dies aber nicht erkennen kann oder nicht erkennen will, wenn er seiner Intuition nicht vertraut und nicht wahrhaben will, dass er spirituelle und familiensystemische Aufgaben zu erfüllen hat, bekommt er unter Umständen massive Probleme in seinem Leben. Wenn jedoch ein derartig Betroffener einfach in Demut und in Respekt vor seinen Ahnen diesen ihm aufgetragenen »Job« macht, geschehen Heilung und Erfolg nicht nur für die Ahnen, sondern auch für ihn selbst und nicht selten für die Familie insgesamt.

Ich selbst habe volle zehn Jahre gebraucht, um diese meine familiensystemische Aufgabe zu erkennen, sie wertzuschätzen und dann auch zu erfüllen. Als Dank, gewissermaßen als Preis für dieses Tun habe ich ein doppeltes Geschenk bekommen: Einmal gingen die Knieschmerzen schnell weg, die mich bis dahin fast verrückt gemacht hatten; zum anderen fühle ich mich selbst noch immer total erfüllt von dem Frieden, in den anscheinend meine Ahnen durch diese Heilarbeit gekommen sind. Ich war nur Diener, nur Werkzeug bei dieser »Ahnenarbeit«. Ich habe dadurch einen Einblick in eine völlig andere, tiefere Ebene bekommen und fühle heute eine Verbundenheit mit vielen Verstorbenen wie nie zuvor. Der in Wahrheit

Beschenkte bin ich daher selbst. Malidoma hat mir dabei geholfen, die Ahnenarbeit sehr zu achten. Aber es gab noch andere Quellen, die mich zu dieser tiefen familiensystemischen Ebene hingeführt haben.

(2) Traditioneller bayerischer Volksglaube

Eine gruselige Geschichte

Von meiner Großmutter väterlicherseits ist mir folgende wahre (?) Geschichte überliefert worden, die die frühere Einstellung der einfachen Bevölkerung in ländlichen Gegenden, vermutlich nicht nur in Bayern, zeigt:

»*Um das Jahr 1910 war der Knecht eines größeren Bauern abends im November mit dem leeren Pferdefuhrwerk unterwegs nach Hause. Es war bereits dunkel und nebelig geworden und er musste auf dem Hohlweg durch ein längeres Waldstück fahren. Dieses befand sich zwischen dem nächstgelegenen Dorf und dem Bauernhof seines Dienstherrn. Das Gehöft gehörte zu einem kleinen Weiler, der nur aus drei Anwesen bestand. Immer wenn er diesen Hohlweg bei Dunkelheit allein fahren musste, hatte er ein mulmiges Gefühl.*

Bei dieser Fahrt passierte jedoch nun folgendes: Plötzlich sprang eine dunkle Gestalt auf den Kutschbock neben ihn. Vor Schreck erstarrte der Knecht. Die Pferde konnten den Wagen, der jetzt wie von einer schweren Last beladen schien, kaum noch ziehen und wurden immer langsamer. Dem Knecht wurde es unheimlich. Er hatte Todesangst. Unter Aufbietung all seines Mutes fragte er, nachdem er sich nach geraumer Zeit, die ihm wie eine Ewigkeit erschien, wieder etwas gefangen hatte, den Unbekannten: ›*Wos wüllst?*‹ *(Was willst du?). Anscheinend hatte er damit genau die richtige Frage getroffen, um das Problem zu lösen. Der unbekannte Mann antwortete ihm sofort:* ›*A Meß!*‹ *(Eine heilige katholische Messe). Daraufhin schrie der Knecht:* ›*Dia kriagst!*‹ *(Diese wirst du kriegen). Im selben Augenblick sprang der unbekannte Mann wieder vom Kutschbock und war sofort im Wald verschwunden. Die kurze Begegnung war damit zu Ende.*

Als der Knecht mit dem Fuhrwerk etwa zehn Minuten später den Bauernhof erreichte, waren die Pferde schweißgebadet. Der Knecht aber, so wurde erzählt, blieb drei Tage und Nächte lang im Stall auf dem Stroh liegen, war nicht ansprechbar und war zu nichts zu gebrauchen. Anscheinend war ihm der Schreck durch die unheimliche Begegnung heftig in die Glieder und ins Gemüt gefahren. Am darauffolgenden Sonntag jedoch ging der Knecht zum Priester der etwa sechs Kilometer entfernten katholischen Pfarrei und bestellte eine Heilige Messe »für die unerlöste Seele«, die anscheinend in der Gestalt des Mannes auf seinem Kutschbock erschienen war. Danach ging es dem Knecht wieder besser, er konnte aber jenes Erlebnis Zeit seines Lebens nie mehr vergessen.«

Im Volksglauben katholischer Gegenden war es bis weit in die zweite Hälfte des 20. Jahrhunderts die verbreitete Vorstellung, dass Seelen, die beim Tod nicht in die »andere«, die geistige Welt des Göttlichen, hinübergehen konnten, dazu verdammt seien, »umzugehen«, das heißt, weiter im Bereich der Lebenden existieren zu müssen, obwohl sie doch längst gestorben waren. Anscheinend suchen die Seelen dieser Verstorbenen gerade bei Angehörigen und Bekannten nach einer Form von spiritueller Hilfe, um nachträglich von diesen ihnen einstmals sehr vertrauten Personen »etwas«, eine Art von geistig-emotionaler Nahrung, zu bekommen, so dass sie doch noch mit Verzögerung in die geistige Welt gelangen können.

Womöglich haben die Seelen dieser Menschen während ihres Lebens eine Schuld auf sich geladen, die dann vor ihrem Tod nie mehr bereut und daher auch nicht getilgt werden konnte. Man gesteht in der ländlichen Bevölkerung katholischen Messen diesbezüglich eine große, vielleicht sogar eine magische Kraft und Wirkung zu. Denn in der heiligen Messe wird des Toten gedacht, für seine Seele gebetet, ihr Heil Gott anvertraut, die Umstände seines Lebens und seines Sterbens von Angehörigen nochmals besprochen, gedeutet, mit Abstand betrachtet und vor allem gewürdigt. Anscheinend ist genau dies die geistig-seelisch-spirituelle Nahrung, die manche Seelen brauchen, um danach schließlich doch noch in die »Anderswelt«, ins göttliche Licht, hinübergehen zu können. Meiner Meinung nach handelt es sich hier um eine Art von schamanischer Auffassung und um ein schamanisches Ritual im Erfahrungsraum der ansonsten durch den christlichen Glauben geprägten Menschen. Die einfache Bevölkerung hat hier etwas Grundsätzliches verstanden und bewahrt.

Ich selbst konnte auf der Basis dieses Denkens aufbauen und meine eigenen Rituale für die Ahnen durchführen, sobald ihr Schicksal bei einer Familienaufstellung ans Licht gekommen war.[104] Diese Rituale haben vermutlich meinen Ahnen tatsächlich geholfen und viele Blockaden in meinem Familiensystem gelöst. Jedenfalls gingen die unheilbaren Schmerzen in meinen Knien weg, unmittelbar nachdem ich begonnen hatte, für meine Ahnen heilende Rituale zu initiieren. Eines davon war das »Lesen-Lassen« von Gedenk-Messen.

Die Schulmedizin betrachtet nur die körperliche Ebene

Meiner Auffassung und Erfahrung nach sollte die Erzählung von dem Knecht und seinem grauenvollen Erlebnis ernst genommen und nicht als bloße Einbildung abgetan werden, auch wenn solch eine Geschichte natürlich absolut an die Grenzen einer heutigen, aufgeklärten, rein naturwissenschaftlich geprägten Denkweise stößt. Derzufolge gibt es nur die materielle und körperliche Ebene. Bezogen auf die Medizin kann man mit dieser naturwissenschaftlichen Denkweise sicher spektakuläre und oft wohl auch erfolgreiche Operationen durchführen. Für chronische Krankheiten gibt es mit einer rein schulmedizinisch ausgerichteten Medizin und Herangehensweise dagegen meist keine Lösung, worauf im Kapitel drei am Beispiel von Rückenoperationen bereits deutlich hingewiesen wurde. Man kann damit im besten Fall Symptome lindern. Es erfordert die Bereitschaft, andere Ebenen als die weit verbreitete schulmedizinische Sicht zuzulassen. Meine eigene Erfahrung zeigt ja, dass es für meine, als unheilbar geschädigt erklärten Knie doch eine Lösung gab. Sie lag aber auf einer völlig anderen, auf der familiensystemischen Ebene.

Um diese anderen Ebenen aufzuzeigen und um ihnen mehr Gewicht zu geben, wurde dieses Buch geschrieben. Ich möchte Ihnen, lieber Leser, Mut machen, Ihrer Intuition und Ihrem eigenen Instinkt zu vertrauen und sich nicht allein auf die Aussagen von (schulmedizinisch ausgerichteten) Ärzten zu verlassen, deren Handlungsebene meist nur auf der körperlichen Ebene liegt. Folgen

Sie Ihrem »inneren Arzt«, denn er kann sie dorthin führen, wo die eigentlichen Wurzeln und Ursachen des Problems liegen und wo es dann vielleicht auch eine wirkliche und grundlegende Heilung gibt.

Statt die Schmerzen nur zu beklagen, sollten wir sie, und dies klingt wirklich provozierend, zunächst einmal wie einen Bruder oder wie einen Gast willkommen heißen und ihn nicht sofort wieder »weghaben« wollen, was natürlich sehr verständlich wäre. Denn die Schmerzen wollen uns in der Regel etwas sagen, uns auf eine Blockade oder Erkrankung aufmerksam machen. Wenn wir unseren Körper und seine Sprache immer mehr verstehen, können wir anfangen, den Schmerz in unserem Körper zu würdigen. Denn er ist wie ein Indikator, der uns häufig auf einen ernstlichen Mangel oder auf eine Disharmonie auf einer anderen Ebene als der rein körperlichen hinweisen will. Und in diesem Kapitel soll es um die familiensystemische Ebene und Sichtweise gehen.

Ein Vergleich soll dies näher erläutern: Wenn in unserem Auto ein Warnlicht aufleuchtet, fahren wir zur Werkstatt, damit nachgeschaut wird, wofür die Warnung steht, das heißt, was die Ursache für das Blinken der Lampe sein könnte. Dies erscheint wohl so ziemlich allen Menschen als sehr logisch. Seltsamerweise wollen aber viele Menschen, wenn uns unser eigener Körper oder ein Körperteil gleich einer Warnlampe darauf hinweisen will, dass etwas in uns nicht in Ordnung ist oder dass sich in uns ein großes energetisches Ungleichgewicht befindet, durch entsprechende Medikamente oder eine (zu) schnelle Operation das Problem, den Schmerz, sofort wieder weghaben. Dies wäre dann etwa so, als wenn man im obigen Beispiel von dem Auto als Maßnahme einfach die Warnlampe ausbauen würde, statt nach den wirklichen Ursachen zu forschen.

Viele Menschen lassen die Chance verstreichen herauszufinden, warum sie ein so schmerzliches Symptom bekommen haben. Und oft werden durch Medikamente die eigentlichen Ursachen nur unterdrückt oder auf einen anderen Körperbereich verschoben, der dann seinerseits wiederum neue Symptome erzeugt. Zusätzlich muss man bei chemischen Medikamenten häufig mit unerwünschten Nebenwirkungen rechnen. Es wäre doch viel ökonomischer, gleich nach den eigentlichen und tieferen Ursachen zu forschen, sie zu erkennen und sie anschließend, wenn irgendwie möglich, auch zu beseitigen. Wenn man diese Sicht einmal akzeptiert hat, ist es immer noch schwierig genug, die richtige Ebene für das Problem und die richtige Heilmethode zu finden. Aber es lohnt sich sehr, danach zu suchen. Und zu diesen alternativen Ebenen gehört auch die Ahnenarbeit mit ihren vielfältigen Möglichkeiten, um die es in diesem Kapitel gehen soll.

Fall V (Lukas): Ein außergewöhnlicher Traum

Der nachfolgende Bericht lässt die womöglich magisch anmutende Erzählung von dem Bauernknecht in einem durchaus anderen Licht erscheinen. Vielleicht wird sie dadurch verständlicher und realistischer. Bei einer Familienaufstellung, an der ich im Jahre 2000 selbst teilnahm, wurde ein Teilnehmer, der damals 46-jährige Lukas,[105] an die Existenz seiner vergessenen toten Schwester erinnert, das heißt, sie kam wieder in sein Bewusstsein. In den Tagen und Wochen danach hatte er einen starken psychischen Prozess zu bewältigen, der alte, vergessene, ja verschüttete Erlebnisse in seiner Erinnerung hochspülte, so dass emotionale Blockaden in ihm und in seiner Familie aufgelöst werden konnten. Einige Zeit später rief Lukas mich an und erzählte mir seine weitere, ganz persönliche Geschichte, die sich einige Tage nach der Familienaufstellung aufgrund eines Traumes ereignet hatte:

»Etwa um 1.30 Uhr nachts schreckte ich aus dem Schlaf auf. Ein Telefonanruf mitten in der Nacht von meiner Schwester Theresia! War sie in Not, dass sie so spät noch anrufen musste? Ich lief zum Telefon und hob den Hörer ab. Aber da war nur das übliche Tuten. Niemand war auf der anderen Seite der Leitung. Dadurch wurde ich erst richtig wach. Ich hatte alles nur geträumt, jedoch der Traum fühlte sich sehr real an. Jetzt konnte ich nicht mehr schlafen, zu aufgewühlt war ich. Und nun kam die ganze Geschichte von meiner Schwester hoch – mitten in der Nacht.

Meine Schwester kam 1967 unmittelbar vor dem offiziellen Entbindungstermin als Totgeburt zur Welt. Meine Mutter war tags zuvor ausgerutscht und hingefallen. Am nächsten Tag setzten die Wehen ein, meine Mutter kam ins Krankenhaus und ein Mädchen kam zur Welt – tot. Anscheinend war der Sturz so heftig gewesen, dass meine ungeborene Schwester dadurch getötet worden war. Für meine Eltern war dies ein totaler Schock, für uns ältere Geschwister auch.

Mein Vater besorgte einen Kindersarg und brachte das tote Baby einen Tag nach der Geburt vom Krankenhaus mit nach Hause. Er wollte es am nächsten Tag auf dem örtlichen Friedhof beerdigen lassen. Bevor wir älteren Kinder in die Schule gehen mussten, holte uns mein Vater frühmorgens überraschender Weise in das elterliche Schlafzimmer, wo er unsere tote Schwester über Nacht aufbewahrt hatte. Das hatte er aber uns Kindern nicht gesagt. Im Beisein meiner Oma und meiner jüngeren Schwester öffnete er den kleinen Sarg. Hier lag ein großes, ausgewachsenes Baby. Es entstand für einige Minuten eine feierliche, andächtige, sehr mitfühlende Stimmung zwischen uns allen angesichts unserer toten Schwester, die nicht leben durfte, sondern durch einen tragischen Unfall bereits vor ihrer Geburt sterben musste. Alle schwiegen im Anblick des toten Kindes. Ich sah damals ein ausgewachsenes, eigentlich vitales, kräftiges Baby liegen. Danach verschloss mein Vater den Sarg vor unseren Augen mit dem Deckel und wir gingen zur Schule.

Da meine Schwester als Totgeburt zur Welt kam, wurde sie nicht getauft. Obwohl die Hebamme meine Mutter dazu bringen wollte, dennoch eine verspätete Nottaufe durchzuführen, weigerte sich meine Mutter und wollte nichts von dieser ›Trickserei‹ wissen. Meine Schwester kam eben schon tot zur Welt und konnte nicht mehr lebendig gemacht werden. Eine Taufe kann man jedoch nur Lebenden spenden. Darum war eine Taufe nicht sinnvoll. Dies hatte aber nachhaltige Konsequenzen.

Denn nun bekam meine Schwester nach damaliger katholischer Lehre und Praxis kein kirchliches Begräbnis. Sie war ja noch nicht getauft worden und gehörte somit nicht zur Gemeinschaft der Christenheit. Damit war auch die sogenannte ›Erbsünde‹, mit der nach katholischer Lehre zunächst jedes Kind zur Welt kommt, nicht getilgt. Wenn ein unschuldiges Baby also ohne Taufe stirbt, dann kommt es in eine Art von Vorhimmel, ›Limbo-Zustand‹ oder ›Limbus‹ genannt.[106] **Das offizielle katholische Ritual der Beerdigung war damals für einen solchen Fall nicht vorgesehen. Es ist auch** *heute nicht üblich. Gott sei Dank gibt es aber mittlerweile in manchen Pfarreien für einen solchen Fall Angebote eines Ersatzrituals.*

Mein Vater hatte mit dem Totengräber der Gemeinde vereinbart, unsere Schwester in einer ›für solche Fälle‹ vorgesehenen abgelegenen Ecke des Friedhofs in aller Stille und ganz inoffiziell zu bestatten. Im Familiengrab durfte die ungetaufte Schwester im ›Limbo-Zustand‹ nicht beerdigt werden. Zumindest war dies damals Praxis in katholischen Gegenden, auf jeden Fall war es Praxis in unserer Gemeinde. Anscheinend wollte man die Grabesruhe von offiziell getauften und dann beerdigten Personen nicht durch ein Wesen stören, dem nach katholischer Lehre und je nach Interpretation der Geruch von ›nicht im Himmel‹, ›irgendwie unrein‹, ›ungetauft‹, ›in Erbsünde‹ und damit von ›nicht richtig im schützenden Schoß der Kirche‹ anhaftete.

Wenn überhaupt, so trauerten meine Eltern still um unsere Schwester. Gemerkt haben wir Kinder nicht viel davon. Da es nie eine offizielle Beerdigung gegeben hatte, sah sich niemand im Dorf veranlasst, meinen Eltern ihr Beileid auszusprechen. Sie konnten und wollten daher auch nicht über ihr totes Kind reden – eine tragische Angelegenheit, mit verursacht durch die damalige Praxis und verbreitete katholisch geprägte Anschauung auf dem Land. Deshalb wurde im Dorf über die Umstände dieses Todesfalls nur gemunkelt, geschwätzt, getuschelt, da es ja keine offizielle Beerdigung, keine Grabesrede und keinen anschließenden ›Leichentrunk‹ gegeben hatte. Womöglich war dies der Grund, warum die erfahrene Hebamme die Sache durch einen Trick regeln wollte, indem sie meiner Mutter zu einer nachträglichen ›Nottaufe‹ geraten hatte, die man als Laie, also ohne Priester, nur an gerade Sterbende spenden darf.

Meine Schwester, die offiziell mangels Taufe keinen Namen bekommen hatte, erhielt daher im Friedhof nur ein namenloses Holzkreuz. Natürlich gingen alle Familienmitglieder etwas verschämt beim alljährlichen Gräbergang an Allerheiligen auch für eine kurze Weile an dieses Kindergrab, dem der Geruch von ›blöder Unfall‹, ›Limbo-Zustand‹, und ›nie stattgefundenes Beerdigungsritual‹ anhaftete. Als einige Jahre später der Friedhof erweitert werden musste und deshalb diese Kindergräber an der alten Friedhofsmauer im Wege standen, wurden sie ganz aufgelöst. Jetzt gab es keinen Ort mehr, an dem man unserer Schwester gedenken konnte. Es gab keinen Ort der Trauer mehr.

Auch gab es keinen Jahrestag, an dem man meine Schwester offiziell würdigen konnte. Denn es ist bis heute in katholischen Gemeinden üblich, für Verstorbene an deren Jahrestag eine Gedenkmesse zu bestellen. Meist wird eine solche Messe rechtzeitig im Pfarrbrief angekündigt, so dass auch entferntere Verwandte daran teilnehmen können. Außerdem ist es in vielen katholischen Pfarreien Praxis, dass der Priester in der Messe die Familie und deren Anliegen, also deren ›Intention‹, erwähnt, weswegen sie die Messe bestellt hat. Dafür müssen die ›Auftraggeber‹ ja auch einen gewissen symbolischen Betrag bezahlen.

Bald nach der Auflösung des Kindergrabes gerieten meine *Schwester, ihr Schicksal und die tragischen Umstände ihres Todes ganz in Vergessenheit. Vorher hatte es vielleicht eine versteckte,* etwas verschämte, weil offiziell nicht anerkannte Trauer innerhalb *der Familie gegeben. Aber selbst diese wurde nicht richtig gezeigt, da das tot geborene, tragisch im Mutterleib ums Leben gekommene und ungetaufte Kind im Dorf Anlass von Gerüchten und Getuschel war. Meine Eltern und wir Kinder konnten nicht über den Tod unserer Schwester reden. Natürlich hatten wir uns schon längst vor der Geburt auf den Namen Theresia geeinigt, falls es ein Mädchen werden sollte.*

Darum war mir im Traum 33 Jahre später sofort klar, wer diese Theresia war, die mich jetzt ›anrief‹. Dieses Ereignis ließ mich als den Erstgeborenen der Geschwister nicht mehr los. Seit dem Traum musste ich täglich an meine Schwester denken. In mir wurde ein Bild hochgespült, das anscheinend die ganze Zeit in meiner Seele tief unten verdrängt und eingeschlossen gewesen war: Ich sah meine Schwester mit offenen Armen im Sarg liegen, unschuldig, bereit für das Schicksal, friedlich. Gut, dass mein Vater meiner Schwester und mir die tote Theresia noch gezeigt hatte, bevor er sie vom Totengräber eher heimlich und ohne Sterberitual beerdigen ließ. Und nun weinte ich 33 Jahre nach ihrem Tod zum ersten Mal bitterlich um sie. Meine Schwester Theresia tat mir unendlich leid. Warum nur musste sie dieses Schicksal bekommen? Ich hätte mich gefreut, wenn sie, die ich ja schon als ausgewachsenes Baby gesehen hatte, auch gelebt hätte. Auf diese Frage konnte ich keine Antwort finden.

Nach einigen Tagen wurde in mir dieser Zustand der Trauer in Aktivität umgewandelt. Ich bestellte, obwohl ich weit weg von meinem Heimatdorf wohnte, zum ersten Mal ganz offiziell eine Gedenkmesse für meine verstorbene Schwester Theresia und überwies sofort das Geld auf das dortige Pfarreikonto, ohne meine Eltern darüber zu informieren. Für den neuen Pfarrer, der das Schicksal meiner Schwester nicht mehr kannte, war dies ein Routinevorgang. Nun erschien diese Messintention ganz offiziell im Pfarrbrief, meine Schwester bekam darin zum ersten Mal ihren geplanten Taufnamen auch tatsächlich.

Ich reiste fast 200 Kilometer zu der Gedenkmesse an, die an einem Abend während der Woche in meiner Herkunftsgemeinde stattfand. Auch mein Vater war zugegen. Er war von Nachbarn, die den Pfarrbrief gelesen hatten, auf die Messe für seine verstorbene Tochter aufmerksam gemacht worden. Wie würde er reagieren? Meine Mutter war nicht mitgekommen. Anscheinend löste die Gedenkmesse zu schmerzliche Gefühle bei ihr aus. Vielleicht wollte sie aber auch weiterhin in einer Haltung der Verdrängung bleiben. Ich kenne ihre Gründe bis heute nicht.

Während der Messe wurden die Intention und ich als Auftraggeber ausdrücklich erwähnt. Dies hatte zur Folge, dass viele Dorfbewohner, die sich noch vage an den Todesfall erinnern konnten, nach Ende des Gottesdienstes zum ersten Mal mit mir und mit meinem Vater ganz offen über meine Schwester reden konnten. Es hatte ja soeben eine Messe ihr zu Ehren stattgefunden, obwohl sie doch nie getauft worden war und deshalb nie eine Messe bekommen hätte dürfen. 33 Jahre nach ihrem Tod hatte meine Schwester nun einen nachträglichen und sehr würdigen Gedenkgottesdienst erhalten, ein Ritual, das von den Dorfleuten sehr gut verstanden *wurde. Denn Gedenkmessen sind in Landgemeinden noch immer durchaus üblich.*

Nach der Abendmesse ging ich mit meinem Vater und einer Bekannten, die mitgereist war, in ein örtliches Gasthaus. Im Grunde feierten wir drei jetzt, 33 Jahre nach ihrem Tod, eine Art von ›Leichentrunk‹ im kleinen Kreise zur Ehren meiner Schwester Theresia. Bei dieser Gelegenheit gestand mir mein Vater, dass er damals, vor 33 Jahren, heimlich viele Nächte lang Rotz und Wasser um meine Schwester geheult hatte. Er sagte: ›Die wäre auch noch groß geworden‹. Dies war in seiner kargen Ausdrucksweise eine Art von verspäteter Liebeserklärung an seine tote Tochter, meiner Schwes-

ter. Dies hatte ich nicht erwartet und meinem Vater nicht zugetraut, da er nur selten Gefühle und schon gar keine Tränen zeigen konnte. Ich schloss jetzt nicht nur meine Schwester in mein Herz, sondern auch meinen Vater.

In diesem Augenblick wurde etwas rund und kam zu seinem Abschluss: Meine Schwester hatte einen nachträglichen würdevollen Beerdigungs-Ersatz-Gottesdienst bekommen, ich hatte schon die Tage vorher um sie geweint und mein Vater erzählte mir jetzt von seiner damaligen tiefen Trauer um seine Tochter. Ich fühlte mich innerlich sehr mit meinem Vater und mit meiner Schwester verbunden. Sie bekam nun einen liebevollen Platz in meinem Herzen. In meiner Herkunftsfamilie war etwas zur Ruhe gekommen, zumindest aber in mir und womöglich auch in meinem Vater. Es hatte eine grundlegende Heilung durch diese ›Ahnenarbeit‹ stattgefunden, die vermutlich dem ganzen Familiensystem zu Gute kam. Tief erfüllt von diesem soeben abgelaufenen Gesamtritual und mit einem inneren Frieden, wie ich ihn selten zuvor erlebt hatte, fuhr ich noch am selben Abend wieder zurück an den Ort, wo ich heute zu Hause bin. In den folgenden Nächten konnte ich endlich wieder gut schlafen.«

Verschiedene Deutungsebenen

Um besser verstehen zu können, was in obigem Fall vielleicht abgelaufen sein könnte, möchte ich drei Deutungen anbieten:

(1) Nach traditioneller, mittelalterlich geprägter katholischer Auffassung tut es der Seele eines Verstorbenen einfach gut, wenn eine Messe für sie abgehalten wird. Die Seele, die sich in vielen Fällen im sogenannten »Fegefeuer«, einem Ort der Gottessehnsucht und des Getrenntseins von Gott, befindet, kann diesen Zwischenzustand zwischen Himmel und Hölle eher verlassen und anschließend direkt zu Gott ins Paradies gelangen. Diese Ansicht mag für viele aufgeklärte Zeitgenossen magische Züge tragen und den Eindruck erwecken, als ob man den Seelenzustand von bereits Verstorbenen durch die noch lebenden Angehörigen auf magische, berechnende oder sogar auf manipulierende Weise verbessern könnte. In evangelischen Krei-

sen ist diese Haltung ziemlich verpönt, dafür gibt es keine Tradition. Auch ich selbst möchte diese Vorstellung nur erwähnen, jedoch nicht weiter verfolgen.

(2) Auf einer schamanischen Ebene betrachtet, haben manche Seelen von Verstorbenen ein Problem: Sie können, aus welchen Gründen auch immer, (noch) nicht in die geistige Welt der Ahnen hinübergehen, obwohl sie schon seit geraumer Zeit gestorben sind. Da sie aber nicht mehr leben, können sie selbst für sich und für »ihr Seelenheil« nichts mehr tun. Nach Auffassung des Schamanen Malidoma[107] müssen dann Angehörige, bei denen sich ein Ahne etwa in Träumen oder durch deutliche körperliche oder psychische Symptome meldet, herausfinden, was dieser Verstorbene noch braucht, um endgültig in die Anderswelt, in die göttliche Welt, in die Welt des göttlichen Lichts und des Friedens, hinübergehen zu können.

Ahnen fühlen womöglich ähnlich wie Lebende. Sie sehnen sich nach Zuwendung und Beachtung. Sie wünschen sich ein Eintreten für sie bei Gott, so wie sich manchmal Kinder wünschen, dass die Eltern sie wieder »heraushauen« und sich für sie bedingungslos einsetzen, wenn sie Mist gebaut oder etwas ausgefressen haben. Ich bin aufgrund vielfacher Erfahrung zutiefst davon überzeugt, dass eine katholische Gedenkmesse diese Zuwendung, Beachtung, Unterstützung und damit seelisch-spirituelle Hilfe geben kann, wenn der Auftraggeber eine ehrliche Intention hat. Dies bedeutet, dass der lebende Angehörige sich Zeit nimmt, über den Verstorbenen nachzudenken, dessen Schicksal, egal wie es war, in die Hände Gottes zu legen und den Verstorbenen zu würdigen. Hier ein Beispiel einer solchen Würdigung für verstorbene Großeltern:

»Lieber Opa, liebe Oma, ohne Euch gäbe es mich gar nicht. Ihr seid meine Ahnen und schon deshalb würdige und liebe ich Euch. Was ihr vielleicht getan habt, lasse ich voll Respekt und Achtung bei Euch, es ist Eures und nicht Meines. Ihr habt immer einen guten Platz in meinem Herzen. Ich denke gerne an Euch und ich fühle mich mit Euch verbunden. Nun aber bitte ich Euch, zu Gott und damit in die geistige Welt des göttlichen Lichts hinüberzugehen, denn dort allein ist Euer guter Platz. Ihr dürft, wenn es der göttliche Plan vorsieht, jetzt die Welt der Lebenden verlassen. Ich bitte Euch aber, mich,

Euer Enkelkind, in tiefer Liebe zu unterstützen in meinem Leben und in meinem Tun, so dass alles gut gelingen möge. Euch zu Ehren habe ich diese Gedenkmesse bestellt und Euch zu Ehren zünde ich auch eine Kerze auf Eurem Grab an.«

Ich kann mir vorstellen, dass diese »Ahnenarbeit« eines lebenden Verwandten bei den Seelen der Verstorbenen gut ankommt, dass seine Gedanken über sie von ihnen gefühlt werden und dass sie die Gebete für sie hören können. Dies alles kann wie eine spirituelle Nahrung für sie sein und dazu beitragen, dass die Verstorbenen nachträglich die tiefe und ehrliche Liebe ihrer Nachfahren spüren und von der göttlichen Liebe ergriffen werden. Möglicherweise gelangen die Verstorbenen erst nach ihrem Tod und unterstützt durch solche Gedenkrituale zu einem höheren Bewusstsein, das sie Zeit ihres Lebens nie hatten. Dann können sie tatsächlich irgendwann »hinübergehen«, wenn dies noch nicht geschehen ist. Und dann müssen sie ihre lebenden Angehörigen nicht mehr bedrängen durch psychische, geistige oder körperliche Symptome.

In dem vorliegenden Fall von Lukas ist auf schamanischer Ebene auch noch folgendes denkbar: Weil damals keine öffentliche Gedenkmesse stattfand, »wusste« die Seele seiner Schwester womöglich gar nicht, dass sie bereits gestorben war, bevor sie aus dem Leib der Mutter kam. Eine Gedenkmesse ist für einen Verstorbenen und für die Angehörigen eine Art von Abschiedsfeier. So schmerzlich und traurig diese auch sein mag, eines ist dann zumindest für die Lebenden im Normalfall klar: Der Tote ist tot. Sie müssen sich ganz offiziell von ihm verabschieden. Und durch eine Totenmesse kann womöglich auch die Seele eines Toten spüren, dass ihr Körper nun gestorben ist.

Dieser offizielle Abschied fand aber im Fall von Lukas' Schwester nie statt, der kleine Sarg der Schwester wurde mehr oder weniger heimlich und ohne jedes Gebet und Ritual im Friedhof »verscharrt«, um es einmal hart auszudrücken. Das war keine Würdigung und kein Abschied – weder für die Lebenden noch für die Tote selbst. Vielleicht konnte die Seele der Schwester nicht wirklich »hinübergehen« in die geistige Welt, weil ein Abschiedsritual fehlte. Womöglich blieb ihre Seele im Bereich der Lebenden hängen und daher wundert es nicht mehr, dass sie sich bei dem älteren Bruder zu einem Zeitpunkt meldete, als dieser aufgrund seines Alters und seines Einfühlungsvermögens für solch eine Situation sensibel, verständnisvoll und empfänglich genug geworden war. Die Seele seiner Schwester war offensichtlich in großer Not und deshalb meldete sie sich im Traum beim Bruder, damit er das nun Notwendige veranlassen konnte.

Malidoma vertritt genau diese letztlich »schamanische« Auffassung. Oder anders ausgedrückt: Er beschreibt eine schamanische Sicht, die durchaus Eingang in die katholisch geprägte Denkweise vieler Menschen gefunden hat, wenn er in seinem dritten Buch »Die Kraft des Rituals« über eine für einen Toten durchgeführte Begräbnisfeier sagt: »Wenn sich dann die Teilnehmer ihrem Schmerz überlassen, wird genügend Energie freigesetzt, um die Toten ins Reich der Ahnen, wo sie ihr Leben fortsetzen können, weiterzutreiben. Das Begräbnisritual öffnet den Raum, in dem der Schmerz produktiv und konkret zum Ausdruck gebracht werden kann ... Da Trauerzeremonien dem Toten den Beginn seines Lebens mit den Ahnen ermöglichen, ist Trauer der eigentliche Vorgang, durch den er sich von diesem Leben löst und ins nächste übergeht.«[108]

In dieser Sicht wird es sofort deutlich, warum Lukas' tote Schwester anscheinend nicht ins Reich der Toten und der Ahnen hinübergehen konnte. Es wurde nie offiziell um das arme Mädchen getrauert und so bestand für es keine Veranlassung, in eine andere Welt zu gehen. Es wollte ja gerade erst in diese Welt der Lebenden kommen. Es war somit auch für die Seele des Mädchens selbst fatal, dass keine Begräbnisfeier durchgeführt wurde. So gesehen »erzwang« sie, womöglich erst dann, als sie ihren wahren Zustand erkannte, ein nachträgliches Ritual. Und Lukas empfand solch ein Mitgefühl und solch eine Liebe für seine vergessene Schwester, die ihm erst im Moment des Traumes wieder richtig ins Bewusstsein kam, dass er instinktiv das Richtige und Heilende tat. Ich bin fest davon überzeugt, dass die Seele des Mädchens bald nach diesem Ritual der »Heiligen Messe« zu »ihren« Ahnen in die »andere« Welt gehen konnte. Dies bedeutete Heilung für sie und gleichzeitig für die Familie von Lukas. Damit sind wir aber bereits bei der dritten und letzten Deutung angelangt.

(3) Vor dem Hintergrund einer psychologisch-familiensystemischen Sichtweise kann uns ebenfalls Malidoma helfen. Bei dieser Deutung

liegt der Fokus auf dem lebenden Angehörigen, in obigem Fallbeispiel bei Lukas, dem Bruder. Hier ging es um das Verarbeiten eines Schocks oder Traumas in einem Alter, als er längst erwachsen war und mit dem Vorfall seiner Kindheit – dem Sehen der toten Schwester – besser umgehen konnte. Nach seinem Traum konnte er ins Handeln kommen.

Indem er etwas Würdigendes für seine Schwester tat, konnte Lukas etwaige unbewusste, lange gespeicherte Schuldgefühle ableiten und dadurch verdauen. Weil er auf eigene Faust, also ohne seine Eltern zu fragen, eine Heilige Messe für seine Schwester bestellte, holte er viel später etwas in seiner Familie nach, was seine Eltern damals aufgrund ihrer blockierten Trauer und aufgrund der seltsamen damaligen katholischen Praxis, totgeborenen ungetauften Kindern kein Beerdigungsritual zu spenden, nicht vollziehen konnten. Diese Gedenkmesse klärte auf jeden Fall seine innere Beziehung zu seiner toten Schwester. Nun bekam sie einen guten und würdigen Platz in seinem Herzen. Endlich konnte er tiefe Liebe zu seiner Schwester spüren, was am meisten ihn selbst erfüllte. Nach Wochen innerer Unruhe konnte er wieder gut schlafen.

Zusätzlich bekam Lukas jetzt eine andere, eine herzlichere Beziehung zu seinem Vater. Denn die öffentlich nicht gelebte Trauer und nicht stattgefundene Anteilnahme hatte ja schon nach kurzer Zeit zu einem völligen Verdrängen und Vergessen der Schwester in der Familie geführt. Dennoch war ihr Schicksal immer im Hintergrund präsent. Weil dies aber nicht bewusst war, blockierte dieses Geschehen etwas im ganzen Familiensystem: das offen gelebte und ehrliche Mitgefühl für die Schwester, eine gemeinsame Trauer in der Familie und ein alljährliches öffentliches Gedenken etwa in einer Messe.

Da bei dem Gedenkgottesdienst auch etwa 80 Personen des Dorfes anwesend waren, bekam dieses Ritual zusätzlich den Charakter einer indirekten, mit 33 Jahren Verspätung erfolgenden Trauerfeier für die tote Schwester, die bis dahin nie stattgefunden hatte. So gab es nach der Messe auch eine öffentliche Anteilnahme für Lukas und seinen Vater. Die Leute konnten nun endlich ganz offen über den »Fall« reden und die Umstände des Todes der Schwester erfragen. Dies wiederum tat dem bei der Messe anwesenden Vater sehr gut. Auch Malidoma erkennt die Bedeutung einer gelebten, ausdrucksstarken Trauer, mit Hilfe der die Lebenden wirklich Abschied von dem Verstorbenen nehmen können. Hören wir, was er über die Trauerfeier für einen Verstorbenen in seinem Stamm sagt:

»Das ist die letzte Möglichkeit während des Rituals, noch unartikulierte Trauer zum Ausdruck zu bringen. Gewöhnlich ist es der bewegendste Moment. Denn jetzt wird die Trennung physisch und konkret vollzogen. Die Leute müssen den Toten gehen lassen. Normalerweise haben sie bis zu diesem Zeitpunkt noch einen Teil ihres Schmerzes zurückgehalten. Aber jetzt erkennen sie endgültig, dass sie den Toten ziehen lassen müssen. Und während sie noch trauern, kommen die Totengräber und nehmen den Leichnam mit.«[109]

Die nachträgliche Gedenkmesse, die für das ungetaufte und damit offiziell namenlose Kind nie hätte stattfinden dürfen, bewirkte somit auch Heilung für Lukas und seinen Vater. Sie konnten endlich ganz öffentlich und sogar in der Kirchengemeinde um das tote Mädchen trauern. Damit wurde der Seele der Verstorbenen endlich signalisiert, dass sie jetzt ins Totenreich zum Göttlichen heimkehren dürfe – an den Ort, wo auch die noch Lebenden einmal hinkommen werden. Dies ist sowohl die Auffassung des animistisch geprägten Malidoma als auch eine katholische Sichtweise.

Die öffentliche Trauer der Angehörigen erlöste das Mädchen von ihrem tragischen Festhängen bei den Lebenden. Nun konnte etwas allumfassend zur Ruhe kommen, weil es seine »Ordnung« bekam: Lebende bei Lebenden und Tote bei Toten. Lukas hatte instinktiv das Richtige, das Heilende, getan. Heilung macht heil. »Heilung – Initiation ins Göttliche« heißt auch der Titel dieses Buches. Für die verstorbene Schwester von Lukas ist dieses Motto wohl wahr geworden.

Liebe Leser, es geht mir nicht ums Rechthaben. Niemand von uns weiß, was wirklich nach dem Tod geschieht und wie es in der geistigen Welt »drüben« aussieht. Die Vorstellung von einem wie auch immer gearteten »Drüben« ist natürlich stets nur ein Konstrukt von uns Menschen und Ausdruck menschlichen Glaubens. Ich möchte es Ihnen überlassen, welche der angebotenen Deutungen Ihnen mehr entspricht. Ich glaube, jede der Interpretationen hat ihren Sinn. Für mich selbst enthalten die letzten beiden Deutungen zusammen jedenfalls viel Kraft, Stringenz und Wahrheit.

Bei dem Fall von Lukas' toter Schwester waren zunächst eine Familienaufstellung, viel mehr aber noch ein Traum die Auslöser – ein Glücksfall aus nachträglicher Sicht betrachtet. Mit der Methode des Familienstellens, die im nächsten Abschnitt näher vorgestellt wird, kann in der Regel der Zugang zu ungelösten Familienangelegenheiten tatsächlich wesentlich beschleunigt werden. Der Kontakt zu und die Würdigung von verstorbenen Ahnen ist aber auch bei dieser Methode das eigentliche Ziel.

(3) Familienaufstellungen

Die Methode des sogenannten »Familienstellens« wird im deutschsprachigen Raum vor allem mit dem Namen Bernd Hellinger verbunden. Herr Hellinger war zunächst katholischer Priester, leitete später während der Zeit der Apartheid viele Jahre lang eine Missionsschule in Südafrika und kam dadurch in Kontakt mit der Denkweise traditioneller Stämme. Von diesem Aufenthalt in Südafrika brachte er schließlich wesentliche Kenntnisse über die seelischen Gesetze von Familiensystemen mit, die womöglich in den Bereich des »Kollektiven Unbewussten«[110] gehören, also zeitlos und völkerübergreifend zu wirken scheinen.

Es ist nicht meine Absicht, mich an der zum Teil heftig und bisweilen feindselig geführten Diskussion über die Person von Bernd Hellinger zu beteiligen. Einige seiner gewagten Äußerungen und Vergleiche bezüglich der NS-Zeit haben Kritiker auf den Plan gerufen. Damit kam in einem Teil der öffentlichen Meinung leider die von ihm entwickelte Methode des Familienstellens selbst in Verruf. Auch einige große Informationsveranstaltungen und Workshops mit Hunderten von Zuschauern und Teilnehmern, wo Herr Hellinger in spektakulärer Weise solche Familienaufstellungen mit anwesenden Personen vorführte und den Eindruck erwecken wollte, dass dabei in nur 15 Minuten wesentliche Verbesserungen von Problemen in Familien herbeigeführt werden könnten, trugen zu dieser kritischen Einstellung vieler Zeitgenossen und einiger Journalisten bei.

Dies ist eigentlich schade, denn das Familienstellen könnte, als unideologisches Werkzeug verstanden und eben nur als eine von vielen Methoden betrachtet, sehr wohl für eine grundlegende Heilung bestimmter Symptome und seelischer Zustände nützlich sein, wie ich mich bei acht eigenen Familienaufstellungen selbst überzeugen konnte. Diese wurden von ehemaligen Schülern und Schülerinnen von Herrn Hellinger durchgeführt. Wichtig war jedes Mal, dass dabei genügend Zeit pro Fall eingeplant wurde und dass sich die Leiterin oder der Leiter sehr einfühlsam, respektvoll, verantwortungsvoll und eher bedächtig dem jeweiligen Fall näherten.

Es bedarf aber der Bereitschaft, sich grundsätzlich auf diese Methode einzulassen, die in ihrem Grundstock ein Ritual aus schamanisch geprägten Kulturen darstellt, in denen die Gemeinschaft von Stamm, Sippe oder Großfamilie eine viel bedeutendere Rolle spielt als in unserer westlichen Gesellschaft. Bei uns hat heute der Individualismus einen hohen Stellenwert, bei indigenen Kulturen stand zumindest früher das Kollektiv von Sippe oder Stamm im Mittelpunkt. Nicht zufälligerweise hat Herr Hellinger wichtige Impulse für die von ihm weiter entwickelte Methode des Familienstellens aus der südafrikanischen Stammesgesellschaft erhalten und erkannt.

Ich persönlich habe mich viel mehr von dem bereits mehrfach erwähnten Afrikaner Malidoma Patrice Somé aus Burkina Faso anregen lassen. Hier einige seiner Gedanken aus seinem Buch »Von der Weisheit Afrikas«, die die Gemeinschaftsbildung und den Bezug einer Dorfgemeinschaft zu den Ahnen deutlich macht: »Das Dorf ist eine Art Commonwealth unter Führung und Aufsicht der Ahnen, deren Gesetze genauestens befolgt werden müssen, wenn Unheil vermieden werden soll. Eine übergreifende Struktur im Dorf ist die Sippe. Jeder einzelne gehört zu einer Sippe, die nach einem Element der Kosmologie benannt ist.«[111]

Hier können wir erahnen, dass es anscheinend unsichtbare Gesetze gibt, die nicht nur eine Einzelperson, sondern die ganze Familie betreffen, wozu auch bereits Verstorbene gehören. Wenn diese Gesetze verletzt worden sind, kann dies zu furchtbaren Krankheiten und Symptomen führen, gegen die unsere westliche Medizin nichts ausrichten kann. Nimmt man aber diese sogenannten »Sippengesetze« ernst, kann manchmal erstaunlich leicht und schnell eine Lösung gefunden werden – eben dann, wenn die Ursachen in einer Disharmonie des Familiensystems liegen.

Darauf will auch das nächste Zitat aus Malidomas Buch hinweisen: »In Afrika wachen die Ahnen über Wohl und Wehe der Menschen. Die Ahnen sind es, die letzten Endes Verfehlungen bestrafen, indem sie dem Missetäter Nöte und Krankheiten, ja sogar den Tod schicken. Wenn derartige Schwierigkeiten auftreten, können die Wahrsager die Ursache erforschen und auch herausfinden, welches Ahnengesetz verletzt worden ist. So können Fehler korrigiert werden, und die Menschen bekommen Gelegenheit, alles wieder gutzumachen und ihr Leben zu ändern.«[112]

Zurück zu Bernd Hellinger. Natürlich befinden wir uns im Westen längst nicht mehr in solchen Stammeskulturen wie etwa dem Dagara-Volk, aus dem Malidoma ursprünglich kommt. Es ist jedoch – unabhängig von der Diskussion über seine Person und einige seiner unglücklichen Äußerungen – die Intuition und das Verdienst von Bernd Hellinger, diese Ahnen- und familiensystemischen Grundgesetze der Afrikaner ernst genommen und sie auch in unserem Kulturkreis eingeführt zu haben. Offensichtlich gibt es solche kollektiv und weltweit gültigen Grundgesetze für das seelische Funktionieren von Familien.

Werden diese unsichtbaren Gesetze verletzt, kann es zu Unfällen kommen oder heftige körperliche und psychische Symptome hervorrufen, die manchmal zu unheilbaren Krankheiten und sogar in den Tod führen, zumindest aber das Leben von Familienmitgliedern empfindlich stören können. Dann ist es angebracht, etwa mit dem Werkzeug einer Familienaufstellung, verbunden mit heilenden Ritualen für bestimmte Verstorbene, für einen Ausgleich und für eine Bereinigung im Familiensystem zu sorgen. Natürlich kann dies nur funktionieren, wenn ein Betroffener überhaupt bereit ist, auch als naturwissenschaftlich geprägter und aufgeklärter »Westler« diese andere Sicht der Dinge gelten zu lassen, die bei traditionellen Stammeskulturen selbstverständlich ist.

Die beiden Familienaufstellerinnnen Marlies Holitzka und Elisabeth Remmert verweisen bereits im Vorwort ihres Buches »Systemische Familienaufstellungen« darauf, wohin die Reise geht:

»So unterschiedlich Familien auf den ersten Blick erscheinen, in ihnen wirken universelle Gesetzmäßigkeiten und Bedingungen, die erfüllt sein wollen, damit Beziehungen zwischen Mann und Frau sowie zwischen Eltern und Kindern gelingen. Welches sind nun die Gesetzmäßigkeiten, nach denen Familiensysteme funktionieren? Wie können die in der Schicksalsgemeinschaft wirkenden Kräfte sichtbar gemacht werden? Und wie lassen sich ungute, oftmals von

Generation zu Generation weiter gegebene Verstrickungen in die Schicksale unserer Vorfahren lösen?«[113]

Drei Grundgesetze des Familiensystems

Wie auch bei anderen sozialen Systemen müssen gerade in der Familie vor allem drei solcher Schicksalsgesetze erfüllt sein, damit sie als lebendiger Organismus gut und nachhaltig funktionieren und über eine lange Zeit stabil bleiben kann: Es geht um »Zugehörigkeit«, um »Ordnung« und um »Geben und Nehmen«.

Bei dem ersten Prinzip »Zugehörigkeit« muss klar sein, wer zu einer Familie gehört. Aus Sicht dieses Prinzips gibt es keine Tabus, durch die etwa ein Kind, nur weil es unehelich ist, aus dem Familiensystem ausgeschlossen bleiben müsste. Im Gegenteil. Wenn solch ein Fall vorliegt, meldet sich dieses universale und absolut gerechte »Sippengewissen«, um ein Mitglied heimzuholen in das System, wenn es bis dahin ausgeschlossen war. Dieses Prinzip wird anschließend noch näher ausgeführt. Doch zunächst kurz zu den anderen beiden Prinzipien.

Zum zweiten Prinzip »Ordnung« meinen die beiden Autorinnen: »Damit ein System störungsfrei funktionieren kann, muß die ›systemische Ordnung‹ eingehalten werden. Das bedeutet, daß jedes Mitglied des Systems seinen ihm zustehenden Platz einnimmt und die mit diesem Platz verbundene Rolle und Verantwortung übernimmt.«[114] Damit ist etwa gemeint, dass Eltern natürlich immer und klar in der Generation vor (!) dem Kind stehen und dass beispielsweise ein älteres Geschwister seinen Platz vor dem nachfolgenden hat. Wenn jeder weiß, wo sein Platz ist, gibt dies dem ganzen System Sicherheit und Verlässlichkeit.

Eine nachhaltige Störung der Ordnung gibt es aber zum Beispiel dann, wenn Kinder in die Belange und Zuständigkeiten der Eltern verwickelt werden; Chaos entsteht, wenn sich Kinder in die Angelegenheiten der Eltern einmischen, als würden sie selbst sogar über den Eltern stehen. Leider ist es gar nicht selten so, dass ein Kind einspringt und den »freien Job« einer Elternrolle übernimmt, wenn etwa ein Elternteil seine mit dieser Rolle verbundenen Aufgaben, Pflichten und Verantwortungen nicht wahrnimmt.[115] In diesem Fall ist die Ordnung massiv gestört: »Das System gerät in Unordnung, denn nun nehmen mindestens zwei Menschen nicht mehr ihren angemessenen Platz ein: ein Elternteil und ein Kind, das nicht mehr ausschließlich Kind sein kann, weil es die Rolle eines Erwachsenen übernimmt.«[116]

Das dritte Prinzip »Geben und Nehmen« schließlich bezeichnet ein tief menschliches Grundbedürfnis, wodurch sich eine Beziehung erst richtig festigen kann. Geben und Nehmen müssen jedoch zueinander in einem ausgewogenen Verhältnis stehen, damit die Beziehung in einer harmonischen Balance bleiben kann. Natürlich kann es in einer Familie einen solchen Ausgleich nur auf der Paarebene geben. Alle, die in der Rangordnung weiter vorne stehen, also die Eltern vor den Kindern und die älteren Geschwister vor den jüngeren, geben mehr als die, die weiter hinten stehen. Es liegt in der Natur der Sache, dass Kinder, ein hilfloses und bedürftiges Baby etwa, zunächst den Eltern nie das auf der gleichen Ebene zurückgeben können, was sie im Regelfall von ihnen bekommen: Zuwendung, Fürsorge, bedingungslose Liebe. Die Kinder können dieses Prinzip erst dann erfüllen, wenn die nächste Generation hinzugenommen wird und sie selbst nun ihrerseits zu Eltern werden; oder viel später, wenn die Eltern alt oder krank geworden sind und die Kinder für sie zunehmend sorgen müssen.[117]

Anscheinend gibt es in uns allen eine Art innere Instanz, die genau darüber wacht, dass es immer einen Ausgleich im Geben und Nehmen mit all den Menschen gibt, mit denen wir eng verbunden sind. Das trifft besonders für Familienmitglieder zu. Dazu nochmals die beiden Autorinnen: »Die Bedingung des Ausgleichs verlangt nicht nur, daß Geben und Nehmen ausgewogen sind, sie verlangt auch, daß da, wo ein echter Ausgleich nicht möglich ist, für das Geschenk gedankt und der Geber gewürdigt wird. Das bezieht sich sowohl auf das Geschenk des Lebens, das Kinder von ihren Eltern bekommen, wie auch auf jede andere Gabe, die zu groß ist, als daß sie ausgeglichen werden könnte.«[118]

Vereinfacht gesagt heißt dies, dass Kinder ihre Eltern respektvoll behandeln sollen, da sie ohne diese gar nicht existieren würden. Die Eltern waren es, die den Kindern das Leben gegeben haben und nicht umgekehrt. In Familien gibt es meist dann großen Ärger, wenn etwa Kinder in der Pubertät meinen, ihre Eltern sehr respektlos behandeln zu müssen. Natürlich gehört es auch zur Ordnung, dass die Eltern ihre Kinder loslassen und sie ihren eigenen Weg gehen lassen müssen. Kinder müssen sich von ihren Eltern abgrenzen, wenn sie erwachsen werden wollen. Aber der grundsätzliche Respekt der Kinder den Eltern gegenüber, so sagt es dieses Prinzip, muss bleiben.

Lieber Leser, Sie können mehr über diese Gesetze in »Systemische Familienaufstellungen« erfahren. Im Zusammenhang dieses meines eigenen Buches möchte ich jetzt nur das erste dieser drei Gesetze etwas näher ausführen, weil es notwendig zum Verständnis des nachfolgenden Falles ist. Dieses Gesetz von der »Zugehörigkeit« geht davon aus, dass alle Mitglieder zusammen ja erst ein Familiensystem aufbauen und bilden. Alle gehören untrennbar zu diesem System. Dazu wieder die beiden Autorinnen:

»Offensichtlich ist diese Tatsache dem System selbst bewusst, denn zu den inneren Gesetzen von Systemen gehört, daß alle Mitglieder, die zum System gehören, auch ein Recht auf Zugehörigkeit haben. Damit ist gemeint, daß jedes Mitglied im inneren Erleben der anderen als gleichwertig dazugehören muß. Keinem darf dieses Recht streitig gemacht werden, und niemand darf für sich selbst ein höheres Recht beanspruchen. Nur wenn ausnahmslos alle Mitglieder der Familie Platz im System haben, kann das System harmonisch funktionieren.«[119]

Die Autorinnen weisen darauf hin, dass wir alle mit dem Tag unserer Geburt (eigentlich schon mit dem Moment der Zeugung!) Kinder unserer Eltern werden und damit unwiderruflich zu einem Mitglied dieser Familie, unabhängig davon, ob auch rein äußerlich diese Familie existiert und sichtbar ist oder nicht: »Unsere Zugehörigkeit ist keine freiwillige Entscheidung, und sie ist auch durch nichts auflösbar; sie gilt sogar noch über den Tod hinaus.«[120] An die Familie, in die wir hineingeboren werden, sind wir Zeit unseres Lebens gebunden, ja sogar noch dann, wenn sich viele Jahre nach unserem Tod längst niemand mehr an uns erinnern sollte.

Diese Tatsache soll durch das folgende Zitat über die Familie noch mehr verdeutlicht werden: »Dort liegen unsere Wurzeln, unser Ursprung, und von dort kommen wir, egal wohin wir später gehen. Diese Tatsache gibt uns gleichzeitig aber auch das Recht, dazugehören zu dürfen, so wie die anderen Mitglieder der Familie auch.«[121] Dabei spielt es vor dem Hintergrund dieser auf geistiger und emotionaler Ebene wirksamen universalen Familiengesetze keine Rolle, ob den Mitgliedern bewusst ist, zu welcher Familie sie in Wirklichkeit gehören. Sicher muss man neben uns selbst unsere Partner, Kinder und Enkelkinder unseres Gegenwartssystems dazu rechnen, jedoch auch unsere Eltern, Geschwister, Halbgeschwister, Großeltern und deren Geschwister unseres Herkunftssystems. Oft kann es bei Familienaufstellungen sogar noch um mehrere Generationen weiter zurückgehen.

Auf jeden Fall gehören zum System auch alle außerehelichen, womöglich verdrängten und vergessenen, sowie alle zu früh geborenen und dann verstorbenen Kinder mit dazu. Und genau hier kann eine Ursache für eine massive Störung des Familiensystems liegen, wenn gegen diese erste Regel der Zugehörigkeit verstoßen worden ist. Wenn etwa aus Schamgefühl ein außereheliches oder abgetriebenes Kind vertuscht worden ist. Oder wenn ein tot geborenes Kind, für das es wie in dem oben geschilderten Fall weder ein Tauf-, noch ein Beerdigungsritual gegeben hat, danach einfach vergessen wurde und somit keine Würdigung bekommen hat. Dann ist sein Schicksal im Dunkeln geblieben.

In einem solchen Fall kann es passieren, dass dieses Familienmitglied, wenn schon tot, so wenigstens im Bewusstsein der Lebenden bleiben möchte; in diesem Fall wird es sich womöglich bei einem der später geborenen Familienmitgliedern ganz unerwartet melden. Womöglich ist gerade durch das Vergessen eines solchen Mitglieds eine familiensystemische Schuld entstanden, die sich auf irgendein Familienmitglied in einer der nachfolgenden Generationen niederschlagen kann. Jedenfalls wurde in so einem Fall gegen das Prinzip »Zugehörigkeit« verstoßen. Die beiden Autorinnen wollen im Folgenden deutlich machen, welche Konsequenzen solch ein Ausschluss eines Familienmitglieds haben kann:

»Ob jemand absichtlich oder unabsichtlich ausgeschlossen wird, die Auswirkung ist immer dieselbe. Das System hat eine Leerstelle, einen Platz, der eigentlich jemandem gehört, der jedoch von dieser Person nicht ausgefüllt wird. Die Struktur der Familie ist gestört, und das System geht in eine Ausgleichsbewegung. Das geschieht dadurch, daß ein Nachgeborener diese Leerstelle füllt. Obwohl die Existenz des Ausgeklammerten ein Tabu ist und er nicht einmal von diesem weiß, verkörpert der Nachgeborene den Ausgeschlossenen noch einmal in der Familie ... Er lebt dann nicht mehr sein eigenes Leben, sondern lebt ein fremdes Schicksal nach. Er ›dient‹ dem Gleichgewicht des Systems um den Preis seiner eigenen Identität.

Die ursprüngliche Störung, die Leerstelle im System, wird durch eine weitere Störung ausgeglichen, die den Nachgeborenen in das Schicksal eines anderen Systemmitglieds verstrickt. Das System befindet sich jetzt in einer Schieflage, die erst behoben werden kann, wenn der Ausgeklammerte ohne Abstriche, so wie er ist, wieder in das System aufgenommen wird und im inneren Bild der Familie seinen rechtmäßigen Platz erhält. Dann ist auch der Nachgeborene wieder frei, sein eigenes Leben zu leben.«[122]

Aus Sicht der höheren Ordnung dieser Familiengesetze ist es fast wohltuend und gerecht, dass etwa außereheliche Kinder genauso wichtig sind und gewürdigt werden müssen wie offiziell bekannte Kinder. Hier geht es nicht um eine vordergründige moralische Ordnung. Auch wird keine Rücksicht darauf genommen, ob es den offiziellen Familienmitgliedern genehm ist oder nicht, wenn noch ein weiteres Kind etwa aus einem Seitensprung existiert. Nein, hier wollen alle Mitglieder eines Familiensystems ihren Platz und ihre Würdigung bekommen, unabhängig von Tabus etwa vor dem Hintergrund einer bürgerlichen oder kirchlichen Gesellschaft mit strengen Moralvorstellungen, wonach nicht sein kann, was nicht sein darf. Der nachfolgende Fall will dieses Gesetz von der Zugehörigkeit und von den Folgen des offensichtlichen Verstoßes gegen dieses Prinzip plastisch vor Augen führen. Es handelt sich um den authentischen Fall einer Frau, zu der ich Kontakt durch eine Familienaufstellung bei einer guten Bekannten bekommen habe, die als Familientherapeutin arbeitet.

Sie bietet in regelmäßigen Abständen von etwa sechs Wochen solche achtsam durchgeführte Rituale an. Für ein derartiges Treffen, meist an einem Samstag Nachmittag, werden mindestens sechs Stunden Zeit eingeplant. Es ist dabei Bedingung, dass die Leiterin schon vorher in einem Einzelgespräch mit der jeweiligen Person, die ihre Familienverhältnisse aufstellen lassen möchte, abklärt, ob dies überhaupt sinnvoll ist und um welche grundsätzliche Problematik es im konkreten Fall geht. Was möchte der »Fallgeber« denn erreichen? Welche Motive bringen einen Menschen dazu, mehr über die inneren Verhältnisse seiner Herkunftsfamilie erfahren zu wollen?

Oder welche starke Symptomatik zwingen eine Person mehr oder minder dazu, mehr Klarheit über ihre womöglich blockierten Beziehungen zu einigen ihrer Familienmitglieder oder bereits Verstorbenen bekommen zu wollen?

Für die Familientherapeutin ist also bereits vor der eigentlichen Veranstaltung klar, wer seinen Fall aufstellen wird. Dafür sind etwa zwei bis drei Stunden pro Aufstellung vorgesehen. Es hat sich als großer Vorteil erwiesen, dass die Bekannte mittlerweile über einen festen Stamm von Menschen verfügt, die freiwillig zu ihren Veranstaltungen kommen und an dem Nachmittag selbst nichts von ihrer eigenen Familie aufstellen, aber den vorgebrachten Fällen dienen wollen. Etwa zwanzig, teilweise mit diesem Ritual sehr vertraute Personen kommen so in der Regel zusammen, um bei den zwei oder drei neuen Fällen des Nachmittags mitzuwirken. Das heißt, sie sind bereit, sich von dem Fallgeber für dessen System als Stellvertreter von Familienmitgliedern aufstellen zu lassen. Und bei einigen dieser Aufstellungen sind sogar fast alle anwesenden Personen gefragt. Eine Vorbildung ist nicht notwendig, weder für den Fallgeber, noch für die Personen, die sich dazu bereit erklären, sich aufstellen zu lassen. Dies ist das Setting auch für den folgenden Fall.

Fall VI (Sophia): Alle gehören zum System

Ein Samstag Nachmittag im Frühjahr 2007. Eine 53-jährige Frau, Sophia,[123] stellt ihr Anliegen vor. Sie leide seit mehreren Monaten unter einer heftigen und unerklärlichen Depression, die mehr oder minder plötzlich eingesetzt habe. Was steckt dahinter, was könnten die Ursachen dafür sein? So ganz nebenbei erzählt sie, dass in ihrer Herkunftsfamilie trotz einiger Schicksalsschläge nie getrauert wurde. Besonders ihre Mutter sei dazu nicht in der Lage. Woran könnte dies liegen? Gibt es womöglich ein Tabu in ihrer Familie, von dem sie nichts weiß?

Aufgrund eines Vorgesprächs eine Woche zuvor empfiehlt die Leiterin, nur die mütterliche Seite ihres Herkunftssystems aufzustellen. Sie ermutigt Sophia, sich nun für sich und einige andere Familienmitglieder sogenannte Stellvertreter zu suchen. Sie solle gar nicht lange nachdenken, sondern die gewählten Personen zügig und eher intuitiv in der freien Mitte des Raumes so hinstellen, wie sie die Beziehungen der Familienmitglieder zueinander ehrlich empfinde. Alles darf sein, egal wie komisch vielleicht die Mitglieder zueinander stehen sollten.

Sophia sucht nun Stellvertreter für ihre Mutter, deren Eltern und für die beiden Brüder der Mutter aus. Die Vertreter lassen sich von Sophia bereitwillig im Raum herumschieben. Nach kurzer Zeit meint sie, dass es jetzt den wahren Zustand dieses Teils ihrer Herkunftsfamilie darstelle, zumindest aber die Verhältnisse, so wie sie diese empfinde. Die Therapeutin bittet sie nun noch, eine Vertreterin für sich selbst zu suchen, diese auf ihren Platz im Raum zu stellen und dann aus dem Kreis in der Mitte herauszugehen. Danach ist Sophia für das weitere Geschehen ausschließlich Beobachterin.

Auch wenn man keine Ahnung von oder Erfahrung mit Familientherapie hat, so ist es jedem Teilnehmer sofort klar, dass in dieser Familie etwas »schräg« sein muss. Etwas ist in Disharmonie. Denn die Vertreter der Großeltern von Sophia sind mehrere Meter auseinander. Alle drei Stellvertreter der Geschwister, ihre Mutter und deren beide Brüder, stehen zwischen den Großeltern, ihre Mutter ist ganz nahe beim Großvater von Sophia, also beim Vater ihrer Mutter und ziemlich weit weg von deren Tochter Sophia, der Fallgeberin. Am auffälligsten aber ist, dass die Vertreterin der Großmutter in völlig umgekehrter Richtung zu den anderen Familienangehörigen dasteht und in die Ferne starrt. Die Vertreterin von Sophia selbst ist hingegen ganz nah bei der Großmutter und blickt ebenfalls in die Ferne, gerade so, als ob die übrigen Familienmitglieder gar nicht existieren würden.

Aufgrund ihrer langjährigen Erfahrung ist der Leiterin klar, dass es hier Tote geben muss. Großmutter und Enkelin schauen deshalb in die Ferne, sie werden durch eine unsichtbare Kraft aus ihrer eigenen Familie herausgezogen, weil es offensichtlich noch eine starke (Ver-)Bindung zu anderen Familienangehörigen gibt, die bisher in der Aufstellung gar nicht sichtbar sind. Es ist bei dieser Methode der Familienaufstellung üblich, Stellvertreter von Toten auf den Boden zu platzieren. Sofort erklärt sich ein Teilnehmer bereit, sich stellvertretend für diesen noch unbekannten Toten auf den Boden zu legen. Seltsamerweise hat diese Maßnahme nicht die erwartete Wirkung – nämlich die, dass etwa die Großmutter in ihrem starren Blick auftauen würde. Ihre Stellvertreterin blickt immer noch in die Ferne als sei nichts passiert.

Erst als sich weitere fünf (!) Personen in der Nähe der Großmutter-Stellvertreterin auf den Boden legen, bekommt die Großmutter langsam weichere Züge, kann aber den Blick noch immer nicht ab- und ihrer offiziellen Familie zuwenden. Denn dies wäre bei solch einer Familienaufstellung ein Aspekt einer heilenden Lösung. Es muss sich offensichtlich um mehrere Tote handeln, weil es mehrerer Stellvertreter bedarf, die sich auf den Boden legen müssen.

Dieser ganze Vorgang dauert nun schon über zwei Stunden. Wer könnten die unbekannten, im Familiensystem offensichtlich verdrängten Toten sein? Sophia hat (noch) keine Ahnung. Langsam dämmert es ihr jedoch während der Aufstellung immer mehr, dass es sich bei ihrer Depression um eine verschleppte Trauer ihrer Mutter handeln könnte. Aber dann würde ja sie, stellvertretend für ihre Mutter, deren nicht gelebte Trauer als Depression zu spüren bekommen – um eine Generation weiter geschoben. Dies würde auch erklären, warum sie nicht bei ihrer Mutter, sondern vielmehr bei der Großmutter steht und mit ihr zu den unbekannten Toten schaut.

Als die Leiterin schließlich Sophia bittet, selbst ihren Platz in der bestehenden Aufstellung einzunehmen, verstärkt sich in ihr diese Ahnung einer stellvertretenden Trauer. Im Sinne der kollektiven Systemgesetze der Familie erscheint dies logisch, wonach ein nachfolgendes Mitglied eine entstandene Leerstelle einnimmt und eine Funktion stellvertretend erfüllt. Wenn wirklich zutrifft, was die Aufstellung ergeben hat, dann ist die Mutter von Sophia in ihrer »Trauerarbeit« ausgefallen. Darum ist die Fallgeberin Sophia, die Tochter, eingesprungen und darum hat es sie mit der Depression – einer unbewussten, nicht offen gelebten Trauer – kräftig erwischt. Um wen aber hätte getrauert werden müssen? Oder anders ausgedrückt: Um welche Verstorbenen könnte es sich denn handeln, deren Schicksale im System bisher völlig im Dunkeln blieben? Dies kann jetzt in der Familienaufstellung selbst natürlich nicht mehr geklärt werden. Darum wird sie an diesem Punkt beendet.

Meine Bekannte ermutigt Sophia, den »Ergebnissen« der Aufstellung in den nächsten Tagen und Wochen weiter nachzugehen und alle Informationen einzuholen, die sie dazu erhalten kann. Hier könnte ein Schlüssel zur Deutung ihrer Depression liegen und von hier aus könnte dann auch die Heilung der Depression erfolgen, sobald die eigentlichen Ursachen ihrer Entstehung gefunden und beseitigt wären. Da Sophia bereits weiß, dass ich mich schon jahrelang mit »Ahnenarbeit« beschäftige, bittet sie mich um Rat bei dem ihr nun bevorstehenden Prozess. In mehreren Telefongesprächen nach dem Ritual der Familienaufstellung gebe ich aus eigener Erfahrung einige Anregungen, erfahre aber gleichzeitig ausführlich von der weiteren Entwicklung dieses »Falles«, der sich für mich immer unglaublicher anhört. Im wahren Leben kann eben doch sein, was man sich kaum vorstellen kann. Sophia erzählt mir einige Wochen später folgendes:

Da ihre Mutter vollkommen mauerte und richtig aggressiv wurde, sobald sie diese nach etwaigen Toten in deren Familie fragte, wandte sie sich an einen ihrer Onkel, einem viel älteren Bruder ihrer Mutter. Anscheinend hatte dieser weniger Probleme damit und er war auch bereit, endlich das auszupacken, was anscheinend bisher ein Familientabu gewesen war. Von ihm erfuhr sie, dass ihre längst verstorbene Großmutter nicht drei, sondern zweiundzwanzig (22!) Kinder geboren hatte. Einige starben noch im Kindsbett. Die meisten von ihnen waren jedoch Abgänge, Frühgeburten also, und waren daher nicht lebensfähig.

Da für solche Fälle, wie weiter oben bereits beschrieben, vor etwa 80 Jahren in Ostbayern und anderswo kein offizielles Beerdigungsritual vorgesehen war, wurden diese Föten still und heimlich irgendwo im Garten vergraben. Man fürchtete anscheinend um die Schande im Dorf. Außerdem galten solche tot geborenen und daher ungetauften Embryos als »in Erbsünde verhaftet geblieben«, so dass ihre Seelen nach damaliger ländlich-katholischer Vorstellung und je nach Gegend auf ewig in einem »Vorhimmel« oder auch in einer »Vorhölle« »hängen« blieben, ohne jemals wirklich ins Leben gekommen zu sein. Eine Wiedergeburt ist ja nach christlicher Auffassung nicht vorgesehen, die eine solche Seele womöglich wieder aus diesem misslichen Zustand befreien könnte.

Für Sophia war dies zunächst unfassbar. Sie war bisher davon ausgegangen, dass es, ihre Mutter mitgerechnet, nur drei Geschwister gibt. Aber dann mussten ja damals 19 Kinder gestorben sein! Daher also offensichtlich ihre Depression. Dies wundert sie jetzt nicht mehr. Denn gerade weil man zur Zeit ihrer Großmutter dazu neigte, eine Frühgeburt zu vertuschen, um nicht zu viel Gerede im Dorf ausgesetzt zu sein, fand damals auch keine richtige Trauer statt – nicht bei ihrer Großmutter selbst und nicht in ihrer Familie. Von einem angemessenen Beerdigungsritual ganz zu schweigen. Wie hat die Großmutter damals nur all die toten Kinder seelisch verarbeiten können? Wie hat sie dies ausgehalten? Aus Sicht der Familientherapie blieben die toten Kinder ungewürdigt. Damit wurde in der Familie der Großmutter offensichtlich gegen das oben beschriebene Systemgesetz der »Zugehörigkeit« verstoßen. Es geht dabei natürlich nicht um einen moralischen Vorwurf. Vielleicht waren die Großeltern damals gar nicht in der Lage zu trauern, da es über viele Jahre ja nur Tod in ihrem Hause gab. Dies alles ist jedoch aus Sicht der Systemgesetze unwichtig. Diese sorgen dafür, dass zumindest nachträglich der Fall geregelt wird.

Es geht nicht darum, ob die Großeltern etwas falsch gemacht haben. Es geht auch nicht mehr um die Umstände, die zum Tod all der Kinder geführt haben. Für die ungewürdigten, verdrängten und vergessenen Kinder geht es jetzt einzig und allein darum, dass sie endlich dazu gehören dürfen. Und dass ihr tragisches Schicksal von den Nachgeborenen gesehen und gewürdigt wird. Nicht mehr, aber auch nicht weniger. Offensichtlich war Sophia, ohne dies zu ahnen, systemisch bereits derart verstrickt in diesen Fall, dass sie durch eine Depression lahmgelegt wurde. Wie aber sollte nun eine Lösung herbeigeführt werden?

Der erste Teil einer Lösung ist schon geschehen: Die Existenz der toten Kinder, die aus Sicht von Sophia Brüder und Schwestern der Mutter und gleichzeitig ihre Onkel und Tanten, somit sehr nahe Verwandte, sind, war ja bereits bei der Familienaufstellung ans Licht gekommen. Was könnte Sophia nun aber noch für die längst Verstorbenen tun? Ihr Fall erinnert mich sehr an den Tod meiner eigenen drei Onkel und an die Rituale, die ich dann auf Friedhöfen für sie durchführte.[124] Diese Situation erinnert jedoch auch an die weiter oben erläuterte Überzeugung Malidomas, wonach es die Pflicht der Nachgeborenen ist, etwas für die Ahnen zu tun, damit denen endlich spirituell geholfen wird und damit das betroffene Familienmitglied wieder in Frieden leben kann. Sophia, die ja wieder gesund werden und aus ihrer Depression herauskommen wollte, nahm die Angelegenheit sehr ernst und ließ sich vom Schicksal ihrer Ahnen anrühren. Hier ihr weiterer Bericht:

Heilende Rituale in der Gnadenkapelle zu Altötting

»Einige Wochen nach der Familienaufstellung fuhr ich mittags mit dem Auto nach Altötting. Ich war also zu einer Art von ganz persönlicher Wallfahrt unterwegs. Bis dahin hatte ich mit dem ganzen Wallfahrtswesen nichts anfangen können. Meine Intuition sagte mir aber, dass ich diese in Kreisen der katholischen Bevölkerung weit verbreitete und bekannte Tradition nun gleichsam als ein ›schamanisch-spirituelles Werkzeug‹ für mein Anliegen nützen sollte.

Im Gegensatz zum österreichischen Wallfahrtsort Mariazell ist der große Platz im Zentrum von Altötting seltsamerweise all die Jahrhunderte frei geblieben. Er wurde nicht etwa mit einer großen Kirche zugebaut. Solche Kirchen entstanden vielmehr um den Platz herum – zum Beispiel die Stiftskirche mit dem Tillygrab. Die bis zu 2000 Personen fassende Basilika liegt sogar mehr als hundert Meter vom Platz entfernt. Auf diesem selbst befindet sich nur eine kleine Kirche, die sogenannte ›Gnadenkapelle‹. Sie gilt jedoch als ›das‹ Herz Altöttings. Ein Gläubiger, mit dem ich auf dem Platz vor dem Kirchlein ins Gespräch gekommen war, bezeichnete die Gnadenkapelle sogar als ›größten spirituellen Staubsauger Bayerns‹. Tatsache ist, dass sich von den alljährlich etwa einer Million Besuchern so ziemlich alle in diese kleine Kirche zwängen.

Als ich den Rand des Platzes betrat und die schlichte Gnadenkapelle sah, spürte ich sofort ein Ziehen im Magen. Anscheinend werden Platz und Kapelle auch durch die Besucher derart aufgeladen, dass hier in den vergangenen Jahrhunderten ein echter Kraftplatz entstanden ist, der nur noch mit einigen anderen großen europäischen Wallfahrtsorten verglichen werden kann. Warum ist dies so? Diese Frage kann ich nicht beantworten. Nun aber zog es mich vom Platz direkt hinein in die offene Kapelle, die in dem überdachten äußeren Rundgang, sowie im Innenraum vollkommen mit Votivtafeln dankbarer Menschen vollhängt, denen Maria in ihrer Not geholfen hat. So steht es zumindest auf den meisten Tafeln geschrieben.

In der Kapelle haben nur etwa 50 Personen Platz. Das eigentliche Herz des Kirchleins befindet sich jedoch im von der übrigen Kirche abgetrennten noch kleineren Altarraum, der nur durch das

Licht vieler Kerzen und durch eine matte Lampe beleuchtet wird. Er ist vollkommen in Schwarz gehalten. Nur die mit schönen Kleidern geschmückte Madonnenfigur, sowie die in Silberschmuck gefassten Herzen Bayerischer Könige in Vitrinen an den Wänden vermitteln den Eindruck eines wertvollen Schreins. Die Marienfigur, geschnitzt aus dunklem Holz, vermutlich schon 800 Jahre alt, trägt seit langem die Bezeichnung ›Schwarze Madonna von Altötting‹.

In dem kleinen Altarraum, der höchstens 20 Personen fassen kann, herrschte an jenem Nachmittag während der Woche eine sehr ruhige, andächtige Stimmung. Geräusche gab es nur, wenn neue Besucher kamen oder andere die Kapelle über den kleinen Seitenausgang wieder verließen. Meist waren nur etwa zehn Personen gleichzeitig anwesend. Instinktiv nahm ich auf einer der wenigen Sitzbänke Platz. Von hier aus konnte ich der Madonna von der Seite her direkt ins Gesicht schauen. Gleichzeitig konnte ich beobachten, was nur zwei oder drei Meter von mir entfernt vor dem Altar passierte. Viele Gläubige kamen herein, knieten sich dann direkt vor der Madonna nieder und schauten mit Inbrunst zu ihr auf. Vermutlich hatten all die Personen, die länger blieben und nicht aus reiner Neugierde und nur für kurze Zeit im Altarraum verweilten, ein Anliegen mit dabei, das sie jetzt im stillen Gebet vor die Schwarze Madonna brachten. Diese völlige Hingabe an die Madonna, die für mich ein Symbol der Göttlichen Mutter, ja des Göttlichen überhaupt darstellt, diese Bereitschaft, hier alle Lasten abzugeben und Maria um Hilfe zu bitten, beeindruckte mich immer mehr, je länger ich an diesem wirklich spirituellen Ort verweilte. Ich blieb mindestens zwei Stunden lang auf der Bank sitzen. Ich werde diese Zeit nie mehr vergessen.

Denn irgendwann wurde ich in die Figur förmlich hineingezogen. Ich hatte das Gefühl, mit der Madonna zu verschmelzen, die aufgrund ihrer Dunkelheit alle Sorgen und allen Seelenmüll in sich aufnehmen konnte[125], den die Leute ihr brachten. ›Schwarze Emotionen‹ zur ›Schwarzen Madonna‹! Das passt zusammen. Offensichtlich kannte sie längst alle Probleme der Menschen, denn vermutlich wurde hier schon seit Jahrhunderten alles abgeladen, was es bei Menschen geben kann: Sorge um die Kinder und um die Familie, Egoismus, Schuld, auch Schuld aufgrund eines Mordes, Ängste, innigste Bitten um Hilfe etwa bei Krankheiten und Ope-

rationen, Fürbitten für Verstorbene, sicher auch Dankbarkeit und vieles mehr. Ich bekam immer mehr das Gefühl, dass die Madonna einfach tiefes Verständnis und Mitgefühl für alles hat. Man kann ihr alle Anliegen und Sorgen ungeniert bringen, muss sich deswegen nicht mehr rechtfertigen oder gar schämen. Ich gab alle Kontrolle meines aufgeklärten Verstandes auf, wonach dies doch alles nur Einbildung sei. Ich folgte vielmehr meiner Intuition und durfte feststellen, dass sich mein Herz an diesem Kraftort vor der Madonna nach einiger Zeit sperrangelweit öffnete.

Nun geschah etwas mit mir, was bei dem Ritual der Familienaufstellung noch nicht möglich war. Ich konnte plötzlich in einem inneren Bild meine Großmutter und alle ihre 19 toten Kinder ›sehen‹, die aber nicht tot, sondern lebendige Babys waren. Ich sah diese Kinder als kleine, unschuldige, hilflose Wesen. Und meine längst verstorbene und meist sehr gefühlsarme Oma ›sah‹ ich nun sehr lebendig. Sie drückte alle ihre Kinder an ihre Brust. Dies war ein so ergreifendes Bild, dass ich ganz leise in mich hineinzuweinen begann. Ich schämte mich jedoch nicht vor den anderen Besuchern, sondern gab diesem tiefen ›Angerührtsein‹ freien Lauf – endlich. Ich freute mich mit meiner verstorbenen Großmutter über all ihre Kinder, fühlte mich ihr sehr nahe und bekam nun ein solch tiefes Mitgefühl für meine Onkel und Tanten, von deren Existenz ich bis vor einigen Wochen noch gar nichts gewusst hatte.

Ich glaube, das Entscheidende und eigentlich schon Heilende fand an jenem Nachmittag im Herzen der Gnadenkapelle statt: Ich bekam eine tiefe Verbindung zu meiner Großmutter und mehr noch zu meinen Onkeln und Tanten, den unbekannten Geschwistern meiner Mutter. Ich fühlte einen intensiven Strom der Liebe für sie und fühlte mein Herz plötzlich riesengroß. Es war darin offensichtlich Platz für alle 19 Kinder. So etwas hatte ich noch nie zuvor erlebt. War es überhaupt noch mein eigenes Herz? Oder war ich so mit dem Herzen der Madonna verschmolzen, dass ich gar nicht anders konnte als mein Herz zerfließen zu lassen? Das war mir in dieser Situation vollkommen egal. Ich weinte vor Trauer und vor Glück, ich fühlte mich tief berührt und verbunden mit diesen Ahnen, die mir jetzt so nahe waren. Und plötzlich wusste ich, was ich zu tun hatte. Ich wollte etwas für all diese Toten tun, die ich soeben ganz lebendig in dem inneren Bild gesehen hatte.

Gott sei Dank konnte ich im nahegelegenen Franziskanerkloster einen der Patres erreichen, der für die Betreuung der Gnadenkapelle zuständig war. Jeden Morgen um 6.00 Uhr wird dort eine Heilige Messe abgehalten. Man kann bei ihm ›Mess-Intentionen‹ aufgeben. Ich erklärte ihm die Situation in der Herkunftsfamilie meiner Mutter und bat ihn, Messen für diese Frühgeburten und für die bald nach der Geburt verstorbenen Kinder zu lesen. Hier erfüllte sich wieder einmal das Sprichwort ›Wer zahlt, schafft an!‹ Denn der Priester musste mir versprechen, bei den bei ihm nun bestellten Messen sowohl meinen Namen als Auftraggeber und meinen Wohnort zu nennen, als auch die jeweilige Intention zu nennen. Hier ein Beispiel: ›Sophia aus München bittet um Heilung für das zu früh gestorbene Kind Nummer sieben ihrer Großmutter‹. Obwohl diese sehr konkrete Bitte etwas ungewohnt war, so hatte der Pater dafür vollstes Verständnis. Er sagte mir, dass er schon so ziemlich alles an Anliegen erlebt habe, was es überhaupt unter Menschen geben könne. Bei ihm würden die Menschen sehr ehrlich, wenn sie eine Messe bestellten. Es galt ja höchste Diskretion, wenn man es wollte. Man konnte auch eine Messe nur ›nach Meinung‹ des Auftraggebers bestellen, bei der nur der Gläubige selbst wusste, wofür die Messe sein sollte.

Für mich war es aber nun wichtig, mich zu meinen Verwandten in dieser kleinen Öffentlichkeit einer Frühmesse in der Gnadenkapelle zu Altötting zu bekennen. Das war ich doch meinen Verwandten schuldig. Die armen Seelen hatten ja nie ein Beerdigungsritual und damit eine Würdigung bekommen. Anscheinend fordert jedoch das oben erwähnte Sippengewissen genau das. Mit je einer solchen Messe wurde nun jedes der toten Kinder in das Familiensystem hereingenommen. Vielleicht war es genau das, was diese Seelen wollten, die ich kurz zuvor in der Gnadenkapelle als höchst lebendig ›gesehen‹ hatte. Aufgrund der tiefen Verbindung, die ich soeben zu ihnen bekommen hatte, konnte ich gar nicht mehr anders, als für sie etwas ›Spirituelles‹ zu tun. Und für tote Seelen, die nicht zur Ruhe gekommen sind, scheint eine Heilige Gedenkmesse ihnen zu Ehren wie die Nahrung, die Essenz, die ›spirituelle Substanz‹ zu sein, die sie benötigen, um den Weg hinüber in die geistige Welt doch noch bewältigen zu können. Erst durch solch eine Messe, die zugleich den Charakter einer nachträglichen Totenmesse hatte, wussten die

Seelen, dass sie jetzt gehen und die lebenden Familienmitglieder verlassen durften. So fühlte es sich jedenfalls nun für mich an.

Bereits am nächsten Tag begann der Priester mit den Messen für meine Angehörigen – 19 Tage lang jeden Morgen um 6.00 Uhr eine. Ich selbst stand jeden Morgen früh auf, zündete ein Teelicht an und setzte mich in meinem Wohnzimmer pünktlich um 6.00 Uhr hin zur Meditation. Dabei stellte ich mir jeweils das verstorbene Kind vor, das in der Reihenfolge eben an diesem Tag dran war. Ich sagte ihm, dass es nun einen guten Platz in meinem Herzen hätte. Ich bat das Göttliche, diese Seele in das göttliche Licht hinüberzugeleiten und ihm dort einen wunderbaren Platz in Liebe, Frieden und Harmonie mit seinen Geschwistern und Eltern, meinen Großeltern, zu bereiten. Dabei spürte ich, dass ich immer mehr in einen Zustand des inneren Friedens und des Mitgefühls kam. Ich selbst also wurde jetzt bei dem ganzen Geschehen zu Ehren meiner Ahnen am meisten beschenkt.

Am 18. Tag gingen meine Depressionen weg. Und sie kamen seither nie mehr! Was keine Medikamente und keine Gesprächstherapie bewirken konnte, geschah in der Gnadenkapelle und während der ›Heiligen Gedenkmessen‹. Ich war so voll Dankbarkeit, dass ich beschloss, bald nochmals nach Altötting zu fahren und dort eine große Kerze in guter katholischer Tradition und mit der Aufschrift gläubiger Volksfrömmigkeit ›Maria hat geholfen‹ zu spenden. Nun hatte ich etwas Grundsätzliches darüber verstanden, wie systemische Heilung ablaufen, vor allem aber, was heilen kann. Für mich spielte es dabei überhaupt keine Rolle, wie in der katholischen Kirche vielleicht dogmatisch über die ›Mutter Maria‹ gedacht wird. Für mich war die Gnadenkapelle mit der Schwarzen Madonna der Ort, an dem ich der Göttlichen Mutter in welcher Form auch immer begegnen konnte und wo sich mein Herz zu öffnen und mein Mitgefühl zu fließen begannen. Dies allein war für mich entscheidend.«

Soweit der anrührende authentische Bericht über die Erlebnisse von Sophia. Lieber Leser, ich möchte Sie dazu ermutigen, selbst zu diesem magischen und spirituellen Ort zu fahren und dort alles hinzutragen, was Sie vielleicht belastet. Womöglich dürfen auch Sie dort die Erfahrung machen, dass in Ihrem Herzen etwas zu fließen beginnt.

Dieses Kapitel soll nun noch mit der Vorstellung der Arbeit der polnischen Geistheilerin Wanda Pratnicka abgerundet werden. Sie gehört eigentlich bereits ins nächste Kapitel, der spirituellen Heilung. Weil sie sich aber auf die Heilung von Patienten spezialisiert hat, die von den Totengeistern verstorbener Verwandter besetzt waren und deswegen heftige Symptome zeigten, weil es also auch bei ihr um eine bestimmte Form von systemischer Arbeit und um Ahnenarbeit geht, soll ihr Wirken an dieser Stelle zur Sprache kommen.

(4) Die Sicht der polnischen Heilerin Wanda Pratnicka

Die polnische Heilerin Wanda Pratnicka, drei Jahre nach Kriegsende geboren, erkannte schon sehr früh, dass sie anders war als ihre Altersgenossen. Sie hatte das sogenannte »zweite Gesicht« und konnte dagegen nichts machen. Sie spürte Unfälle im voraus, die dann später tatsächlich passierten und »sah« andere Menschen, wo andere Personen nichts wahrnehmen konnten. Niemand wollte ihren Fähigkeiten glauben, auch ihre Eltern nicht. Sie hatten Angst, dass man ihre Tochter für verrückt erklären könne. Ja, so ist es heute in westlichen Ländern. Was bei traditionellen Völkern wie im Fall des Dagara-Stammes von Malidoma eine Selbstverständlichkeit ist, gilt bei uns Europäern eher als psychotisches Krankheitsbild oder als Halluzination: nämlich die Fähigkeit, in die »andere«, geistige Welt schauen zu können.

Es dauerte viele Jahre, bis Wanda ihre übersinnlichen Fähigkeiten, die sie anscheinend von Geburt an in sich trug, in einer ablehnenden Umgebung selbst akzeptieren und dann mit diesen Fähigkeiten heilend arbeiten konnte. Sie versteht ihr Tun ausschließlich im Sinne der göttlichen Liebe, die Heilung zu den Menschen bringen will, die dafür offen sind. Da sie sehr leicht die umherirrenden und unerlösten Geister von Verstorbenen ähnlich wie Lebende »sehen« kann, hat sie sich darauf spezialisiert, Menschen von an ihnen »dranhängenden« Totengeistern zu befreien und diesen Energien dabei zu helfen, endlich durch den »spirituellen Vorhang« in die andere, in die göttliche Welt des Lichts und der Liebe, gelangen zu können.

Diese Totengeister sind meist die Seelen von verstorbenen Angehörigen, die es versäumt haben, in die andere Welt hinüberzugehen oder die in ihrem Bewusstsein gar nicht wahrgenommen haben, dass sie überhaupt gestorben sind. In diesem Fall kann es passieren, dass die Seelen dieser Verstorbenen an ihren lebenden Nachfahren hängen und ihnen die Energie aussaugen. In ihrem autobiographischen Buch »Von Geistern besessen« spricht sie selbst über sich und ihre Ahnenarbeit:

»Ich bin ein Laie und ich helfe Menschen und Geistern auf meine eigene Art und Weise. Sowohl für die einen, als auch für die anderen bin ich eine Seelentherapeutin. Ich helfe den Menschen, sich von Geistern zu befreien, aber auch vielen Geistern von den Menschen. Den Geistern, die bereit sind, jedoch gleich nach dem Tod noch nicht entschlossen waren, helfe ich, zur anderen Seite (in den sogenannten ›Himmel‹, zur anderen Seite des Todesvorhangs) zu gelangen. Den Geistern, die nicht wissen, was sie machen sollen, helfe ich, eine Entscheidung zu treffen. Manchmal braucht man lange Zeit, um die Wunde zu heilen, die den Geist hier bleiben ließ. Wenn er das versteht und sich selbst sowie den anderen verzeiht, geht er freiwillig fort ... Geister sind manchmal die Ursache dafür, dass Menschen schwer krank sind und sogar sterben. Sie können auch der Grund dafür sein, dass viele Sachen schief gehen, dass Menschen streiten und bisweilen sogar einander oder sich selbst töten.«[126]

Vereinfacht kann man ihre Sicht der Dinge vielleicht so zusammenfassen: Beim Tod trennt sich die Seele, auch »Totengeist« genannt, vom Körper. Der Ort des Totengeistes ist eigentlich der göttliche Raum des Lichts, des göttlichen Bewusstseins und der göttlichen Liebe, es ist also ein Sein in einer göttlichen Sphäre. Beide Welten – die Realwelt der Lebenden und die geistige Welt der Toten – sind in der Vorstellung der Heilerin durch eine Art von geistigem Vorhang getrennt, den die Seele nach dem Tod des Körpers durchschreiten muss. Nach Ansicht von Frau Pratnicka ist es eine bewusste Entscheidung jeder Seele, den Bereich der Lebenden und der Realwelt zu verlassen und »zur anderen Seite des Todesvorhangs«[127] hinüberzugehen.

Schwierig wird es immer dann, wenn eine Seele diesen Übergang nicht schafft oder sich sogar weigert, ihn zu machen, sondern weiterhin in der Realwelt bei den Lebenden verweilen will. Dann haben sensible Menschen manchmal das Gefühl, dass hier Totengeister »umgehen«. Aus Sicht der Heilerin ist dies ziemlich oft der Fall und auch richtig ausgedrückt. Denn solche Seelen hängen sich meist an irgendeinen der lebenden Verwandten, vor allem an die Personen, die besonders liebevoll, sensibel und offen sind. Diese zeigen dann häufig verschiedenste Symptome, deren schulmedizinische Behandlung meist ziemlich sinnlos ist, weil bei einer rein körperlichen Betrachtung einer so bedingten Krankheit die wahren Ursachen dafür nicht erkannt werden können. Solche Seelen sind oft wie Energievampire. Wenn das eigentliche Problem – nämlich eine »arme umherirrende Seele« – über einen längeren Zeitraum nicht erkannt wird, kann die vom Geist betroffene Person aufgrund des permanenten Energieentzugs (geschwächte Abwehrkräfte!) beispielsweise Krebs bekommen und sogar deswegen sterben.

Auf die Frage, warum so viele Seelen hier bei den Lebenden bleiben, meint Frau Pratnicka: »Leider gehen die meisten Seelen, die ihren physischen Körper verlassen haben, nicht zur anderen Seite des Todesvorhangs über. Was noch schlimmer ist – ständig nimmt die Anzahl der Seelen zu, die zwischen dem Himmel und der Erde schweben, die sich aus irgendwelchen Gründen nicht dazu entschlossen haben, zu Gott zu gehen.«[128] Die Heilerin nennt anschließend – ausgehend von ihren Erfahrungen mit den Ahnengeistern Tausender von Klienten – einleuchtende Gründe dafür, warum Totengeister die Lebenden nicht verlassen und nicht in die göttliche Sphäre hinübergehen wollen. Hier einige Beispiele dafür:

- Manche Sterbende haben Angst vor dem, was nach dem Tod kommen könnte. Deshalb halten sie sich als Totengeister krampfhaft an ihren lebenden Angehörigen fest.
- Anderen fällt es deswegen schwer, die Erde zu verlassen, weil sie Angehörige zurücklassen müssen, für die sie ihrer Meinung nach weiterhin sorgen müssten.
- Auch die lebenden Angehörigen wollen die sterbende, scheidende Seele nicht wirklich gehen lassen und halten sie geistig-energetisch fest, weil sie Angst davor haben, im weiteren Leben allein zu sein.
- Manche Seelen waren zu Lebzeiten so mit materiellen Dingen, mit Karriere und Macht beschäftigt und mit Süchten wie Alko-

hol, Drogen, Essen, Sex oder Glückspiel verhaftet, dass sie sich – zumindest energetisch gesehen – nicht einmal im Tod davon lösen können. Oft bekommen gerade solche Seelen in ihrem Bewusstsein gar nicht mit, dass sie die Form gewechselt haben und gar nicht mehr in ihrem materiellen Körper wohnen.
- Wieder andere Seelen fühlen sich, begründet oder auch nur eingebildet, derart schuldig, dass sie einen Horror davor haben, ins göttliche Licht zu gehen. Sie können sich einfach nicht vorstellen, dass Gott die reine Liebe ist und sie, so wie sie sind, dennoch annimmt. Dann bleiben sie lieber in der ihnen vertrauten Sphäre der Materie und der Lebenden.[129]

Gerade zum letzten Punkt bemerkt Frau Pratnicka folgendes: »Ein anderer Grund, aus dem die Seelen nicht ins Licht gehen, ist die Tatsache, dass sie sich vor der Strafe für ihre Taten fürchten. Ihre Sünden sind manchmal so winzig, aber zu Lebzeiten glaubten sie an einen strengen, nachtragenden und strafenden Gott. Jetzt fühlen sie sich unwürdig, die Gnade der Vergebung zu erlangen. Obwohl sie in den ersten Momenten nach ihrem Hinscheiden eine herrliche Begleitung erwartet, bestehend aus ihren verstorbenen Nächsten, ihren Geistigen Führern, sowie dem liebenden Licht, wenden sie sich davon ab und weigern sich, weiter zu gehen. Sie glauben einfach nicht, dass Gott ihnen die Sünden vergeben könnte. Dieses Denken ergibt sich daraus, dass sie sich selbst nicht verzeihen können.«[130]

Mit fatalen Folgen für die lebenden Angehörigen, könnte man sagen. Und hier setzt die Heilerin an. Sie versucht, wenn Klienten sie um Hilfe bitten, Kontakt mit diesen Totengeistern aufzunehmen, die offensichtlich noch am Energiesystem der Angehörigen hängen. In diesem Fall muss sie etwa den Verstorbenen klar machen, dass Gott reine Liebe ist und natürlich auch sie annehmen will. Die Heilerin muss somit nachträgliche Bewusstseinsarbeit für bereits verstorbene Seelen machen, bis diese ihren Horror vor dieser »anderen Sphäre« abbauen können und bereit sind, die Lebenden zu verlassen und »hinüber« zu gehen.

Wendet man diese Vorstellungen auf den oben geschilderten Fall von Lukas' tot geborener Schwester an, dann könnten womöglich zwei Gründe angeführt werden, warum die Schwester noch nicht »drüben« war. Einmal bestand in der Familie eine Blockade. Niemand hatte öffentlich um das kleine Mädchen getrauert. Ein richtiger Abschied durch die Lebenden fand womöglich auch deshalb nicht statt, weil sie von dem Tod so schockiert waren. Obwohl sie nicht über die Tote redeten, ließen die Familienmitglieder die Tote aber in Wirklichkeit nicht gehen. Erst bei einer echten Trauer kann ein Toter losgelassen und hergegeben werden.

Betrachtet man die Angelegenheit aus Sicht der Seele des toten Mädchens, so könnte man annehmen, dass sie bisher deshalb nicht durch den Todesvorhang hinübergehen wollte, weil niemand sie – etwa in einem öffentlichen Beerdigungsritual – gewürdigt, verabschiedet und dann hinübergeleitet hatte. Vielleicht konnte sie auch deshalb nicht zu ihrer Seelenwanderung aufbrechen, weil sie nie wirklich gelebt hatte. Also war sie tatsächlich in einer Zwischenwelt hängengeblieben. Nach der Gedenkmesse 33 Jahre später konnte die Seele offensichtlich dann doch noch hinübergehen und einen guten Platz im göttlichen Raum finden. Dadurch konnte auch die Familie ihrer lebenden Angehörigen endlich trauern und danach ihren Frieden finden.

Frau Pratnicka kann deshalb etwas für die verstorbenen Seelen tun, weil sie von der Existenz eines Raumes der göttlichen Liebe überzeugt ist, wohin alle Seelen nach ihrem Tod finden sollten. Hier noch einige ihrer Vorstellungen zu dieser Thematik:

- »Die Seele entscheidet auch darüber, wann und auf welche Weise sie ihre Inkarnation beendet. Sogar im Moment des Todes hat sie die Wahl, entweder verbleibt sie im physischen Körper und versucht ihr Problem zu lösen oder sie stirbt. Der Seele steht die Entscheidung zu, wann sie sterben, wohin sie gehen und welche Richtung sie einschlagen will. Sie hat einen freien Willen und niemand wird für sie entscheiden.«[131] Leider aber entscheiden sich bei weitem nicht alle Seelen dafür, nach dem Tod in die göttliche Welt hinüberzugehen.
- Über die Totengeister, die den Übergang durch den Todesvorhang in Richtung Himmel schaffen, meint sie: »Es gehen nur jene dorthin, die vertrauensvoll sind, die sich ihrer selbst, ihres Lebens und ihres Todes noch zu Lebzeiten auf der Erde bewusst waren. Sie waren ehrlich gegenüber sich selbst, ihren Nächsten und Gott. All jene sind bestimmt innerlich reife, zu Lebzeiten harmonische, mit sich selbst und mit der Welt versöhnte Seelen.«[132]

- Viele westliche Menschen fürchten sich deshalb vor dem Tod so sehr, weil sie ganz falsche Vorstellungen vom »Sein da drüben« haben. Die Heilerin meint, »...dass das Sterben ein fröhlicher Moment, ein Moment des Glückes ist, vor dem man nicht nur keine Angst haben, sondern ihn auch mit Freude erwarten sollte. Der Tod und die Geburt sind ein und dasselbe. Um auf der Erde geboren zu werden, müssen wir im Jenseits sterben. Und umgekehrt, um dort geboren zu werden, müssen wir hier sterben, aber es ist nichts anderes, als eine Umwandlung von einer Existenzform in die andere.«[133] Frau Pratnicka geht dabei ganz natürlich von vielen Inkarnationen unserer Seele und damit von einer Reinkarnation aus, jedoch ohne davon viel Aufhebens zu machen. Diese Ansicht klingt auch in dem folgenden Zitat an:
- »Wir alle gehören zu Gott und wir sind nicht zur Strafe auf die Erde gekommen, wie es manche Leute oder Religionen behaupten, sondern um in dieser irdischen Schule zu lernen ...Erst wenn wir begriffen haben, dass Gott uns in Wirklichkeit nie verlassen hat, verändert sich unser Leben dramatisch. Wir müssen uns nicht krampfhaft an allem festhalten, was wir kennen und ständig weiter kämpfen. Denn wir wissen bereits, dass es alle Dinge im Überfluss gibt, dass Gott die Fülle aller Existenz ist. Nach so einem erfüllten Leben kehren wir mit Freude in die Arme unseres Vaters zurück, und der Tod ist nichts anderes, als lediglich die Heimkehr.«[134]

Es geht also darum, dass Totengeister, die noch nicht erlöst sind und in der Welt der Lebenden und Angehörigen hängen geblieben sind, vom Energiesystem der Lebenden getrennt und anschließend durch den Todesvorhang in die geistige, in die göttliche Welt des Lichts, der Liebe und der höheren Bewusstheit hinübergeleitet werden. Dies bedeutet Frieden für die Lebenden und für die Toten. Dann liegt eine wohltuende Trennung zwischen beiden Seiten vor. Viele Krankheiten, die mit unerlösten Seelen zu tun haben, können auf diesem Weg geheilt werden.

Soweit in wenigen Zügen die Erkenntnisse der polnischen Heilerin.[135] Vor dem Hintergrund eines solchen Weltbildes und eines solchen Erfahrungswissens über Totengeister bekommt die systemische Arbeit, wie sie bei Familienaufstellungen und bei Ritualen zur Ahnenarbeit durchgeführt wird, ein klareres Bild, eine bessere Motivation und einen noch tieferen Sinn.

(5) Zusammenfassung:

1.

Unsere Schulmedizin, die sich vor allem auf körperliche Symptome konzentriert, ist wirkungslos, wenn ungeklärte familiensystemische Probleme vorliegen. In einem solchen Fall ist es lohnend, sich mit den eigenen Ahnen zu beschäftigen.

2.

Aus Sicht des Afrikaners Malidoma Patrice Somé hat die Unrast, die viele moderne westliche Menschen umtreibt, ihre Wurzeln in gestörten Beziehungen zu ihren Ahnen. Aus einer ungleichgewichtigen Beziehung zwischen Lebenden und Toten kann nur Chaos entstehen. Es ist möglich und notwendig, dass die Lebenden ihre Vorfahren heilen, um Harmonie in ihren Familien zu bekommen.

3.

Katholische Gedenkmessen für verstorbene Angehörige können machtvoll heilend sein. Offensichtlich bekommen dadurch Verstorbene, die noch nicht zur Ruhe gekommen sind, genau die spirituelle Nahrung, die sie für ihre Heilung benötigen.

4.

Das Beispiel von Lukas (Fall V) zeigt exemplarisch, warum die Seele seiner tot geborenen Schwester nicht ins Göttliche hinübergehen konnte. 33 Jahre nach ihrem Tod findet zum ersten Mal eine Gedenkmesse und damit ein würdiges Totenritual statt. Dieses ist heilend für die Schwester und für die ganze Familie.

5.

Die Methode des Familienstellens kommt von ihrer Grundidee her ursprünglich aus dem afrikanischen Stammesdenken. Danach ist die Familienordnung durch drei Grundregeln gekennzeichnet: Alle Familienmitglieder gehören zum System, die Älteren haben Vorrang vor den Jüngeren und es muss grundsätzlich einen Ausgleich zwischen allen Familienmitgliedern geben.

6.

Bei der Familienaufstellung von Sophia (Fall VI), die unter einer schweren Depression leidet, wird deutlich, dass es mehrere verdrängte oder vergessene Tote in ihrem Familiensystem geben müsse. Ein Verwandter lüftet auf Nachfrage endlich ein furchtbares Familientabu: Es gab noch 19 weitere, zu früh geborene oder bald nach ihrer Geburt gestorbene Onkel und Tanten von Sophia.

7.

Die Depression von Sophia wird geheilt, weil sie bereit für eine umfangreiche Ahnenarbeit ist. In der Gnadenkapelle zu Altötting, dem »größten spirituellen Staubsauger Bayerns«, weint sie um ihre verstorbenen Ahnen und vertraut sie der göttlichen Mutter an. Nach einer Reihe von Gedenkmessen verschwindet ihre Depression.

8.

Die polnische Heilerin Wanda Pratnicka ist von Geburt an hellsichtig. Erst als Erwachsene ist sie in der Lage, diese Fähigkeit als Geistheilerin für tausende von Patienten einzusetzen.

9.

Nach Ansicht von Frau Pratnicka schaffen es viele Seelen von Verstorbenen nicht, »auf die andere Seite des Vorhangs«, in die göttliche Sphäre des Lichts und der Liebe, zu gelangen. Sie bleiben in der Welt der Lebenden hängen und belasten und blockieren ihre Angehörigen als Energievampire.

10.

Frau Pratnicka sieht ihre Aufgabe darin, Kontakt zu den Totengeistern herzustellen und sie nachträglich von ihrer Erdgebundenheit zu heilen, so dass sie endlich ins Licht des Göttlichen hinübergehen können. Gleichzeitig werden dadurch die Lebenden von einer furchtbaren psychischen Last befreit.

Kapitel 6: Spirituelle Heilung – Bewusstseinsarbeit – Geistheilung

(1) Das Fehlen von Geistheilern in Europa

In Europa ist das Wissen um die Geistheilung und damit auch um die spirituelle Heilung fast vollständig verloren gegangen. Dies ist tragisch und hat vielfältige Konsequenzen. Ursachen dafür liegen einerseits in dem Denken der christlichen Kirchen, die vom Mittelalter bis weit in die Neuzeit hinein besonders sensitive, heilende Frauen in großer Zahl als Hexen oder als Ketzerinnen auf dem Scheiterhaufen verbrennen ließen. Da Menschen mit dem sogenannten »sechsten Sinn« oder mit der Fähigkeit des »zweiten Gesichts« große Angst haben mussten, deswegen von kirchlichen und staatlichen Behörden belangt zu werden, mussten sie ihre besonderen Fähigkeiten versteckt halten. Woher kam aber dieser »Hexenwahn«?

Kirchliche Sicht im Mittelalter wirkt bis heute nach

Ausgelöst durch Krankheiten wie die Beulenpest, auch »Schwarze Pest« genannt, suchte man besonders Ende des 15. Jahrhunderts nach Ursachen für diese Katastrophe, die in manchen Gegenden zur Dezimierung von bis zu 80 Prozent der Bevölkerung führte und der man hilflos und ohnmächtig gegenüberstand. In einer von Psychologen später als »kollektive Zwangsneurose« bezeichneten, durch die Kirchen geprägten Denkweise glaubte man die Gründe dafür vor allem im Unwesen von heilenden Frauen – den »Hexen« – zu erkennen.

Indem man gerade den Frauen, die etwa als Heilerinnen und Hebammen tätig waren, die Schuld für die unerklärlichen Epidemien zuschob, hofften die Verantwortlichen in Politik und Kirchen, die damals fast ausschließlich Männer waren, wieder das Heft in die Hand bekommen zu können. In den Hexenprozessen, in denen vor allem Frauen im Sinne des Hexenhammers[136] und im Auftrag der katholischen Inquisition so lange gefoltert wurden, bis sie alle abstrusen Vorwürfe von Verhexungen und Kontakten mit dem Teufel zugaben, hoffte man, die Pest und andere unabwendbare Naturkatastrophen wenigstens irgendwie deuten, beherrschen und kontrollieren zu können. Denn man glaubte, darin das Wirken Satans erkennen zu können. Man wollte mit den Hexenprozessen für diese schlimmen Ereignisse Schuldige benennen, die furchtbaren Auswirkungen etwa der Pest auf Sündenböcke ableiten und die Ursachen der Katastrophen damit wieder aus der Welt schaffen.

Die Folge war, dass die Tradition der geistheilerischen Fähigkeiten in Europa fast vollständig zum Erliegen kam. Geistheilung konnte somit, wenn überhaupt, nur noch im Verborgenen praktiziert werden. Damit geriet logischerweise ein Heilwissen immer mehr in Vergessenheit, das ursprünglich in allen traditionellen Kulturen und natürlich auch in Europa zu Hause war: die schamanische Fähigkeit, in eine »andere«, geistige Wirklichkeit zu reisen, deren Existenz als selbstverständlich neben der Realwelt angenommen wurde.

Sicher gab es früher in den Stammesgesellschaften gute und schlechte Schamanen, Medizinmänner oder Druiden, so wie es auch heute bessere und schlechtere Ärzte gibt. Grundsätzlich erwartete man jedoch von diesen »schamanischen« oder geistheilerischen Menschen Lösungen und Heilung bei den vielfältigen Schwierigkeiten, die das Leben mit sich brachte. Es war die weit verbreitete Auffassung bei indigenen Völkern, dass viele körperliche Probleme geistig verursacht waren. Daher mussten die Schamanen etwa in Trance-Sitzungen in diese andere, geistige Welt »reisen«, dort die Probleme und Blockaden finden, sie dort lösen und dann wieder in die Realwelt zurückkehren. Oft verstärkten zusätzlich heilende Substanzen diesen letztlich geistigen Heilungsvorgang. Rituale dienten einerseits sicher dazu, den Schmanen selbst in Trance zu versetzen, andererseits aber auch, um auf die Seele der Stammesmitglieder einzuwirken und deren Respekt vor dem Göttlichen, dem Heiligen, den Geistern und den Ahnen zu bezeugen und zu festigen.

Naturwissenschaftliche und medizinische Ursachen

Der zweite Grund, warum Schamanismus und Geistheilung in Europa praktisch vollkommen verschwunden sind, war die Aufklärung und eine bis heute gültige, rein naturwissenschaftlich orientierte Weltsicht. Damit verbunden ist der unbeirrbare Glaube an eine ausschließlich materielle Realität. Wie kam es dazu?

Spätestens seit dem Galilei-Prozess 1633 begann eine unheilvolle Trennung von Naturwissenschaft und Kirchen. Befeuert durch das äußerst erfolgreiche Newtonsche Weltbild[137] und etwas später durch die Aufklärung, erschien alles, was nicht mit naturwissenschaftlichen Methoden erfassbar war, erkenntnistheoretisch entweder höchst unwichtig oder gar als nicht existent. Höhepunkt dieser aufklärerischen Haltung war die philosophische Strömung des Positivismus, der um 1900 das Denken weiter Kreise von Naturwissenschaftlern und von sich als aufgeklärt und modern fühlenden Menschen bestimmte.

Aus dieser Sicht wurden jetzt nicht nur die von beiden großen Kirchen als abergläubisch und als heidnisch verurteilten Traditionen und Rituale von indigenen Völkern als unwissenschaftlich und damit als ungültig angesehen, sondern die Glaubenslehren der Kirchen selbst. Da die Naturwissenschaften schon rein methodisch atheistisch ausgerichtet sind und einen Gott oder eine jenseitige geistige Welt für die Erklärung naturwissenschaftlicher Zusammenhänge weitgehend ablehnen, erscheinen naturwissenschaftlich ausgerichteten Menschen etwa die im Neuen Testament als »Wunder« bezeichneten Geistheilungen Jesu heute als reine Einbildung der damaligen Zeitgenossen. Vor 2000 Jahren hatte man eben keine anderen Erklärungen, darum glaubte man an Gott, an Wunder, an eine geistige Welt.

Es mag vielleicht sogar tragisch erscheinen: Zuerst bekämpften die Kirchen alle schamanischen und geistheilerischen Fähigkeiten von Menschen, wenn deren Wirken nicht in eine enge kirchliche Dogmatik passte. Später lehnten wiederum die Naturwissenschaften und die Aufklärung insgesamt die Lehren der Kirchen ab, weil deren Vorstellungen von einem Gott und einem Jenseits naturwissenschaftlich nicht zu begründen sind. Natürlich haben in einer solchen materialistischen Haltung weder eine geistige, göttliche Welt noch eine Geistheilung einen Platz. Sie können mit einer rein naturwissenschaftlichen Sicht nicht eingefangen werden, in der nur die materielle Welt eine Rolle spielt.

Diese rein naturwissenschaftliche Sicht der Realität hat bis heute einen großen Einfluss auf die Medizin und auf das damit verbundene Vertrauen der Menschen in sie. An die Stelle von Schamanen und Geistheilern sind in Europa zunächst christliche und später rein naturwissenschaftlich-technisch ausgerichtete Ärzte der sogenannten Schulmedizin getreten. Eine andere, magisch-geistige Realität wird heute von vielen Ärzten und Patienten noch immer als gestrig, heidnisch, abergläubisch, als nicht beweisbar und deshalb als nicht existent und für überholt angesehen.[138]

Die Gründe für das Verschwinden der Geistheilung liegen somit auch in den spektakulären Erfolgen einer naturwissenschaftlich-technisch geprägten Medizin auf operativem Gebiet. Man könnte etwas ironisch dazu folgendes sagen: »Wir westlichen Menschen haben heute die Medizin, an die wir glauben. Und weil wir an die Technik glauben, haben wir auch eine technisch hochstehende Medizin.« Nur so ist zu erklären, dass sich viele Zeitgenossen eine Heilung vor allem von Operationen erhoffen, selbst wenn die Ursachen für die Probleme ganz woanders liegen. Kritiker sind der Auffassung, dass beispielsweise zwei von drei Rückenoperationen unnötig seien. Da aber die Krankenkassen den Krankenhäusern die meisten Operationen zahlen und diese vor allem wirtschaftlich ausgerichtet sind, sind Operationen heute ein großes Geschäft, unabhängig davon, ob sie dann auch die erwünschte Heilung bringen.[139]

Die gesetzlichen Krankenkassen zahlen in der Regel keine Heilmaßnahmen einer alternativ ausgerichteten Medizin. Rein körperliche Maßnahmen stehen im Mittelpunkt unseres Gesundheitssystems. Geistheilung ist in diesem System nicht erfassbar und hat daher auch keinen Platz. Ich kenne Menschen, die bis zuletzt nur auf schulmedizinisch-technische Maßnahmen vertrauten, sich den unangenehmsten Untersuchungen unterzogen und lieber litten und sogar starben, als sich auch nur einer homöopathischen Behandlung zu öffnen, geschweige denn familiensystemische Methoden oder gar den Gedanken an die Möglichkeiten einer Geistheilung zuzulassen. Das Vertrauen in unsere symptom- und körperorientierte Schulmedizin ist in weiten Teilen der Bevölkerung noch immer ungebrochen.

Natürlich haben sich die Naturwissenschaften und die westliche Medizin immer weiter entwickelt. Die Apparatemedizin kann auf bestimmten Gebieten heute wirklich große Erfolge verzeichnen. Bei chronischen Leiden versagt diese Medizin jedoch häufig. Viele Ärzte erklären eine schamanische Sichtweise mit der Annahme einer zweiten Realität oder Parallelwelt immer noch als Humbug. Auch viele Patienten sehen dies so. Wenn jemand jedoch aus dem System der Schulmedizin herausfällt und als unheilbar oder als »austherapiert« gilt, dann erst sucht manch Betroffener in seiner Panik und Not womöglich auch alternative Ärzte, Heilpraktiker oder Geistheiler auf. Schade eigentlich!

Oft ist es in solchen Fällen aber bereits zu spät. Denn die Einstellung des Patienten ist bei jeder Art von Heilung entscheidend: Er muss in seinem innersten Herzen bereit sein, sich heilen zu lassen und sich innerlich wirklich öffnen und vertrauen, selbst wenn dies nicht zu seiner bisherigen naturwissenschaftlich geprägten Einstellung passt, wonach es eine andere als die materielle Ebene gar nicht geben könne. Eine solche Haltung ist übrigens auch vor dem Hintergrund der heutigen Quantenphysik selbst bereits obsolet, die die Newtonsche Physik abgelöst hat. Das wollen jedoch die meisten unserer Zeitgenossen, die der Schulmedizin noch immer grenzenloses Vertrauen schenken, gar nicht wissen. Sie halten weiter daran fest, dass Pillen oder eine Operation letztlich alle Probleme lösen können.

Ich selbst vertrat lange Zeit genau diese Ansicht, wie ich im einleitenden Kapitel ausführlich dargelegt habe. Erst durch meine unlösbaren Knieschmerzen, durch Kontakt mit der amerikanischen Heilerin, durch die Begegnung mit Amma und dem afrikanischen Schamanen Malidoma, durch die Gedanken der polnischen Heilerin und durch weitere Begegnungen mit heilenden Menschen habe ich mich für diese andere Wirklichkeitsebene immer mehr geöffnet. Ich habe aufgehört, alternative Heiler pauschal abzuwerten oder gar lächerlich zu machen. Ich bin diesen Personen mit zunehmendem Respekt begegnet, weil ich spüren konnte, dass sie besondere Fähigkeiten hatten. Noch wichtiger war mir, dass sie aus einer Haltung der Liebe heilten, sich einer göttlichen Autorität unterstellten und dabei nicht ihr Ego in den Mittelpunkt rückten.

Durch das heilende Wirken dieser Personen ist mir vieles klar geworden, neue Ebenen haben sich mir aufgetan – anfangs weil ich durch den Dauerschmerz in den Knien dazu gezwungen wurde, andere Lösungen als die üblichen zu suchen; später, weil ich neugierig wurde und weil sich mir dadurch neue seelisch-geistige Räume auftaten. Ich bekam in vieler Hinsicht ein anderes Bewusstsein und erkannte, dass vieles möglich ist, was eine rein naturwissenschaftliche Denkweise Newtonscher Prägung immer noch ablehnen und als Hirngespinst deklarieren muss. Dann aber werden real mögliche Heilungschancen vertan und Lösungen bleiben ungenutzt, die eigentlich direkt vor unserer Haustüre liegen. In dieser letztlich arroganten Haltung und Denkweise sind wir oft blind für die Liebe und für die Heilung. Beides gehört zusammen. Denn die Menschen, die heilende Fähigkeiten haben und die Liebe in ihrem Herzen tragen, müssen diese Gaben in der Regel heilungssuchenden Menschen anbieten, sie können gar nicht anders. Die polnische Heilerin Wanda kann dafür als gutes Beispiel gelten.

Geistheilung in Europa heute

Ich bin der Überzeugung, dass jede Gesellschaft immer eine bestimmte Zahl an Mitgliedern hat, die besondere übersinnliche, parapsychologische oder schamanische Fähigkeiten besitzen. Traditionelle Völker erkannten solche Personen schnell und haben sie entsprechend ihrer Tradition gefördert. Dadurch wurden das Wissen um diese heilenden Fähigkeiten und die Kompetenz, sie einzusetzen, im Normalfall immer rechtzeitig an die nächste Generation weitergegeben. So beschreibt etwa Malidoma, dass sein Herkunftsstamm der Dagara sich die ganze Zeit mindestens ebenso in jener anderen geistigen Welt bewegte als in der sogenannten Real- oder materiellen Welt. Darum gab es stets genügend heilende Menschen in seinem Stamm. Solch eine Tradition der Geistheilung ist in Europa aus den oben genannten Gründen schon vor etwa 500 Jahren abgerissen.

Folglich ist es schwierig, heute in Deutschland einen guten (!) Geistheiler überhaupt zu finden.[140] Ich denke, dass manche Menschen mit solchen parapsychologischen oder schamanischen Fähigkeiten sogar in unseren Nervenkrankenhäusern landen, weil ihnen niemand sagt, dass ihre außergewöhnliche Sensibilität womöglich eine besondere Gabe des Göttlichen und keine Krankheit bedeuten kann. Sowohl in kirchlichen Kreisen als auch bei den Ärzten werden solche schamanischen Fähigkeiten oft nicht erkannt und vor allem nicht anerkannt, gewürdigt und gefördert. Dafür gibt es kein Verständnis. Dann wird aus einer grundlegenden hervorragenden

Fähigkeit ein medizinisches Problem, das meist mit Medikamenten »ruhiggestellt« wird, nur weil diese Fähigkeit nicht ins gängige Weltbild passt; und weil nicht sein kann, was in dem noch immer vorherrschenden naturwissenschaftlichen Weltbild Newtonscher Prägung nicht sein darf.

Die polnische Heilerin kann davon ein Lied singen. Denn jahrelang lebte sie in der Angst, für verrückt erklärt zu werden, nur weil man ihren Ahnungen, inneren Bildern, ihren Zukunftsvisionen und übersinnlichen Empfindungen nicht traute. Vermutlich hätten auch eine ganze Reihe von Kindern in westlichen Ländern das Potential für solch übersinnliche Fähigkeiten. Diese müssten ernst genommen und von bereits praktizierenden Heilern und Heilerinnen gefördert, bestätigt, anerkannt und verfeinert werden (in einer zuverlässigen Ausbildung und durch eine adäquate Prüfung!). Stattdessen wird solchen Kindern bisweilen von den Erwachsenen vermittelt, dass sie einen »Schlag« oder »Becker«, einen »Sprung in der Schüssel« oder Ähnliches hätten, wenn sie anderen von ihren Bildern und Visionen erzählen. Womöglich haben Eltern solcher Kinder auch Angst, ins Gerede zu kommen.

Zudem schämen sich viele Personen mit hohen Sensibilitäten in westlichen Ländern selbst vor den anderen »normalen« Leuten. Sie fürchten nicht zu Unrecht, gemobbt oder vollkommen ausgeschlossen zu werden, nur weil sie anders fühlen und eine andere Ebene »sehen« als der Normalbürger. Niemand möchte als verrückt gelten. Dann verkümmern viele dieser Fähigkeiten wieder, bevor sie richtig ans Licht und in die Kraft gekommen sind. So wurde jahrhundertelang Generation um Generation vermieden, dass diese Fähigkeiten zur Heilung eingesetzt werden konnten.

Ich denke, dass es auch bei uns grundsätzlich genügend Menschen mit übersinnlichen Fähigkeiten gibt, die später als Geistheiler arbeiten, eine medizinische Lücke schließen und viele Krankheiten heilen könnten, wozu die herkömmliche Schulmedizin nicht in der Lage ist. Dieses vorhandene Potential verkümmert jedoch noch größtenteils, einmal weil die Betroffenen selbst gar nichts von ihren übersinnlichen Fähigkeiten wissen oder weil sie Angst haben, als verrückt erklärt zu werden, wenn sie diese Fähigkeiten zeigen. Und es gibt fast keine praktizierenden Geistheiler mehr, die ihr Wissen und ihre Fähigkeiten auf die nachkommenden jüngeren Menschen mit dem »zweiten Gesicht« übertragen und sie in diese höchst verantwortliche Arbeit initiieren könnten.

Als westliche Menschen bekommen wir eben die Medizin und die Ärzte, an die wir aufgrund unseres naturwissenschaftlich-technischen Weltbildes selbst glauben. Damit berauben wir uns aber von vorneherein eines großen Potentials, nur weil bestimmte Heilmethoden nicht in unser gewohntes Denksystem passen.

Der Ansatz der Geistheilung ist ein ganz anderer. In vielen Fällen geht sie ganz selbstverständlich von einer Reinkarnationslehre aus, wonach wir auf der Welt sind, um Lektionen zu lernen, unser Bewusstsein zu erweitern und zu erkennen, dass wir göttliche Wesen sind, die eigentlich nur das eine Ziel haben, wieder zum Göttlichen heimzukehren. Von solch einer Sicht geht, wie oben bereits erwähnt, auch die polnische Geistheilerin Wanda ganz selbstverständlich aus. Denn vor dem Hintergrund einer Karmalehre werden für sie bestimmte Probleme erst verständlich und können dann auf dieser karmisch-spirituellen Ebenen meist auch geheilt werden, was auf einer rein körperlichen oder psychologischen Ebene unmöglich erscheint und nicht zum Ziele führt.

Es ist unter anderem der Sinn dieses Buches, auch auf diese als »karmisch-spirituell« bezeichnete Ebene einzugehen. Es kommen Menschen zu Wort, die wichtige und heilende Erfahrungen gemacht haben, einfach deshalb, weil sie diese spirituelle Ebene der Geistheilung zugelassen und sich nicht länger dagegen gewehrt haben. Lieber Leser, spüren Sie selbst, ob Sie damit etwas anfangen können.

Ist Geistheilung Scharlatanerie?

Oft wird von vielen unserer Zeitgenossen sofort der Pauschalvorwurf der Scharlatanerie erhoben, wenn es um Menschen mit übersinnlichen oder besonderen heilenden Fähigkeiten geht. Meist wird dann argumentiert, dass es alles nur Einbildung oder Zufall sein könne, wenn jemand eine Heilung außerhalb des üblichen Heilungssystems unserer Schulmedizin erfährt. Denn es kann nicht sein, was nach der naturwissenschaftlichen Denkweise nicht sein darf, das heißt, nicht in dieses Vorstellungssystem passt. Danach wollen solche »Heiler« nur Geld damit verdienen und Macht und Kontrolle über naive und leichtgläubige Menschen gewinnen. Ja, es gibt sicher Scharlatane und egozentrische Menschen unter den Heilern, die sich mit ihren Fähigkeiten kolossal überschätzen, es aber schaffen, durch entsprechenden Budenzauber und durch sicheres Auftreten heilungssuchende Menschen zu täuschen. Sicher gibt es solche Scharlatane.

Kritiker der Geistheilung wollen diese anderen Wirklichkeitsebenen, mit denen die Geistheiler arbeiten, jedoch pauschal und grundsätzlich ins Reich der Märchen verbannen, weil sie selbst ein nur auf die materielle Ebene bezogenes Weltbild haben. Ihre Haltung wirkt, mit etwas Abstand betrachtet, arrogant. Denn es gibt, Gott sei es gedankt, diese Heiler und Heilerinnen auch in unserer Gesellschaft. Häufig jedoch wirken sie eher im Verborgenen und machen nicht viel Aufhebens um ihre Tätigkeit.[141] Denn zu viel Öffentlichkeit würde dieser Arbeit womöglich schaden und sensationslüsterne Medien auf den Plan rufen, die solche Fähigkeiten entweder idealisieren oder als bloßen Budenzauber und Scharlatanerie entlarven wollen. Ich selbst bin sehr froh, in entscheidenden Situationen meines Lebens zu Personen mit echten übersinnlichen Kräften geführt worden zu sein. Es war aber jedes Mal nötig, zuerst zu prüfen, mit welcher Energie und aus welcher Autorität heraus diese Menschen arbeiten. Geschieht es aus tiefem Mitgefühl und Liebe für Notleidende? Arbeiten sie mit der Kraft des Göttlichen? Oder geht es nur um das Aufblähen ihres eigenen Egos, wozu sie ihre Fähigkeiten womöglich einsetzen?[142]

Lieber Leser, vertrauen Sie Ihrer eigenen Intuition, wenn Sie solche heilende Menschen suchen. Es gibt sie tatsächlich. Wenn man das Universum darum bittet und ehrlich und offen Ausschau danach hält, kann man auch in unserem Land wirkliche Geistheiler finden, die das nötige Heilwissen haben, das wir gerade brauchen. Der innere Arzt in uns selbst, unser »Seelenarzt«, kann uns zu heilenden Menschen führen, wenn wir danach Ausschau halten und uns zu ihnen führen lassen. Sie kommen dann in der Regel von alleine auf uns zu. Oft jedoch läuft eine solche Information nur über »Mund-zu-Mund-Propaganda«. Eine persönliche Empfehlung durch andere Menschen, denen ich vertraue, ist die beste Werbung. Und es gibt offensichtlich viele Probleme auf der spirituellen Ebene, die man weder selbst noch durch schulmedizinische Maßnahmen lösen kann. Hier braucht man, wie auch bei vielen körperlichen Leiden, Fachleute, denen diese Ebene vertraut ist und die auf energetischer und geistiger Ebene ebenso arbeiten und heilen können wie viele unserer Schulmediziner auf rein körperlichem Gebiet.

Unterscheidung der Geister

Mir ist klar, dass man bei Geistheilern und Schamanen genau hinschauen muss. Darum möchte ich zum Schluss dieses Abschnittes ein ganz persönliches Erlebnis von einem philippinischen Heiler erzählen:

Vor mehr als zehn Jahren hatte mir ein Freund den Hinweis gegeben, dass ein philippinischer Heiler auf Tour und an einem bestimmten Abend in einer Münchner Wohnung anzutreffen sei. Eine ihn begleitende deutsche Frau kassierte im Vorfeld im Wohnzimmer ab: 500 Euro sollte der Eingriff kosten. Was ich dann erlebte, werde ich nicht mehr vergessen. Im Schlafzimmer war eine Liege aufgestellt, auf die ich mich legen sollte, nachdem ich mich bis auf eine Unterhose ausgezogen hatte. Der Heiler schaute mich konzentriert an und konnte schon nach wenigen Minuten Schwachstellen oder Belastungen in einigen Organen erkennen. Obwohl ich ihm nichts davon erzählt hatte, kam er zu der gleichen Diagnose wie mein Heilpraktiker, bei dem ich seit Monaten in Behandlung war. Dies überzeugte mich.

Danach hielt der Philippiner einen Finger etwa zwanzig Zentimeter über meinen Körper im linken Schrittbereich, ohne mich jedoch auch nur einmal zu berühren. Sofort spürte ich dort einen stechenden Schmerz, gerade so, als ob mir jemand einen Schnitt mit einer dünnen Rasierklinge verpassen würde, der von oben bis unten durch meinen Körper ging. Sofort begann meine Haut dort deutlich zu bluten. Anscheinend hielt der Heiler diese Energiekonzentration an dieser Körperstelle für erforderlich, um eine heilende Wirkung in den diagnostizierten Organen im unteren Rumpfbereich erzeugen zu können.

Nach etwa zehn Minuten war die Behandlung auch schon wieder vorbei. Ein zweiter, junger Heiler versuchte dann noch etwa fünf Minuten lang, meine Energien insgesamt durch Berührungen ins Gleichgewicht zu bringen, während ich stand. Er nannte diese

Behandlung »magnetische Heilung«. Tatsächlich verspürte ich nach kurzer Zeit einen höheren Energiefluss durch meinen ganzen Körper.

Was beide Behandlungen letztlich positiv bewirkten, kann ich nicht mehr sagen. Geschadet haben sie mir jedenfalls nicht. Ich war neugierig geworden, weil ich die Arbeit eines philippinischen Heilers selbst einmal erleben wollte, nachdem ich einen entsprechenden Film darüber gesehen hatte.[143] Ich glaube, dieser Philippiner und auch sein jüngerer Kollege hatten wirklich besondere heilende Fähigkeiten.

Eine Sache hat mich jedoch damals an dem ganzen Geschehen gestört: Es war die »Vorzimmerdame«, die die beiden Heiler managte, die sich in Deutschland sehr hilflos fühlten. Die »Managerin« erlebte ich schlicht und ergreifend als geldgierig und als extrem unspirituell. Sie passte überhaupt nicht zu den beiden philippinischen Heilern und zu deren Art von geistig-schamanischer Arbeit. Zudem bekam ich keine Adresse und mir wurde gesagt, dass der ganze Tross bereits am nächsten Tag München wieder verlassen würde. Somit bekam ich den subjektiven Eindruck, dass die Frau die beiden Heiler nur dazu benutzte, um sich selbst finanziell zu bereichern. Schade eigentlich, denn dadurch wurden die echten heilerischen Fähigkeiten der Philippiner auf eine falsche und unseriöse Bahn gelenkt. Dennoch möchte ich diese Erfahrung nicht missen.

Lieber Leser, vielleicht erscheint Ihnen folgende Äußerung über Geistheilung in der esoterischen Kundenzeitschrift »Prisma Franken« zu hoch gegriffen, als Impuls kann sie aber sicher dienen:

»Gesundheit an Körper, Geist und Seele – dazu gehört viel mehr als die Heilung von Krankheiten. Die kann geschehen oder auch nicht, denn jeder muss früher oder später diesen Körper verlassen. An den göttlichen Gesetzen des Werdens und Vergehens kann auch Geistige Heilung nichts ändern – wenn man so will, sind da die Grenzen des Möglichen erreicht.

Das Wunderbare an Geistiger Heilung ist jedoch: Wer sich tief auf diese Prozesse einlässt, gewinnt ein völlig neues Verständnis von Krankheit und Gesundheit, von Leben und Sterben. Es wächst ein tiefes Vertrauen in die göttliche Schöpfung, die das ganze weitere Leben von Grund auf verändert. In dem Maße, wie ein Mensch mit seinem Inneren, seinen wahren Potentialen und seiner Bestimmung in Berührung kommt, verliert der Tod seinen Schrecken. Diese innere Befreiung öffnet alle Schleusen, und das Leben kann sich in Fülle und Schönheit entfalten ...

Die Kontraste könnten nicht größer sein. Hier unsere symptomorientierte herkömmliche Medizin, technisch oft brillant, aber an ihre Grenzen stoßend, wenn es um das grundlegende Verständnis des Menschen und die tieferen Ursachen seiner Erkrankung geht – und dort eine göttlich-geistige Medizin, die mit überlegenen, uns bislang unbekannten Methoden energetische Heilungsimpulse setzt. Und den Menschen ganzheitlich als jene Einheit aus Körper, Geist und Seele behandelt, die wir sind. Beide Welten – Schulmedizin und Geistige Heilweisen – könnten sich wunderbar zum Nutzen der Menschen ergänzen.«[144]

(2) Umfassende Befreiung von Schuld

Der folgende Fall eines etwa 50-jährigen Mannes hat nichts mit Heilung im engeren Sinn zu tun. Das Beispiel möchte jedoch auf sehr plastische und konkrete Weise zeigen, wie der Mann mit der Nase darauf gestoßen wurde, auch eine völlig andere Sicht der Dinge zuzulassen. Er hatte es zwar mit keinem körperlichen Problem, jedoch mit einer starken Blockade auf einer letztlich spirituellen Ebene zu tun, worum es ja in diesem Kapitel gehen soll. Den Mann – Robert[145] – habe ich bei mehreren Besuchen von Veranstaltungen der indischen Religionsführerin Amma kennengelernt, von der ich im ersten Kapitel erzählt habe. Durch seine Erlebnisse wurde er förmlich dazu gezwungen, seine bisherigen Denkvorstellungen radikal zu verändern. Dadurch erhielt er aber eine Heilung eines unlösbar scheinenden emotionalen Musters. Nachfolgend sein authentischer Bericht.

Fall VII (Robert): »Schuld-Wohnung«

Schuld auf materieller Ebene (Schulden)

»*Im Jahre 1992 kaufte ich eine Wohnung in Nürnberg als reine Kapitalanlage. Nürnberg, das während der Teilung Deutschlands eher eine Randlage hatte, geriet nach der Wiedervereinigung in die neue Position einer Metropole im Herzen Europas. Man glaubte damals, dass eine Immobilie in Nürnberg das Potential habe, mittelfristig eine gute Rendite abzuwerfen. Es lag eine Art von Goldgräberstimmung in der Luft.* 1992 konnte ich noch nicht erkennen, dass der Kaufpreis, der zu hundert Prozent mit einem Kredit finanziert wurde, in diesem Immobilien-Rausch völlig überteuert war. *Die ersten fünf Jahre lief alles gut. Danach erwies sich die etwa 45 Jahre alte Mietwohnung immer mehr als ein ›finanzielles Fass ohne Boden‹. Denn die Mieteinnahmen abzüglich der Verwaltungskosten deckten die monatlichen Zinszahlungen trotz der dabei erzielten Steuervorteile bei weitem nicht. Da die Wohnung sich zudem als renovierungsbedürftig herausstellte, war sie für mich zu einem reinen Verlustgeschäft geworden. Sie musste schleunigst abgestoßen werden, sobald die Mieterin auszog.*

Als Ende Februar 2005 die Mieterin starb, konnte ich endlich daran gehen, die Immobile zu verkaufen. Ich konnte aber nicht annähernd den Preis fordern, zu dem ich sie 13 Jahre vorher erworben hatte. Dabei hatte man mir versprochen, der Wert der Immobilie würde noch zulegen. Eine völlige Illusion, wie sich jetzt herausstellte. Doch dies wollte ich nicht wahrhaben und darum hielt ich zunächst annähernd an dem Kaufpreis fest, den ich 1992 bezahlt hatte. Ich wollte das Geld wieder haben, das ich beim Kauf investieren musste. Durch das gewählte Finanzierungsmodell war noch kein Euro getilgt, da die Kredithöhe aus Gründen der Steuerabschreibung möglichst hoch gehalten werden sollte. Jetzt hatte ich den Salat und blieb auf der Wohnung sitzen. Jeden Monat hatte ich eine größere Summe an Zinszahlungen für den Kredit zu bedienen.

Durch mehrere Inserate versuchte ich zunächst, das Objekt auf eigene Faust und ohne Makler loszuwerden. Ohne Erfolg. Die wenigen Angebote waren so niedrig, dass ich wirklich nur mit großen Verlusten wieder aus dieser Immobiliensache herausgekommen wäre. Ich hätte das Objekt mehr oder weniger verschenken müssen. Dies konnte ich mir finanziell nicht leisten. Wie aber sollte ich die Immobilie loswerden? Als erste Maßnahme übergab ich im Juli das Objekt einem Makler. Er sollte sich nun um den Verkauf kümmern.

Zusätzlich führte ich zu dieser Zeit in der Wohnung ein schamanisch angehauchtes Reinigungsritual durch: Ich öffnete alle Fenster in den komplett leeren Räumen, zündete überall Räucherstäbchen an und forderte alle alten und verbrauchten Energien und Geister auf, die womöglich noch hier drinnen hausten, die Räume zu verlassen. Danach räucherte ich nochmals und bat neue, frische und ›gute‹ Geister herein. Sie sollten bereits in der Wohnung sein, wenn potentielle Käufer zur Besichtigung kommen würden.

Diese Maßnahme einer energetischen Reinigung hielt ich für nötig, da die Mieterin in dieser Wohnung gestorben war. Auch ihr ältester Sohn, der Zeit seines Lebens bei ihr gelebt hatte, war einige Jahre zuvor hier gestorben. Ich wollte also die Räume von den Energien zweier Totengeister reinigen. Ich denke auch im Nachhinein, dass dies eine richtige und notwendige Maßnahme war. Ich meinte sodann: Ich habe alles Notwendige getan, nun kann dem Verkauf des Objekts nichts mehr im Wege stehen.

Schuld auf psychischer Ebene

Das Objekt erwies sich jedoch den ganzen Sommer über als unverkäuflich, obwohl fast jede Woche jemand die Wohnung besichtigte. Dafür aber geschah auf einer seelisch-geistigen Ebene umso mehr. Ich fing an, mich zu fragen, warum das an sich gute Objekt noch immer nicht zu verkaufen war. Ich musste mich zum ersten Mal in meinem Leben ernsthaft mit dem Thema ›Schulden‹ auseinandersetzen, die sich jeden Monat weiter anhäuften. Dies löste auch existenzielle Ängste in mir aus, denn mir wurde klar, dass ich niemals mehr den ursprünglichen Preis erzielen konnte und aus der ganzen Sache nur mit vielen Tausend Euro Schulden herauskommen konnte. Dabei sollte doch das Objekt eigentlich dazu dienen, durch Steuervorteile und Wertzuwachs sogar noch Einkünfte zu erzielen. Eine völlige Illusion, wie sich jetzt abzeichnete. Ich musste monatlich die Zinsen von über 100.000 Euro Kredit bedienen. Ich wusste nicht, wie ich diesen völlig unnötigen Klotz am Bein wieder loswerden sollte. Durch diese existentiellen Ängste geriet ich zunehmend in eine seelische Krise. Ich fragte mich immer öfter: Sollte das Problem mit der Immobilie womöglich etwas mit mir selbst zu tun haben?

Schulden haben schon vom Wort her etwas mit ›Schuld‹ zu tun. Die Wohnung war nun für mich buchstäblich zu einer ›Schuld-Wohnung‹ geworden. Was wollte sie mir denn zeigen, spiegeln, ›sagen‹? Die finanziellen Schulden brachten in mir immer mehr die Emotion einer Schuld ins Bewusstsein. *Bald erkannte ich auch Zusammenhänge. Meine Mutter hatte mir während meiner ganzen Kindheit verbal und gefühlsmäßig vermittelt, dass ich schuld an ihrem angeblich unglücklichen Leben sei, weil sie mit mir ungewollt schwanger geworden war und deshalb heiraten ›musste‹. Kein Wunder also, dass ich mich schon immer schuldig gefühlt hatte, ohne erklären zu können, warum. Als kleines Kind nimmt man solche schlimmen Botschaften ungeschützt auf, man kann sich auch nicht dagegen wehren. Man glaubt dies, da die Eltern ja für ein kleines Kind ›wie Götter‹ sind.*

*Schuldvorwürfe können wie Gift in das Gemüt eindringen, sich dort einnisten, das Selbstbewusstsein zersetzen und dann das ganze Leben prägen und bestimmen. Als mir dies alles, veran-*lasst durch die unverkäufliche ›Schuld-Wohnung‹, *immer mehr bewusst wurde, konnte ich diesen latenten Schuldvorwurf der Mutter bannen und innerlich an sie zurückgeben. Ich erkannte, dass es nur eingeimpfte ›Schuldgefühle‹ waren, dass aber in meinem Fall keine objektive Schuld vorlag. Nein, ich war nicht schuld am Lebensunglück meiner Mutter! Sie hatte mich geboren und mir das Leben gegeben. Diese Entscheidung jedoch sollten meine Mutter und mein Vater selbst verantworten. Worin sollte da für mich eine Schuld liegen? Dies war eine wirklich befreiende Erkenntnis für mich. Endlich hatte ich das Gefühl, diese psychologische Verstrickung mit meiner Mutter durchschneiden und auflösen zu können.*

Nun wurde mir klar, warum die Immobilie bis jetzt nicht zu verkaufen war. Sie sollte mich offensichtlich zuerst auf eine andere, auf eine psychologische, seelische Ebene führen. Dann hatte ja die bisherige Blockade beim Verkauf auch etwas sehr Gutes gehabt.

Wäre die Wohnung nämlich leicht zu verkaufen gewesen, hätte ich nie über mein latentes Schuldthema nachgedacht und diesen psychischen Entwicklungsschritt nicht machen können. Dadurch wurde zudem mein Verhältnis zu meiner Mutter wesentlich entspannter. Ich fühlte mich nicht mehr schuldig und damit nicht mehr so unglückselig verstrickt mit ihr. Das Dumme war nur, dass das Objekt trotz dieser Erkenntnisse noch immer nicht zu verkaufen war, obwohl sich der Makler mit mehreren Inseraten in den einschlägigen Zeitungen darum bemühte. Wofür stand die Schuld-Wohnung vielleicht denn noch? Gab es etwa noch andere ›Schuld-Ebenen‹, wofür die unverkäufliche Immobilie ein Indikator war?

Schuld auf familiensystemischer Ebene

Im Herbst drückte es dann einen weiteren Gedanken in mein Bewusstsein. Ich wurde durch Recherchen bei der Erstellung einer Ahnentafel eher zufällig und unerwartet auf ein Familientabu aufmerksam. Ich hatte anscheinend die ganze Zeit noch einen Halbbruder, von dessen Existenz ich über 50 Jahre lang nichts wusste. Aufgrund des Tabus war dieser Bruder aus dem Bewusstsein unserer Familie ausgeschlossen worden. Wie die drei Grundgesetze der Familientherapie[146] zeigen, kann dies großen Ärger im Familiensystem verursachen. Ein verleugneter Angehöriger lässt sich dies auf Dauer nicht gefallen. Wenn ein Familiensystem ein Mitglied ausschließt, etwa weil es in der engen bürgerlichen Gesellschaft nicht genehm ist und zu einem Skandal führen könnte, dann entsteht aus der höheren Sicht des sogenannten »Familien-Sippen-Gewissens« eine systemische Schuld. Dabei geht es nicht um moralische Vorwürfe aufgrund eines Seitensprungs eines ihrer Mitglieder. Dieses Sippen-Gewissen will ausschließlich dafür sorgen, dass die Wahrheit der Familienverhältnisse ans Licht kommt. Alle müssen wissen, wo ihr wahrer ›Familien-Platz‹ ist und wer in Wirklichkeit zusammengehört. Wird dies vertuscht, so kann es passieren, dass im Leben eines Familienmitglieds diese ›systemische Schuld‹ sichtbar wird. Solch ein Fall lag offensichtlich in meiner Familie vor.

Anscheinend diente meine Wohnung dazu, dass auch diese zweite, familiensystemische Schuld sichtbar werden konnte. Angetrieben durch die monatlich fälligen Zinszahlungen, fühlte ich mich ermutigt, dieses mir bis kurz zuvor selbst unbekannte Familientabu zu brechen. Ich machte die wahren Verhältnisse im Kreise der Familie öffentlich: Mein Vater hatte noch ein anderes Kind gezeugt. Mein Halbbruder selbst wusste davon nichts, wohl aber dessen Mutter. Zu meiner Überraschung sagte mir mein Halbbruder danach, dass er schon immer zu mir eine intensive ›geschwisterliche‹ Verbindung und Zuneigung gespürt habe.

Ich war erstaunt und erleichtert, dass dieses Familientabu nun durch mich aufgelöst werden konnte. Dies war jedoch nur möglich, weil ich diese ›verdammte‹ Wohnung am Hals hatte und dadurch täglich mit dem Thema ›Schuld und Schulden‹ konfrontiert war. Jetzt hoffte ich erneut, dass ich die Ursache für das Verkaufshindernis gefunden und den Fall gelöst hatte. Um auf Nummer sicher zu gehen, suchte ich im Oktober einen neuen Makler, der für seine aggressive Werbung bekannt war und von sich selbst behauptete, einer der erfolgreichsten in der Stadt zu sein. Mir sollte es recht sein. Schon eine Woche später hingen auffällige, große rote Verkaufsplakate am Balkon der Wohnung. Doch die Immobilie war wieder nicht zu verkaufen.

In mehreren Telefonaten von Dezember 2005 bis März 2006 entschuldigte sich der Makler dafür, dass er bisher keinen Käufer **finden konnte.** *Er machte mir glaubhaft deutlich, dass ihn dies selbst am meisten verwundere. Die Situation mit der Wohnung machte mir immer mehr Stress und belastete mein Konto, ja mein ganzes Leben zunehmend. Woran sollte es jetzt noch liegen, dass die an sich passable Immobilie einfach keinen Käufer fand? Ich hatte doch schon alles Menschenmögliche getan, meinte ich. Irgendwann im März kam mir folgendes Vergleichsbild in den Sinn: Wenn bei einer Wohnung eine Kreditschuld nicht gelöscht ist, dann kann sie rein rechtlich nicht verkauft werden. Darüber wachen die Notare. War womöglich auch in meinem Fall auf einer ganz anderen Ebene eine Schuld noch nicht ›gelöscht‹, also noch nicht beglichen worden und daher noch wirksam? Dann wollte die* **unverkäufliche Immobilie erneut auf eine Schuld in mir hinweisen.** *Um welche Schuld sollte es sich aber jetzt noch handeln?*

Karmische Schuld

An einem Freitag Abend im März schoss ›es‹ mir plötzlich in den Kopf: Einige Jahre zuvor hatte ich wegen familiensystemischer Angelegenheiten auch eine Geistheilerin aufgesucht. Zu meiner Enttäuschung hatte ich damals keine brauchbaren Informationen bekommen. Das Geld war offensichtlich völlig umsonst investiert worden. Dennoch hatte ich alle ihre Aussagen in meinem Tagebuch mitgeschrieben. Sie erkannte in meiner Aura einige wichtige ›karmische‹ Verstrickungen, die ich doch beachten sollte. Dies schien mir damals völlig abwegig. Mit früheren Inkarnationen, also mit der Reinkarnationslehre, hatte ich wirklich nichts, aber auch gar nichts am Hut. Was sollte dieser Quatsch? Ich beachtete die Aussagen der Heilerin nicht weiter und deponierte später das Tagebuch irgendwo im Keller. An jenem Abend rannte ich wie von der Tarantel gestochen in den Keller und suchte das Tagebuch. Dort konnte ich sinngemäß folgendes lesen:

„In einer früheren Inkarnation lebte ich bei den Mongolen. Dort schwängerte ich – gegen die übliche Tradition – ein Mädchen in meinem Stamm, ohne mit ihm verheiratet zu sein. Der Vater des Mädchens beorderte mich daraufhin zu sich. Er sagte mir, dass ich nun seine Tochter heiraten müsse. Dies wollte ich auf keinen Fall, ich fühlte mich noch viel zu jung und zu abenteuerlustig und wollte meine Freiheit nicht so einfach hergeben. Daher lief ich weg und ließ die werdende Mutter allein zurück. Nach der Geburt des Kindes, einer Tochter, wurde mir vom Vater des Mädchens nochmals durch einen Boten mitgeteilt, dass ich jetzt sofort nach Hause kommen und seine Tochter heiraten solle. Ansonsten wäre ich ab sofort im ganzen Stamm auf ewig verbannt.

Darüber konnte ich zunächst nur lachen. Ich ließ mich doch nicht zu so einen Schritt zwingen. Für mich war dieser erste sexuelle Kontakt eben nur ein Abenteuer gewesen, von dessen Folgen ich selbst am meisten überrascht wurde. In meinem jugendlichen Übermut, verbunden mit Sturheit, weigerte ich mich, in mein Dorf zurückzukehren. Erst später erkannte ich, dass eine Verbannung damals fast den sozialen Tod bedeutete. Langsam dämmerte es mir, was womöglich mit der Mutter meines Kindes zu Hause geschehen sein könnte. Sie war nun für den Heiratsmarkt verdorben und Freiwild *für alle Männer im Stamm. Von der Heilerin erfuhr ich, dass die Frau sich gesellschaftlich Zeit ihres Lebens nie mehr von diesem Makel erholen konnte. Sie starb schließlich in Schimpf und Schande. Auch ich selbst starb nach vielen Jahren in völliger Isolierung und in Verbitterung in der Fremde. Ich meinte, durch mein tragisches Schicksal genug gebüßt zu haben. Von meiner offensichtlichen Schuld wollte ich bis zum Tode nichts wissen. Auch nicht von der Schuld gegenüber meiner verleugneten Tochter.'*

Dieser Tagebucheintrag war jetzt vor dem Hintergrund der ›Schuld-Wohnung‹ wie eine Offenbarung für mich. Ich spürte ganz innen in mir, dass es diese karmische Schuld tatsächlich noch gab. Dieser Vorfall in jener früheren Inkarnation war offensichtlich der Grund dafür, dass das Objekt nicht zu verkaufen war. Mir war jetzt klar, dass es eine noch ›ungelöschte‹ Schuld auf geistig-moralischer Ebene gab, die als ›Schuld-Emotion‹ noch immer in meiner Seele steckte. Wie aber sollte nun diese uralte Schuld aus einem früheren Leben aufgelöst und ›gelöscht‹ werden?

In vielen Stammesgesellschaften war und ist die Verheiratung von Mädchen vor allem ein Geschäft der Eltern. Wenn eine Tochter unerwartet geschwängert, jedoch vom Kindsvater danach nicht geheiratet wird, kann die Angelegenheit meist dadurch gelöst werden, dass der Kindsvater zu einer entsprechenden Ausgleichzahlung bereit ist. Die bisweilen harten Stammesgesetze treten nur dann in Kraft, wenn nicht gezahlt wird. Genau dies war aber bei mir in jener ›Mongolen-Inkarnation‹ der Fall gewesen.

Noch am selben Abend wusste ich, was ich zu tun hatte und wie ich jene Schuld, bei der es tatsächlich auch um eine Geldschuld ging, doch noch nachträglich ›löschen‹ konnte. Es musste vor dem Universum ein passender, ein für das Problem geeigneter, symbolischer Ausgleich erfolgen. Ich erinnerte mich an den Verein ›Amrita e. V.‹ von Amma[147], der Geld für alleinstehende und verwitwete Mütter in Indien sammelt und damit kleine Häuser für diese Frauen und ihre Kinder baut. Diese Personen erschienen mir jetzt als die geeignete Empfängergruppe für einen nachträglichen Schuldausgleich. Denn sowohl die Mongolei als auch Indien gehören zum gleichen Kontinent Asien. Zudem ist die Situation von geschwängerten und dann sitzen gelassenen Frauen heute in diesen Ländern oft noch genau so schlimm wie damals. Wie viel sollte ich nun trotz meiner bereits angespannten finanziellen Situation als Schuldausgleich an diesen Sozialfond geben?

Noch am selben Abend nahm ich Kontakt zu der Heilerin auf, die mich Jahre zuvor auf frühere Inkarnationen hingewiesen hatte. Jetzt war mir auch klar, warum. Am Telefon testete sie einen Betrag von exakt 1301 Euro aus. Obwohl ich immer noch an einer Reinkarntion zweifelte, suchte ich einen Überweisungsträger von Amrita und trug genau diese Summe ein. Zudem versuchte ich mich in die damalige Situation einzufühlen: Wie mussten Mutter und Kind gelitten haben! Es muss einfach furchtbar gewesen sein. Was mir damals als Kindsvater in meinem Freiheitsdrang und in meinem Egoismus anscheinend nicht möglich gewesen war, konnte ich jetzt nachempfinden. Mir kam es vor, als ob in diesem Moment endlich eine abgekapselte verdrängte Schuldemotion in mir aufgetaut und in Liebe umgewandelt werden würde. Spüren konnte ich ein ehrliches Mitgefühl für Mutter und Kind. Meine damalige Schuld wurde mir jetzt, viele Leben später, bewusst. Ich ließ allen Gefühlen freien Lauf, die in mir hochstiegen. Es war für mich keine Einbildung, sondern sehr real. **Darum war ich nun ja auch bereit, das Geld als verspäteten finanziellen Ausgleich zu zahlen.**

Anscheinend reagiert das Universum, bei dem alle unsere Taten aus allen Leben verzeichnet sind, besonders auf Schritte der Liebe, des ehrlichen Mitgefühls und des Ausgleichs. Was schon am nächsten Tag geschah, werde ich nie mehr vergessen. Es hat mein Weltbild völlig verändert. Um 9.00 Uhr fuhr ich mit der S-Bahn in die Stadt, um eine Besorgung zu erledigen. Kurz zuvor hatte ich die Überweisung mit dem entsprechenden Betrag für Ammas Sozialfond in den Briefkasten geworfen. Als ich etwa zwei Stunden später wieder aus der Stadt zurückkam, klingelte bereits am Bahnhof das Handy. Mein Makler aus Nürnberg rief mich an und teilte mir mit, dass er soeben einen Käufer in meiner Wohnung hätte, der diese unbedingt kaufen wolle. Er habe vorher bereits fünf andere Objekte in Nürnberg besichtigt. Genau meine renovierungsbedürftige Wohnung wolle er jetzt sofort haben.

Der Kaufpreis entsprach natürlich nicht der ursprünglichen Summe, die ich 13 Jahre zuvor bezahlt hatte, er war aber durchaus marktüblich und zudem das mit Abstand beste Angebot, das ich jemals für die Wohnung bekommen hatte. Sofort stimmte ich dem

Verkauf zu, der dann sechs Wochen später beim Notar reibungslos zu dem vereinbarten Kaufpreis über die Bühne ging. Der Verlust war unerwartet niedrig ausgefallen. Der Zusammenhang mit der Überweisung hätte nicht deutlicher sein können. Nun schenkte ich der Reinkarnationslehre wirklich Glauben, weil die Lösung für meine Wohnung genau auf dieser Ebene zu finden war.«

Soweit dieser ehrliche Bericht von Robert.

Deutung der Geschichte mit dem »Medizinrad der Heilung«

Bei dem vorliegenden Fall wird das »Medizinrad der Heilung«[148] mit allen seinen vier Ebenen tangiert. Im Leben von Robert tauchte ein Problem auf einer rein materiellen Ebene auf. Die Immobilie war nicht zu verkaufen, weil etwas Anderes energetisch an ihr dranhing. Zunächst versuchte er, sie von alten Energien, von den Geistern der in dieser Wohnung tatsächlich Verstorbenen, zu reinigen. Dieses Ritual hatte noch nichts mit Robert selbst zu tun, hatte aber sicher seinen Sinn. Entscheidend war für ihn dann jedoch die Erkenntnis, dass seine »Schuld-Wohnung« ein Indikator für eine Schuld in ihm selbst war.

Auf der psychologischen Ebene, die häufig das Verhältnis zu den eigenen Eltern betrifft, gab es ein starkes Schuldgefühl, mit dem Robert beständig lebte, ohne sich dessen bewusst zu sein. Dieses Gefühl hatte aber keine reale Grundlage. Es hatte nichts mit ihm zu tun, sondern war Sache seiner Mutter. Sie konnte ihre familiäre Situation anscheinend nur ertragen, indem sie dem Sohn beständig die Schuld für ihr vermeintliches Unglück gab, für das dieser aber gar nichts konnte. Für Robert war es wichtig und heilsam, dass er sich endlich bewusst machte, nicht schuld am Schicksal seiner Mutter zu sein. Diese Erkenntnis machte ihn frei und löste sein angespanntes Verhältnis zu seiner Mutter.

Auf der familiensystemischen Ebene konnte ebenfalls eine Schuld aufgedeckt und danach auch aufgelöst werden. Er stieß auf seinen Halbbruder. Roberts Aufgabe bestand darin, diese Wahrheit endlich ans Licht zu bringen. Damit war die Schuld aus Sicht des Sippengewissens getilgt. Zusätzlich konnte er sich darüber freuen, noch einen weiteren (Halb-)Bruder zu haben.

Tatsache ist, dass die Wohnung erst dann zu verkaufen war, als auch noch eine Schuld auf karmischer Ebene offensichtlich, von Robert eingestanden und als solche akzeptiert wurde. Der Zusammenhang zwischen der Überweisung des Geldbetrags und dem Verkauf unmittelbar danach war für ihn zu deutlich. Für Robert war es die überzeugende Bestätigung dafür, dass es diese karmische Ebene tatsächlich gab. Ohne dass er es wollte und entgegen seiner christlichen Vorstellung war Robert nun als ein Betroffener mit der Reinkarnationslehre nicht nur theoretisch, sondern ganz praktisch in Berührung gekommen. Die Auflösung der Schuld auf der karmischen Ebene bedeutete schließlich den Durchbruch und die Lösung seines Problems. Vermutlich waren aber auch alle vorhergehenden Maßnahmen notwendig gewesen. Auf der spirituelle Ebene jedoch, um die es in diesem Kapitel gehen soll, musste letztendlich auch dieses »Karma-Band« durchschnitten werden, damit die Wohnung schließlich doch noch zu einem angemessenen Preis verkauft werden konnte.

Anhand dieses Falls kann zudem gezeigt werden, dass häufig alle vier Ebenen zusammenhängen. Ausgangspunkt war eine nicht »gelöschte« moralische Schuld in einem früheren Leben. Diese Schuldemotion blieb offensichtlich wie ein dunkles Energieknäuel auch über den Tod in der Mongolen-Inkarnation hinaus in der Seele von Robert haften. Geht man von einer solchen karmischen, vom Hinduismus beeinflussten Vorstellung aus, dann ist es oft so, dass sich die Seele für die folgenden Leben selbst Verhältnisse sucht, die das ungelöste Problem widerspiegeln können. In der Familie, in die Robert hineingeboren wurde, gab es wegen des vertuschten Halbbruders eine systemische Schuld. Vielleicht hat die Seele von Robert genau diese seine Mutter ausgesucht, um mit dem Thema »Schuld« auch in diesem jetzigen Leben massiv in Berührung kommen zu können. Denn die Mutter vermittelte ihm eine grundlegende psychologische Lebensschuld und er befand sich von Kindheit an in Schuldgefühlen verstrickt, die sein ganzes Leben bestimmten. Diese Schuldgefühle, ausgelöst durch die Botschaften seiner Mutter, passten aber sehr gut zu der unbewussten, latent wirkenden karmischen Schuldemotion, die noch ungelöscht in seiner Seele steckte.

Durch seine Immobilie, die jetzt zur »Schuld-Wohnung« wurde, kamen Zusammenhänge auf den verschiedenen Ebenen ans Licht.

Dazu gehörte offensichtlich auch die eigentliche Ursache dieser Emotion – seine Verfehlung gegenüber der Mongolenfrau in einem früheren Leben. Aus einer anderen Perspektive betrachtet könnte man daher auch sagen: Die unverkäufliche Wohnung zwang Robert schließlich dazu, ein höheres Bewusstsein über seine Seele zu bekommen und so eine fundamentale geistig-seelische Blockade aufzulösen.

(3) Aus der Praxis einer bayerischen Heilerin

Ich bin sehr dankbar, dass ich in meinem bisherigen Leben immer wieder vom Göttlichen geführt worden bin. Dies setzt aber die unbedingte Bereitschaft voraus, sich auch führen zu lassen. Vielleicht lag es an dem schlimmen Verkehrsunfall, den ich vor über 20 Jahren erlebt habe. Darüber habe ich in einem anderen Buch bereits ausführlich berichtet.[149] Bei diesem Unfall wurden in mir Türen nach innen aufgestoßen, von deren Existenz ich bis dahin nichts gewusst oder geahnt hatte. Ich wurde sensibel für eine andere, eine geistige Welt, die es offensichtlich schon immer neben der von uns allein anerkannten sogenannten »Realwelt« gibt. Lange Zeit wollte ich, wie die meisten meiner aufgeklärten Zeitgenossen, von solchen Vorstellungen nichts wissen. Durch einige einschneidende Ereignisse wurde ich jedoch für diese »Anderswelt« sensibilisiert. Und so war es kein Wunder, dass ich immer wieder Kontakt mit Heilern und Heilerinnen bekam. Eine davon ist die von mir als solche bezeichnete »bayerische Heilerin«, um sie von der im vorherigen Kapitel erwähnten »polnischen Heilerin« abgrenzen und unterscheiden zu können.

Frau Wanda Pratnicka kam im Kapitel über systemische Heilungen zu Wort, die offensichtlich den Schwerpunkt ihrer Arbeit darstellen. Die bayerische Heilerin hat manchmal ebenfalls mit der Befreiung ihrer Klienten von Besetzungen durch Ahnengeister zu tun. Darauf soll hier jedoch nicht weiter eingegangen werden. Ihr geht es vielmehr um eine umfassende spirituelle Heilung. Ihre Praxis ist beständig überfüllt, obwohl sie noch nie für sich und ihre Arbeit geworben hat. Die Menschen werden einfach zu ihr geführt. So war es auch in meinem Fall. Doch zunächst einige Informationen zum

Werdegang der Heilerin selbst, die ausdrücklich ungenannt bleiben möchte, um weiterhin ungestört und in der Stille wirken zu können.

Sie lebt heute allein. In ihrem ursprünglichen Beruf war sie zunächst Lehrerin. Diesen Beruf übte sie aber bald nicht mehr aus. Sie ließ sich zur Kinesiologin ausbilden und arbeitete fast zwanzig Jahre lang mit dem sogenannten Muskeltest. Zusätzlich setzte sie alternative heilende Substanzen wie Aura-Soma-Produkte, homöopathische Mittel, Schüsslersalze, Heilsteine und Bachblüten ein. Über diese Essenzen wurde in Kapitel drei bereits näher berichtet. Durch die Arbeit mit vielen Klienten wurde die Sensibilität der Heilerin beständig verfeinert. Ihr wurde erst allmählich klar, dass sie bereits seit Geburt einen »sechsten Sinn«, also übersinnliche Kräfte, besaß. Wie auch bei der polnischen Heilerin musste sie erst erwachsen werden und einige schlimme Krisen durchleben, um sich dieser ihrer Fähigkeiten bewusst zu werden, sie für sich selbst zu akzeptieren und sie schließlich heilend für andere Menschen einzusetzen.

Nach einer fast vier Jahre dauernden Krise um die Fünfzig, die man als »spirituelle Krankheit« oder als »Schamanenkrankheit« bezeichnen könnte, stand sie vor der Wahl, entweder zugrunde zu gehen oder ihren inneren Fähigkeiten noch mehr und bedingungslos zu vertrauen. Als diese für sie selbst äußerst schwierige Phase in ihrem Leben vorüber war, begann sie mit neuer Kraft mit ihrer Heilarbeit. Nun benötigt sie keine Heilsubstanzen und auch keinen Kinesiologie-Test mehr. Sie versenkt sich in eine tiefe Meditation, konzentriert sich auf das Problem des jeweiligen Klienten und »sieht« dann in der Regel die Ebenen, auf denen die Schwierigkeiten liegen und was daher als nächstes Priorität bei der Behandlung hat.

Sie möchte ihre Patienten zu Beginn des Behandlungsprozesses natürlich persönlich kennenlernen. Danach ist ein körperliches Erscheinen nicht mehr unbedingt nötig, weil sie den jeweiligen Klienten mit seinem Energiesystem auch so in kurzer Zeit vor ihrem inneren Auge herbeiholen kann, sobald sie sich auf ihn konzentriert. Vereinfacht und etwas plakativ kann man die Fähigkeit der Heilerin vielleicht so ausdrücken: Sie kann in die Seele ihrer Klienten schauen.

Lieber Leser, ich gebe zu, dass Ihnen das womöglich alles seltsam erscheinen mag, wenn Sie noch nie mit einem sogenannten »Geistheiler« zu tun hatten. Hier hört vermutlich jede Objektivität auf. Mit unserem schulmedizinischen Denken und vor dem Hintergrund unserer naturwissenschaftlich-technischen Weltanschauung kann das Wirken eines geistig arbeitenden Heilers natürlich nicht mehr erfasst werden. Da ich selbst Physiklehrer bin, habe ich für eine solche Haltung durchaus Verständnis. Gott sei Dank wurde ich aber durch viele schmerzliche Erlebnisse wie durch den fast tödlichen Unfall oder durch das Jahre andauernde, unlösbare Knieleiden[150] auch zu anderen, viel tieferen Wirklichkeitsebenen als der nur materiellen »hingeschoben«, deren Existenz ich vorher nicht für möglich gehalten hatte. Jetzt bin ich für diese Bereicherung und Erweiterung sehr dankbar. Und ich empfinde es immer mehr als blanke Arroganz, wenn man etwa die systemische oder die spirituelle Ebene als »unwirklich« abtut oder gar verdammt, nur weil man noch keinen Bezug dazu hat. Oft stehen uns unsere eigenen engen Vorstellungen und »Hirnkonstrukte« im Wege, wonach niemals sein kann, was aus einer rein materiellen und rationalen Wirklichkeitssicht eben nicht sein darf.

Meine eigene Erfahrung ist eine andere: Wenn man einmal diese seelischen, geistigen und spirituellen Ebenen als real erfahren und danach als solche akzeptiert hat, tun sich neue, viel größere Räume auf. Und viele Krankheiten und Blockaden haben ihre Ursachen auf anderen Ebenen als der körperlichen. Auf diesen Ebenen können sie womöglich mit Hilfe von Geistheilern gelöst werden, die sehr wohl in diese anderen Wirklichkeitsebenen vordringen und dort »herumsurfen« können, bis sie das Problem gefunden und es dort abgelöst haben. Schulmediziner können heute durch kleine Sonden in die hintersten Winkel unseres Körpers eindringen und dort etwaige körperliche Veränderungen erkennen und behandeln. Warum sollten dann Geistheiler nicht auch in die Energiefelder der Aura, des Geistes und der Seele eines Menschen wie mit einer geistigen Sonde »eindringen«, dort Energieblockaden, Krankheiten, Verfluchungen und Verwünschungen feststellen und sie geistig behandeln können?

Natürlich muss vor den Heilern und Heilerinnen gewarnt werden, die sich etwa in Medien sehr lautstark mit ihren besonderen Fähigkeiten brüsten. Hier kommt man nicht darum herum, die Geister zu unterscheiden, wie es schon in der Bibel bezüglich wahrer und falscher Propheten heißt. Dennoch gibt es diese echten Heiler auch bei uns. Meist kommen sie ganz »normal« daher, ohne viel Aufhebens um ihre Person zu machen. Und auch ihre Heilarbeit ist oft eher unspektakulär.

Wenn ich jedoch etwa gegenüber Geistheilern sofort aggressiv werde oder sie pauschal abwerte, ohne mit einem von ihnen konkret gearbeitet zu haben, weil ich der Meinung bin, dass es andere Ebenen als die materielle gar nicht gibt, dann brauche ich auch keine Hilfe von Geistheilern zu erwarten. Ich habe nicht wenige Menschen mit großen psychischen Problemen und schweren Krankheiten erlebt, die lieber jahrelang furchtbar gelitten haben und in einigen Fällen sogar gestorben sind, als dass sie bereit gewesen wären, auch nur eine Stunde zum Psychotherapeuten zu gehen. Die Psychotherapie ist heute jedoch eine anerkannte Heilmethode, die von den gesetzlichen Krankenkassen übernommen wird. Um wie viel größer muss dann der Widerstand solcher Menschen, die schon eine Psychotherapie ablehnen, gegenüber einer geistheilerischen Behandlung sein![151]

Die oben erwähnten Bekannten hatten vor solchen alternativen Behandlungen und vor den dazugehörigen inneren Ebenen in sich selbst anscheinend Todesangst. Um keinen Preis der Welt wollten sie sich für diese Ebenen öffnen. Was haben sie eigentlich befürchtet? Zu viele Vorurteile bestehen hier in unserer Gesellschaft. Woran dies liegen könnte, soll im nächsten Kapitel näher ausgeführt werden.

Wenn ich jedoch ehrlich nach Hilfe durch Geistheiler suche, weil ich Blockaden oder Krankheiten habe, die mit den herkömmlichen Methoden der Schulmedizin einfach nicht gelöst werden können, dann muss ich den Empfehlungen und Informationen, vor allem aber meiner eigenen Intuition vertrauen. Folgende Fragen sollten jedoch bezüglich eines potentiellen Heilers auf jeden Fall vorher gestellt und abgeklärt werden:

- Handelt es sich um einen Scharlatan oder hat der Heiler wirklich übersinnliche Kräfte?
- Von wem wurde mir der Heiler empfohlen? Ist die Gewährsperson für mich glaubwürdig?
- Mit welcher Energie und aus welcher höheren Autorität arbeitet der Heiler?
- Will der Heiler Macht über meine Seele und über mein Geld bekommen oder handelt er aus tiefer Liebe und ehrlichem Mitgefühl? Natürlich darf er dann wie ein Arzt für seine Bemü-

hungen auch Geld verlangen, um seinen Unterhalt sicherzustellen.
- Geht es dem Heiler bei seinen tatsächlichen oder angeblichen Fähigkeiten um die Vergrößerung seines Egos oder arbeitet er selbst aus tiefer Ehrfurcht vor Gott, Christus, dem Göttlichen oder dem Universum?

Lieber Leser, Sie kommen nicht darum herum, letztlich Ihrer eigenen Erfahrung und Intuition zu folgen, wenn Sie nach einem solchen Heiler suchen. Bei den Heilungswundern in der Bibel war der Glaube der Patienten stets ein wichtiges Kriterium für den Heilungserfolg des »Geistheilers Jesus«, der in der Kraft seines göttlichen Vaters wirkte.[152] Ich habe mehrmals in meinem Leben Hilfe bei einem echten Heiler gesucht. Und ich habe immer Hilfe bekommen. Dazu waren aber jeweils die Bereitschaft, mich führen zu lassen und eine Änderung meiner geistigen Einstellung nötig, um mich wie bei einem Radio auf das passende neue geistige Programm, auf die richtige spirituelle Ebene, »einzutunen«. Und es erforderte jeweils eine Entscheidung meinerseits.

Karmische Sicht der bayerischen Heilerin

Durch ihre Arbeit mit mittlerweile Hunderten von Patienten kann die bayerische Heilerin die verschiedenen Ebenen sehen, auf denen die Probleme liegen. Damit hat sie einmal die Gabe der »geistigen Diagnose«. In tiefer meditativer Versenkung versucht sie zudem, das entdeckte Problem dann auch zu heilen. Es ist für sie selbst schwer zu beschreiben, wie das geschieht. Sie sagt, dass sie sich dabei ausschließlich vom Göttlichen führen lasse. Sie will nur Werkzeug sein, die eigentliche (Heil-)Arbeit jedoch mache das Göttliche durch sie. Nicht zuletzt durch die Erfolge, die bei dieser Art von Heilung seit Jahren regelmäßig geschehen, hat sie ihr eigenes Weltbild weiterentwickelt. Dabei ließ sie sich, vom Christentum geprägt, auch von einigen buddhistischen Vorstellungen und vom hinduistischen Karma-Gedanken inspirieren.

Vor dem Hintergrund einer karmisch beeinflussten Ebene betrachtet, stellen sich die Probleme ihrer Klienten oft als seelische

Blockaden oder als psychische Muster dar. Diese können in früheren Inkarnationen etwa durch schlimme Traumata oder durch ein liebloses, gegen die göttliche Ordnung verstoßendes Verhalten erzeugt worden sein. Wenn jemand stirbt, ohne dass das Trauma in seiner Seele vorher bewältigt werden konnte oder überhaupt als solches bewusst geworden ist, dann nimmt seine Seele diesen Schock oder diese Einstellung mit auf ihre weitere Seelenwanderung. Wenn jemand etwa bis zu seinem Tode an einem lieblosen Verhalten festgehalten hat, so ist seine Seele davon geprägt. Sie ist verdunkelt bezüglich der göttlichen Liebe. Dieses Muster wird dann oft ebenfalls mit auf die spirituelle Wanderung genommen. Diese so geprägten Seelen suchen sich häufig Eltern und ein Familiensystem aus, in dem das noch ungelöste Thema erneut eine große Rolle spielen kann. Anscheinend will die Seele Umstände und Verhältnisse bekommen, um im folgenden Leben wieder mit dem Seelisch-Ungelösten in Berührung kommen zu können.

Das Ziel der Seele bei ihrer Wanderung durch die Inkarnationen hin zum Göttlichen ist es letztlich, alle Blockaden und Muster aufzulösen, die noch in der Seele stecken. Und sie strebt durch die in ihrer eigenen Dynamik innewohnenden Kraft danach, immer mehr Bewusstheit zu bekommen. Nach der Erfahrung der Heilerin könnte dieses von vielen Seelen ihrer Klienten angestrebte Ziel folgendermaßen beschrieben werden:

»Wir waren alle einmal Teil der göttlichen Ur-Energie und einer universalen göttlichen Einheit. Dann sind all die Milliarden von Seelen irgendwann aus diesem einen göttlichen Ur-Punkt auseinandergeflogen.«

Wie soll man dies verstehen? Vergleichbar ist diese erfolgte seelische Zersplitterung am besten mit der physikalischen Vorstellung vom Urknall, durch den ja erst Raum und Zeit, sowie Materie entstanden sind. Nach der physikalischen Urknall-Hypothese war im Moment des Urknalls noch alle Materie der Milliarden von Galaxien – sogenannte »Sternhaufen« – als reine Energie in einem einzigen, unvorstellbar heißen Ur-Punkt vereinigt, der kleiner war als ein Elektron.

Was war aber diese Ur-Energie? Wo kam sie her? Wer hat sie hergestellt oder beschafft? Fragen über Fragen, die rein innerphysikalisch nicht beantwortet werden können und von den Physikern auch nicht beantwortet werden dürfen, weil dann der Gegenstand der Physik verlassen werden würde. Raum, Zeit und Materie gibt es nach der von den meisten Physikern heute vertretenen Urknall-Theorie erst ab dieser vor etwa 13,7 Milliarden Jahren angenommenen Explosion, seit der sich unser Kosmos beständig ausdehnt. Sowohl physikalisch als auch menschlich werden obige Fragen vermutlich immer ein Geheimnis bleiben.

Ist es dann so weit hergeholt anzunehmen, dass es, so wie beim Urknall unseres Kosmos, auch einen Urknall der göttlichen Liebe gegeben hat, in dem das All-Eins explodiert ist? Das Göttliche wollte sich seiner selbst bewusst werden und hat, ausgehend von einem göttlichen Ur-Punkt, Teile von sich selbst – die Seelen der Menschen etwa – auf eine Seelenwanderung geschickt. Die Antwort auf die Frage nach dem Warum und Wieso dieses Vorgangs wird vor dem Hintergrund einer rein naturwissenschaftlichen Denkweise natürlich ebenfalls immer ein Geheimnis bleiben. Aus einer spirituellen Sicht dagegen muss es nicht so kompliziert sein, meint die bayerische Heilerin. Hier ihre weiteren Gedanken dazu kurz zusammengefasst:

Diese so gebildeten Einzelseelen, die aber stets eine beständige, untrennbare Verbindung zum göttlichen All-Eins in sich tragen, wollen während ihrer Inkarnationen Erfahrungen machen, die in der polaren Welt möglich sind. Dabei ist die Freiheit von uns Menschen das oberste Prinzip. Leider sind viele Seelen von der von Gott gegebenen Freiheitsmöglichkeit so berauscht, dass sie nur egoistisch leben, also ein großes, von der göttlichen Liebe immer mehr getrenntes Ego aufbauen und damit Karma anhäufen. Vielleicht ist genau das im Buch Genesis in Kapitel drei unter der Überschrift »Der Fall des Menschen« gemeint, wenn der biblische Autor die Schlange, Symbol für die Verführung des Menschen, bezüglich des Essens der Früchte vom Baum in der Mitte des Paradiesgartens sprechen lässt: »Nein, ihr werdet nicht sterben. Gott weiß vielmehr: Sobald ihr davon eßt, gehen euch die Augen auf; ihr werdet wie Gott und erkennt Gut und Böse.«[153]

Solche Seelen, die ihre Freiheit ausschließlich egoistisch für ihren Vorteil nutzen und an Stelle des Göttlichen selbst unabhängige menschliche Ersatzgötter sein wollen, werden immer mehr verdunkelt und vergessen womöglich vollkommen, dass sie ja einen echten göttlichen Funken in sich tragen und immer ein göttliches Wesen bleiben. Soweit die Sicht der Heilerin.

Wenn man heute politische Konflikte wie etwa den brutalen Bürgerkrieg in Syrien betrachtet, in dem sich Menschen beider Seiten, Regierungstruppen und Rebellen, in einem unbeschreiblichen Maße gegenseitig foltern, massakrieren und bestialisch umbringen, kann man ein Gefühl davon bekommen, was passiert, wenn man solch eine verdunkelte Seele in sich hat, egal ob sie in einem Herrn Baschar al-Assad oder in einem Rebellenkommandanten wohnt. Leider können bezüglich »verdunkelter und liebloser Seelen« viele weitere Beispiele in Ländern Zentralafrikas und in Ägypten, in allen autoritären Regime der Welt, jedoch auch bei Zuhältern, Kinderschändern, gewalttätigen Eheleuten usw. in großer Zahl gefunden werden.

Doch zurück zur Sicht der bayerischen Heilerin: Ihrer Meinung nach brauchen viele Seelen hunderte von Leben, um überhaupt wieder zu begreifen, wer sie in Wahrheit sind: göttliche Seelen, Teil des Göttlichen All-Eins, von Gott geliebt und berufen, selbst zu lieben. Diese Seelen führen nach Ansicht der Heilerin völlig sinnlose Leben, die sie in ihrer Seelenentwicklung, auf die es in all den Inkarnationen ausschließlich ankommt, keinen Millimeter weiterbringen. Solche Seelen haben erst wieder eine Chance, wenn sie bei einer ihrer vielen Inkarnationen etwa durch heftige Vorfälle, traumatische Erlebnisse, Schicksalsschläge, dem Verlust naher Angehöriger oder auch durch eine Erfahrung von Tiefe, Sinn, Glück und Harmonie wieder zur Erkenntnis ihres eigentlichen göttlichen Wesenkerns hingestoßen werden.

Manche Menschen kommen schon als sehr spirituelle Wesen auf die Welt, die von Beginn ihres Lebens an im Grunde genommen nur eine einzige Sehnsucht haben: heimzukehren ins Göttliche. Wenn eine Seele die Gnade bekommt und eine solche Sehnsucht nach dem Göttlichen in sich verspürt, dann wird der Mensch, in dem diese Seele wohnt, alles tun, um die Muster und Zwänge abzubauen und den Vorhang der Dunkelheit und der Unwissenheit von seiner Seele wegzuziehen, die ihn daran hindern, zurück ins Göttliche zu gehen. Hier sind wohl all die wirklich mystischen Menschen einzuordnen, die schon in ihrem aktuellen Leben engen Kontakt zum Göttlichen herstellen wollen. In allen großen Religionen gab es und gibt es diese Menschen. Im Christentum waren es die Mystiker des Mittelalters, die in beständiger Kontemplation dem Göttlichen nahe sein wollten. Nicht selten wurden diese sehr spirituellen Männer und Frauen auf dem Scheiterhaufen verbrannt, weil man ihnen damals vorwarf, nicht im Sinne der offiziellen Amtskirchen zu denken, zu glauben und zu fühlen. Leider hat man dadurch eine starke, echte spirituelle Tradition, die es auch im christlichen Europa gab, mehr oder weniger ausgerottet.

Spiritualität und Geistheilung gehören aber nach Auffassung der Heilerin untrennbar zusammen. Ihre Aufgabe versteht sie also darin, nach dem Göttlichen und nach der Wahrheit suchende Menschen von allen Mustern und von der Ego-Schlacke zu befreien, die sich fast alle Seelen in vielen Leben während ihrer Seelenwanderung als »Karma« eingefangen, aufgebaut und angehäuft haben, als sie egoistisch und innerlich fern von Gott und der göttlichen Liebe gelebt haben. Womöglich war auch in dem christlichen Begriff der »Erbsünde« ursprünglich der Karmagedanke enthalten.

Lieber Leser, vielleicht erscheint Ihnen diese Sicht der bayerischen Heilerin zu vage oder zu spekulativ. Natürlich kann es hier nur um subjektive Wahrheiten gehen, die aber auf konkreten Erfahrungen mit Menschen beruhen. Viel wichtiger jedoch erscheint es mir, dass wir Menschen den tiefen Wunsch nach Heilung haben und heimkehren wollen in unsere göttliche Ur-Heimat. Vor diesem Hintergrund ist es dann letztlich zweitrangig, ob eine karmische Sicht vertreten oder ob an nur eine Auferstehung nach dem Tod geglaubt wird wie im Christentum.

Wie funktioniert eine Geistheilung?

Dazu kann ich natürlich keine allgemeine oder gar umfassende Antwort geben. Ich kann nur versuchen, mich in die Arbeit der bayerischen Heilerin hineinzuversetzen. Sie sagt, dass sie ihre Heilkräfte selbst nicht erklären kann und es ist auch schwierig für sie, die durch sie bewirkte Heilarbeit in Worte zu fassen. Dennoch möchte ich versuchen, ihre Arbeit, wie ich sie aus Gesprächen mit ihr selbst mitbekommen habe, irgendwie zu beschreiben und wiederzugeben.

Die Heilerin versenkt sich in Meditation und stellt sich eine betreffende Person vor, selbst wenn diese physisch nicht anwesend ist. Sie bekommt dann Bilder – schamanische Bilder, Seelenbilder, symbolische Bilder – von der betreffenden Person und von deren Problemen. So kann sie zum Beispiel ein Trauma sehen, das sich im Geist, in der Aura oder in der Seele des Menschen als dunkle Energieknäuel, als abgespaltene, autonome Energien, die gleich einem Parasiten ihr Eigenleben führen, niedergeschlagen oder sich in das Energiefeld der Seele eingenistet hat. Sie muss womöglich erst diese Energien aufspüren, die sich nicht selten vor ihr verstecken, weil sie nicht aufgedeckt werden wollen. Denn diese Energien wollen weiterhin ihr egoistisches Eigenleben führen und über das Bewusstsein der Person Macht ausüben. Sie wollen nicht, dass dieser Mensch Herr im eigenen Hause ist. Sie wollen ihn beherrschen, kontrollieren, dominieren. In diesem Fall kann man davon sprechen, dass der Betroffene von diesen abgespaltenen Energien, die nach der Erfahrung der Heilerin oft aus früheren Inkarnationen stammen, wie von bösen Geistern blockiert, beherrscht und dominiert wird.

Solche Energieknäuel sind im Grunde vom Hauptenergiestrom und vom Bewusstsein der Person abgespaltene ursprüngliche Emotionen, die zu Zwangsmustern oder gar zu lebendigen »bösen« und fremden Geistern im Menschen geworden sind. Die Aufgabe der Heilerin ist somit vielfältig:

- Sie muss diese Energien im Klienten – ähnlich wie bei schamanischen Reisen – überhaupt erst einmal geistig finden, erkennen, aufspüren.
- Dann muss sie mit diesen Energien in geistigen Kontakt treten, vielleicht mit ihnen sogar verhandeln.
- Als nächstes müssen diese Energieknäuel aufgetaut, geschmolzen und umgewandelt und angehoben werden. Sie spricht in diesem Zusammenhang vom »Transformieren« und »Transzendieren«.
- Energien sind ein starkes Potential. Es geht also nicht darum, diese Energien auszumerzen, sondern sie umzuwandeln und wieder heimzuholen in den bewussten Energiefluss des Menschen, sie als dann gereinigte positive Energien wieder zu integrieren. Auch dazu kann die Heilerin Weichen stellen.

Es kann nach einer derartigen Geistheilungs-Behandlung mehrere Tage und Wochen dauern, bis solch ein Transformationsprozess von dunklen Energien in Liebe erfolgt ist. Als positive Energien dienen sie der Vitalität und Kreativität im Menschen, während sie vorher Blockaden, Zwangsmuster oder gar Krankheiten wie Krebs bewirkt haben. Im Grunde führt die Heilerin in ihren Klienten eine Art von »spiritueller Operation« durch. Wie auch bei einer körperlichen Operation kann diese Energiearbeit für ihre Klienten dann physisch und psychisch sehr anstrengend und erschöpfend sein.

Diese Art von »spiritueller Operation« kann bisweilen sogar eine Arbeit an den Körperzellen selbst bedeuten, indem die Heilerin etwa versucht, Blockaden auf den Chromosomen zu beseitigen. Jede unserer Zellen enthält im Zellkern einen Satz von 46 Chromosomen – DNA-Fäden, in denen unsere Gene angeordnet sind. Genau hier versucht sie geistig einzuwirken, um etwaige Blockaden oder Falschprogramme aufzulösen.

Der Forschungsbereich in der Biologie, der sich heute genau damit naturwissenschaftlich beschäftigt, ist die sogenannte »Epigenetik«. Der Biologe Bruce H. Lipton definiert diesen Wissenschaftszweig so: »Die Epigenetik, die Wissenschaft von den molekularen Mechanismen, mit denen die Umgebung die Genaktivität steuert, ist heutzutage einer der aktivsten Bereiche der Forschung.«[154] Herr Lipton steht für eine »Neue Biologie«, die die Dogmen der vom Darwinismus geprägten, teilweise noch immer vorherrschenden Biologie durchstößt, wonach unsere Gene, unsere DNA und unsere Chromosomen vollkommen und unveränderbar programmiert sein sollen.

Seiner Meinung nach können unsere Überzeugungen und Einstellungen einen großen Einfluss auf unsere Zellen haben: »Nicht die gen-gesteuerten Hormone und Neurotransmitter kontrollieren unseren Körper und unseren Verstand – unser Glaube und unsere Überzeugungen kontrollieren unseren Körper, unser Denken und damit unsere Leben.«[155] Herr Lipton hat sich intensiv mit molekularen Mechanismen, Steuerungsmöglichkeiten und Einflüssen auseinandergesetzt. Er kommt zu der tiefen Überzeugung, wonach wir selbst unsere Zellen und die Chromosomen mit der DNA darin geistig beeinflussen: »Ich glaube, die Zellen lehren uns nicht nur etwas über die Mechanismen des Lebens, sondern zeigen uns auch, wie wir ein reiches, erfülltes Leben führen können.«[156]

Auf dieser Ebene arbeitet und wirkt auch die bayerische Heilerin. Sie will jedoch gar nicht wissenschaftlich sein. Sie weiß selbst nicht, wie dies im einzelnen geht. Sie ist sich aber durchaus bewusst, dass sie geistig genau den Bereich in den menschlichen Zellen positiv beeinflussen kann, mit dem sich zunehmend die Epigenetik wissenschaftlich auseinandersetzt.

Lieber Leser, ich wollte Ihnen am Beispiel dieser bayerischen Heilerin zumindest eine vage Vorstellung vermitteln, wie eine geistige Heilung ablaufen kann. Ich empfinde diese mittlerweile als etwas ganz Natürliches und nicht mehr als etwas Spektakuläres, so wie es manchmal bei den Auftritten von tatsächlichen oder angeblichen Geistheilern vor Hunderten von Menschen vermittelt wird. Ich bin sehr dankbar für diese Art der geistigen Hilfe, die mit Demut der Heilerin und mit Offenheit und Bereitschaft des Klienten zu tun hat. Vielleicht ist genau diese Haltung gemeint, wenn Jesus zu durch ihn geheilten Menschen sagt: »Dein Glaube hat dir geholfen.«[157]

Ernstnehmen der Geistheilung im 21. Jahrhundert

Ich denke, dass fast alle Krankheiten seelische und geistige Ursachen haben. Dann zeigt der Körper Symptome, die ihrerseits aber wieder auf die Seele zurückwirken können. In einem solchen Fall liegen häufig gleichzeitig eine sich gegenseitig aufschaukelnde Psychosomatik und eine Art von »Somapsychotik«, also eine Wirkung in umgekehrter Richtung vom Körper auf die Seele, vor.

Vor dem Hintergrund der Arbeit der bayerischen Heilerin wird es für mich immer unverständlicher, warum wir aufgeklärten westlichen Menschen, denen heute durch Globalisierung und Internet ein umfassendes altes und modernes Heilwissen der Welt zur Verfügung steht, nicht schleunigst alle psychisch-initiatorischen, systemischen und spirituellen Heilungsmethoden fördern und hinzunehmen. Dann könnte neben den unbestrittenen großen Erfolgen der rein symptom- und körperorientierten Schulmedizin ein umfassendes ganzheitliches Heilungssystem entstehen, in dem alle bewährten Heilmethoden ihren Platz haben und sich gegenseitig befruchten und ergänzen können.

Denn noch immer ist es so, dass unsere Krankenkassen meist nur Maßnahmen der Schulmedizin übernehmen, manchmal noch eine begrenzte Anzahl von Stunden für Psychotherapie. Es wird häufig nicht weiter darüber nachgedacht, dass vermutlich jede zweite Operation unnötig ist und dass bei vielen Krankheitsursachen eine rein körperliche, medikamentöse Behandlung höchstens eine Linderung, eine Ruhigstellung oder eine Symptomverschiebung auf einen anderen Körperteil bewirken, im schlimmsten Fall jedoch sogar heftige Nebenwirkungen verursachen kann, wie auch der Biologe Lipton anmerkt: »Jedes Mal, wenn dem Körper ein Medikament zugeführt wird, um eine Funktion A zu korrigieren, gerät Funktion B, C oder D aus dem Gleichgewicht.«[158]

Wenn man einmal begriffen hat, wo die eigentlichen Ursachen für Muster, Blockaden und Krankheiten liegen, muss man bereit sein, diese alternativen Behandlungen womöglich aus eigener Tasche zu zahlen. Dies ist vielen Bürgern finanziell nicht möglich. Viel öfter als man denkt, wäre es aber möglich, Konsumgüter haben bei uns jedoch häufig einen viel höheren Wert. Zudem verlangen etwa eine systemische Heilung oder gar eine Geistheilung eine Auseinandersetzung mit diesen entsprechenden Ebenen in uns selbst, wovor anscheinend viele Zeitgenossen zurückschrecken. Dieses Buch möchte dazu ermutigen, auch auf anderen als den gewohnten Gebieten zu suchen, wenn körperliche oder psychische Symptome auftreten.

Vor allem aber geht es darum, sein Schicksal und seine Gesundheit und Heilung wirklich in die eigenen Hände zu nehmen und damit aufzuhören, die Schuld bei anderen Familienmitgliedern, dem Stress in der Arbeit, in der wenigen Zeit, »den bestehenden Verhältnissen« oder im angeblich »bösen Schicksal« zu suchen. Wenn wir uns wirklich voll Sehnsucht in unserem Herzen aufmachen, das Göttliche zu suchen und unser Leben als »Wanderung zurück zum Göttlichen« zu verstehen, werden wir vermutlich fast immer die nötige Hilfe, Begleitung und Unterstützung dazu finden. Heilung von Blockaden und Krankheiten bedeutet oft gleichzeitig eine Erhöhung unseres Bewusstseins, nämlich dass wir Kinder Gottes sind und im Grunde alle eine Ur-Sehnsucht in uns tragen: heimzukehren ins Göttliche.

Die bayerische Heilerin arbeitet vor dem Hintergrund dieser Sicht mit der Energie und mit der Liebe des Göttlichen, wie sie selbst sagt. Auch Jesus heilte in der Autorität Gottes, seines Vaters.[159] Um diese Ebene des Göttlichen soll es im letzten Kapitel noch genauer gehen. Doch zunächst soll im Fall VIII ein weiterer, sehr authentischer

Bericht eines Mannes erfolgen, der nur geheilt werden konnte, weil er bereit war, sich auch für eine spirituelle Ebene zu öffnen.

(4) Heilung bedeutet Vergebung

Seit dem Hochkochen des vielfältigen sexuellen Missbrauchs durch katholische Priester und durch Erzieher in Privatschulen vor einigen Jahren ist dieses Tabuthema stark in den Fokus der Öffentlichkeit gerückt. Experten weisen aber immer wieder darauf hin, dass die meisten Missbrauchsfälle unentdeckt in der eigenen Familie oder in deren unmittelbarem Umfeld stattfinden. Dennoch unterscheidet sich die folgende Geschichte wesentlich von vielen anderen. Sie berührt eines der stärksten Tabus in unserer angeblich doch so aufgeklärten Gesellschaft. Es geht dabei um Jakob,[160] einen Mann um die fünfzig Jahre. Kennengelernt habe ich ihn auf einem Workshop für spirituelle Persönlichkeitsentwicklung. In einer Atmosphäre des Vertrauens erzählte er im kleinen Kreis von Teilnehmern von seinen Erlebnissen als Junge in seiner Herkunftsfamilie.

Fall VIII (Jakob): Sexueller Missbrauch

»In meiner Familie bin ich der Erstgeborene von drei Geschwistern. Ab einem Alter von etwa vier Jahren hat mich meine Mutter sexuell missbraucht. Um dies zu erkennen und es auch benennen zu können, vergingen jedoch über 40 Jahre. Seither kann ich Vieles in meinem blockierten Leben besser verstehen. Bei einem sexuellen Missbrauch stellt man sich meist Töchter vor, die von ihrem eigenen Vater oder Stiefvater vergewaltigt worden sind. Dies ist wirklich schlimm, aber diese Art von sexueller Gewalt ist von Anfang an für die Betroffenen als solche offensichtlich.

Viel schwieriger ist es, wenn der sexuelle Missbrauch subtil und im Verborgenen geschieht. Als kleines Kind, das von seiner Mutter geliebt werden will, meint man zunächst, das Erlebte sei normal, das gehöre sich so und es sei eben die Art der Liebe der Mutter. Für mich hat es sehr lange gedauert und erst eine gescheiterte Ehe und viele Stunden Psychotherapie gebraucht um zu erkennen, was der Unterschied zwischen einer liebevollen mütterlichen Zärtlichkeit und einem egoistischen Energieraub ist. Heute würde ich das, was zwischen mir und meiner Mutter damals im Alter von vier bis neun Jahren geschehen ist, als ›verzerrte Liebe‹ der Mutter benennen, wenn ich es wohlwollend ausdrücke. Wenn ich es dagegen nüchtern betrachte und die Folgen mit einbeziehe, die dieses ›Zusammensein‹ mit der Mutter für mich langfristig hatte, kann ich es heute eben nur als schlimmen sexuellen Missbrauch bezeichnen.

Es hat deshalb so lange gedauert, bis ich den Missbrauch als solchen entlarven und mir die dadurch zugefügte ›Mutterwunde‹ eingestehen konnte, weil die Berührungen der Mutter stets im Dunkeln des elterlichen Schlafzimmers und unter der Bettdecke stattfanden. So konnte sich die Mutter einreden, dass ja gar nichts passiert sei. Niemand hat etwas gesehen, weder sie noch ich als ihr kleiner Sohn. Es gab deshalb für mich lange keine konkreten Erinnerungsbilder, sondern nur vage ödipale Gefühle zu diesem Geschehen. Hinzu kommt, dass ein sexueller Missbrauch durch die Mutter selbst in unserer aufgeklärten Gesellschaft noch immer zu den absoluten Tabus gehört. Was, eine Mutter missbraucht ihren Sohn sexuell? Wie soll so etwas überhaupt gehen? Unvorstellbar! Niemals! Das darf nicht sein und kann daher nicht sein!

Als ich meine Mutter vor einigen Jahren mehrmals auf die »Sessions« in ihrem Bett angesprochen habe, an die ich noch eine sehr gute Erinnerung habe, bekam ich abwechselnd folgende Antworten zu hören:

- *Das bildest du dir ja nur ein!*
- *Du selbst hast es doch auch gewollt!*
- *Es ist ja alles schon so lange her, ich kann mich daran nicht mehr erinnern!*
- *Ich habe dich immer geliebt, du warst ja mein Liebling!*
- *Ich habe dich gegenüber deinen Geschwistern immer bevorzugt. Wie kannst du jetzt so undankbar sein und mir solche Vorwürfe machen?*
- *Wenn du nicht aufhörst, darüber zu grübeln, wirst du einmal verrückt werden!*

Meine Mutter sagte mir während jener Inzestphase häufig, dass wir beide – und nur wir beide – ganz eng zusammen gehörten und dass sie mich viel lieber habe als meinen ›bösen‹ Vater, der immer unterwegs war und viel zu wenig Zeit für sie hatte. Natürlich glaubte ich meiner Mutter, wenn sie so etwas behauptete. Kein Zweifel, ich musste einfach ein toller Hecht sein! Ich muss wohl süchtig nach genau dieser Erfahrung gewesen sein. Daher wollte ich von mir aus in immer kürzeren Abständen zu ihr ins Bett. Ödipus lässt grüßen! Aus heutiger Sicht muss ich feststellen, dass ich durch diese Art von ›ödipaler Inzestbeziehung‹ immer mehr in einen Sog von Größenwahn geriet. Aufgrund einer totalen Überspiegelung durch die Mutter fühlte ich mich meinem Vater, meinen Kameraden in der Schule und meinen Geschwistern gegenüber völlig überlegen.

Diese auffällige Beziehung zwischen meiner Mutter und mir konnte in der Familie auf Dauer nicht verborgen bleiben. Je älter ich wurde, um so seltsamer erschien es, dass gerade ich immer noch in das von mir so heiß geliebte ›Mama-Bett‹ durfte, während meine jüngeren Geschwister außen vor bleiben mussten. Schließlich wurde offen Kritik an diesem ›Verhältnis‹ laut: Meine Großmutter und mein Vater machten klar, dass ich nun zu alt für das Schlafen im ›Mamabett‹ sei und griffen deswegen auch meine Mutter verbal an. Sie war es dann, die aufgrund dieses Drucks die Reißleine zog und mir mit neun Jahren von einem Tag auf den anderen verbot, zu ihr ins Bett zu kommen. Ich war wie vor den Kopf gestoßen. Dies konnte ich nicht verstehen. Was sollte denn falsch daran gewesen sein, als ihr geliebter Sohn in ihrem Bett zu schlafen?

Diese abrupte Trennung war ein totaler Schock für mich, der einige Tage später eine große Wut auslöste. Wie konnte meine Mutter unsere Beziehung nur so schändlich verraten? Als ödipaler Junge war ich für die Tatsache unerreichbar, dass ja mein Vater der Mann meiner Mutter und ich nur ihr geheimer Liebhaber war. Ich kochte richtig vor Wut. Wäre ich nicht neun, sondern neunzehn Jahre alt gewesen, hätte ich vermutlich meiner Mutter ein Messer ins Herz gerammt. Die Wut brauchte aber eine Möglichkeit, sich zu entladen und auszutoben. Daher wandte sie sich als Aggression gegen mich selbst. Mein Kopf begann vor Wut zu kochen und ich bekam nach ein paar Tagen eine Gehirnhautentzündung, verbunden mit hohem Fieber. Der Hausarzt wurde gerufen. Er wollte mich sofort ins Krankenhaus einliefern lassen und sagte meinen Eltern, dass es sehr ernst um mich stünde.

Sofort rief meine Mutter aus: ›Wenn er ins Krankenhaus kommt, dann stirbt er!‹ Anscheinend war ihr die wahre Ursache meiner Erkrankung – das Ende unserer Intimbeziehung – voll bewusst. Ich durfte wieder ins ›Mamabett‹. Fünf Tage lang war ich auf der Kippe. Ich kämpfte zwischen Leben und Tod. Der Arzt gab mir jeden Tag drei Spritzen direkt in die Stirn. Danach wich das Fieber und ich war völlig erschöpft. Die heiße Wut in mir suchte sich einen anderen Ort, wo sie hineinfahren konnte: die Leber. Das Sprichwort ›Mir ist etwas über die Leber gelaufen‹ ist für mein damaliges **Empfinden jedoch völlig unzureichend. Nun kochte meine Leber so** *sehr, dass ich nach der todgefährlichen Meningitis eine ansteckende Hepatitis, also eine Gelbsucht, bekam.*

Acht Wochen lang blieb ich von der Schule zu Hause und schlief ausschließlich in Mutters Bett und meine Mutter neben mir. Der Vater wurde so lange ausquartiert. Ohne mir damals darüber bewusst zu sein, hatte ich durch meine Krankheit erreicht, als einziger ›Mann‹ wieder in Mutters Bett zu dürfen. Aber der Preis war sehr hoch, denn die tödliche Wut hätte mich fast das Leben gekostet. Als ich wieder ganz gesund war, musste ich ein zweites Mal und jetzt für immer raus aus dem Bett der Mutter. Zusammen mit meinem jüngeren Bruder bekam ich ein eigenes Zimmer. Scheinbar war die furchtbare Wut körperlich erfolgreich nach außen abgeleitet worden und hatte durch die beiden schlimmen Krankheiten mein ›Körper-Seelen-System‹ verlassen können.

Meine weitere Entwicklung wurde jedoch durch die jahrelange **sexuelle Intimbeziehung zur Mutter sehr blockiert. Das fiel zunächst** *nicht weiter auf. Als ich in die Pubertät kam, fühlte ich mich natürlich vom anderen Geschlecht angezogen und verliebte mich mit 17 Jahren zum ersten Mal in ein 16-jähriges Mädchen. Seltsamerweise kam es jedoch nie zu Intimitäten. Auch bei zwei anderen Mädchen, in die ich mich später verknallte, war ein Kuss schon das höchste der Gefühle.*

Instinktiv hatte ich anscheinend Angst vor einer solchen emotionalen, erotischen oder gar sexuellen Nähe. Die Mädchen konnten nicht verstehen, warum ich die Beziehung jedes Mal beendete, bevor es enger wurde. Sie fühlten sich von mir vor den Kopf gesto-

ßen. Heute würde ich mein damaliges Verhalten vereinfacht so deuten: Trotz der sexuellen Trennung von meiner Mutter blieb ich emotional weiter an sie gebunden, ohne mir aber dessen bewusst zu sein. Innerlich konnte und wollte ich meine exklusive Beziehung zu ihr nicht aufgeben. Zudem war es meine instinktive, jedoch unbewusste Urerfahrung: Wenn ich ganz aufmache, intim werde und mich hingebe, werde ich zurückgewiesen. Dies sollte mir nicht noch einmal passieren. Ich war ja deshalb fast krepiert. Es dauerte volle 21 Jahre lang, bis ich jenen Trennungsschock soweit überwunden hatte, dass ich mich sexuell wieder auf eine andere Frau einlassen konnte. Nun war ich bereits über dreißig Jahre alt. Dabei blieb ich zunächst meinem Urmuster treu: Alle Frauen, mit denen ich sexuellen Kontakt hatte, mussten verheiratet sein. Nur so konnte ich wieder das mir so vertraute Gefühl bekommen, dass ich der tolle Mann, zumindest aber der bessere Liebhaber im Vergleich zu ihren offiziellen Männern war. Sex war für mich folglich zunächst nur als geheimer Liebhaber möglich.

Mit 38 Jahren heiratete ich und bekam eine Tochter. Da ich von meinen frühen sexuellen Erlebnissen mit meiner Mutter noch immer geprägt, mir dessen jedoch gar nicht bewusst war, konnte ich mich emotional nicht wirklich auf meine Partnerin einlassen. Nach einigen Jahren ging die Beziehung wieder auseinander. Dies war ein erneuter Schock für mich, der das alte Trennungstrauma antriggerte. Deshalb suchte ich dann eine psychotherapeutische Beratung auf. Das Gute daran war, dass jetzt die frühen Erlebnisse mit meiner Mutter, sowie die unverdaute Trennung von ihr mit neun Jahren, endlich ans Licht kommen und mir immer mehr bewusst werden konnten.

Die Seele gibt den Missbrauch frei

Trotz dieser fachkundigen therapeutischen Begleitung dauerte es noch mehrere Jahre, bis meine Seele in einer Sitzung den eigentlichen sexuellen Missbrauch durch meine Mutter freigeben und in entsprechende Bilder umsetzen konnte. Meine Mutter hatte mich ja nie vergewaltigt. Es lief damals alles unter dem Deckmantel einer »besonderen Liebe« ab. Heute weiß ich, dass sie mich für die Befrie-

digung ihrer Bedürfnisse nach Zärtlichkeit und nach sexuellem Erleben benutzt hat, was ihr offensichtlich mit meinem Vater nicht möglich war. Etwa zweimal in der Woche hatte es diese »Sessions« in ihrem Bett gegeben – fünf Jahre lang.

Was dabei geschah, erlebte ich damals natürlich nicht als Missbrauch: Meine Mutter drückte mich unter der Bettdecke fest an sich, streichelte mich zärtlich, besonders an meinem Glied, bis dieses erregt war. Sie führte meine Hände an ihre Brüste und in ihre Scheide. Dabei gab sie seltsam glucksende Laute von sich, die ich sonst niemals von ihr hörte. Dieses intime Geschehen hat meine Sexualität bis heute geprägt und jede Partnerschaft mit einer anderen Frau belastet. Zu tief waren die dabei erlebten intensiven Gefühle in die Seele des Jungen eingedrungen. Als diese in der Psychotherapie dann endlich hochkamen, musste ich furchtbar kotzen und bekam innerhalb einer Stunde hohes Fieber. Ich wurde von den hochgespülten Erinnerungen förmlich umgepustet und war eine Woche lang sterbenskrank. Dadurch wurde ich an die Gehirnhautentzündung und die Gelbsucht erinnert, die ich über vierzig Jahre zuvor bekommen hatte und konnte die damalige Erkrankung nachträglich endlich dem Missbrauch und dessen abrupter Beendigung zuordnen.

Ausgelöst durch dieses Erleben kam in mir erneut eine unwahrscheinliche Wut auf meine Mutter hoch. Auf der rationalen Ebene des erwachsenen Mannes warf ich ihr vor, dass sie mein ganzes Leben versaut habe, so dass bisher keine Partnerschaft gelingen konnte. Nun war ich bereits über fünfzig Jahre alt und stand vor einem emotionalen und familiären Scherbenhaufen. Kein Wunder, dass nie eine Partnerschaft geklappt hatte. Diese Erkenntnis führte jetzt zu einer richtigen Lebenskrise. Ich konnte es meiner Mutter nicht verzeihen, dass sie meine kindliche Bedürftigkeit und Sehnsucht nach Nähe so schändlich für ihre eigenen Zwecke ausgenutzt **hatte. Anscheinend musste ich damals dafür herhalten, ihre Defizite** *an Zärtlichkeit, Erotik und Intimität auszugleichen.*

Bald merkte ich aber, dass die Wut noch eine andere, viel stärkere Ursache hatte. Es kamen die weggesperrten Gefühle des traumatisierten neunjährigen Jungen in mir hoch. Er war wütend, weil die Mutter damals unsere vermeintlich so schöne Intimbeziehung abrupt beendet hatte. Offensichtlich war diese Wut in meinem

Gemüt vor 40 Jahren so abgespeichert worden. Verrückt! Denn diese Wut hatte die genau gegenteilige Ursache: Der Junge in mir war nicht wütend, weil seine Mutter ihn missbraucht hatte, sondern weil sie die ödipale Inzestbeziehung beendet hatte. Den damaligen Rauswurf aus dem Mutterbett hatte der Junge nämlich als Totalverrat, als Thronsturz und als Katastrophe empfunden.

Vereinfacht könnte man auch sagen: Ich konnte damals das plötzliche Ende meiner ödipalen Rolle nicht verkraften. Die traumatischen Gefühle des neunjährigen Jungen wurden nach der schlimmen Krankheit abgespalten und sanken ins Unbewusste ab. Sie waren also nicht bewältigt. Dieser tief gekränkte und verunsicherte Junge hatte meiner Mutter nie verziehen, dass sie unsere vermeintliche ›Liebesbeziehung‹, die für ihn das ganze damalige Leben bestimmte, einfach aufgekündigt hatte. Die Wut des Jungen vermischte sich nun mit der Wut des erwachsenen Mannes zu einem gewaltigen Wut-Konglomerat. Leider band mich diese Wut erneut stark an meine Mutter. Ich war unfrei, wieder eine Partnerbeziehung einzugehen. Wie soll man aber eine solche Mutter-Missbrauchs-Wunde heilen?

Eine erste leichte Entspannung ergab sich für mich, als ich von Verwandten erfuhr, dass meine Mutter womöglich selbst einen jahrelangen sexuellen Missbrauch durch ihren eigenen Vater, meinen Großvater, erlebt hatte. Dann wurde ja aus Sicht der Mutter in der ödipalen Beziehung mit mir nur das in vertauschten Rollen fortgesetzt, was sie eine Generation zuvor selbst hatte erleiden müssen. Oft werden missbrauchte Opfer selbst zu missbrauchenden Tätern, **wenn sie erwachsen sind und sich in einer Machtposition befinden. Und eine Mutter hat Macht gegenüber ihrem kleinen Sohn!** *Trotz dieser Information empfand ich das damalige Verhalten meiner Mutter als unverzeihlich. Sie hätte diese unglückselige Weitergabe des Missbrauchs unter allen Umständen verhindern müssen. Ich verharrte ihr gegenüber weiterhin in Wut und Groll und war besetzt von Rachegedanken. Ich wollte Mutter etwas antun, sie womöglich sogar umbringen.*

Unerwartete Lösung

Bei einer Meditation passierte es dann. Mir wurde plötzlich bewusst, dass ich mit der Seele meiner Mutter zumindest schon in einem früheren Leben eng verbunden gewesen war. Ich bekam folgendes inneres Bild: Damals war sie meine Frau und ich war ein reicher Graf. Sie war sehr hübsch. Sie war mein Ein und Alles. Ich war in sie verliebt, verehrte sie, trug sie auf Händen, war stolz auf sie, brüstete mich mit ihr vor meinen Freunden und in der Öffentlichkeit und machte ihr immer wieder teure Geschenke. Durch meine schöne Frau fühlte ich mich wie ein Gott auf Erden. Mit ihr an meiner Seite war ich jemand. Den damaligen Verhältnissen entsprechend betrachtete ich sie als meinen wertvollsten Besitz.

Dann fand ich plötzlich heraus, dass sie mich mehrfach mit einem meiner Freunde betrogen hatte. In einem unbändigen Wutrausch, stach ich reflexartig mit einem langen Messer auf sie ein. *Als ich wieder zur Besinnung kam, musste ich feststellen, dass sie tot war. Ich hatte sie umgebracht, weil ich mich von ihr abgrundtief hintergangen fühlte, mein Vertrauen missbraucht und mich als gehörnten Ehemann in der Öffentlichkeit gedemütigt sah. Aus damaliger Sicht eines ›gräflichen Magnaten‹ war die Tötung eine gerechte Strafe für solch einen fundamentalen Verrat und Vertrauensbruch. Aufgrund meiner Machtstellung und wegen des eindeutigen Seitensprungs wurde ich nie für diesen Mord zur Rechenschaft gezogen, den ich im Affekt und blind vor Wut begangen hatte. Die Tat blieb also ungesühnt. Ich redete mir auch noch ein, gerecht gehandelt zu haben und unterdrückte meine Gefühle der Sehnsucht nach meiner Frau. Gefühle der Schuld oder gar einer Reue wollte ich nicht zulassen.*

Oft ist es so, dass sich Seelen in einem späteren Leben meist in veränderten Rollen wieder treffen, wenn in einer früheren Inkarnation zwischen ihnen etwas Traumatisches passiert ist und noch starke unaufgelöste Emotionen in ihnen liegen. Offensichtlich war dies bei der Seele meiner Mutter und meiner Seele der Fall. Als mir dies bewusst wurde, verflogen alle Vorwürfe und aller Groll, den *ich die ganze Zeit mit mir herumgetragen hatte, in einem einzigen Augenblick. Jetzt konnte ich ihr sofort vergeben, weil ich erkannte, dass ich Opfer und Täter zugleich war. In dem früheren Leben war ich ein Mörder, der seine geliebte Frau aus blinder Wut erstochen hatte. In diesem Leben wiederum hat meine Mutter mein Leben auf der emotionalen und sexuellen Ebene derart geschädigt, dass man guten Gewissens von einem ›emotionalen Mord‹ sprechen kann. Keine Beziehung zu einer Frau hat bisher geklappt. Von Reue will meine Mutter bis heute nichts wissen. Als mir diese karmische Verstrickung mit meiner Mutter bewusst wurde, hatte ich schlagartig ein Gefühl der Erleichterung und Entspannung und den Eindruck, dass unsere Seelen nun quitt waren. Ein tief empfundenes Gefühl des Ausgleichs nahm schlagartig alle Wut auf meine Mutter hinweg.*

Zudem konnte ich spüren, dass jene Wut als Graf auf meine damalige Frau nach ihrem Fremdgehen und die Wut des ödipalen Jungen auf seine Mutter in diesem Leben, als sie die exklusive Beziehung zu mir aufkündigte, auf der gleichen emotionalen Ebene angesiedelt und von gleicher Intensität waren. In beiden Fälle hatte ich es als Verrat ›durch meine geliebte Frau‹ erlebt. Ursache (Verrat) und Folgen (Wut) mussten sich offensichtlich in diesem Leben deshalb wiederholen, weil eine Tat (Mord) in einem früheren Leben nicht gesühnt worden und damit noch nicht ausgeglichen war. Wut und nicht eingestandene Schuld steckten als emotionale Energieknäuel in meiner Seele fest und mussten folglich unbearbeitet und ungelöst auf meine weitere Seelenwanderung mitgenommen werden. Offensichtlich werden solche Energien beim Tod nicht aus der Seele gelöscht. Dann braucht es eine neue Inkarnation zu diesem Thema. In einer modifizierten Wiederholung sucht die Seele nach einer Lösung.

Zum ersten Mal empfand ich jetzt tiefe Reue für meinen Mord in der früheren Inkarnation. Ich war nicht nur Opfer, ich war auch ein brutaler Täter. Diese Erkenntnis veränderte alles in mir. Ich fühlte ein Brennen in meinem Herzen und die Reue weichte meine Wut auf. Als mir dieser karmische Zusammenhang von Opfer und Täter bewusst wurde, konnte ich innerlich total loslassen und meine Mutter als Wutobjekt endlich freigeben. Irgendwann konnte ich aber auch mir selbst vergeben, was ich in einem früheren Leben getan hatte. Jetzt war ich frei – frei von der Wut des Grafen im früheren Leben, frei von der Wut des Jungen über den Thronsturz in diesem Leben, frei von der Wut des erwachsenen Mannes über den Missbrauch, frei von Schuld wegen des Mordes und frei für eine eigene Partnerschaft.«

Vergebung ist ein spiritueller Vorgang

Diese Geschichte hat uns alle sehr berührt. Was ist in der Tiefe bei Jakob geschehen? Betrachten wir den Vorgang noch einmal vor dem Hintergrund des »Medizinrads der Heilung«.[161] Es dauert sehr lange, bis er überhaupt einen Zusammenhang zwischen seinen Problemen in der Partnerbeziehung und seinen früheren Erlebnissen mit seiner Mutter erkennen kann. Es hätte ihm sicher sehr geholfen und die Aufarbeitung erleichtert, wenn seine Mutter den Missbrauch eingestanden hätte. Sie hatte aber aufgrund ihrer eigenen verdrängten Missbrauchserfahrung durch ihren Vater kein Unrechtsbewusstsein dafür oder konnte den Missbrauch nicht zugeben. Auf der psychologischen Ebene allein kann der Fall nicht gelöst werden. Die Psychotherapie trägt zwar wesentlich dazu bei, dass der Missbrauch aufgedeckt und Jakob als solcher bewusst wird. Seine Wut kann jedoch nicht abgeleitet werden, solange ein tieferes Verständnis für den Gesamtzusammenhang fehlt. Auch der familiensystemische Hintergrund bringt noch nicht die erwünschte Lösung.

Erst als Jakob in der Meditation seine frühere Inkarnation »sieht«, kommt es zu einem Ausgleich. Nun können die Wutemotionen, die sich wie ein Energieknäuel in seiner Seele eingenistet hatten, tatsächlich aufgelöst werden und seine Seele verlassen. Dies macht ihn frei – frei von all den Verstrickungen mit seiner Mutter. Wenn die Initiation zum Erwachsenen die vollkommene seelische Loslösung aus der Kinderrolle gegenüber den Eltern bedeutet, dann kann Jakob erst jetzt mit über 50 Jahren wirklich erwachsen werden, nachdem der Missbrauch ans Licht gekommen und die Wut gewichen ist, die ihn so lange an seine Mutter gebunden hat.

Hätte Jakob wie die meisten unserer Zeitgenossen einen karmischen Zusammenhang ins Reich der Träume verwiesen oder als bloßes Hirngespinst abgetan, hätte er die Seelenbilder während der Meditation gar nicht erst bekommen oder sie zumindest nicht zuordnen können. Dann würde er vermutlich noch immer in seiner einseitigen Wut hängen und weiterhin alle Schuld am Misslingen seiner Partnerschaften auf die Mutter schieben. So hätte sich eine unselige Bindung an die Mutter, von der er sich ja gerade lösen wollte, auch in Zukunft erhalten. Er wäre vermutlich bis zu seinem

Tod in einer Opferrolle und im Groll hängen geblieben und hätte nie eine gelingende Partnerschaft finden und ein emotional entspanntes Leben führen können.

Wir dürfen das glückliche Ende dieses Falls nicht für selbstverständlich nehmen. Vergebung nach einem so fundamentalen Vertrauensbruch wie einem sexuellem Missbrauch durch die eigene Mutter ist eine der härtesten Prüfungen, die es für uns Menschen gibt. Vergebung ist aber notwendig, wenn man in seinem Leben innerlich frei werden und sich für das Göttliche öffnen will. Darauf weist in einem ganz anderen Zusammenhang die evangelische Theologin und stellvertretende Beauftragte des Landes Brandenburg zur Aufarbeitung der SED-Diktatur Marie Anne Subklew hin, die sich mit der Schuld der vielen »informellen Mitarbeiter« der Stasi beschäftigt hat, die ihre besten Freunde oder Familienmitglieder bespitzelt und verraten haben. Die Theologin erkennt in der Vergebung letztlich einen zutiefst spirituellen Vorgang:

»Menschen, die Schuld vergeben, geben etwas ab. Und zwar eine Last, die Last dessen, was ein anderer mir angetan hat. Die Tat ist geschehen, aber ich gebe ihr keine Macht mehr über mein Leben. Damit wird die erlittene Verletzung weder ungeschehen gemacht noch entschuldigt. Vergeben können ist kein Ausdruck von Schwäche, sondern eine gelebte Stärke. Vergebung ist zuerst etwas, das nur mich selbst betrifft – ein innerseelischer Prozess, mein eigener Weg des Heilwerdens.

Die Vergebung steht immer vor der Versöhnung. Denn Vergebung ist – anders als Versöhnung – auch ohne die Beteiligung des Täters, der Täterin möglich, da es zuerst ein innerseelischer, mein eigener Prozess des Heilwerdens ist.

Für mich hat es aber auch mit meinem Glauben zu tun. ›Vergib uns unsere Schuld wie auch wir vergeben unseren Schuldigern‹, beten wir im Vaterunser. Auch ich bin von Gottes Vergebung abhängig, von seiner Gnade und seinem barmherzigen Blick auf mein fragmentarisches, oft unzureichendes und schuldbehaftetes Leben. Und auch, wenn es kein leichter Weg ist, weiß ich, dass die Vergebung mich heil macht. Dass sich die Erfahrung des Verrats von meinem Herzen lösen wird, wenn ich ...verzeihe.«[162]

Was für die Opfer der DDR-Diktatur bezüglich des Verrats durch Freunde und Familienangehörige zutrifft, kann auch für Jakob hinsichtlich des sexuellen Missbrauchs durch die eigene Mutter gelten. In beiden Fällen handelt es sich um einen Verrat und einen Vertrauensbruch. Jakob kann sich dann mit seiner Mutter und mit seiner Vergangenheit aussöhnen, als er ihr vergibt. Das ist ihm jedoch erst möglich, nachdem er eine karmische Komponente hinzugenommen hat. Die Sicht, dass wir Menschen uns auf einer Wanderschaft befinden, um Erfahrungen zu machen und Lektionen zu lernen, macht es ihm leichter, seine Wut loszulassen. Seine Sehnsucht nach dem Göttlichen ist letztlich doch stärker als sein Festhalten an Wut, Groll und Rache. Gott ist reine Liebe und Vergebung. Die Wut- und Racheemotionen wären somit für Jakob hinderlich auf dem Weg zurück zum Göttlichen, ja sie würden diesen sogar total versperren.

(5) Zusammenfassung

1.

Geistheilung ist heute in Europa fast vollständig verschwunden. Dies liegt einerseits am Hexenwahn im Mittelalter: Menschen mit dem sechsten Sinn, vor allem heilende und sensitive Frauen, wurden im Auftrag der Kirchen als Hexen oder Hexer häufig auf dem Scheiterhaufen verbrannt. Andererseits haben später Aufklärung und Naturwissenschaften alle übersinnlichen Fähigkeiten als bloße Einbildung oder Humbug abgetan.

2.

In jeder Gesellschaft gibt es genügend Menschen mit besonderen schamanischen, parapsychologischen und geistheilenden Fähigkeiten. Noch immer werden Geistheiler in unserer Gesellschaft vor dem Hintergrund einer ausschließlich symptom- und körperorientierten Schulmedizin nicht ernst genommen, abgelehnt oder sogar mit dem Vorwurf von Scharlatanerie bedacht.

3.

Das Beispiel von Robert (Fall VII) zeigt exemplarisch, wie eine unbewusste Schuld erst dann aus seiner Seele entfernt werden konnte, als er wegen seiner zunächst unverkäuflichen Wohnung alle vier Ebenen des »Medizinrads der Heilung« durchlaufen hatte. Dabei spielte der karmische Aspekt seiner Schuld eine entscheidende Rolle.

4.

Die Schulmedizin ist heute mit ihrer Apparate-Medizin in der Lage, mit Sonden in die hintersten Winkel unseres Körpers einzudringen. Ebenso können Geistheiler mit ihren sensitiven Fähigkeiten zum Beispiel über die Aura eines Menschen die geistig-seelischen Ursachen für Energieblockaden und Krankheiten finden.

5.

Aus Sicht der bayerischen Heilerin stellen sich viele Probleme ihrer Klienten als seelische Blockaden und psychische Muster dar, die in dieser und in früheren Inkarnationen durch unaufgelöste Traumata und durch ein liebloses Verhalten gegenüber den Mitmenschen entstanden sind. Oftmals nimmt die Seele diese Erfahrungen als ungelöste Energieknäuel mit auf die Seelenwanderung.

6.

Ihre Aufgabe versteht die Geistheilerin darin, nach dem Göttlichen und nach der Wahrheit suchende Menschen von allen Mustern und Prägungen zu befreien, die sich ihre Seelen in vielen Leben während ihrer Seelenwanderung als »Karma« eingefangen, aufgebaut und angehäuft haben. Das Ziel der Seele bei ihrer Wanderung ist es demnach letztlich, alle Blockaden und Muster aufzulösen, die noch in ihr stecken und dadurch wieder mit dem Göttlichen selbst in Berührung zu kommen.

7.

Die Geistheilerin kann in einem meditativen Zustand Krankheiten und Blockaden bei ihren Klienten als dunkle Energieknäuel »sehen«, die sich gleich Parasiten in deren Seele eingenistet haben. Oft führen sie dort, abgespalten von der bewussten Persönlichkeit, ein autonomes Eigenleben. Die Heilerin tritt mit diesen Energien in geistigen Kontakt und versucht, sie aus ihrer Isolation und Abgespaltenheit zu befreien, sie mit dem Göttlichen zu verbinden und sie wieder in das Energiesystem des Klienten zu integrieren. Diesen Vorgang nennt sie »Transzendierung« oder »Transformation«.

8.

Wir können es uns angesichts vieler chronischer Krankheiten nicht länger leisten, nur eine symptom- und körperorientierte Schulmedizin mit ihren unbestreitbaren Erfolgen auf operativem Gebiet einzusetzen. Vielmehr sollten wir uns um ein ganzheitliches Heilungssystem bemühen, in dem auch initiatorische, systemische und geistheilerische Ebenen und Methoden berücksichtigt werden. Zudem sollten wir eine passive Haltung aufgeben und uns selbst aktiv um unsere Gesundheit kümmern.

9.

Das Schicksal von Jakob (Fall VIII), der einen jahrelangen sexuellen Missbrauch durch die eigene Mutter erlebt hat, zeigt exemplarisch auf, in welchem Leid sich Missbrauchsopfer befinden können. Oft kann auch eine Jahre dauernde Psychotherapie zwar eine Linderung, aber keine Heilung von solch einem Trauma bewirken.

10.

Jakob konnte geheilt werden, als er auch die Erfahrungen seiner Seele in einer früheren Inkarnation ernst nahm. Vor dem Hintergrund dieses karmischen Rahmens musste er sich eingestehen, dass er nicht nur Opfer, sondern auch schon brutaler Täter war.

Durch diese Erkenntnis konnte er seiner Mutter sofort vergeben. Dies bewirkte letztendlich die Heilung von seinem Missbrauchstrauma.

Kapitel 7: Sehnsucht nach dem Göttlichen

In Kapitel 1 habe ich sehr persönlich von meinem langen Weg berichtet, wie ich, ausgehend von einer ausschließlich schulmedizinischen Sicht, durch die schlimmen Knieschmerzen immer mehr für alternative Heilmethoden geöffnet wurde. Möglich wurde dies nur, weil ich bereit war, bei der Suche nach Heilung auch eine psychische, eine systemische und eine spirituelle Ebene zu akzeptieren. Dies hat mein Denken grundlegend verändert. Heilung wurde für mich nur möglich, weil ich mich gleichzeitig immer mehr dem Göttlichen geöffnet habe. Dieses letzte Kapitel soll nun den Bogen zum ersten spannen, eine gewisse Abrundung bringen und diese Offenheit für das Göttliche aufzeigen.

Mir ist aber vollkommen klar, dass ich über das Göttliche selbst gar nichts sagen kann, auch nicht über so etwas wie eine »Erleuchtung«. Das Göttliche ist zu groß für uns kleine Menschen, unsere Sprache versagt notwendigerweise dabei, unser Verstand kann es nicht erfassen. Das einzige, was ich dazu beitragen kann, ist meine ehrliche und echte Suche nach dem Göttlichen. Schon als Kind habe ich eine tiefe Sehnsucht nach Gott und dem Göttlichen verspürt, nur war mir dies nicht bewusst. Und ich hatte damals dafür auch keine Worte, keine Begriffe. Diese Sehnsucht hat jedoch nie ganz aufgehört in meinem Leben, auch wenn sie später für viele Jahre in den Hintergrund getreten ist, weil ich in Alltagssorgen verstrickt war.

Bei meinem beinahe tödlichen Autounfall 1992 bekam ich einen furchtbaren Schlag ab und ich spürte wie in Zeitlupe tödliche Energie in mich eindringen und dann wieder aus mir herausfließen. Ich hatte ein Erlebnis intensiver Todesnähe. Dieses hat in mir Türen nach innen aufgestoßen. Darüber habe ich im Band I von »Initiation – Erwachsenwerden in einer unreifen Gesellschaft«[163] ausführlich berichtet. Es dauerte aber noch bis zum Jahr 1999, bis mir eine Heilpraktikerin den Hinweis gab, dass der Unfall der Beginn meines spirituellen Weges nach innen und zurück zum Göttlichen markierte.

Sowohl jener Unfall als auch der jahrelange Dauerschmerz in meinen Knien haben mich dazu gebracht, wieder nach dieser versiegten Quelle in mir selbst zu suchen – der Quelle der Sehnsucht nach tiefem Sinn, nach Erfüllung und nach Glück und letztlich nach Gott. Davon und von unserem Weg zurück zum Göttlichen soll dieses letzte Kapitel handeln.

(1) Eine Ahnung vom Göttlichen

All-Eins-Erlebnis auf der Waldlichtung

Es gibt ein Erlebnis aus meiner Kindheit, das immer präsent in mir geblieben ist. Als ich etwa drei Jahre alt war, wurde ich oft zu meiner Oma mütterlicherseits ins Nachbardorf gebracht. Meine Eltern bauten damals ein großes Haus und konnten mich nicht brauchen. Meine Großmutter war schon 65 Jahre alt. Sie verbrachte viele Sommertage auf einer Waldlichtung, etwa zwei Kilometer von ihrem Dorf entfernt. Dort hackte sie Äste und Zweige von gefällten Bäumen zu etwa 30 Zentimeter langen Stücken, um diese dann zu Büscheln zusammenzubinden. Dieses Material diente später, wenn es dürr geworden war, zum Anheizen des Küchenherdes.

Meine Großmutter, die sehr nach innen gekehrt war, versorgte mich stets mit Nahrung und Getränken, überließ mich aber ansonsten vollkommen mir selbst. Da die Natur mit all ihren Wesenheiten so reichhaltig um uns herum lebte, wurde es mir offensichtlich nie langweilig. Auf diese Weise bekam ich einen sehr engen und selbstverständlichen Naturbezug, der bis heute währt. Anscheinend fühlte ich mich in dieser Umgebung und Situation total geborgen. Meine Großmutter war ja in der Nähe, falls ich sie brauchte. Ansonsten durfte ich meine eigenen Erfahrungen machen – mit all den Bäumen, den Blumen, den Käfern und Fliegen und mit der leuchtenden und warmen Sonne an schönen Sommertagen. Eine Idylle, die durch nichts gestört wurde. Alles war friedlich, meine Oma machte keine Hektik, sie strahlte vielmehr die Gelassenheit des Alters aus.

Dann passierte »Es« mitten am Tag: Ich kann mich noch sehr genau an einen gelben Schmetterling erinnern, der um mich herumflog. Lustvoll jagte ich ihm nach, gerade so, als wollte ich mit ihm spielen oder ihn fangen, um dieses Wunderwerk der Schöpfung näher betrachten zu können. Der Schmetterling flog irgendwann hoch hinauf in Richtung Sonne und schien mit ihr zu verschmelzen. Dieses einfache Bild wurde jedoch damals wie ein Standbild tief in meiner Seele abgespeichert. Denn ich fühlte mich in diesem Moment, der zeitlich ins Unendliche auseinandergezogen schien, unvermittelt in einem All-Eins-Kontinuum. Man könnte es auch so sagen: Plötzlich blieb die Zeit stehen und ich verschmolz mit den Blumen, mit allen Wesenheiten um mich herum, mit der gleißenden Sonne, mit der Zeit, mit dem Raum der Waldlichtung. Ich fühlte eine unwahrscheinliche und doch leichte Energie in mir fließen und dieser warme Strom riss gar nicht mehr ab. Ich war mitten drin in allem und war gleichzeitig mein eigener Beobachter. In diesem Moment war ich identisch mit diesem leuchtend gelben Schmetterling, ja ich selbst war dieser Schmetterling, der soeben in die Sonne hineinflog und mit ihr zu verschmelzen schien. Ich war Alles. Dieser Zustand schien gar nicht zu enden...

Ich weiß nicht mehr, wie lange ich damals in diesem magischen, zeitlosen Zustand verweilt hatte. Irgendwann rief mich meine Großmutter zu sich, um mir etwas zum Trinken zu reichen. Da war ich aus dieser Anderswelt wieder draußen. Meine Seele hat aber dieses Bild, diese Erfahrung nie mehr vergessen. Erst viel später wurde mir klar, dass ich ein mystisches Erlebnis gehabt hatte und dass ich mitten ins Göttliche hineingeraten war. Ich kann es aus heutiger Sicht nur so deuten und benennen. Dies trifft auch für das nächste Beispiel zu.

Mystische Atmosphäre in der Dorfkirche

Das Haus meiner Eltern stand lange Zeit vor dem eigentlichen Dorf. Es war Tradition in unserer Familie und wohl auch in der Gemeinde, an Sonn- und Feiertagen in die Kirche zu gehen. An Fronleichnam baten mich drei ältere Jungen, die im Glockenturm standen, ihnen beim Läuten der vier Glocken zu helfen. Da ich die Jungen nicht näher kannte und weil mir das Läuten, das damals noch von Hand geschah, vollkommen fremd war, lehnte ich ab. Als ich dann jedoch während der Prozession das beeindruckende und festliche Glockengeläut hörte, ärgerte ich mich, dass ich so blöde gewesen war und das Angebot abgelehnt hatte.

Darum suchte ich bereits einige Tage später nach einer Gelegenheit, doch noch ans Läuten zu kommen. Dazu musste man mit einem langen Strick, der im Kirchturm bis zum Glockenstuhl hinaufreichte, eine Glocke zum Läuten bringen – eine aufregende Sache für einen achtjährigen Jungen. Bereits um 6.30 Uhr gab es in unserer Pfarrgemeinde jeden Morgen die erste Frühmesse, um 7.00 Uhr die zweite. Daher ließ ich mich von meiner Mutter bereits um 6.00 Uhr wecken und fuhr mit dem Fahrrad zur Kirche ins Dorf, um rechtzeitig um 6.25 eine der beiden Glocken läuten zu können, die zur Frühmesse riefen. Einer der beiden Messdiener, die offiziell zum Läuten kamen, ging leer aus. Ich wollte läuten und ich gab den Strick nicht mehr her. Glockenläuten machte mächtig Spaß, vor allem auch deshalb, weil ich damit einen beachtlichen »Lärm« erzeugen konnte. Das gleiche Erlebnis wiederholte sich beim zweiten Läuten kurz vor 7.00 Uhr. Drei Jahre lang fuhr ich jeden Werktag zur Kirche.

Zwischen den beiden Läuten gab es eine sogenannte stille Messe, die von dem Co-Pater unserer Pfarrei gehalten wurde. Nur etwa fünf Personen saßen in der Regel in den Bänken. Die Kirche war also auch während der Messe ein großer leerer Raum. Im Sommer ging um diese Zeit die Sonne auf und beleuchtete die bunten Ostfenster. Diese warfen ein magisches Licht in die Kirche, in der sich in völliger Ruhe eine priesterliche Handlung abspielte.

Und wieder passierte »Es« eines Morgens während einer solchen Frühmesse: Ich verschmolz unvermittelt mit der mystischen Atmosphäre in dieser lichtdurchfluteten stillen Kirche. Ich selbst war Teil dieses Kirchenraums und dieser magischen Stimmung, fühlte mich abgrundtief geborgen und die Zeit schien stehenzubleiben. War ich glücklich? Ich würde eher sagen, ich war irgendwie entrückt und in eine andere, magische, spirituelle Welt geraten, ohne dass ich dies beabsichtigt hatte. Denn ich besuchte ja diese stille Messe eigentlich nur, um die Zeit bis zum zweiten Läuten zu überbrücken. Ich war dem Göttlichen nahe. Alles fühlte sich leuchtend und leicht an, ich vergaß alle Alltagssorgen, ich war in einer »Anderswelt«. Als der Priester die Messe nach gut 20 Minuten beendete und den Kirchenraum verließ, war auch diese magische Zeit wieder vorbei.

Vielleicht war es ein göttlicher Trick? Als Junge wollte ich damals offiziell nur Glocken läuten. In den drei Jahren, in denen ich wirklich jeden Morgen zum Läuten fuhr, bekam ich aber eine ziemliche

»Packung« Spiritualität ab. Mir ist beides sehr in Erinnerung geblieben: das Läuten und die magische Atmosphäre während der stillen Messen. Ohne darüber zu reflektieren bekam ich eine Ahnung davon, wie sich das Göttliche anfühlen könnte. Diese Erfahrung ist tief in meine Seele eingedrungen und hat ebenfalls Wurzeln für meine spätere spirituelle Sehnsucht gelegt. Ich möchte dieses Erleben nicht mehr missen.

Göttliche Berührung auf dem Weg nach Taizé

Im Sommer 1984 hatte ich beschlossen, mit dem Fahrrad von München nach Taizé zu fahren. Taizé liegt in Burgund und ist durch das dortige Kloster weltberühmt. Während des zweiten Weltkrieges nahm der Ordensgründer Roger Schutz Flüchtlinge der verschiedenen Kriegsparteien in sein Haus auf. Nach dem Krieg gründete er eine ökumenische Ordensgemeinschaft für Männer, die »Communauté de Taizé«. Etwa 80 Brüder leben dort in sehr bescheidenen Unterkünften zusammen. Sie gehören den drei großen christlichen Konfessionen an: der katholischen, protestantischen und orthodoxen.

Schon bald nach der Gründung wurden vor allem Jugendliche von diesem Orden angezogen. Seit mehreren Jahrzehnten pilgern Tausende von Jugendlichen aus ganz Europa und aus Amerika alljährlich dorthin, um ein oder zwei Wochen lang das spirituelle Leben mit den Brüdern zu teilen, die sich drei Mal am Tag in ihren weißen Gewändern in der Kirche versammeln, um gemeinsam zu singen und zu beten und in Stille zu verweilen. Während des Tages muss sich jeder Besucher zu einer der drei Gruppen einteilen lassen: zum Kochen und zur Reinigung der Gebäude, zum Dienst in der Verwaltung oder zum Schweigen. Alle werden aber am Morgen mit einer Losung aus der Bibel von einem der Brüder zur Tageskontemplation eingeführt, egal für welche Tätigkeit man sich entschieden hat.

Da ich schon so viel über diese Gemeinschaft gehört hatte, wollte ich, angetrieben von Abenteuerlust und von einer spirituellen Sehnsucht, im Sommer 1984 unbedingt dorthin fahren. Es hatten sich für dieses Unternehmen neben mir noch ein junger Mann und drei junge Frauen zusammengefunden. Mit zwei Zelten und einer entsprechenden Ausrüstung machten wir uns Mitte August mit den Fahrrädern auf den Weg – mit der Fähre über den Bodensee, vorbei an Schweizer Seen, über den französischen Jura. In der Schweiz mussten wir jeden Tag über einen anderen Alpenpass. Zur Belohnung gab es dafür am Abend eine wunderbare Talfahrt, die dann für die Mühen des Tages entschädigte. Wir übernachteten meist auf Zeltplätzen oder am Waldrand in der Nähe eines Dorfes. Die Fahrt brachte uns fünf Leute immer mehr zueinander. Es entstand eine eingespielte und eingeschworene Gemeinschaft.

Am zwölften Tag und nach 800 Kilometern waren wir nur noch etwa zehn Kilometer von Taizé entfernt, das ja das eigentliche Ziel unserer Reise war. Hungrig und müde von der Fahrt beschlossen wir, auf einem Stoppelfeld zum letzten Mal ein gemeinsames Mittagessen einzunehmen, bevor sich unsere Gruppe in Taizé notgedrungen in einer viel größeren Gemeinschaft auflösen musste. Einerseits wollten wir nach Taizé, andererseits wollten wir immer weiterfahren und zusammenbleiben. Denn für unsere Gruppe hatte sich der Spruch bewahrheitet: »Der Weg ist das Ziel.«

Ich hatte mich bereit erklärt, dieses letzte Mittagessen für uns zuzubereiten: Risotto. Die anderen vier Gruppenmitglieder hatten sich auf ihre Matten gelegt und schliefen, weil sie so müde von der Tour insgesamt und von der heutigen Tagesstrecke waren. Wegen des warmen Windes drapierte ich eine Isomatte um den kleinen Gaskocher. Während der Reis leicht köchelte, passierte »Es« wieder ganz unerwartet und ungeplant: Ich wurde in das Säuseln des warmen, vorherbstlichen Windes förmlich hineingezogen. Wie von selbst kam mir die Erinnerung an die Bibelgeschichte vom Propheten Elija in den Sinn, der am Berg Horeb (Sinai) eine Gottesbegegnung hatte: Gott war jedoch nicht im Sturm, nicht im Erdbeben, nicht im Feuer. Als ein »sanftes, leises Säuseln« kam, wusste Elija, dass Gott da war.[164] Und so spürte auch ich, dass Gott im Säuseln war und dass ich von diesem Säuseln vollkommen eingehüllt wurde.

Ja, es war für mich eine Gottesbegegnung. Ich spürte das Göttliche ganz nah. Ich selbst fühlte mich im Göttlichen, als ein Teil von ihm. Die Zeit blieb stehen. Ich musste sowieso darauf warten, bis der Reis genügend durchgekocht war. Ich hatte also Zeit. Aber aus diesen paar Minuten wurde eine lange »zeitlose Zeit« und ein wirklich spirituelles Erlebnis, wie ich es seitdem nie mehr erlebt habe. Es war ein wunderbares Glücksgefühl. Sicher war dies verursacht durch die große Leistung der Reise. Wir hatten mehrere Alpenpässe überqueren und dabei viele Kilometer aufwärts schieben müssen. Wir hatten uns als Gruppe schätzen gelernt. Es war eine schöne Zeit miteinander, die heute mit der Ankunft im Kloster in dieser Form zu Ende gehen würde.

Anscheinend flossen nun all diese Gefühle und Erlebnisse zusammen und verdichteten sich zu einem unerwarteten magischen und spirituellen Erlebnis. Der säuselnde Wind hielt diese Atmosphäre und diesen Zustand aufrecht. Der köchelnde Reis gab dafür den äußeren Rahmen. Die anderen Teilnehmer schliefen, es herrschte Stille. Nur der Wind erfüllte diesen Zeit-Raum und diese Raum-Zeit.

Dann musste ich die anderen zum Mittagessen wecken. Es war schmerzlich, den wunderbaren Zustand wieder verlassen zu müssen. Es brannte noch lange in meiner Seele. Andererseits war ich auch froh, wieder in der Gemeinschaft zu sein, denn ich hätte die Intensität dieses Erlebens nicht zu lange aushalten können. Erzählt habe ich davon den anderen nichts, ich wollte mein Erlebnis in mir bewahren und es integrieren. Ich habe es die letzten dreißig Jahre nie mehr vergessen.

Als wir schließlich in Taizé ankamen, waren etwa 4000 junge Leute aus aller Herren Länder da. Dies war für uns ein Schock, da wir die letzten zwölf Tage die Freiheit der Natur und der Fahrradtour erlebt hatten. Nach zwei Tagen beschlossen wir deshalb, mit den Fahrrädern wieder zurückzureisen.

Viele, vor allem junge Menschen, fahren nach Taizé, getrieben von der Hoffnung, dort Gott zu finden – etwa während der Liturgie der Ordensbrüder, in der Gemeinschaft mit Tausenden anderer junger Leute. Das war auch mein Motiv. Ich habe jedoch Gott nicht wie geplant oder zumindest erhofft in Taizé erfahren, wohl aber ganz unerwartet auf einem Stoppelfeld in Burgund, einige Kilometer von dem heiligen Ort entfernt.

Das spirituelle Grundproblem

Lieber Leser, spüren Sie einfach in sich hinein, welche besonderen Erlebnisse Sie schon in ihrem Leben hatten. Ich glaube, Sie werden – bei rechter Betrachtung und Deutung – auch ähnliche

Erfahrungen wie die soeben von mir geschilderten gemacht haben. Solche Erlebnisse können uns Mut machen und Kraft geben, die dicke Ego-Schicht in uns anzubohren, die uns daran hindert, ins Göttliche zu gelangen. Von dieser spirituellen Aufgabe des Menschen erzählen alle großen Religionen auf die eine oder die andere Art und Weise.

Da mir jedoch der Begriff »Ego«, der heute in vielen spirituellen Strömungen auftaucht, zu platt und abgegriffen erscheint, möchte ich im Folgenden für das gleiche Phänomen das in diesem Zusammenhang vielleicht eigenwillige Wort »Magnat« wählen. Damit möchte ich auf plastische Weise erläutern, was uns daran hindert, in die göttliche »Ur-Suppe«[165], ins göttliche »All-Eins«, zurückzufinden, aus der unsere unsterbliche Seele[166] einst herausgefallen und in die Polarität der Schöpfung geraten ist.

Unsere spirituelle Unruhe kommt daher, dass wir einerseits eine tiefe Sehnsucht nach Glück, nach Harmonie, nach Sinn, nach Unendlichkeit, nach Sicherheit und nach einem höheren Wesen haben. Diese Sehnsucht gehört zu unserem Mensch-Sein, weil wir letztlich von göttlicher Natur sind. Andererseits fühlen wir uns gefangen in den Gesetzen der Polarität.[167] Dazu gehören neben all den positiven Emotionen auch unsere Sterblichkeit und Vergänglichkeit wie auch Krankheiten, Unglück und die Erfahrung von Enttäuschungen und Lieblosigkeit durch unsere Mitmenschen. In diesem Spannungsfeld zwischen Göttlichkeit und Vergänglichkeit befindet sich der Mensch. Viele von uns sind ungestillte und unausgeglichene Wesen, die aber beständig von einer tiefen Sehnsucht nach dem Höheren, dem Göttlichen, dem Paradies angetrieben werden.

Auf einen wirklich spirituellen Weg können wir jedoch erst dann gelangen, wenn wir alle Erfahrungen zu uns nehmen und niemandem mehr auf der Welt Schuld für ein etwaiges Unglück, missliche Verhältnisse oder für unsere latente Unzufriedenheit geben. Denn erst dann können wir erkennen, dass wir dazu neigen zu projizieren. Wie oft kritisieren wir andere Menschen oder »die Verhältnisse« für das, was im Grunde in unserer eigenen Seele im Argen liegt. Wenn wir nämlich nach innen schauen, können wir wahrnehmen, dass wir eine dicke Ego- oder Magnaten-Schicht in uns haben, die unsere Seele umhüllt und verdunkelt und das Licht des Göttlichen in uns abschirmt.

Den spirituellen Weg nach Innen zu gehen bedeutet in der Regel eine vielfältige Seelenarbeit mit uns selbst. Dies erfordert Demut, Zähigkeit und die Bereitschaft, uns führen zu lassen. Der größte Widersacher auf diesem Weg zu unserem eigenen Göttlichen ist unser Ego, ist die magnatische »Schlackenschicht«, die unsere Seele bedeckt. Hierin liegt unser spirituelles Grundproblem, weil uns diese Schicht von unserer wahren göttlichen Natur fernhält. Durch diese Schicht müssen wir jedoch hindurch, wenn wir wieder zum Göttlichen in uns selbst gelangen wollen. Woher aber kommt diese Schicht? Warum und wie ist sie entstanden?

(2) Der Magnat – das Ego-Hindernis auf dem Weg ins Göttliche

Die spirituelle Grundfrage schlechthin

An dieser Stelle muss zuerst eine andere, grundsätzliche spirituelle Frage gestellt werden. Wenn wir alle in unserer Tiefe göttliche Wesen sind und den göttlichen Funken in uns tragen, weil wir vor langer Zeit im All-Eins, in der göttlichen Ur-Suppe, glücklich und erfüllt, ein Herz und eine Seele mit dem Göttlichen und Teil des göttlichen Bewusstseins waren, warum mussten wir diesen wunderbaren Zustand überhaupt verlassen? Warum durften wir nicht in dieser glückseligen göttlichen Einheit bleiben? Warum mussten wir in die Polarität der Schöpfung mit all ihren Licht- und Schattenseiten, mit dem Guten und Bösen, mit den schönen und den schmerzlichen Erfahrungen eintauchen und uns aufgrund der Vergänglichkeit und Sterblichkeit in der dualen Welt so vielen leidvollen Inkarnationen unterziehen, wie es etwa die Hindus annehmen?

Viele weise Menschen haben darauf entweder gar keine oder eher ausweichende Antworten gegeben. Letztlich muss es ein göttliches Geheimnis bleiben, das wir Menschen nur ehrfurchtsvoll und demütig annehmen können. Vielleicht ist die Antwort auch zu einfach für unseren Verstand, der in der Regel alles komplizierter machen will, damit er genug beschäftigt ist. Dennoch möchte ich einige dieser Antworten nennen, wohl wissend, dass sie nur unzulänglich und unbefriedigend sein können:

- Das Göttliche wollte sich seiner selbst bewusst werden. Darum ist die göttliche Gesamtseele explodiert in die Polarität, so als ob ein großes, buntes, leuchtendes Rosettenfenster eines mittelalterlichen Doms in Milliarden von Glassplittern zerbirst. Jeder Splitter erinnert an das ursprüngliche runde Fenster. Ebenso bleibt jede Seele, jeder »Seelensplitter«, Teil dieser göttlichen Einheitsseele und trägt die Sehnsucht nach dieser Einheit stets in sich. In den vielen Einzelseelen kann sich jedoch das eine göttliche Bewusstsein erst richtig entfalten und sich zu einer unendlichen Fülle entwickeln.
- Das Göttliche wollte mit seiner Schöpfung ein wesensverwandtes Gegenüber für einen vielfältigen und beständigen Dialog. Die Menschen als Krone dieser Schöpfung tragen die göttliche Wesensnatur von allen Geschöpfen am stärksten in sich.
- Es gibt keinen logischen Grund, warum der göttliche Ur-Punkt explodiert ist, ähnlich wie auch der ganze Kosmos beim Urknall aus einem winzigen Energie-Ur-Punkt. In beiden Fällen bleibt das »Warum« notwendigerweise Spekulation und Geheimnis. Es ist einfach so.
- Die Geburt der menschlichen Seele aus dem einen Göttlichen ist vergleichbar mit einem Embryo, der aus der Mutter kommt. Er muss ab einem bestimmten Zeitpunkt aus dem Leib der Mutter »herausgeboren«, ins Leben gehen und zu einem eigenen Menschen werden, um sich entwickeln und entfalten zu können. Ebenso mussten auch die Seelen, um sich ihrer selbst bewusst zu werden und vielfältige Erfahrungen machen und Lektionen lernen zu können, aus dem einen göttlichen Ur-Punkt herausfließen und zu eigenständigen Wesen werden.
- Das göttliche All-Eins ist vor langer Zeit durch eine »Seelen-Explosion« zu einem göttlichen Tanz aufgebrochen, um seine eigene Fülle erleben, sein Bewusstsein entfalten und im freudvollen Tanz der vielfältigen Möglichkeiten unter den Bedingungen der Polarität sich permanent selbst erleben zu können.

All diese Antworten versuchen letztlich, ein urmenschliches Geheimnis zu lüften: woher die Sehnsucht nach dem Höheren, dem Göttlichen, nach umfassendem Glück, nach Harmonie und nach Unsterblichkeit kommt. Es bleibt auch ein Geheimnis, warum so viele Menschen lieblos zueinander und zur Schöpfung sind. Wir treiben durch unsere Art zu leben einen fortgesetzten Raubbau mit unserer Erde und schädigen sie irreversibel. Wenn wir etwa die furchtbaren gewalttätigen Auseinandersetzungen in Krisengebieten überall auf der Welt betrachten, in denen sich Menschen der verschiedenen Kriegsparteien gegenseitig foltern, massakrieren und umbringen, dann bekommt man den Eindruck, dass so viele Seelen vollkommen verdunkelt sind und ihre göttliche Herkunft komplett vergessen haben.

Die Herkunft der Magnaten-Schicht

Damit sind wir wieder bei der im letzten Abschnitt gestellten Frage angelangt, warum so viele von uns eine dicke Ego- oder Magnaten-Schicht um ihre Seele haben, wenn wir doch alle ursprünglich von reiner göttlicher Natur sind.[168]

Vielleicht könnte man mit einer hinduistisch angehauchten Sicht darauf antworten: Diese blockierende und prägende Magnaten-Schlacken-Schicht ist das Ergebnis unseres eigenen Karmas. In jeder unserer vielen Inkarnationen, in denen wir – besoffen von dem Gefühl von Freiheit und Eigenständigkeit – lieblos und egoistisch zu unseren Mitmenschen waren und unsere göttliche Natur ignorierten, haben wir tendenziell schlechtes Karma angehäuft. Unsere wahre göttliche Natur möchte allen Wesen eigentlich mit Mitgefühl und Liebe begegnen. Wie oft aber verhalten wir uns im Alltag und in unseren nähesten Beziehungen komplett anders! Ja, wir können die Freiheit, die mit unserem menschlichen Wesen als »Krone der Schöpfung Gottes« verbunden ist, verschieden nutzen, leider auch für egoistische Zwecke. Darum müssen wir zuerst erwachen, uns unserer eigentlichen göttlichen Natur wieder bewusst werden und bereit sein, unsere Verantwortung für unser liebloses, egoistisches Verhalten in dieser jetzigen und in all den früheren Inkarnationen zu übernehmen.

Erst nach diesem Erwachen können wir anfangen, den Schuttberg aus Unwissenheit, Egoismus und Schuld über unserer Seele abzutragen. Dies kann lange dauern und viele weitere Inkarnationen benötigen, so wie es auch Jahre gedauert hat, bis der ganze Schutt des World Trade Centers in New York beseitigt war. In der Vorstellung von diesem Karma-Abbau unterscheiden sich jedoch die großen Religionen wesentlich. Der Hinduismus geht davon aus, dass, wie eben beschrieben, viele Inkarnationen auch nach dem Erwachen nötig sind, um heraus aus dem leidvollen Kreislauf der Wiedergeburten und hinein ins Brahman zu kommen. Buddha hingegen hat gelehrt, dass es einem »erwachten« Mönch möglich ist, schon in diesem jetzigen Leben erlöst zu werden und ins Nirwana zu gelangen.

Die Botschaft Jesu geht in dieser Frage nochmals weiter: Durch die Gnade des Göttlichen ist es grundsätzlich jedem Menschen – Priester wie Laien – möglich, schon nach diesem jetzigen Leben sofort ins Paradies[169] zu kommen und bei Gott zu sein. Es hängt nicht von unserer spirituellen Leistung ab, ob wir dies schaffen. Es verlangt nur das Erkennen und Eingestehen unserer Lieblosigkeit, ehrliche Reue und Umkehr. Alles andere bedarf dann der Gnade Gottes. In dem Buch von James Morgan Pryse, der sich bereits Ende des 19. Jahrhunderts mit Hinweisen auf Reinkarnation im Neuen Testament beschäftigte, wird dies so ausgedrückt: »Nicht der sterbliche Körper reinkarniert, sondern die noch nicht vollerwachte Seele, die aber durch die ›Nachfolge Christi‹ vom Rad der Wiedergeburt befreit werden kann.«[170]

Das Christentum, das eine Reinkarnation nicht vertritt,[171] enthält aber dennoch sinngemäß den Ego-Gedanken. In der sogenannten Urgeschichte des Buches Genesis[172] wird in den Kapiteln zwei und drei genau diese Ego-Frage berührt. In der Urgeschichte werden grundsätzliche Fragen über das Menschsein, über Gott und über das Verhältnis des Menschen zu Gott behandelt. In ausdrucksstarken mythologischen Bildern sollen Antworten darauf gegeben werden. Dies wird auch im Vorwort zum Buch Genesis in der Einheitsübersetzung der Bibel betont: »Die Erzählungen der Urgeschichte sind weder als naturwissenschaftliche Aussagen noch als Geschichtsdarstellung, sondern als Glaubensaussagen über das Wesen der Welt und des Menschen und über deren Beziehung zu Gott zu verstehen.«[173] Es geht also bei diesen Geschichten nach christlicher Sicht um zeitlose Wahrheiten, die sich so noch nie, jedoch in ähnlicher Weise schon oft und überall ereignet haben.

Zunächst wird in Genesis Kapitel zwei die Erschaffung von Adam und Eva geschildert, die Gott in einen wunderbaren Paradiesgarten setzt. Dieser erinnert einerseits an den Zustand im Mutterleib, wo der Embryo schwerelos im warmen Fruchtwasser schwimmt und wie in einem Schlaraffenland über einen Schlauch, die Nabelschnur, ernährt wird. Gleichzeitig kann das Bild vom Paradies auch für das Ur-Sein der menschlichen Seelen in der göttlichen Gesamtseele dienen, bevor diese in die Milliarden von Einzelseelen zersplitterte.

In Genesis Kapitel drei wird dann diese Abspaltung der menschlichen Seele von der Gesamtseele und das Hineinfallen in die Polarität der Schöpfung mit der Verstandes-Werdung des Menschen in Verbindung gebracht. Dieser Vorgang wird als »Absonderung«, als »Sündenfall« bezeichnet. Verstandes-Werdung erscheint in Genesis Kapitel drei als synonym für Ego-Werdung und Magnatentum. Indem Adam und Eva, die symbolisch für alle Menschen, für alle Männer und Frauen und für das Mensch-Sein insgesamt stehen können, das Gebot im Paradiesgarten überschreiten, geschieht diese Ego-Werdung und die Ausbildung der Magnaten-Schicht. Symbol für diesen Schritt ist das verbotene Essen der Frucht vom Baum der Erkenntnis. Gerne lässt sich das menschliche Urpaar von der Schlange verführen:

»Darauf sagte die Schlange zur Frau: Nein, ihr werdet nicht sterben. Gott weiß vielmehr: Sobald ihr davon eßt, gehen euch die Augen auf; ihr werdet wie Gott und erkennt Gut und Böse. Da sah die Frau, dass es köstlich wäre, von dem Baum zu essen, daß der Baum eine Augenweide war und dazu verlockte, klug zu werden. Sie nahm von seinen Früchten und aß; sie gab auch ihrem Mann, der bei ihr war, und auch er aß.«[174]

Mit diesem Geschehen im Paradies soll eine Erklärung dafür gefunden werden, warum der Mensch zwar die Sehnsucht nach solch einem göttlichen Ort oder Zustand in sich trägt, sich aber in den Niederungen und in den Mühen der Polarität befindet. Weil der Mensch »sein wollte wie Gott«, weil er sich in seinem Handeln gegen die göttliche Ordnung stellte und seinem Ego folgte, fiel er aus dem göttlichen Einheitsbewusstsein heraus. Dies wird in Genesis wieder ausdrucksstark so geschildert: »Gott, der Herr, schickte ihn aus dem

Garten von Eden weg, damit er den Ackerboden bestellte, von dem er genommen war. Er vertrieb den Menschen ...«[175]

Dieses »Sein-Wollen wie Gott«, dieses Magnatische im Menschen, ist es also, das ihn vom Göttlichen trennt und ihn in die mühevolle Polarität des menschlichen Lebens wirft. Im Gegensatz zum Hinduismus wird diese Haltung nicht mit der Anhäufung von Karma aus vielen Inkarnationen erklärt, sondern – bildhaft verdichtet im Essen der verbotenen Frucht – mit einem einmaligen egozentrischen Symbolakt des Menschen, dessen Folgen dann in der christlichen Theologie mit dem schwierigen Begriff »Erbsünde« bezeichnet werden.

Es gehört anscheinend zum Wesen und zur Freiheit des Menschen, sich vom Göttlichen zu trennen und eigene Erfahrungen zu machen, so wie sich auch ein Jugendlicher von seinen Eltern loslösen muss, um überhaupt erwachsen werden zu können. Dies ist letztlich ein sehr positiver und kraftvoller Schritt, der die Voraussetzungen für ein eigenständiges Leben schafft. Beim Jugendlichen wird dieser fundamentale und absolut notwendige Vorgang mit »Initiation« bezeichnet. Selbst wirklich offene Eltern mögen vielleicht darunter leiden, aber sie werden die Bedeutung eines solchen Initiations-Schrittes für die Entwicklung ihres Sohnes oder ihrer Tochter erkennen, schätzen und sogar unterstützen.

In einer Analogiebetrachtung möchte ich daher den Schritt der Ur-Menschen Adam und Eva, das göttliche Gebot zu übertreten, als »Initiation *vom* Göttlichen« bezeichnen. Dieser Schritt ist zur eigenen Mensch- und Verstandes-Werdung offensichtlich notwendig und ebenfalls ein im Grunde positiver und kraftvoller Prozess. Dieser Vorgang an sich kann kein »Sündenfall« sein. Ich denke, dass Gott diesen Schritt in die Polarität, mit dem der Mensch seine eigenen Erfahrungen machen möchte, sogar wohlwollend wie liebende Eltern betrachtet.

Der Preis seiner gewonnenen Freiheit ist allerdings, dass der Mensch dann sehr schnell gefangen und verstrickt in den Folgen seiner eigenen Lieblosigkeit und seines dadurch geprägten Egos ist, aber dennoch immer Sehnsucht nach dem Göttlichen, nach seiner göttlichen Herkunft hat. Somit stellt sich ihm auch nach christlicher Auffassung die gleiche Frage wie im Hinduismus: Wie kann ich wieder aus der Ego- oder Magnaten-Schicht herauskommen und zum Göttlichen, zu meinem eigentlichen göttlichen Wesen, zurückkehren? Wie kann ich wieder heimfinden zu Gott? Diese Rückkehr ins Göttliche möchte ich in Anlehnung an obigen Trennungsvorgang von Gott als eine bewusste »Initiation *ins* Göttliche« bezeichnen.[176]

Was ist ein Magnat?

Um diese Frage klären und diskutieren zu können, ist es nun angebracht, zunächst das bereits mehrfach von mir verwendete Bild des »Magnaten« näher zu erläutern. Was ist damit gemeint, wie kann man diesen Begriff charakterisieren und wieso ist er geeignet, um einen spirituellen Grundvorgang zu beschreiben?

Berlusconi ist ein Magnat. Der russische Präsident Putin ist ein Magnat. Viele italienische Mafiabosse sind Magnaten. Der syrische Präsident Assad ist ein ganz brutaler Magnat. Typisch dafür sind auch russische und chinesische Ölmagnaten, südamerikanische Oligarchen oder Rebellenkommandeure in Afrika, um nur einige Beispiele zu nennen. Selbst manche Politiker sind Magnaten. Ein Magnat kann in Männern und Frauen stecken, häufiger vielleicht in Männern. Er will in seinem Machtbereich alles steuern, kontrollieren und beherrschen und sei es »nur« in dem vergleichsweise kleinen Reich der eigenen Familie. Alles muss in seinem Sinne laufen. Das Credo eines echten Magnaten lautet plakativ etwa so: »Ich bin Gott und es darf keine anderen Götter neben mir geben!« Dies schließt nicht aus, dass ein Magnat auch menschliche Züge trägt und etwa Geschäftsfreunde oder Frauen, die ihm zu Diensten stehen, fürstlich belohnt. Wichtig bei allen seinen Tätigkeiten ist jedoch, dass er die Macht hat und sie um jeden Preis behält. Magnaten wollen immer Sieger sein, im Mittelpunkt stehen, stets alles kontrollieren, zumindest jedoch hinter den Kulissen die Fäden ziehen.

Lieber Leser, sicher haben Sie in obiger Darstellung eines Magnaten klischeehafte Vorstellungen erkennen können. Aber seien wir einmal ganz ehrlich: Steckt nicht auch in jedem von uns – womöglich ganz subtil und verborgen – ein Stück Magnat? Und sei es nur, dass wir in unserer Familie oder Partnerbeziehung »die Hosen anhaben« und die Bestimmer sein wollen? Wer möchte sich schon gerne von anderen dominieren lasse? Lieber hat man selbst das Sagen.

Noch gemeiner ist es, wenn sich solch ein Magnat etwa hinter einer Haltung großer Hilfsbereitschaft oder von Gut-Menschentum verbirgt. Dann ist es sehr schwer, dem eigenen Magnaten auf die Schliche zu kommen. Gerade die Partnerschaft ist der Ort, wo sich das Magnatentum häufig zeigt und wirksam ist, meist jedoch unbewusst bleibt. Dies hat der Psychotherapeut D. Howard M. Halpern in seinem Buch »Liebe und Abhängigkeit«[177] dargelegt. Charakteristisch für einen Magnaten ist das Kontrollieren- und Beherrschen-Wollen:

»Wenn du aber einmal aufrichtig die Interaktionen betrachtest, wirst du erkennen, wie du versuchst, die Beziehung auf eine Weise zu beherrschen und zu kontrollieren, die dir ermöglicht, deine Bedürfnisse nach Bindung zuverlässig zu erfüllen. Es gibt fünf recht häufige Techniken der Kontrolle und Beherrschung:

1. Kontrolle durch Macht
2. Kontrolle durch Schwäche
3. Kontrolle durch Unterwürfigkeit
4. Kontrolle durch Schuld
5. Kontrolle durch Eifersucht.«[178]

Gerade die Kontrolle durch die Vermittlung von Schuldgefühlen ist besonders wirksam und gibt in vielen Partnerbeziehungen dem Schuldgeber eine große magnatische Macht:

»Das menschliche Gehirn hat vermutlich keine wirkungsvollere Technik entworfen, einen anderen zu manipulieren ..., als durch die Provozierung von Schuld. Wenn deine Eltern diese Schuldtechnik benutzt haben, um dich zu beherrschen und zu kontrollieren, ist es sowohl wahrscheinlich, daß du sie selbst benutzen wirst (durch Imitation) als auch wahrscheinlich, daß du selbst empfänglich für sie sein wirst (durch diese Einflüsse) ...

›Wenn du nicht tust, was ich will, dann muß ich leiden und du bist egoistisch und verletzend.‹ Diese Botschaften, die es auf Abhängigkeit und Schuldkomplexe in deinem inneren Kind abgesehen haben, setzen Termiten auf den hölzernen Unterbau deiner eigenen Persönlichkeit an.

In einer Liebesbeziehung kann die Schuldprovokation viele Formen annehmen. Oft ist sie sehr unterschwellig und unausgesprochen: ein gequälter Blick, ein Seufzer, tränenerfüllte Augen, Schweigen.«[179]

Nach diesem kleinen Ausflug in die Psychologie wollen wir nun dieses Bild des »Magnaten« als Symbolbegriff bei der Betrachtung von Hindernissen auf unserem Weg zurück zum Göttlichen anwenden. In diesem Zusammenhang möchte ich darunter vor allem eine innere Prägung, eine Einstellung, eine Seelenschicht, eine »Magnaten-Schicht« verstehen. Diese kennzeichnet genau die innere Haltung, wie sie in Genesis Kapitel drei beschrieben wird, wonach der Mensch »sein will wie Gott«.[180]

In dieser Haltung zeigt sich der spirituelle Konflikt des menschlichen Wesens schlechthin. Es ist auch der beständige innere Kampf zwischen menschlicher Ratio, Vernunft, Hybris und Macht auf der einen Seite und der Bereitschaft und Hingabe, sich ganz vom Göttlichen führen zu lassen, auf der anderen. Letztlich geht es auch um den innermenschlichen Konflikt zwischen seiner Links- und Rechtshirnigkeit; zwischen Planung und Kontrolle einerseits und Intuition, Emotion, Liebe und Spiritualität andererseits; zwischen dem beständigen Bestreben, alles selbst machen und in der Hand haben zu wollen und dem Vertrauen, Gott, dem Schicksal oder dem Universum die innere Führung zu übergeben.

Gerade uns westlichen Menschen fällt es, unabhängig davon, welcher Religion oder Konfession wir äußerlich angehören, unendlich schwer, dem Göttlichen in uns wirklich die Führung in unserem Leben zu überlassen. Oder mit einem Bild zu sprechen: Wir wollen die Zügel des Pferdefuhrwerks nicht aus der Hand geben, vom Kutschbock heruntersteigen, uns hinten in den Wagen setzen und Gott vorne den Kutscher spielen lassen. Das Sprichwort »Vertrauen ist gut, Kontrolle ist besser« hat sich tief in unsere Seele und unser Hirn eingefräst. Diese Haltung mag für das Zusammenleben unter Menschen bisweilen sinnvoll und geboten sein. Für ein spirituelles Leben bedeutet sie eine Blockade des Lebensflusses und unserer spirituellen Entwicklung und die Verweigerung, dem Göttlichen den ihm gebührenden Platz in unserem Leben einzuräumen. Unsere Magnaten-Haltung in ihrer unbewussten und unerlösten Form ist letztlich Gift auf unserem Weg zurück zum Göttlichen.

Dabei wohnt das Göttliche immer in uns. Hier ist die göttliche Quelle zu finden. Gleich einem Radio, bei dem man erst das richtige Programm einstellen muss, sollten wir uns auf das göttliche Programm in uns selbst einstimmen, das beständig Liebe, Mitgefühl und innige Zuwendung ausstrahlen will. Das Göttliche wartet auf uns. Aber wir haben die Freiheit und die Würde bekommen, dieses Programm zu wählen oder nicht, diese innere Stimme zu hören oder nicht, uns vom Göttlichen ergreifen zu lassen oder nicht.

Das Göttliche ist immer präsent in uns, wir sind uns dessen jedoch so oft nicht bewusst. Oder wir wollen nichts davon hören, weil wir befürchten, dass wir dann nicht mehr so oberflächlich, bequem, konsumorientiert und ungestört weiterleben können wie bisher. Das Bewusstwerden dieses Göttlichen in uns und unserer eigenen göttlichen Natur nennen die Buddhisten »Erwachen«; im Christentum wird es als »Umkehr« bezeichnet. Dabei ist es letztlich unwichtig, ob man an Reinkarnation glaubt oder nicht. Entscheidend allein ist der tiefe Wunsch, ins Göttliche heimzukehren und uns schon im Hier und Jetzt wieder mit dem Göttlichen zu verbinden. Darauf soll im letzten Abschnitt mit der Geschichte vom »verlorenen Sohn« näher eingegangen werden.

An dieser Stelle möchte ich bekennen, dass natürlich auch ich eine solche magnatische Schicht in mir habe und dass es mir immer wieder größte Mühen und Ängste bereitet, die Kontrolle aufzugeben und mich vertrauensvoll vom Göttlichen führen zu lassen. Davor habe ich bisweilen einen richtigen Horror. Ich möchte immer die Kontrolle behalten und nur dann nach Gott rufen, wenn ich einmal nicht mehr weiter weiß. Ja, ich muss zugeben, dass ich mir mit dieser Einstellung und diesem Festhalten an meinem Ego, an dieser Magnaten-Schlacke in mir, häufig selbst im Weg stehe und so verhindere, mehr in einen göttlichen Raum zu gelangen. Dennoch gibt es eine starke Sehnsucht danach. Sie zieht sich wie ein roter Faden durch mein ganzes bisheriges Leben. Und sie ist auch ein Grund dafür, dieses Buch zu schreiben. Es will einen Impuls setzen, diese Sehnsucht in uns ernst zu nehmen, ihr nachzugehen und die Bereitschaft zu entwickeln, sich dem Göttlichen immer mehr zu öffnen.

(3) Der spirituelle Weg

Die Heilung des Magnaten

Jetzt bin ich diesem »psychologischen System« des Magnaten jedoch auch ein wohlwollendes Plädoyer schuldig. Schließlich handelt es sich dabei um eine große Packung Energie. Diese ist ein Potenzial, das wir nützen sollten. Dazu muss der Magnat aber zuerst entmachtet werden, soweit er sich – von mir abgespalten – als der Herr in mir aufführt und gegen mein inneres Sehnen weiter seine eigene Ego-Suppe kochen will. Danach sollte seine Energie jedoch in Liebe und Kreativität umgewandelt und integriert werden.

Diese innere Auseinandersetzung mit dem Magnaten kommt mir wie der Drachenkampf in einer Heldensage vor. Ist der Drache besiegt oder hat der Held Zugang zu diesem Untier gewonnen, das letztlich seine eigene Schattenseite repräsentiert, kann es zu seiner größten Kraftquelle werden. Es geht also darum, den Magnaten von seiner egozentrischen Einseitigkeit zu erlösen und ihn – in uns selbst – mit der göttlichen Liebe in Berührung zu bringen. Erlöst, transformiert und integriert kann der Magnat zu meinem besten Begleiter, zur stärksten Kraft und zu einem wertvollen Diener auf dem Weg ins Göttliche werden.[181]

Damit bin ich bei der Essenz des Buchtitels angelangt: Wie hängen »Heilung« und die »Initiation ins Göttliche« zusammen? Wieso ist eine umfassende Heilung notwendig, um ins Göttliche gelangen zu können? In welcher Weise bedingen sich beide Aspekte sogar? Wie kann eine Heilung der Magnaten-Schicht in uns stattfinden? Und wieso handelt es sich dabei vor allem um eine emotionale Heilung?

Unsere Seele ist geprägt, überlagert und eingehüllt von vielen Erfahrungen. Dazu können unverdaute Traumata ebenso gehören wie Gewohnheiten, Einstellungen und Zwänge. Traumata sind oft von unserer Seele abgespaltene, erkaltete Energiepackungen in uns. Entstanden ist dieses emotionale Material durch viele Erlebnisse und Begegnungen mit anderen Menschen. Östliche Religionen bezeichnen diese psychologisch-geistige Größe als unser Karma, das in unserer Seele in vielen Inkarnationen angehäuft worden ist; das Christentum nennt dieses Energiekonglomerat in der menschlichen Seele »Erbsünde«.

Dieses Knäuel an Emotionen, die sich zu einer dicken Schicht ausgebildet haben, ist mit der Schlacke auf dem Rost eines Feuerofens zu vergleichen. Aus der Asche und aus unverbrennbaren Reststoffen kann sich auf seinem Boden mit der Zeit eine betonartige Schlacke bilden, die die Funktionsfähigkeit des Ofens massiv einschränkt und dann nur mit großem Aufwand wieder entfernt werden kann. Eine Magnaten-Schlacke entsteht auch, wenn wir uns nicht liebevoll, sondern womöglich sehr egozentrisch oder egoistisch und gemein verhalten. Dennoch enthält diese Schicht im Grunde einen wichtigen Teil unserer Lebensenergie.

Lieber Leser, Sie ahnen es vielleicht schon: Bei der Magnaten-Schicht in uns sind wir bei »dem« Eingemachten des spirituellen Lebens schlechthin angelangt. Unser Unbewusstes tut alles, um den Magnaten zu verbuddeln, zu verschleiern und zu vergessen. Wer möchte es sich schon eingestehen, dass sich hinter unserer schönen Fassade womöglich auch etwas ganz Egoistisches und Gemeines, etwas Kontrollierendes und Beherrschendes verbirgt. Bei mir doch nicht!!! Es ist oftmals ein langer und mühsamer Weg, diese Magnaten-Schicht in uns zu erahnen, sie aufzuspüren, sie sich einzugestehen, sie offen zuzugeben und sich ihr mutig zu stellen. Viel einfacher ist es doch, das Magnatische, Egoistische auf andere zu projizieren und es dort im Äußeren und in anderen Personen zu bekämpfen.

Wenn wir, um im obigen Bild zu bleiben, den »Feuerofen unseres Lebens« wieder freikriegen wollen, kommen wir nicht darum herum, diese Magnaten-Schlacke auf seinem Boden aufzubrechen. Dies bedeutet aber nichts anderes, als die wesentlichen verfestigten Emotionen in uns wieder lebendig werden zu lassen, sie ansatzweise nochmals zu erleben, dabei ganz bewusst anzuschauen und sie dann umzuwandeln. Dazu brauchen wir unser offenes, mitfühlendes Herz. Es allein ist in der Lage, Situationen der Lieblosigkeit gegenüber uns selbst und gegenüber anderen in einer Atmosphäre des Erkennens in Mitgefühl und Liebe zu transformieren.

Der spirituelle amerikanische Lehrer Daniel Barron spricht in diesem Zusammenhang von »Erherzung«. Er verwahrt sich gegen die vielen spirituellen Strömungen, die über unser Ego herziehen, es aus uns herausreißen wollen und die Ego-Vernichtung als notwendige Grundbedingung auf unserem Weg zurück zum Göttlichen erachten. Unser Ego soll nicht verschwinden, sondern vielmehr verwandelt werden. Nicht das Ego, der Magnat, ist das Problem, sondern unsere emotionale Unreife. Daniel Barron schämt sich also seines Egos nicht, er plädiert jedoch für seine emotionale Reifung.[182] Damit kommt er zum gleichen Ergebnis wie in der oben vertretenen Ansicht, wonach die Magnaten-Schicht in uns von emotionaler Natur ist und daher auf emotionaler Ebene aufgetaut, betrachtet und umgewandelt werden muss in Mitgefühl und Liebe. Gerade auch dieser Schattenteil »Magnat« in uns selbst will geliebt werden. Die göttliche Liebe kann ihn verwandeln in positive Energie, tieferes Erkennen und Kreativität. Wie soll dies aber in der Praxis geschehen?

In den Kapiteln drei bis sechs sollte bereits exemplarisch aufgezeigt werden, was Heilung auf den vier Ebenen des Medizinrads bedeuten kann. Heilung ist letztlich immer ein innerer, spiritueller Vorgang. Denn ohne Rückbindung an die göttliche Ur-Essenz gibt es keine wirkliche Heilung. In unserem deutschen Wort »Religion« steckt das Lateinische »religio« – Rückbindung an das Göttliche. Das Göttliche ist reine Liebe. Wenn man liebt, ist man dem Göttlichen nahe. Zur Liebe gehört die Vergebung – mir selbst und allen anderen Menschen gegenüber. Alle Religionen und spirituellen Strömungen sind sich in diesem Punkt einig: Nur über Vergebung und Liebe kann man ins Göttliche gelangen. Gerade im Bewusstwerden der tieferen Ursachen von Blockaden, Krankheiten, Mustern und Zwängen, die häufig aufgrund unserer Lieblosigkeit entstanden sind, liegt eine große Chance: Werden sie nämlich geheilt, kann eine umfassende Transformation in unser wahres göttliches Wesen und damit eine »Initiation ins Göttliche« erfolgen, worauf der Buchtitel hinweisen will.

Krankheiten und Blockaden haben letztlich immer eine spirituelle Ursache: Ein Teil unseres Energiesystems ist noch nicht mit dem Göttlichen verbunden – mit der Offenheit nach »oben«, mit Mitgefühl und Liebe. Krankheit ist also der Hinweis darauf, dass zumindest ein Teil von uns vom Göttlichen abgespalten und getrennt ist, was im Christentum als »Sünde«, Absonderung, bezeichnet wird. Diese Abspaltungen müssen wieder ins Ur-Eins-Sein zurückgeführt, eine spirituelle Dissonanz muss wieder in Einklang mit dem Göttlichen gebracht werden. Gerade für die magnatische Schicht in uns ist solch eine Abspaltung typisch. Ihre Heilung ist demnach vor allem spiritueller Natur.

Hinsichtlich der oben aufgeworfenen Fragen nach dem Zusammenhang von »Heilung« und »Initiation ins Göttliche« möchte ich zunächst eine sehr persönliche Antwort geben: Auf meiner verzweifelten Suche nach Knieheilung und der Auflösung des Dauerschmerzes musste ich neben der körperlichen auch die psychische, systemische und spirituelle Ebene hinzunehmen. Dabei kam ich unvermeidlich immer mehr mit dem Göttlichen in Berührung. Die Heilung meiner körperlichen Symptome in den Knien waren ein erster Schritt auf dem Weg zu einer höheren spirituellen Bewusstheit. Seitdem durfte ich viele solche kleine und größere Schritte von körperlicher und seelischer Heilung erleben.

Unter einer spirituellen Heilung verstehe ich daher das Erkennen und Bewusstwerden des Göttlichen in uns selbst und den Beginn einer Transzendierung aus unserer polaren Verflochtenheit. Dies wird im Christentum als »Umkehr«, im Buddhismus als »Erleuchtung« bezeichnet. Für mich ist eine umfassende Heilung untrennbar mit der Heimkehr ins Göttliche verbunden, die der Buchtitel mit »Initiation ins Göttliche« benennt. »Heilung« und »Initiation ins Göttliche« sind somit letztlich synonyme Begriffe.

Der christliche Mystiker Paul Ferrini drückt diesen umfassenden spirituellen Heilungsvorgang so aus:

»In jedem von uns existiert ein winziger Funke des Lichts, der die Dunkelheit unseres Unbewußten erhellt. Es ist der göttliche Funke des Bewusstseins, der unsere Verbindung zu Gott aufrecht erhält. Dieser Lichtfunke verbindet uns auch mit dem göttlichen Lehrer unserer Tradition und dem göttlichen Kern in unseren Brüdern und Schwestern. Könnten wir, wie Jesus ... betont, diesen Lichtfunken in jedem von uns nur sehen, würde sich alle Dunkelheit in unserer Wahrnehmung und Erfahrung auflösen, und die Welt, wie wir sie kennen, würde verschwinden. So findet die Liebe Eingang in unser eigenes Herz und in die Herzen unserer Brüder und Schwestern.«[183]

Diese Sehnsucht nach Liebe ist allen Menschen gemeinsam. Manche suchen sie sehr vordergründig im Konsum, in Süchten, im Sex oder in der Macht. Letztlich werden sie die Liebe dort nicht finden. Andere erkennen sie in der Partnerschaft. Daher soll im nächsten Abschnitt auf die partnerschaftliche Liebe eingegangen werden. Kann man hier das Göttliche finden?

Auf der Suche nach dem Göttlichen in der Partnerschaft

Die meisten Menschen suchen einen Partner. Ihre Seele wird unruhig, wenn sie keinen finden oder – etwa nach einer Trennung – wieder alleine sind. Schon im zweiten Schöpfungsbericht der Bibel wird die Partnerfrage behandelt, als Gott eine Gefährtin für Adam, den Urmenschen, sucht und sie – in bildhafter Darstellung – aus einer Rippe des Menschen (Adam) »baut«:

»Und der Mensch sprach:
Das ist endlich Bein von meinem Bein
und Fleisch von meinem Fleisch.
Frau soll sie heißen;
denn vom Mann ist sie genommen.
Darum verläßt der Mann Vater und Mutter
und bindet sich an seine Frau,
und sie werden ein Fleisch.«[184]

Menschen tun einander nichts Gutes, wenn sie – häufig sehr unbewusst – ungestillte frühkindliche oder gar symbiotische Wünsche und Bedürfnisse oder »unerledigte Geschäfte« mit Vater und Mutter ungefiltert auf ihren Partner übertragen. Dann wird dieser als »böse« empfunden, wenn er solche Erwartungen nicht erfüllen will oder gar nicht erfüllen kann.

Viele Menschen projizieren zudem in der Regel unbewusste, nicht eingestandene spirituelle Wünsche auf den Partner und erhoffen sich vom anderen auch auf dieser Ebene die Erfüllung ihrer Sehnsucht nach tiefem Sinn, nach Unendlichkeit und Unsterblichkeit, nach Glück, nach umfassender Liebe. Damit überfordern sie den Partner meist kolossal, der doch auch nur ein sterblicher Mensch mit Fehlern und Schwächen ist. Darauf hat Robert A. Johnson in seinem Buch »Traumvorstellung Liebe. Der Irrtum des Abendlandes«[185] hingewiesen. Da das Christentum im Mittelalter bis zur beginnenden Neuzeit Jahrhunderte lang ihre eigenen Mystiker als Ketzer verurteilt und im schlimmsten Falle auf dem Scheiterhaufen verbrannt hat, fehlt der christlichen Religion in der Praxis heute weitgehend die esoterische, also die mystische Seite. Als einzige Quelle, um zu ekstatischen oder mystischen Einheitserlebnissen zu gelangen, muss heute die sogenannte »romantische Liebe« herhalten. Sie soll uns ersatzweise das an spirituellem Erleben liefern, was früher in mystischer Versenkung während der Kontemplation zu erfahren war:

»Die romantische Liebe ist das größte Energiesystem in der westlichen Psyche und als solches einzigartig. Sie hat in unserer Kultur die Religion als das Forum ersetzt, auf dem Mann und Frau Sinn, Transzendenz, Ganzheit und Ekstase suchen. Als Massenphänomen stellt die romantische Liebe eine Eigenheit des Westens dar. Wir sind so sehr an die Idee und Voraussetzungen der romantischen Liebe gewöhnt, daß wir glauben, es sei die einzige Form der ›Liebe‹, die als Grundlage von Ehe und Liebesbeziehungen in Frage kommt. Wir glauben, das sei die einzig ›wahre Liebe‹ ...Die romantische Liebe ist nicht nur eine bestimmte ›Form der Liebe‹, sie ist ein ganzes psychologisches Paket – eine Kombination von Überzeugungen, Idealen, Einstellungen und Erwartungen.«[186]

Lieber Leser, von der Richtigkeit dieser Ansicht können Sie sich leicht selbst an einem dafür typischen Beispiel überzeugen. Die von RTL ausgestrahlte Dating-Show »Der Bachelor« verzeichnet traumhafte Einschaltquoten. Vor einem Millionenpublikum muss ein einzelner Mann über Wochen hinweg unter über zwanzig aufgemotzten jungen Frauen seine Herzensdame herausfinden, der er zum Schluss die ersehnte »Rose des Herzens« überreicht. Obwohl die ganze Sendung meiner Meinung nach nur eine von den Machern konstruierte Illusion darstellt und dies vielen Zuschauern prinzipiell auch bewusst ist, gerät eine ganze Generation von meist jüngeren Leuten, die an diesem Zinnober als mitfühlende Voyeure Anteil nehmen können, in den Wahn um das Märchen der romantischen Liebe. An diese wird mit fast schon kindlicher Naivität und mit totaler Hingabe geglaubt. Dahinter verbirgt sich letztlich eine verkappte Sehnsucht nach dem Göttlichen in der Gestalt von Glück und »ewiger Liebe«, von Erotik und Ekstase, von Schönheit und immerwährender Jugend.

Johnson macht deutlich, dass wir gerade von Paaren aus östlichen Kulturen viel lernen könnten, die einander mit Beständigkeit, Hingabe und großer Wärme lieben. »Aber die Liebe, die sie verbindet, ist nicht die ›romantische Liebe‹, die wir kennen. Weder bürden sie ihren Beziehungen die gleichen Ideale auf wie wir, noch stellen sie aneinander die unmöglichen Forderungen und Erwartungen, die wir stellen.«[187] Und zu diesen Erwartungen gehören auch unbewusste spirituelle Wünsche. Nicht umsonst sagen Verliebte, dass sie »die ganze Welt umarmen« könnten oder dass sie sich fühlen »wie im siebten Himmel«. Wir verbinden also mit dem Verliebtsein ganz unbewusst eine letztlich religiöse Dimension: Wir erhoffen uns davon Ekstase, eine All-Eins-Erfahrung zu zweit und das Entschweben-Können in eine Anderswelt mit religiösen, göttlichen Zügen. Nichts anderes haben letztlich die Mystiker gesucht. Jedoch waren sie sich in der Regel darüber bewusst, wonach sie Ausschau hielten: nach dem Göttlichen.

So etwas würden heute viele Zeitgenossen weit von sich weisen. Meist können sie ihre Glückssehnsucht nicht mit einer spirituellen Strömung oder gar mit den religiösen Angeboten der Kirchen in Verbindung bringen. Viele westliche Menschen sind heute agnostisch eingestellt, wollen mit den Kirchen, mit Spiritualität, mit dem Göttlichen oder mit Gott nichts zu tun haben. Gleichzeitig ersehnen sie aber – unbewusst – eine göttliche Dimension in der Partnerbeziehung, die oftmals unter dem Stress der romantischen Liebe steht und all das an Glückseligkeit liefern soll, was man sonst nirgends bekommt. Dazu nochmals Johnson:

»Denn romantische Liebe ist nicht gleichbedeutend mit ›jemanden lieben‹. Sie bedeutet eigentlich ›Verliebtsein‹ ... Wenn wir verliebt sind, glauben wir, daß wir den Sinn des Lebens gefunden haben, so wie er sich durch einen anderen Menschen offenbart. Wir haben das Gefühl, endlich ein Ganzes zu sein, endlich die fehlenden Teile unserer eigenen Person im anderen gefunden zu haben. Das Leben scheint plötzlich von einer Ganzheit, von einer geradezu übermenschlichen Intensität zu sein, so daß wir uns weit über die Ebene des gewöhnlichen Lebens hinausgehoben fühlen.«[188]

Johnson macht in seinem Buch klar, dass die zum Ideal erhobene »romantische Liebe« tendenziell eine große Wunde in der Seele des Westens und »das« vorrangige psychologische Problem in der westlichen Kultur darstellt. Denn nach dem Herausfallen aus der meist sehr kurzen Phase des Verliebtseins folgen für die davon Betroffenen **häufig lange Zeiten von Einsamkeit, Entfremdung und Frustration.** Somit ist das Ideal der romantischen Liebe in Wahrheit in vielen Fällen eher der Ausdruck für die Unfähigkeit, echte Liebesbeziehungen zueinander aufzubauen.[189] Ich glaube, dass viele Menschen das Glück, das eine göttliche Dimension hat, an der falschen Stelle suchen, wenn sie dieses ausschließlich in der romantischen Liebe oder im Verliebtsein ersehnen.

Die indische Lehrerin und Heilerin Amma, von der bereits im ersten Kapitel die Rede war, hat einmal sehr provozierend gesagt, dass so viele Männer und Frauen in Partnerschaften im Grunde Bettler seien. Sie sind emotional und letztlich auch spirituell bedürftig und erhoffen sich vom anderen, in vieler Hinsicht gesättigt zu werden. So eine Partnerschaft kann auf Dauer nicht gutgehen. Denn bedürftige Menschen, die sich vom Partner emotionale Zuwendung, Liebe und Glück, Heil und auch noch ein All-Eins-Gefühl erhoffen, sind wie ein Fass ohne Boden. Der Partner kann all seine Zuwendung und Liebe hineinschütten, nach kurzer Zeit ist das Fass wieder leer. Eine solche Partnerschaft ist mittelfristig ein Teufelskreis aus Frustration, Überforderung, Stress und Missverständnissen.

Aus spiritueller Sicht könnte man auch sagen: Viel zu kurz gesprungen, wenn man sich darüber nicht im Klaren ist, dass man im Partner letztlich »göttliche« Wünsche erfüllt haben möchte. Solche für Erwachsene völlig überzogene Erwartungen entstehen dann, wenn die Mutter als »Botschafterin der göttlichen Liebe« und als Vermittlerin des »göttlichen Liebesfluidums«[190] während der Babyzeit ausgefallen ist. Sicher schwingt in unserer Sehnsucht nach dem Paradies, die nicht selten auf die Partnerbeziehung projiziert wird, auch die Erinnerung an die glückselige All-Eins-Erfahrung als Embryo während unserer Symbiose im Mutterleib mit. Dieses Erleben wirkt oft unbewusst nach und ist Kristallisationspunkt für unsere Sehnsucht nach einer größeren Mutter, der göttlichen Mutter, ja nach dem Göttlichen selbst.

Ich glaube, es gibt letztlich nur eine Lösung, die wirklich zielführend sein kann: die Erkenntnis, dass das Göttliche in uns selbst liegt. Hier sind die göttlichen Quellen zu finden, die uns allein glücklich machen können. Wenn die Zugänge zu den spirituellen Quellen in einem selbst hergestellt sind, kann man sich auch im Alltag tief mit dem Göttlichen – und mit dem Partner – verbunden fühlen. Das Göttliche ist immer da, nicht nur in der Partnerschaft. Es wartet darauf, dass wir in uns selbst und nicht im Außen, etwa in der Partnerschaft, danach suchen. Es ist im Grunde sehr einfach.

Denn wir sind von unserer wahren Natur her göttliche Wesen. Wir haben Kanäle in uns, die für den göttlichen Energiefluss geeicht sind. Wir müssen nur die verschütteten und verlandeten Kanäle in uns wieder freilegen und die Blockaden beseitigen. Dann können wir spüren, wie göttliche Energie in uns strömt und göttliches Bewusstsein uns von innen her durchdringt. Und dann können wir vielleicht unsere überzogenen spirituellen Erwartungen vom Partner abziehen, was eine Voraussetzung für eine gut funktionierende Partnerschaft ist, die sehr wohl eine spirituelle Dimension haben kann.

Diese kann dann erfahren werden, wenn beide Partner damit aufhören, ihre letztlich spirituellen Wünsche auf den Partner zu projizieren und statt dessen das Göttliche in Mutter Natur wie auch in der inneren Wesensnatur ihrer selbst suchen. Wenn beide Partner offen sind für diese spirituelle Dimension in sich und sich dem Göttlichen öffnen, können sie sich wahrscheinlich auch gegenseitig Begleiter auf ihrem ganz individuellen Weg ins Göttliche sein. In diesem Fall können sie – wie bei einem Geleise mit zwei Schienen – nebeneinander durchs Leben gehen, sich gegenseitig anregen und befruchten, unterstützen und ermutigen und vielleicht ihre Partnerschaft tatsächlich als ein menschliches Abbild der göttlichen Einheit erfahren. Ja, in einer liebenden Partnerschaft kann das Göttliche sehr wohl zeichenhaft aufleuchten. Dies kann um so mehr geschehen, je klarer sich beide Partner darüber sind, dass ihre Beziehung zwar ein Raum ist, wo das Göttliche im Irdischen aufscheinen kann, dass diese selbst aber nicht das eigentliche Ziel auf unserem Weg zum Göttlichen ist.

Gott ist im Alltag zu finden

Lieber Leser! Damit bin ich schon fast ans Ende meiner Überlegungen gelangt. In diesem Buch kann ich ehrlicherweise nur meinen eigenen Weg beschreiben, den ich bisher gegangen bin und etwas von den Wegen berichten, die mir nahestehende Personen beschritten haben. Ganz bewusst möchte ich auf alle spirituellen Spekulationen und »esoterischen Höhenfahrten« verzichten, auch wenn diese sehr interessant und anregend sein können.

Zu diesem meinem Weg gehörte es einerseits, nach Heilung von starken körperlichen Symptomen zu suchen. Es dauerte weit über zehn Jahre, bis ich eine wirkliche und nachhaltige Heilung für meine Knie finden konnte. Dabei bekam ich Kontakt zu ganz anderen Wirklichkeitsebenen und es schälte sich immer mehr das Bild von einem »Medizinrad der Heilung« mit seinen vier verschiedenen Ebenen heraus: der körperlichen, psychischen, systemischen und spirituellen Ebene. Untrennbar mit der Heilung selbst auf diesen Ebenen waren andererseits der Aufbruch zu einem spirituellen (Lebens-) Weg und eine zunehmende Bewusstseinswandlung verbunden. Ich wurde immer offener für das Göttliche und spürte eine steigende Sehnsucht in mir, mich wieder mit dem Göttlichen zu verbinden. Mir wurde klar, dass ich diese Sehnsucht bereits als kleiner Junge hatte. Meine eigene verzweifelte Suche nach Heilung[191] hat diese Offenheit für das Göttliche wieder in mir freigelegt. Darum gehören nach meiner Erfahrung »Heilung« und die Rückkehr zur göttlichen Ur-Quelle (»Initiation ins Göttliche«[192]) untrennbar zusammen.

Auf der zunächst nur vordergründigen Suche nach Heilung wurde ich immer mehr mit einer psychischen Größe namens »Ego« in mir selbst konfrontiert, die ich in diesem Kapitel als »Magnaten-Schicht« oder einfach nur als »Magnat« bezeichnet habe. Sie steht unserem Rückweg ins Göttliche, unserem Heimkommen zu Gott, im Wege. Aber wir können unserem eigentlichen göttlichen Wesen nur gerecht und wirklich heil und ganz werden, wenn wir uns wieder mit dem Göttlichen verbinden können. Darum lohnt es, an unser »Eingemachtes« zu gehen, diese Magnaten-Schicht aufzuspüren und zu transformieren. So gesehen würde der Buchtitel auch in einer umgekehrten Reihenfolge Sinn machen: »Initiation ins Göttliche – Heilung«.

Meiner Meinung nach trifft damit Beides zu: Wir können Kontakt mit dem Göttlichen bekommen, wenn wir aufgrund starker Symptome gezwungen sind, nach Heilung zu suchen. Denn oft ist eine Heilung nur möglich, wenn wir bereit sind, neue Wege zu gehen und eine rein körperliche Ebene zu verlassen. Gleichzeitig hat die tiefe Verbundenheit mit dem Göttlichen eine starke Rückwirkung auf unsere Gesundheit, die eine körperliche, seelische, geistige und spirituelle Komponente hat, also ein Wohlbefinden unserer ganzen Persönlichkeit bedeutet. Somit gehören die Dimensionen »Heilung« und »Initiation ins Göttliche« für mich untrennbar zusammen.

Wenn also Heilung, umfassende Gesundheit und Verbundenheit mit dem Göttlichen so eng zusammenhängen, möchte ich jetzt zum Schluss die einfache Frage stellen: Wie kann ich im Alltag ganz praktisch mit dem Göttlichen in Berührung kommen? Dabei geht es mir nicht etwa um das Ziel, in Ekstase zu geraten oder ein außergewöhnliches Erleuchtungserlebnis zu haben. Wenn ich so etwas bewusst anstreben wollte, würde mich das eher stressen. Vielleicht übersehen wir oft die ganz alltäglichen Situationen, in denen das Göttliche anklopft oder uns nahe ist. Dies hat sicher mit dem Faktor Zeit zu tun. Gott ist in der Zeit und in der Ruhe, aber selten in der Hektik zu finden. Und es hat auch etwas mit Achtsamkeit zu tun.

Der vietnamesische buddhistische Lehrer Tich Nhat Hang erklärt die spirituelle Haltung der Achtsamkeit mit der Kunst, in jedem Moment geistig präsent sein zu können, also voll und ganz in der Gegenwart zu leben. Dazu ist jedoch das stetige aktive Bemühen erforderlich, jeden einzelnen Augenblick des Tages gleichbleibend mit hoher Wachheit und mit aktiver Aufmerksamkeit wahrzunehmen. Dadurch können mit der Zeit besonders Emotionen negativer Art wie Ärger, Wut oder Angst eine heilsame Transformation erfahren und die eigentliche Essenz der Dinge immer mehr erfasst werden.[193]

Ich selbst möchte möglichst viel Zeit haben für mich, so dass die göttliche Ebene in mir hochsteigen und sich in mir ein spiritueller Raum auftun oder einstellen kann. Lieber Leser, womöglich sind Sie enttäuscht, wenn ich nachfolgend nur von drei sehr einfachen und scheinbar banalen Situationen berichte. Denn vielleicht haben Sie sich aufgrund des Buchtitels zumindest einen Hinweis auf ein Erleuchtungserlebnis erwartet. Ich glaube aber, dass Gott am leichtesten im Alltag zu finden ist und dass dies für jeden von uns zu jeder Zeit und ohne jede Voraussetzung sofort möglich ist, wenn wir dafür offen sind. Dabei geht es wieder, wie soeben angedeutet, um einen achtsamen Umgang mit uns selbst, seinen Mitmenschen und der Natur.

Es ist mittlerweile zur Gewohnheit geworden, ich kann es mir gar nicht mehr anders vorstellen und ich brauche dies, wenn ich im Alltag ausgeglichen und bei mir sein will: Ich stehe regelmäßig so früh am Morgen auf, dass ich nach Morgentoilette und Frühstück noch gut 20 Minuten Zeit zur Meditation und zur bewussten Stille habe. Dazu setze ich mich auf die Wohnzimmercouch, zünde eine Kerze an, wickle mir eine Decke um den Körper, schließe die Augen und lasse dann absichtslos meine Gedanken fließen. Manchmal kann ich dabei einen richtigen Strom von Gedanken beobachten, die beständig wie Wolken am Himmel an mir vorbeiziehen. Ich möchte dabei nichts bewerten, nur beobachten und nach Innen schauen.

An anderen Tagen stelle ich bei der gleichen Gelegenheit nach etwa zehn Minuten fest, dass ich von alleine in eine tiefe Bauchatmung hineingeraten bin. Ich kann diesen Zustand nicht bewusst herbeiführen, ich gebe ihm aber durch mein Sitzen in der Stille die Möglichkeit sich einzustellen. Dann passiert meist nichts anderes als dass ich wahrnehme, wie ich in der Bauchatmung bin – Ausdruck für eine starke Präsenz im Hier und Jetzt. Es ist ein sehr schönes Gefühl, weil ich dabei eine grundsätzliche Geborgenheit und ein Urvertrauen erlebe – in mich selbst, in das Göttliche, für diesen neuen Tag. Wenn ich schließlich nach den Tagesaffirmationen und einem Gebet wieder aufstehe, gehe ich anders in den Alltag hinein: präsenter, bewusster, gelassener, ruhiger, entspannter.

Zu einem ausgeglichenen Tagesablauf gehört es für mich auch, nach der Arbeit für ein oder zwei Stunden in die Natur hinauszugehen.[194] Oft durchstreife ich – wie schon als kleiner Junge – ein ausgedehntes Waldgelände nahe meines jetzigen Wohnortes. Im Wald kenne ich Lichtungen, besondere Bäume, Plätze, die zum Verweilen einladen. Gerne suche ich nach jungen Fichten- und Buchenschonungen unter den hohen Bäumen. Ich genieße es, dass unsere Fichtenwälder auch in der langen Winterzeit immer grün bleiben und so beständig auf den kommenden Frühling und auf ein erneutes Erwachen der Natur hinweisen.

Nach dem Sonnenuntergang habe ich manchmal das Gefühl, dass ich wie von selbst in eine Anderswelt hineingerate, weil mir die Naturwesen noch lebendiger und präsenter erscheinen. Wenn ich dann – wie am Morgen auf der Couch – auf einem Baumstumpf am Waldrand verweile und meine Gedanken schweifen lasse, fühle ich mich Mutter Natur und der göttlichen Schöpfung manchmal sehr nahe und meine Alltagssorgen geraten in Vergessenheit. Dies hängt vermutlich auch damit zusammen, dass Naturwesen, wie etwa Bäume, eine viel langsamere Schwingungsfrequenz als wir hektischen Menschen haben und diese auch ausstrahlen. Wenn es mir gelingt, mich etwa auf den Atem der Bäume einzustimmen, werde ich dabei viel ruhiger, entspannter und gelassener. Und nicht selten stellen sich dann auch spontan Gedanken ein, die offensichtlich aus der rechtshirnigen Ebene in mir stammen, in der Intuition, Gefühle und Spiritualität zu Hause sind. Dann kann ich mit dem Schöpfer, mit dem Göttlichen in Berührung kommen und mich mit ihm verbinden.

Lieber Leser, zu Recht können Sie nun einwenden, dass solch ein Tagesablauf reiner Luxus ist. Wer hat denn heute, eingebunden in einen stressigen Beruf und in die vielfältigen Verpflichtungen in der Familie, so viel Zeit, um sich der Meditation und der Kontemplation hinzugeben? Ja, ich bin mir durchaus bewusst, dass viele Menschen eben keine »vita contemplativa« führen wollen und die, die dies möchten, es wegen der äußeren Umstände meistens auch nicht können. Ich denke aber, das Göttliche kann überall erfahren werden. Darum möchte ich noch von einer dritten Situation berichten, in die Sie sich vermutlich einfinden können.

Manchmal sitze ich am Nachmittag nach getaner Arbeit einfach auf der Couch und lasse völlig absichtslos die Gedanken schweifen. Für einen Augenblick kann ich an manchen Tagen spüren, dass alles gut in meinem Leben ist. Dies erfüllt mich mit tiefem Sinn und mit einer großen Dankbarkeit. Denn dies war bei weitem nicht immer in meinem Leben so, besonders in den Jahren nicht, in denen ich den Dauerschmerz in den Knien und die Gedanken daran beständig im Kopf hatte. Vielleicht haben auch Sie solche Momente mitten in Ihrem Alltag, in denen Sie ein Gefühl von Sinn, Glück und Dankbarkeit empfinden und ihm Raum geben können: etwa während einer Autofahrt durch eine schöne Landschaft, wenn die Kinder am Morgen aus dem Haus gegangen sind, während einer kurzen Denkpause in Ihrem Berufsalltag, bei einem Blick aus dem Fenster, bei einer Tasse Kaffee, wenn Sie gerade einmal durchschnaufen, ein bisschen abschalten und für einen Augenblick allein sein können. Bei rechter Betrachtung können all diese kleinen Situationen zu Momenten einer spirituellen Erfahrung werden.

Mir ist bewusst, dass man solch ein Gefühl nicht erzeugen oder erzwingen und, wenn es sich eingestellt hat, auch nicht festhalten kann. Wenn man Glück hat, erfährt man dieses Gefühl jedoch immer häufiger. Ich kann mir nur Situationen bewusster Auszeit gönnen, in denen ich weder Radio noch Fernsehen, weder Internet noch Smartphone zur Verfügung habe. Manchmal erlebe ich in dieser Atmosphäre von Alleinsein und Stille ein sehr zufriedenes Gefühl und erkenne, dass es nur von meinem eigenen Bewusstsein und von meiner Deutung abhängt, ob ich glücklich bin oder nicht. Denn das Göttliche ist immer da, um mit uns Kontakt aufzunehmen. Es ist in uns selbst.

Dies zu spüren, ist das Schönste, was es für mich geben kann. Ich glaube, es ist im Grunde gar nicht so schwer, sich dem Göttlichen zu öffnen und ihm zu begegnen, wenn man damit keine außergewöhnliche ekstatische Erwartung verbindet und darunter kein besonderes Erleuchtungserlebnis versteht. Das Göttliche mag es einfach, nicht kompliziert. Aber es bleibt dennoch eine Gnade, wenn man das Göttliche spüren und erfahren darf. Womöglich ist bereits das Erkennen der Göttlichkeit in uns selbst im Hier und Jetzt so etwas wie eine Erleuchtung. Im Alltag muss sie zu finden sein, nicht nur im Jenseits. Vielleicht meint der Mystiker Eckhart Tolle genau das, wenn er sagt:

»Alle, die ihren wahren Reichtum noch nicht gefunden haben, die strahlende Freude des Seins und den tiefen, unerschütterlichen Frieden, der damit einhergeht, alle die sind Bettler, mögen sie materiell auch noch so reich sein. Sie suchen im Außen nach Vergnügen und Erfüllung, nach Wertschätzung, Sicherheit und Liebe, während sie einen Schatz in sich tragen, der all diese Dinge beinhaltet und zugleich unendlich viel größer ist als alles, was die Welt anzubieten hat.

Das Wort Erleuchtung lässt an eine Art übermenschliche Fähigkeit denken und das Ego möchte daran festhalten. Doch Erleuchtung ist ganz einfach dein natürlicher Zustand von empfundener Einheit mit dem Sein. In diesem Zustand bist du mit etwas Unermesslichem und Unzerstörbarem verbunden, mit etwas, das paradoxerweise du selbst bist und das zugleich etwas viel Größeres ist als du. Es geht um das Entdecken deiner wahren Natur jenseits von Name und Form.«[195]

(4) Die Geschichte vom »Verlorenen Sohn und vom barmherzigen Vater«

In meinem Initiationsbuch, Band II,[196] habe ich die Bibelgeschichte vom »Verlorenen Sohn und vom barmherzigen Vater« als Schluss gewählt. Denn sie kann exemplarisch für eine gelungene Ablösung des Sohnes vom Vater und für einen letztlich geglückten Initiationsprozess ins Erwachsensein stehen. Ganz bewusst möchte ich auch bei dem vorliegenden Buch über Heilung wiederum diese Geschichte als Abschluss erzählen, da sie sehr bildhaft die Situation von uns Menschen und unserem spirituellen Weg zurück zum Göttlichen aufzeigen kann. Auf dieser Deutungsebene betrachtet, kann sich jeder von uns in dem »verlorenen Sohn« wiedererkennen, der zunächst aus dem Reich des Vaters, dem Eins-Sein mit dem Göttlichen, weggeht, um in der Fremde eigene Erfahrungen zu machen. Der »liebende Vater« wiederum kann den uns stets mit Liebe zugewandten Gott oder das Göttliche symbolisieren. Lassen wir zunächst die Geschichte selbst sprechen:

»Weiter sagte Jesus: Ein Mann hatte zwei Söhne. Der jüngere von ihnen sagte zu seinem Vater: Vater, gib mir das Erbteil, das mir zusteht. Da teilte der Vater das Vermögen auf. Nach wenigen Tagen packte der jüngere Sohn alles zusammen und zog in ein fernes Land. Dort führte er ein zügelloses Leben und verschleuderte sein Vermögen.

Als er alles durchgebracht hatte, kam eine große Hungersnot über das Land, und es ging ihm sehr schlecht. Da ging er zu einem Bürger des Landes und drängte sich ihm auf; der schickte ihn zum Schweinehüten. Er hätte gern seinen Hunger mit den Futterschoten gestillt, die die Schweine fraßen; aber niemand gab ihm davon. Da ging er in sich und sagte. Wie viele Tagelöhner meines Vaters haben mehr als genug zu essen, und ich komme hier vor Hunger um. Ich will aufbrechen und zu meinem Vater gehen und zu ihm sagen: Vater, ich habe mich gegen den Himmel und gegen dich versündigt. Ich bin nicht mehr wert, dein Sohn zu sein; mach mich zu einem deiner Tagelöhner. Dann brach er auf und ging zu seinem Vater.

Der Vater sah ihn schon von weitem kommen, und er hatte Mitleid mit ihm. Er lief dem Sohn entgegen, fiel ihm um den Hals und küsste ihn. Da sagte der Sohn: Vater, ich habe mich gegen den Himmel und gegen dich versündigt; ich bin nicht mehr wert, dein Sohn zu sein. Der Vater aber sagte zu seinen Knechten: Holt schnell das beste Gewand und zieht es ihm an, steckt ihm einen Ring an die Hand und zieht ihm Schuhe an. Bringt das Mastkalb her und schlachtet es; wir wollen essen und fröhlich sein. Denn mein Sohn war tot und lebt wieder; er war verloren und ist wieder gefunden worden. Und sie begannen ein fröhliches Fest zu feiern.

Sein älterer Sohn war unterdessen auf dem Feld. Als er heimging und in die Nähe des Hauses kam, hörte er Musik und Tanz. Da rief er einen der Knechte und fragte, was das bedeuten solle. Der Knecht antwortete: Dein Bruder ist gekommen, und dein Vater hat das Mastkalb schlachten lassen, weil er ihn heil und gesund wieder bekommen hat. Da wurde er zornig und wollte nicht hinein gehen. Sein Vater aber kam heraus und redete ihm gut zu.

Doch er erwiderte dem Vater: So viele Jahre schon diene ich dir, und nie habe ich gegen deinen Willen gehandelt; mir aber hast du nie auch nur einen Ziegenbock geschenkt, damit ich mit meinen Freunden ein Fest feiern konnte. Kaum aber ist der hier gekommen, dein Sohn, der dein Vermögen mit Dirnen durchgebracht hat, da hast du für ihn das Mastkalb geschlachtet. Der Vater antwortete ihm: Mein Kind, du bist immer bei mir, und alles, was mein ist, ist auch dein. Aber jetzt müssen wir uns doch freuen und ein Fest feiern; denn dein Bruder war tot und lebt wieder; er war verloren und ist wiedergefunden worden.«[197]

Spirituelle Deutung

Die vorliegende Bibelgeschichte, die aus dem patriarchalen Umfeld der damaligen Zeit genommen ist, kann die Situation unserer menschlichen Seele gut beschreiben. Zunächst lebt der Sohn mit seinem älteren Bruder beim Vater, der ihn liebt. Dieser Zustand kann als ursprüngliches Sein unserer Seele im göttlichen All-Eins, im Paradies oder – sehr bildlich ausgedrückt – als ihr »Schwimmen in der göttlichen Ur-Suppe« interpretiert werden.

Den Sohn aber hält es nicht zu Hause, er schätzt dieses Leben beim Vater nicht. Er will raus aus diesem Zustand, er will in die Welt gehen und dort seine eigenen Erfahrungen machen. Er hat Lust auf Selbsterfahrung und will dabei sein eigener Herr sein. Damit zeigt diese Geschichte auf spiritueller Ebene plastisch die Bewegung unserer Seele: unser Herausfallen aus dem ursprünglichen göttlichen Sein, unsere Verstandes-, Ego- und Menschwerdung unter den Bedingungen einer polaren Welt. Aus einer hinduistischen Sicht ist die menschliche Seele vor langer Zeit zu einer Seelenwanderung über viele Inkarnationen hinweg aufgebrochen, aus christlicher Sicht befindet sich der Mensch nun einfach in der polaren Welt.

Wichtig ist, dass der Vater seinen Sohn nicht festhält, sondern ihn ziehen lässt. Er gibt ihm ganz selbstverständlich das ihm zustehende Erbe für seine Lebensreise mit. Ich glaube, allen liebenden Eltern der Welt fällt solch ein Initiationsvorgang ihres Sohnes oder ihrer Tochter noch immer schwer. Zum Erwachsenwerden gehört jedoch ein bewusstes Weggehen oder eine klare Abgrenzung der Kinder von ihren Eltern unvermeidlich hinzu. Darin liegt keinerlei Schuld, sondern diese Entwicklung ist vielmehr ein sehr kraftvoller Vorgang. Der jüngere Bruder ist psychisch viel stärker als der ältere, der zu Hause bleibt und eine derartige Reise aus Gründen der Sicherheit oder der Bequemlichkeit überhaupt nicht wagt. Denn ein solches Weggehen von den Eltern erfordert Mut und innere Stärke. In den griechischen Sagen wird solch ein Aufbruch sogar als »Heldenreise« bezeichnet.[198]

Ich denke, dass die vorliegende Bibelstelle oft ganz falsch interpretiert worden ist, wenn dieses Weggehen des Sohnes als »Sünde«, als »Absonderung« vom Vater, gesehen worden ist. Ich glaube vielmehr, der Vater ist sogar sehr stolz auf seinen Sohn, weil der sich aufmacht, um sein eigenes Leben zu wagen und sich dabei selbst zu finden. Angewandt auf eine spirituelle Ebene bedeutet dies dann: Es gehört anscheinend zu unserem Wesen, dass unsere Seele weg aus dem göttlichen All-Eins-Zustand und hinein in die polare Schöpfung gehen will, ja sogar gehen muss, um sich ihrer selbst bewusst werden zu können. Dies ist durchaus im Sinne des Göttlichen; denn jede Seele ist Teil von ihm. Das Göttliche möchte sich in jeder Seele ausdrücken und seinen Seelentanz vollführen. Darin liegt keine Schuld oder Sünde, es ist vielmehr Ausdruck göttlicher Lust und Freude. Man könnte diesen Vorgang sehr positiv als »Initiation vom göttlichen All-Eins« bezeichnen. Der Weg unserer Seele in die Welt der

Polarität ist jedoch auch unser menschliches und seelisches Schicksal.

Wie aber geht die Geschichte weiter? Es heißt, dass der Sohn in der Fremde ein »zügelloses Leben« führt und sein Erbe verschleudert. Er spielt also den »Magnaten«, der mit Geld um sich wirft und sich vor anderen brüstet. Auf diese Weise möchte er »wer« sein, als toll gelten und anerkannt und beliebt sein. In diesem Rausch vergisst er ganz, wer er in Wahrheit ist: Sohn eines ihn liebenden Vaters und selbst ein liebendes Wesen von unschätzbarer Würde. Angewandt auf uns könnte man es so ausdrücken: Berauscht von unserer Freiheit haben wir vergessen, dass unsere Seele von göttlicher Natur ist. Wir übersehen unsere göttliche Schönheit, die gerade im Mitgefühl und in der Liebe, nicht aber im Egoismus und Magnatentum zum Ausdruck kommt. Das könnte man als die dunkle Seite der »Initiation vom Göttlichen« bezeichnen und, wenn man so will, als die eigentliche »Absonderung« von Gott. Nicht das Weggehen vom Göttlichen selbst ist die »Sünde«, sondern das Vergessen der göttlichen Natur, die in uns wohnt. Dazu gehören natürlich auch jede Lieblosigkeit und jeder Egoismus uns selbst und anderen gegenüber.

Es muss dem Sohn in der Fremde zuerst ganz schlecht und dreckig gehen, bevor er von seinem oberflächlichen Lebensrausch aufwacht und sich seiner eigentlichen Herkunft erinnert. Und es ist stark von ihm, dass er sich erneut auf eine Reise begibt – diesmal heim zu seinem Vater. Trotz seiner tief empfundenen Scham und Schuld, weil er das ganze Erbe seines Vaters verschleudert hat, beschließt er, heimzukehren. Ein mutiger Schritt, der viel schwerer ist als sein forsches Weggehen zu Beginn seiner Reise. Man könnte auch sagen: Die eigentliche Reise zu sich nach innen geschieht erst jetzt. Nun geht es ans Eingemachte. Er muss sich und anderen eingestehen, dass er egoistisch war und Mist gebaut hat. Er weiß, dass er als ein völlig »Abgebrannter« zurückkommen wird. Dies erfordert Mut und setzt ein starkes Urvertrauen zu seinem Vater voraus.

Auf einer spirituellen Ebene betrachtet zeigt die Geschichte genau die Chance auf, die wir Menschen im Sinne des Christentum haben: Wenn wir umkehren, steht uns der Himmel offen. Diese Umkehr ist jedoch eine sehr bewusste Entscheidung. Sie setzt ein tieferes Erkennen und ein ungebrochenes Vertrauen ins Göttliche voraus: dass wir immer von göttlicher Natur waren und nie aus der Liebe Gottes herausgefallen sind. Vor dem Hintergrund einer magnatischen Lebenseinstellung mag solch eine innere Umkehr schwer sein. Aber dann stehen wir uns und unserer umfassenden Heilung selbst im Weg. Die Buddhisten würden den inneren Prozess des »verlorenen« Sohnes als »Erwachen« bezeichnen. Denn der Sohn erkennt, fühlt, spürt, wird sich bewusst, dass sein Vater ihn immer liebt. Ebenso dürfen wir darauf vertrauen, dass Gott uns stets bedingungslos annimmt.

Schon als Junge, als ich diese Bibelgeschichte zum ersten Mal gehört habe, war ich davon sehr berührt. Denn der Vater wartet die ganze Zeit darauf, dass sein Sohn wieder heimkommt. Er läuft ihm entgegen und nimmt ihn in seine Arme. Ein stärkeres Zeichen für ein Angenommenwerden und Angenommensein kann man kaum finden. Statt einer Standpauke oder gar einer Bestrafung wegen des durchgebrachten väterlichen Erbes veranlasst der Vater ein Freudenfest ob der Rückkehr seines Sohnes. Der Vater reagiert liebend und verzeihend. Jesus hat uns diese Geschichte erzählt, um etwas über Gott zu sagen. Eine wirkliche Heilsbotschaft!

Denn wir dürfen darauf vertrauen, dass wir vom Göttlichen immer angenommen sind, wenn wir zu unserer eigentlichen Herkunftsquelle zurückkehren wollen. Vielleicht müssen wir uns wie der Sohn in der Geschichte erst die Hörner in der polaren Welt abstoßen und die Rechnung für unseren Egoismus bekommen, bis wir erkennen, dass wir selbst die Liebe in uns haben und wieder heim ins Göttliche wollen. Unsere Seele trägt jedenfalls solch eine Sehnsucht beständig in sich. Warum geben wir nicht dieser Sehnsucht nach und haben **den Mut, Gott zu suchen und zu finden? Es lohnt! Diese Heimkehr möchte ich im Sinne des Buchtitels als die spirituelle Heilung unserer Seele und als »Initiation ins Göttliche« bezeichnen.** Lieber Leser, spüren Sie selbst: Bei rechter Betrachtung enthält diese Bibelgeschichte alles, was wir zum Erkennen und Erwachen brauchen und wonach unsere Seele in ihrer Tiefe Sehnsucht hat. Diese Geschichte zeigt zudem, was man unter einer umfassenden Heilung verstehen kann, die immer auch eine zutiefst spirituelle Heilung bedeutet.

(5) Zusammenfassung

1.

Viele Menschen machen im Laufe ihres Lebens Gotteserfahrungen. Da wir westlichen Menschen jedoch eine mystische Sicht weitgehend verloren haben, sind wir uns dessen oft nicht bewusst oder wollen davon gar nichts wissen, wenn wir unversehens in eine göttliche Sphäre geraten sind.

2.

Als menschliche Wesen befinden wir uns in einem immerwährenden Spannungsfeld: Wir haben einerseits eine tiefe Sehnsucht nach Sinn, Glück, Unsterblichkeit und Gott, unterliegen aber gleichzeitig den Gesetzen der Polarität, wozu auch Krankheit, Vergänglichkeit und der Tod gehören. Dies ist unser spirituelles Grundproblem.

3.

Es wird immer ein Geheimnis für uns Menschen bleiben: Warum musste unsere unsterbliche Seele, die schon von Anbeginn Teil des All-Eins ist, vor langer Zeit die »göttliche Ur-Suppe« verlassen und in die Polarität der Schöpfung eintauchen? Auf diese spirituelle Grundfrage versuchen alle Religionen eine Antwort zu geben. Dabei ist es zweitrangig, ob man von einer Seelenwanderung ausgeht wie im Hinduismus oder von nur einer Inkarnation wie etwa im Christentum.

4.

Typisch für die Inkarnation(en) unter den Bedingungen der Polarität ist die Ausbildung einer Ego- oder Magnaten-Schicht in unserer Seele. Diese entsteht, weil wir unsere Freiheit oft zum Egoismus und zur Lieblosigkeit gebrauchen. Ein Magnat will vor allem kontrollieren und beherrschen.

5.

Es ist bisweilen schwierig, einer verborgenen magnatischen Haltung in uns selbst auf die Schliche zu kommen. Gerade in Partnerschaften geschieht häufig eine Kontrolle durch Macht, durch Schwäche oder durch Schuldvorwürfe.

6.

Die Heilung dieser Magnaten-Schicht, die unsere seelische Entwicklung blockiert und Ursache vieler Krankheiten, Muster und Zwänge ist, kann nur dann erfolgen, wenn uns klar wird, wer wir in Wahrheit sind: göttliche Wesen, Teil des göttlichen All-Eins. Dieses spirituelle Erkennen wird im Buddhismus als »Erwachen«, im Christentum als »Umkehr« bezeichnet.

7.

Die Auflösung der Magnaten-Schicht bedeutet vor allem eine emotionale Heilung: Das Konglomerat aus erkalteten Traumata, unverdauten Erlebnissen und einer Summe von Lieblosigkeiten gegenüber unseren Mitmenschen – diese Schlacke im »Feuerofens unseres Lebens« – muss aufgehauen, angeschaut und dann entfernt oder transformiert werden.

8.

Krankheiten entstehen, wenn ein Teil unserer Seele nicht mit dem Göttlichen verbunden ist. Umgekehrt kann eine umfassende körperliche, psychische und systemische Heilung in der Tiefe nur gelingen, wenn gleichzeitig auch eine spirituelle Heilung stattfindet. »Heilung« und »Initiation ins Göttliche« sind daher letztlich als synonym zu betrachten.

9.

Viele westliche Menschen suchen das Glück, den Sinn, die Unendlichkeit und letztlich das Göttliche im Ideal der romantischen Liebe, in der Verliebtheit. Sie soll den Mangel an mystischer Erfahrung ausgleichen. Damit überfordern sich die Partner meist kolossal. Andererseits kann in der Liebe und Hingabe in einer Partnerschaft das Göttliche zeichenhaft aufleuchten.

10.

Das biblische Gleichnis vom »Verlorenen Sohn und vom barmherzigen Vater« zeigt auf sehr bildhafte Weise die polare Situation unseres menschlichen Wesens auf. Zugleich weist diese Geschichte auf das spirituelle Ziel unserer seelischen Reise hin: Aus buddhistischer Sicht bedeutet es »Erwachen« und Nirwana, aus hinduistischer Sicht die Beendigung der Seelenwanderung im Brahman; im Christentum ist damit die »Umkehr« und die personale Begegnung mit Gott, dem liebenden Vater, gemeint.

Adressen

Kontakt zum Autor:
Peter Maier
www.initiation-erwachsenwerden.de
info@initiation-erwachsenwerden.de

Deutsche Adresse der indischen Lehrerin und Heilerin
Mata Amritanandamayi (Amma):
www.amma.de

Heilpraktiker:
Klaus Müller
www.naturheilpraxis-klaus-mueller.de
willkommen@naturheilpraxis-klaus-mueller.de

Visionssuchen für Erwachsene und Jugendliche:
www.visionssuche.net

Männer-Initiation in der Natur:
Arthur Dorsch
www.innernature.de

Medizinwanderungen:
Gabriele Obst
www.gabriele-obst.de
altelierdeslebens@gmx.de

Workshops für Medizinrad und Visionssuchen für Erwachsene:
Franz Redl, Claudia Pichl
www.wildernes.at
franz-redl@wilderness.at

WalkAways für Jugendliche:
Peter Maier
www.initiation-erwachsenwerden.de
info@initiation-erwachsenwerden.de

Buchhinweise

Zwei Bücher zum Erwachsenwerden

Initiation – Erwachsenwerden in einer unreifen Gesellschaft.
Band I: Übergangsrituale

Koma-Saufen, gefährliche Autofahrten, Gewaltexzesse, Drogen- und Computersucht, extremes Piercing und Tätowieren... Diese Reihe könnte beliebig fortgesetzt werden. Was steckt hinter all diesen Phänomenen, denen viele Erwachsene hilflos und verständnislos gegenüberstehen?

In vielen Fällen ist es der Schrei von Jugendlichen nach Initiation, das heißt, sie wollen erwachsen werden, ihren Mut, ihre Kraft und ihr Draufgängertum zeigen, ausdrücken und dafür anerkannt werden. Leider gehen viele dieser Versuche von Selbst-Initiation schief.

Hier sind wir Erwachsene gefragt: Jugendliche brauchen Rituale, um erwachsen werden zu können. Bieten wir ihnen als Gesellschaft keine solchen Prüfungen und Riten an, bleiben viele Heranwachsende kraft- und orientierungslos.

Keiner sagt den Jugendlichen, wie das Erwachsenwerden gehen soll, aber die Gesellschaft erwartet, dass unsere jungen Leute erwachsen sind, sobald sie in den Beruf eintreten. Wenn der Übergang ins Erwachsensein jedoch nicht richtig geschieht, dann haben wir ein Heer von zwar volljährigen, aber in Wahrheit unerwachsenen Menschen und langfristig eine unreife Gesellschaft.

Welche Prüfungen und Rituale können wir unseren Jugendlichen anbieten? WalkAway und Jugend-Visionssuche, sowie Auslandsreisen sind geeignete Rituale für diesen so wichtigen Übergang ins Erwachsensein (Initiation) in der heutigen Zeit.

(Nähere Infos unter www.initiation-erwachsenwerden.de)

Initiation – Erwachsenwerden in einer unreifen Gesellschaft. Band II: Heldenreisen

Jugendliche wollen erwachsen werden. Doch was bedeutet eigentlich »Erwachsenwerden« (Initiation) und wie soll dies geschehen? Wenn unsere Gesellschaft nicht ein Heer von unreifen Volljährigen haben will, müssen diese Fragen glaubwürdig beantwortet werden.

Märchen und Mythen können uns dabei helfen. Viele Geschichten handeln von sogenannten »Heldenreisen«: Jemand verlässt seine bisherige Umgebung, geht alleine in eine andere, unbekannte Welt, kämpft dort mit gefährlichen Drachen oder bösen Mächten und kehrt schließlich wieder mit einem Schatz, einer wichtigen Erkenntnis oder einer befreiten Person in seine Gemeinschaft zurück. Dabei ist er sehr gereift, mit den Tiefen des Mensch-Seins – mit Licht und Schatten – und nicht selten mit dem Göttlichen selbst in Berührung gekommen.

Dies ist aber exakt die Situation, in der sich auch heute Jugendliche befinden. Wenn sie erwachsen werden wollen, müssen sie ihr Zuhause verlassen und bereit sein, sich mit sich selbst zu konfrontieren. In der Regel ist dies nur dann möglich, wenn es dabei auch Zeiten echten Alleinseins gibt. Dies bedeutet jedoch, sich – so wie die Personen in Märchen und Mythen – auf eine Heldenfahrt zu begeben. Ein längerer Auslandsaufenthalt, vor allem aber das Ritual der »Visionssuche« enthalten die wichtigsten Elemente einer solchen zeitgemäßen Heldenreise, die zu einem selbstverantwortlichen Leben führt.

Überlegungen zur sogenannten »Anderswelt«, zum »Medizinrad«, zum heutigen modernen Weltbild und Wertesystem und zur Jungen-Initiation runden diesen zweiten Band ab. Dadurch sollen Wege aufgezeigt werden, die unsere Jugendlichen in einer von Technik, Kommunikationsmitteln und Medien geprägten Welt auf ihrer Suche nach Glück und Sinn gehen können.

(Nähere Infos unter www.initiation-erwachsenwerden.de)

Autor

Peter Maier wurde 1954 in einer kleinen Gemeinde in Ostbayern geboren. Er besuchte das Gymnasium, absolvierte die Bundeswehr als Sanitäter und studierte anschließend das Lehramt für Gymnasien. Vor Beginn des Referendariats unterrichtete er 1981 für ein halbes Jahr an einer Secondary School in Kenia. Seit Herbst 1981 ist er als Lehrer an Gymnasien in Bayern tätig. Er hat einen erwachsenen Sohn.

Neben dem Staatsexamen hat der Autor mehrere Zusatzausbildungen abgeschlossen: zum Gruppenleiter in Themenzentrierter Interaktion (TZI) nach Ruth Cohn, zum Supervisor an einem Institut, das nach dem Standard der DGSV ausbildet und zum Initiations-Mentor in der Tradition der amerikanischen »School of lost Borders«.

Langjährige Fortbildungen in Gruppendynamik, initiatischer Therapie und christlicher Kontemplation. Selbsterfahrung mit Visionssuchen, Familienaufstellungen, in der Männer- und Ritualarbeit und mit vielfältigen alternativen Heilmethoden.

Durch seine langjährige Praxis als Gymnasiallehrer und als Initiations-Mentor ist dem Autor immer mehr klar geworden, wie wichtig Übergangsrituale für Jugendliche, besonders für Jungen, auch in unserer Gesellschaft sind. Seit 2008 führt er daher alljährlich das naturpädagogische Initiations-Ritual des WalkAway durch. Er möchte Begleiter für Jugendliche bei ihrer Persönlichkeitsentwicklung und auf ihrem Weg zum Erwachsenwerden sein.

Durch seine Bücher über Initiation, durch Vorträge, sowie durch eine Reihe von Artikeln in pädagogischen Fachmagazinen und in spirituell ausgerichteten Zeitschriften möchte der Autor das uralte, erprobte und zugleich höchst aktuelle und innovative Wissen um Jugend-Initiation weitergeben.

Nicht zuletzt durch seinen eigenen, lebenslangen spirituellen Weg ist der Autor zu der Überzeugung gelangt, dass ein jeder von uns den göttlichen Funken in sich trägt und eine tiefe Sehnsucht nach dem Göttlichen hat.

Anhang

1. In der Fernsehsendung »Vorsicht OP«, die am 28.3.2014 in 3Sat ausgestrahlt wurde, wird die Meinung vertreten, dass aufgrund des deutschen Krankenhaussystems und Gesundheitswesens mit 15 Millionen Operationen im Jahr viele unnötige und unsinnige Operationen durchgeführt werden, weil die Krankenkassen diese bereitwillig bezahlen. Bei Operationen geht es in erster Linie nicht mehr um die Gesundheit der Patienten, sondern ums Geschäft.

2. Luise Hay: Gesundheit für Körper und Seele. Wie Sie durch mentales Training Ihre Gesundheit erhalten und Krankheiten heilen können. München, 28. Auflage 1984

3. ebd., S. 15 f.

4. ebd., S. 21

5. ebd., S. 230 f.

6. ebd., S. 248 f.

7. Der Preis ist nach Mahatma Gandhi und Martin Luther King benannt. Der erste Preisträger war Nelson Mandela, der zweite Kofi Annan, die dritte Preisträgerin war Jane Goodall.

8. Deepak Chopra auf dem Buchrücken von Judith Cornell: Amma. Das Leben umarmen. Berlin, 1. Auflage 2002

9. Swami ist ein hinduistischer religiöser Titel, der vereinfacht »Herr« bedeutet und meist angesehenen Männern gegeben wird. Vgl. auch Wikipedia unter dem Begriff »Swami«.

10. Die Bibel. Einheitsübersetzung der Heiligen Schrift. Aschaffenburg, 1. Auflage 1980, Evangelium nach Markus, Kapitel 3, Vers 11

11. Nähere Informationen siehe auf Homepage www.schooloflostborders.org

12. Nähre Informationen siehe auf Homepage www.terra-energetica.de

13 Franz P. Redl: Übergangsrituale. Visionssuche, Jahresfeste, Arbeit mit dem Medizinrad. Klein Jasedow 2009, S. 51

14 vgl. Peter Maier: Initiaton – Erwachsenwerden in einer unreifen Gesellschaft. Band I: Übergangsrituale. Münster 2011, Kapitel 3

15 vgl. auch Franz P. Redl, a. a. O., S. 60

16 vgl. Peter Maier: Initiation – Erwachsenwerden in einer unreifen Gesellschaft. Band II: Heldenreisen. Münster 2011, Kapitel 7

17 vgl. Luise Hay, a. a. O. und vgl. Ruediger Dahlke: Krankheit als Symbol. Ein Handbuch der Psychosomatik, Symptome, Be-Deutung, Einlösung. München, 12. Auflage 2002

18 vgl. Luise Hay, a. a. O.

19 Siehe auch die Hinweise im Alten Testament, z. B. Exodus Kapitel 20, Vers 5:»Denn ich, der Herr, dein Gott, bin ein eifersüchtiger Gott: Bei denen, die mir feind sind, verfolge ich die Schuld der Väter an den Söhnen, an der dritten und vierten Generation ...«

20 In diesem Zusammenhang ist auch auf die sogenannten »apokryphen« Evangelien hinzuweisen, von denen man heute zumindest in Fragmenten bis zu 50 kennt. Einige dieser Evangelien, die aus unterschiedlichen Gründen auf dem Konzil von Nizäa 325 n. Chr. nicht in den Kanon des Neuen Testaments aufgenommen wurden, hatten eine sehr esoterische Ausrichtung.

21 Name geändert

22 Sigrid Schmidt: Innere Harmonie durch Bach-Blüten. München, 8. Auflage 1994, S. 60

23 ebd., S. 63

24 Edition Methusalem: Das Große Lexikon der Heilsteine, Düfte und Kräuter. Neu-Ulm, 8. Auflage 2000, S. 263

25 Irene Dalichow, Mike Booth: Aura-Soma. Heilung durch Farbe, Pflanzen- und Edelsteinenergie. München 1998, S. 181 f.

26 vgl. auch Süddeutsche Zeitung Nr. 89 vom 16. April 2014, S. 16, Artikel mit der Überschrift »Es ist ein Kreuz«

27 vgl. Luise Hay, a. a. O., S. 167 f.

28 ebd., S. 173 f.

29 ebd., S. 191

30 Süddeutsche Zeitung, a. a. O., S. 16

31 ebd.

32 vgl. ebd.

33 ebd.

34 ebd.

35 vgl. ebd.

36 vgl. Luise Hay, a. a. O., S. 167 – 266

37 Homepage des Heilpraktikers Klaus Müller in Dachau: www.naturheilpraxis-klaus-mueller.de

38 vgl. ebd.

39 vgl. ebd.

40 vgl. Luise Hay, a. a. O. und vgl. Ruediger Dahlke, a. a. O.

41 Richard Kellenberger, Friedrich Kopsche: Mineralstoffe nach Dr. Schüssler. Ein Tor zu körperlicher und seelischer Gesundheit. Aaarau (Schweiz), 10. Auflage 2001

42 ebd., S. 12 – 14

43 vgl. ebd., S. 15

44 ebd., S. 14

45 ebd., S. 15 f.

46 vgl. ebd., S. 22 – 24

47 ebd., S. 80

48 ebd., S. 80

49 ebd., S. 81

50 Sigrid Schmidt, a. a. O., S. 5

51 ebd., S. 7

52 vgl. ebd., S. 10

53 ebd., S. 10

54 vgl. ebd., S 11

55 vgl. ebd., S. 13

56 vgl. ebd., S. 41

57 ebd., S. 42

58 ebd., S. 42

59 Bernhard Gruber (Hrsg.): Leben gestalten. Unterrichtswerk für den katholischen Religionsunterricht am Gymnasium. 8. Jahrgangsstufe. Donauwörth, 1. Auflage 2006, S. 131

60 Edition Methusalem, a. a. O., S. 9

61 Siehe Abschnitt 2 in diesem Kapitel

62 ebd., S. 243

63 Irene Dalichow, Mike Booth, a. a. O., S. 12

64 ebd., S. 14

65 ebd., S. 14

66 vgl. Dr. Masuru Emoto: Die Botschaft des Wassers. Sensationelle Bilder von gefrorenen Wasserkristallen. Burgrain, 2. Auflage 2002

67 Irene Dalichow, Mike Booth, a. a. O., S. 19 und S. 27

68 ebd., S. 182 f.

69 Name geändert

70 vgl. Steve Biddulph: Männer auf der Suche. Sieben Schritte zur Befreiung. München, 5. Auflage 2003, S. 133 – 135

71 vgl. Peter Maier, a. a. O., Band I, Kapitel 3

72 Natürlich sind heutzutage oft auch rein wirtschaftliche Gründe dafür ausschlaggebend.

73 vgl. Malidoma Patrice Somé: Die Weisheit Afrikas. Rituale, Natur und der Sinn des Lebens. Kreuzlingen/München 2001, S. 291 ff.

74 ebd. S. 297 f.

75 ebd., S. 298

76 vgl. www.schooloflostborders.com oder www.schooloftlostborders.org

77 vgl. auch den Bericht über eine Medizinwanderung in der Zeitschrift BIO, Ausgabe 3/13, S. 102 f.

78 vgl. Steven Foster/ Meredith Little: Vision Quest. Sinnsuche und Selbstheilung in der Wildnis. Braunschweig 1991

79 vgl. Silvia Koch-Weser/ Geseko v. Lüpke: Vision Quest. Visionssuche: allein in der Wildnis auf dem Weg zu sich selbst. Kreuzlingen/München 2000

80 vgl. Peter Maier, a. a. O., Band II, Kapitel 7

81 vgl. Kapitel 2 (in diesem Buch): Das Medizinrad der Heilung

82 vgl. Peter Maier, a. a. O., Band II, Kapitel 2 – 3

83 So geben zum Beispiel viele Visionssuche-Leiter den Teilnehmern am Ende einen kleinen Medizinbeutel mit Schnitzereien oder besonderen Steinen als Andenken mit.

84 Name geändert

85 »Physika«, 3. Buch, Kapitel 40

86 vgl. Kapitel 2

87 Sandra Ingerman: Auf der Suche nach der verlorenen Seele. Der schamanische Weg zur inneren Ganzheit. Kreuzlingen, 1. Auflage 1998

88 ebd.

89 ebd., S. 9

90 ebd., S. 31

91 ebd., S. 95

92 Siehe unter www.visionssuche.net die Rubrik »Über uns«. Dabei geht es u. a. um die Entstehung und die Beschreibung des Netzwerkes selbst, um die Aufnahmebedingungen für das Netzwerk und um die »Ethischen Grundlagen« der Visionssuchearbeit in der Tradition der School of Lost Borders.

93 Name geändert

94 Sandra Ingerman, a. a. O., S. 25 f.

95 ebd., S. 32

96 vgl. Malidoma Patrice Somé: Vom Geist Afrikas. Das Leben eines afrikanischen Schamanen. München, 2. Auflage 1997

97 vgl. Wanda Pratnicka: Von Geistern besessen. Exorzismen im 21. Jahrhundert. Gdynia (Polen), 2. Auflage 2002

98 vgl. Kapitel 2

99 Malidoma Patrice Somé: Vom Geist Afrikas, a. a. O., S. 7

100 ebd., S. 10

101 ebd., S. 20

102 vgl. Maldioma Patrice Somé: Von der Weisheit Afrikas, a. a. O.

103 ebd., S. 330

104 vgl. Kapitel 1

105 Name geändert

106 Die Lehre von einem solchen Limbus(-Zustand) in der Kirche wurde stark von dem Kirchenlehrer Augustinus geprägt. Durch das Aufkommen der Erbsündenlehre hielt es Augustinus für ausgeschlossen, dass ungetaufte Kinder in das Paradies eingehen könnten. Seit der Synode von Karthago im Jahre 418 setzte sich dann in der Kirche die Lehre durch, dass Säuglinge, die ungetauft sterben, in die Hölle kommen. Erst am 20. April 2007, also fast 1600 Jahre später, entschied Papst Benedikt XVI. aufgrund der Ergebnisse einer päpstlichen Internationa-

len Theologenkommission, dass der Limbus nicht länger zur Glaubenslehre der katholischen Kirche gehöre, aber als eine mögliche theologische Lehre bestehen bleiben könne. (vgl. Wikipedia zum Begriff »Limbus (Theologie)« vom 29. 5. 2014). Welche furchtbaren Auswirkungen jedoch diese seltsame Lehre in der Praxis haben konnte, zeigt der Bericht von Lukas sehr anschaulich.

107 vgl. Malidoma Patrice Somé: Vom Geist Afrikas, a. a. O., S. 20

108 Malidoma Patrice Somé: Die Kraft des Rituals. Afrikanische Traditionen für die westliche Welt. Kreuzlingen/München 2000, S. 127 f.

109 ebd., S. 129

110 vgl. die Psychologie C. G. Jungs, die von drei Schichten der menschlichen Psyche ausgeht: dem »Ich«, dem »Persönlichen Unbewussten« und dem »Kollektiven Unbewussten«.

111 Malidoma Patrice Somé: Von der Weisheit Afrikas, a. a. O., S. 100

112 ebd., S. 101

113 Marlies Holitzka, Elisabeth Remmert: Systemische Familien-Aufstellungen. Konfliktlösungen für Söhne – Töchter – Eltern. Darmstadt, 2. Auflage 2000, S. 2

114 ebd., S. 22

115 vgl. ebd., S. 24

116 ebd., S. 24

117 vgl. ebd., S. 24 f.

118 ebd., S. 27

119 ebd., S. 19

120 ebd., S. 19

121 ebd., S. 20

122 ebd., S. 21

123 Name geändert

124 vgl. Kapitel 1

125 zum Vergleich: Schwarze Stoffe absorbieren weißes Licht fast vollständig.

126 Wanda Pratnicka, a. a. O., S. 131 f.

127 ebd., S. 35

128 ebd., S. 59

129 vgl. ebd., S. 35 f. und S. 65 – 68

130 ebd., S. 63

131 ebd., S. 49 f. Frau Pratnicka meint vermutlich, dass die Seele entscheidet, ob sie im Bereich der Lebenden hängen bleiben oder ob sie durch den spirituellen Vorhang auf die Seite der geistigen Welt hinübergehen will. Denn zumindest nach Auffassung der drei Buchreligionen, aber auch des Hinduismus, kann eine Seele nicht sterben.

132 ebd., S. 50 f.

133 ebd., S. 36

134 ebd., S. 36 f.

135 An dieser Stelle soll darauf hingewiesen werden, dass es viele schamanisch oder/und spirituell arbeitende Menschen gibt, die ähnliche Vorstellungen über Sterben, Tod und Jenseits wie Wanda Pratnicka haben und die ebenfalls ganz selbstverständlich von einer Reinkarnation der Seele ausgehen. Frau Pratnicka ist daher nur eine von vielen Vertreterinnen dieser Sicht der Dinge. Andererseits hat sie diese Vorstellungen in ihrem Buch gut und sehr verständlich dargestellt.

136 Der Hexenhammer, lateinische Originalausgabe »Malleus Maleficarum«, Erstdruck 1487, galt Jahrhunderte lang als Handbuch der Hexenjäger. Es zählt zu den wohl verhängnisvollsten Büchern der Weltliteratur, auf das sich aber fast alle Inquisitoren und Befürworter der Hexenverfolgung berufen konnten. Als Verfasser gelten die beiden Mitglieder des Domi-

nikanerordens, Heinrich Institoris und Jakob Springer, die den Hexenhammer im Auftrag des damaligen Papstes verfassten.

137 Isaak Newton, englischer Physiker, 1643 – 1727

138 Neueste Erkenntnisse der Placebo-Forschung in der Medizin deuten darauf hin, dass eine Heilung nicht zuletzt vom Glauben der Patienten abhängen kann. Siehe dazu auch »Die Aufschneider. Placebokontrollierte Studien zeigen, dass etliche moderne Operationen Patienten keine Vorteile bieten«. Süddeutsche Zeitung Nr. 119 vom 24./25. Mai, S. 24

139 vgl. Kapitel 3

140 Im Internet bieten viele angebliche oder tatsächliche »Geistheiler« ihre Dienste an.

141 Im Gegensatz zu den »Geistheilern«, die in Kongressen oder in entsprechenden Internetauftritten viel Wind um ihre Person und um ihre Fähigkeiten machen. Siehe auch Fußnote davor.

142 In diesem Zusammenhang möchte ich auf Buch und Film (DVD) mit dem Titel »Unterwegs in die nächste Dimension« von Clemens Kuby hinweisen.

143 Der Dokumentarfilm »Philippinische Heiler« ist sehr zu empfehlen. Er wurde in Zusammenarbeit mit dem Goethe-Institut Manila und dem Institut für Medizinische Psychologie der LMU München gedreht. Die meisten der im Film vorgestellten Heiler arbeiten aus der Kraft des Christentums. Zusätzlich sind sie aber von ihren ursprünglich animistischen Wurzeln geprägt. Erhältlich ist der Film u. a. bei der Gesellschaft für Naturheilkunde Deutschland e. V. (GfN). Nähere Infos dazu auf der Homepage www.pro-naturheilkunde.com

144 Victor Rollhausen in Prisma Franken, Ausgabe Nr. 95, Frühling 2014, S. 23.

145 Name geändert

146 vgl. Kapitel 5

147 vgl. Kapitel 1

148 vgl. Kapitel 2

149 vgl. Peter Maier, a. a. O., Band I, Kapitel 5

150 vgl. Kapitel 1

151 Natürlich kann man im Internet eine Fülle von abschreckenden Berichten finden, in denen angebliche Geistheiler mehr Schaden angerichtet als Nutzen gebracht haben. Es gibt aber auch viele Berichte über haarsträubende Behandlungsfehler durch herkömmliche Schulmediziner!

152 vgl. Kapitel 7

153 Die Bibel, a. a. O., Buch Genesis, Kapitel 3, Verse 4 – 5

154 Bruce H. Lipton: Intelligente Zellen. Wie Erfahrungen unsere Gene steuern. Burgrain, 4. Auflage 2007, S. 25

155 ebd., S. 28

156 ebd. S. 26. Dieser strikte Determinismus, gegen den Herr Lipton ankämpft, gilt in Teilbereichen der biologischen Forschung allerdings heute bereits als überholt.

157 vgl. zum Beispiel »Der dankbare Samariter« (Lk 17,11 – 19): Jesus heilt zehn Aussätzige. Als einer zurückkehrt, um sich bei ihm für die Heilung zu bedanken, fragt Jesus: »Sind nicht alle zehn rein geworden? Wo sind die übrigen neun? Ist denn keiner umgekehrt, um Gott zu ehren, außer diesem Fremden? Und er sagte zu ihm: Stehe auf und geh! Dein Glaube hat dir geholfen.« (Die Bibel, a. a. O.)

158 Bruce H. Lipton, a. a. O., S. 28

159 vgl. das genannte Beispiel »Der dankbare Samariter« (Lk 17, 11-19). Jesus fühlt sich als Heiler direkt mit Gott verbunden, den er immer wieder seinen »Vater« nennt. Darum wundert er sich, dass die anderen neun Geheilten nicht zurückkehren, um Gott zu danken. Damit wird vermittelt: Nicht er, Jesus, hat letztlich die Heilung bewirkt, sondern die göttliche Kraft seines Vaters in ihm.

160 Name geändert

161 vgl. Kapitel 2

162 Zeitschrift Publik-Forum, Oberursel 2014, Ausgabe 2/2014, S. 34 f.

163 vgl. Peter Maier, a. a. O., Band I, Kapitel 6

164 vgl. Die Bibel, a. a. O., Das erste Buch der Könige, Kapitel 19, Verse 1 – 18

165 »Ur-Suppe« – ursprünglich als rein biologischer Begriff verwendet: aminosäurehaltige Lösung, aus der sich das Leben entwickelt hat. Hier wird dieser Begriff aber ausschließlich in einem übertragenen Sinne gebraucht.

166 Ich bin mir durchaus der Tatsache bewusst, dass es sehr viele unterschiedliche Auffassungen und Kozepte von »der Seele« in den verschiedenen Religionen und Glaubensrichtungen gibt. Auch möchte ich auf die Wandlung des Begriffs »Seele« über die Jahrhunderte hinweg in den beiden großen christlichen Kirchen hinweisen. Der Buddhismus jedoch kennt das Konzept einer Seele gar nicht.

167 Ein anderer Begriff dazu wäre auch »Dualität«.

168 In diesem Zusammenhang soll auch auf den sehenswerten Film »Finde Dich« von Patrick Takaya Solomon hingewiesen werden. Erst wenn wir durch die übliche äußere Schlacken-Schicht dringen, die uns umgibt, können wir zu unserem wahren göttlichen Wesenskern gelangen.

169 Unter dem Paradies verstehen heute viele christliche Theologen keinen Ort, sondern einen Zustand. Das Nirwana im Buddhismus wird schon immer nur als ein Zustand betrachtet.

170 James Morgan Pryse: Reinkarnation im Neuen Testament. Interlaken, 3. Auflage 1984, Rückseite des Buchcovers

171 Auf dem 2. Konzil zu Konstantinopel von 553 n. Chr. wurde angeblich eine Reinkarnationslehre kirchlicherseits abgelehnt. Dies wird aber in den Konzilsakten nirgends explizit erwähnt. Die griechischen Akten des Konzils wurden 681 vernichtet, da man sie irrtümlich für eine Fälschung hielt (vgl. dazu auch Wikipedia »Zeites Konzil von Konstantinopel«).

172 Unter der »Urgeschichte« versteht man die Kapitel 1 bis 11 im Buch Genesis.

173 Die Bibel, a. a. O., S. 4

174 ebd., Buch Genesis, Kapitel 3, Verse 4 – 6

175 ebd., Buch Genesis, Kapitel 3, Verse 23 – 24

176 vgl. auch den Titel dieses Buches

177 Dr. Howard M. Halpern: Liebe und Abhängigkeit. Wie wir übergroße Abhängigkeit in einer Beziehung beenden können. Salzhausen, 4. Auflage 1995

178 ebd., S. 95

179 ebd. S. 103 f.

180 vgl. Die Bibel, a. a. O., Buch Genesis, Kapitel 3, die sogenannte »Sündenfallgeschichte«

181 vgl Peter Maier, a. a. O., Band II, Kapitel 6

182 vgl. Daniel Barron: Das gute Ego und der Weg der spirituellen Reifung. In: Zeitschrift Connection Spirit. Das Magazin fürs Wesentliche, 3-4/2014, S. 60 – 63

183 Paul Ferrini: Denn Christus lebt in jedem von euch. Bielefeld, 7. Auflage 2004, S. 8

184 Die Bibel, a. a. O., Buch Genesis, Kapitel 3, Verse 23 f.

185 Robert A. Johnson: Traumvorstellung Liebe. Der Irrtum des Abendlandes. München 1987

186 ebd., S. 11

187 ebd., S. 11

188 ebd., S. 12

189 vgl. ebd., S. 12 f.

190 Unter »Liebesfluidum« verstehe ich eine immaterielle Substanz, die Emotion Liebe, die gleichsam mit der Muttermilch von der Mutter zum Baby hinüberfließt. Ohne diese Liebe kann sich ein Baby nicht entwickeln.

191 s. Kapitel 1

192 s. auch den Buchtitel

193 vgl. Wikipedia vom 30.5.2014 zu »Tich Nhat Hanh«

194 vgl. die Ausführungen über die Medizinwanderung in Kapitel 4

195 Eckehart Tolle: Jetzt! Die Kraft der Gegenwart. Bielefeld, 15. Auflage 2006, S. 23 f.

196 Peter Maier, a.a.O., Band II, Kapitel 8

197 Die Bibel: a.a.O, Evangelium nach Lukas, Kapitel 15, Verse 11 – 32

198 vgl. Peter Maier, a.a.O., Band II: »Heldenreisen«

Printed in Poland
by Amazon Fulfillment
Poland Sp. z o.o., Wrocław